螢火蟲的反抗

這個世紀的知識分子

余杰 著

目錄

第二卷　自選的舞臺

第三卷　昨日的容顏

第四卷　隔壁的鏡子

推薦序一

民族太小，世界才是余杰的主題

第一次親眼目睹余杰的風采是二零一二年初在台北的「哲學星期五」思想沙龍上，講題是「反抗的高度：知識分子與權力」。熟悉其文字的讀者，對於他謙謙君子般平穩、和緩的敘事語調，或許會略顯訝異，畢竟他批判時局有青年李敖的犀利筆鋒，剖析文化也有魯迅的細膩精準。不過，如此的語調剛好襯托其不卑不亢的反抗高度。正如本書所收錄的四十篇文章，篇篇關乎知識分子與權貴勢力之對抗，但書名卻格外低調，自詡爲「不以黑暗爲苦」的螢火蟲，奮力照亮世界。

當然，低調的書名也藏著對於世界黑暗之嚴厲控訴！此處的黑暗不僅指涉中國共產黨政府的黑暗，同時也針砭該政權底下眾多恪守政治正確原則的作家，甚至以御用學者自居而沾沾自喜的教授。余杰不認爲他們爲眞正的知識分子，故稱之爲「奴才」，而擁有資格對號入座的文化人，不僅包括目前活躍於中國大陸（銀幕上）的知名公共知識分子，也包括當前遊走兩岸的李敖，以及早年以《野火集》名噪一時但如今卻淪爲向權勢低頭的文化部長龍應台——對於臺灣的讀者而言，或許《螢火蟲的反抗》的出版，是作者對於曾經點燃暗夜的那一把野火的致敬，但也頗有互別苗頭之意，甚至可以說如今的螢火蟲所欲照亮的，乃是當年火苗熄滅之後令暗夜更黑的黯。

值得注意的是，余杰的反抗高度並不藉由貶低其他僞知識分子而來。筆者的恩師，亦即當今於英國頗富影響力的公共知識分子葛雷（John N. Gray）多年前曾對我說過：「讀哲學的人，每個人心中都有一個書院，裡面住的是一群日夜和我們對話的思想家。他們是我們眞正看得起的人，也是我們鏡子裡的自己。」雖然此話當下是用來解釋英國與美國的學術傳統之差異：後者於文獻檢閱時偏好全面，不敢遺漏，前者卻認爲省略某些人不予以討論，乃事關孰輕孰重的判斷結果。但更重要的是，省略所代表的乃是學術品味，決定誰才是值得對話的對象，更反映作者心裡的自我定位。

循此線索，讀者可將本書理解爲主題連貫的四十篇文章。無論如何，收錄的四卷分別是我們窺視當代少數眞正配得「知識分子」稱呼的華人作家之一的內心寫照。本書的前半部大抵關注知識分子的反抗高度。所謂的高度，與先知於社會所帶來的苦難以及承受該苦難時所展現的態度有關。向上攀升的過程，不僅首先必須承受獨排眾議的孤獨，抵抗國家機器各種招降納叛的手段之誘惑；秉持良心說話而成爲「國家的敵人」之後，除了忍受政治迫害之外，也必須避免淪爲與敵人同等惡劣的自我墮落；最後則是達致如劉曉波所展現的胸中「沒有敵人」之境界，才能如鷹般自由地飛翔於高空。一言以蔽之，作爲社會先知的知識分子，其高度並非來自於對於敵人的貶低，抑或腳下所站立的書本之堆砌高度，而是來自於誠實面對內心的自我，憑藉良心說眞話所展現的自我提升。

令人玩味的是，本書的第一卷「先知的證詞」，似乎有尼采筆下查拉圖斯特拉站在高山上呼吸清新空氣時的孤獨樣貌，然而沒有尼采自己追求愛情與友情所遭遇幻滅之後的憤怒與悔恨。以「自選的舞臺」爲題的第二卷，則更令筆者不禁聯想到查拉圖斯特拉執意下山教導眾人的入世印象——無論如何，本卷不僅充分展現了知識分子所應具有的社會關懷，收錄其中的十篇文章同時也如同查拉圖斯特拉直搗迷信的核心，不論是「去毛化」或「去蔣化」的呼籲，皆旨在破除政治崇拜的偶像。當然，歷史證明打倒偶像的同時，可能樹立起自己成爲他人的崇拜對象，因此余杰在這也突顯了知識分子的眞正考驗不在於勇敢面對威權，而是面對權力的誘惑以及成名之後的虛榮和僞善。換言之，眞正的知識分子不是在掌聲之中走向政府爲其鋪設的紅地毯，然後登台演戲，按劇本與政客共唱雙簧，而是憑藉一己的良心（包括晚年的大徹大悟如趙紫陽）勇於對抗權威，從此走上歷史舞台，既不畏懼台下的噓聲，也不迷戀觀眾的掌聲，始終如一！

相較於前半部聚焦於反抗政治權威的典範說明與標準設定，本書後半兩卷反映作者對於現代知識分子的處境，也有更遼闊的歷史與文化思考，也可見余杰近年來的自我定位之轉化。研究近代中國歷史的學者常問：爲何中國的科學發展自從晚明便開始大幅落後西方？學者提出的答案，往往指向中國不曾出現爲「眞理」獻身的學術傳統。或許這也是中國也不曾以眞理爲由發動過宗教戰爭的原因。不過，本書第三卷「昨日的容顏」，卻刻畫了華人世界晚近殉道者的容貌與身影。他們包括五四運動參與者與中國共黨革命早期領導人瞿秋白，也有兩岸三地公民運動中的年輕人。他們都是某種意義上的公民不服從者，並且願意賭上自己的生命來實踐理念。

西方神學家和哲學家奧古斯丁的名著《天主之城》（*The City of God*），曾經將朝聖途中團員之間的彼此互助與相愛景像描繪成「上帝國度」的吉光片羽，雖然僅是人類歷史稍縱即逝的片段，但卻眞實存在——至少可讓我們窺見上帝國度的眞實存在。上述的殉道者某程度上彌補了華人史上追求「尊嚴」、「自由」、「眞理」等抽象價值的空白。尤有甚者，第三卷也描繪了「以學術爲志業」的華裔史學泰斗何炳棣，及其所回憶的「天堂」清華園，提醒了中國史上也曾經出現過鼓勵學生參與社會運動的學術聖地，即令只是沙漠上稍縱即逝的綠洲。

不過，余杰書寫何炳棣的目的並不僅只於此，而是將關於知識分子的討論提升至超越「國族」的「人類」高度。事實上，讀者至此才能看出第三卷的另一層「昨日」意涵。正如羅曼·羅蘭所言：「民族太小了，世界才是我們的題目。」余杰此處關於知識分子的反思，已經由反抗的高度過度到知識分子的高度——或說是「氣度」！於是，相對於接受統戰而讚頌共產黨的何炳棣，余杰選擇站在「沒有鄉愁」的余英時這一邊。第三卷末的三篇文章於是記錄了作者此刻心境的再次昇華。眞正的知識分子不該以國族爲其思想疆域。余杰從來不是兩腳深陷中國，仰望天空卻無法自拔的——借用詩人洛夫的隱喻——「一隻想飛的煙囪」；流亡之後的他，更不是一隻返鄉不得而鬱鬱寡歡的鮭魚，而是一個不受國族思想束縛的「大地上的異鄉者」——自由在哪裡，他的祖國就在那裡！

閱讀至此，讀者於是無需訝異本書的最後一卷會題爲「隔壁的鏡子」。這面鏡子裡面出現的人物包括自由主義思想家以賽亞．伯林、諾貝爾和平獎得主翁山蘇姬、捷克文人總統哈維爾等人。本卷的標題，暗示他們的遭遇和經歷，可供當今兩岸四地的知識分子借鏡。不過，對此刻的作者而言，他們絕非是鄰國的人！以伯林爲例，余杰在他生命之中看到的是自己的心境與定位。伯林是二十世紀與海耶克、波普齊名的自由主義捍衛者。他們三人分別提出不同的學理依據反對共產主義與極權政治，並且都是流亡者。不過，身爲俄裔猶太人的伯林是當中最爲融入英國社會的知識分子，思想上承襲約翰．彌爾的古典自由主義，也是羅素之後最有影響力的西方公共知識分子之一。

伯林曾說自己「總是活在表層上」。中國有許多論者聽信此言的表層意義，並據此認定這一位不曾提出過黑格爾或海德格般晦澀理論的英國自由主義者根本不值得研究。不過，本書第四卷的兩篇相關文章，卻將他的著作讀成一本《流亡者的野外求生手冊》。無論如此的解讀是否能夠爲伯林平反，我們知道余杰在這一面隔壁的鏡子裡面看到自己。身爲流亡者的伯林永遠是個旁觀者，但卻因此能夠多一份從容與冷靜來觀察自身所處的社會，並且爲其把脈診斷。

流亡美國的余杰，以此爲自我定位之後，逐漸顯露出伯林般的氣定神閒。隱藏於後的，並非是一種活在表層的膚淺，而是與居住地保有得以觀察與批評的距離。這一種距離，是余杰在本書抽絲剝繭談論知識分子高度的最後一個面向。對他而言，流亡不是悲劇，無需攬鏡自憐——畢竟，民族太小了，世界才是余杰的主題！

葉浩
國立政治大學政治系副教授
英國倫敦政經學院博士

推薦序二

星星之火，可以燎原

余杰是一九八九年北京天安門民主運動以後，北京大學校園裡新一代的學生風騷人物。在國家刻意封閉資訊和強迫人們遺忘的情況下，余杰以其極其敏銳的觸覺和歷史的眼光，依靠一如考證般的細膩工夫，立足於北大，而擎起如椽巨筆，以書寫架接起近代中國綿延不絕的知識分子反抗傳統。其實，在他十六歲那年，一九八九年六四的時代風暴，已在他青春的面容上刻劃下一道道歷史的傷痕，這是他提前完成的成年禮。兩年後，一九九二年，這一位四川少年，從激烈的入學考試中脫穎而出，如願進入北京大學中國語文學系，他用他的筆，一個字一個字地在一度因世道不仁而荒蕪的人心中勤耕，開闢出感性、理性和良知的一方天地。這位成名甚早、人所稱羨的北大才子，筆下可不是風花雪月，卻是那河嶽日星。這樣的才情和器識，恐怕只有在苦難的中國大地方能鍛鍊得出來，而卻也終究無法見容於當道小人與黨國鷹犬爪牙。余杰無法在中國謀職，只能用筆殺開生路，未被判刑，卻被監禁在自己家裡。儘管如此，他「寧鳴而死，不默而生」，仍堅守氣節，誠實生活。然則神州大地既無以立錐，和許許多多的流亡者一樣，出走中國，早已是他的宿命，但出走中國，挾宇宙蒼冥的力量以反擊黨國邪靈，爲中國人在世間保守眞愛與公義，則當是他應上帝召選的天命。

和中國民運的前輩王策一樣，余杰碩士論文〈《知新報》研究〉的研究對象也是梁啓超。梁啓超追隨康有爲參與戊戌變法，失敗後流亡海外，組織中國維新會，並創辦《清議報》和《知新報》爲機關報，倡導共和立憲，鼓動社會風潮，王策推崇其改良主義精神，余杰則視之爲近代中國第一代流亡作家。康梁的事功和言論有其歷史條件，王策和余杰則皆各自選擇和發揮了自身的特質，王策縱身投入現實的政治行動，余杰則毅然決志投入了覺世的寫作事業，由純文學進入文學批評，再走向人文思想和政治評論。自一九九八年第一本結集的《火與冰》開始至今，四十歲的余杰竟已擁有了四十本著作，題材多樣且產量驚人，筆下有如千軍萬馬，雷霆萬鈞，質量直逼梁啓超，而寖寖然成爲「這個世紀」的時代之聲。所以，關於流亡，余杰並不以之爲苦，而是甘之如飴。對他而言，是從身心被禁錮閉鎖的狀態逃亡，在尊重創作自由的世界裡找到安身立命的歸宿。余杰特別欣賞德國作家湯瑪斯．曼（Tomas Mann）在離開納粹德國時說的一句話：「自由在哪裡，祖國就在那裡」；他也很敬佩余英時對遊說他回中國去「看看」的那些人所說的一句話：「我沒有鄉愁，我在哪裡，中國文化就在那裡」。壯哉斯言。本書中的高爾泰、阮銘和高行健，都在離開中國後找到眞正的家園，也都在臺灣讓他們的著作和言論不再被肢解和剜挖，而終於有了最眞實與完整的呈現。以賽亞．伯林（Isaiah Berlin）永久告別蘇聯統治下的拉脫維亞故國，也無意於擁抱猶太人的國家以色列，寧可憑藉英國，發揮影響力，作自由思想的捍衛者。蒲寧（Ivan Alekseyevich Bunin）則在心靈中重建詩情畫意的俄羅斯，在彼處永享幸福、自由和平等。余杰亦然，或則優遊於天地之間，更能以母語盡情書寫夢想的中國。他胸懷日月星辰丘壑江河，那些爲虎作倀迫害他和無數善良百姓的權貴官僚和走狗鷹犬，總有一天都將身名俱滅，而余杰筆下風骨嶙峋桀驁不馴的各國知識分子典型，則將萬古留芳。

本書雖然寫的是各國知識分子的思想和風範，其實是余杰的自況自許之作。余杰在本書中首列劉曉波，他是余杰在胡適、雷震、傅斯年、殷海光、彭明敏等臺灣自由主義知識分子群體之外，在中國最爲推崇的自由主義知識分子。劉曉波歷經六四的磨難，長期爲中國大陸黨國體制所孤立，因發起〈零八憲章〉而繫獄，而在獲得諾貝爾和平獎後躍升成爲中國大陸公共知識分子在國際上的象徵。余杰和劉曉波過從甚密，惺惺相惜，視之如兄長，亦爲砥礪精神志節的導師，追隨劉曉波於獨立中文筆會和〈零八憲章〉運動，更曾爲劉曉波著書立傳，儼若獄中遭噤聲的劉曉波的代言人，而甚至比劉曉波本人更能精準地表達了他的思想。舉例而言，關於臺灣與中國的關係，余杰便爲劉曉波辯誣，澄清劉曉波本人是支持臺灣人民自決的；而關於中國憲政改革途徑，劉曉波則贊成制定新憲法，但〈零八憲章〉是面向當前的中國大陸社會的，他必須負責地考量中國大陸人民所能接受的程度，這是責任倫理，由是我們知道，劉曉波不再是橫空出世的思想家，他是一位入世的政治家。

余杰推崇劉曉波在非暴力抗爭理念上的堅持，他則以另文介紹由梭羅（Henry David Thoreau）首倡的公民不服從（Civil Disobedience）。余杰對於暴力政權的非暴力抗爭，乃是帶有宗教精神的，不屈不撓，無怨無悔，而劉曉波則更是支撐他度過軟禁和刑求苦難的信心和力量來源。余杰以南非前總統曼德拉（Nelson Rolihlahla Mandela）對比劉曉波的激情與沉穩，也以此寄望劉曉波在未來中國的民主和平轉型和社會和解中扮演更重要的角色，更對美國領導的國際民主社會大聲疾呼，「促使劉曉波這位諾貝爾獎得主成為未來民主自由的中國的引導者，是在東方贏得中國這個潛在盟友的第一步」。

其實曼德拉和劉曉波政治人生和領袖性格的形成，是極其相像的。他們都曾經激進和熱血、自我和驕傲，但他們最終都理解了自己的命運是一種召選和應許，只是生長在不同的國家，面對不同的時代和環境，各有其條件和限制。劉曉波的前妻陶力和兒子劉陶因為難以承受身為劉曉波家人的巨大社會壓力而遠離，妻子劉霞雖與之心心相印，不離不棄，卻在獄外的社會大牢和家中受到監控和騷擾。在這一點上，妻兒始終身邊陪伴的余杰，儘管曾經共同行走過死亡的幽谷，而今在美國重建家園，毋寧是幸福的。他寫劉曉波的愛情格外令人心疼和感慨。他又寫捷克前總統哈維爾（Vaclav Havel）《獄中書簡：致親愛的奧爾嘉》（*Letters to Olga*）裡無聲卻又無所不在的妻子奧爾嘉（Olga Havlove），那也是余杰在自傳體小說《香草山》之外，對妻子劉敏和自己家庭的感激和珍愛的隱喻表達。

余杰下筆犀利，眼光獨到，月旦人物，往往一針見血。好比他寫龍應台，龍應台出任文化部長後，便自我矮化，投筆繳械，自命為官員，應當屈從於中國國民黨執政的中華民國政府扈從中華人民共和國的政策。余杰提醒她，她之所以能夠成為受到期待的文化部長，是因為她的知識分子性格，余杰也藉著提醒龍應台，勸告臺灣朝野，臺灣國家利益的設定應有價值和國格的底線，不能臣服於不義和邪惡。像哈維爾領導下的捷克，面對流氓國家，從不迴避人權的議題，而當小國一旦成爲受尊敬的國家，便是民主國家陣營必須固守的前線陣地，這才是臺灣長遠的國家利益。以知識分子的立場維護臺灣的國格，這恐怕是龍應台應當爲臺灣發揮的貢獻，而這也是我們爲出任內政部長一路到行政院長的江宜樺教授感到不捨與不值的地方。余杰又舉趙紫陽爲例，在遠離權力之後，也才開始有機會靜心讀書思考國運和體會官場冷暖，而終於對馬克思列寧主義（Marx-Leninism）大徹大悟，認識到自由主義、議會民主和美國模式才是中國文明崛起應當走的道路。對權力保持戒愼恐懼，又或者對權力和權力者進行批判，是知識分子的天職，龍應台和趙紫陽的例子，充分說明了個人置身於權力中的渺小和脆弱，這也是蔣中正、蔣經國統治下，雷震、彭明敏、黃信介等人品格之所以高貴的地方。所以我們在敬佩那些前仆後繼的濟濟諤諤之士之餘，不要忘了民主制度的追求，讓大眾都能參與公共對話、自由議論，而讓公民社會的自主性去避免國家權力集中的風險，才能根本確保人類持續的進化。

作爲臺灣人，我對於第十四世達賴喇嘛丹增嘉措對於臺灣的特別期許而深深感動，他對余杰說：「臺灣反而有可能解放中國大陸，用民主自由價值給大陸的人民帶去希望和眞正的解放」。余杰的著作無法在中國大陸出版流通，他爲冉雲飛、次仁唯色、王力雄、趙常青、許志永、陳寶成、王功權、茅於軾等人所做的聲援，就難以在當地社會獲得響應和影響到決策。所幸還有臺灣，讓余杰的書在華人世界被看見，然後有機會被帶進中國大陸，讓受難的人們知道有人關心掛念著他們，不要對生命感到絕望。我們能因此而爲生在臺灣不感到慶幸嗎？對於臺灣的未來，能不生退此一步即無後路的警惕嗎？

余杰以螢火蟲的反抗比喻知識分子的光影。毛澤東於一九三〇年一月在閩西古田賴坊針對中國工農紅軍流竄山區後的革命形勢寫了一封長信給林彪，當中引用了古話「星星之火，可以燎原」，而深深鼓舞了所有共產黨人的士氣。晉人有以螢囊替火者，螢火當然亦可以燎原。就讓我們以這句話相互勉勵，並且回嗆共產黨吧。

曾建元
中華大學行政管理學系副教授
國立臺灣大學國家發展研究所兼任副教授暨客家研究中心特約副研究員
華人民主書院董事

自序
生活在黑暗的年代，是一種怎樣的幸運？

作爲螢火蟲，生活在黑暗的年代，是一種怎樣的幸運？

自由主義思想家以賽亞．伯林很長壽，差不多與二十世紀的歷史如影隨形。童年時候，他經歷了俄國的布爾什維克革命，然後全家匆匆逃亡。緊接著是第一次世界大戰，共產主義的崛起、冷戰啓幕。最終是蘇聯、東歐集團的崩潰，自由之光照亮大半個地球。在逝去的歲月裡，由於對無辜者生活的恣意摧毀，由於僞裝成理性行爲的謀殺狂行爲，伯林認爲「二十世紀是有史以來最糟的世紀」。而珍視這種身處黑暗年代的感覺，使他的最佳作品有一種嚴峻的說服力，也使他負有盡知識分子天職的熱情。伯林用刺蝟和狐狸兩個比喻，區分思想家的不同類型，其實，他更像螢火蟲，光照黑暗，鍥而不捨。

在我的生命中，也長期籠罩著如棉絮一般的黑暗。我在「文革」浩劫的後期出生，對「文革」的記憶模糊不清，小學一年級的時候，我最大的困惑就是：毛澤東和劉少奇，究竟誰是好人、誰是壞人？直到上了中學，才恍然大悟：原來，他們都是壞人，他們的鬥爭是「黑吃黑」。關於學校，我留下的鮮活記憶是：暴戾的老師、虛假的教材、灌輸集體主義意識形態的廣播體操與升旗儀式。這一切，讓我變成一個用沉默來消極抵抗的孩子。

十六歲那年，天安門淒厲的槍聲讓我提前完成了成年禮。那一刻，我的感覺正如漢娜・鄂蘭（Hannah Arendt）在《黑暗時代群像》（*Men in Dark Times*）一書中所描述的那樣：混亂和饑餓，屠殺和劊子手，對於不義的憤怒和處於「只有不義卻沒有對它的抵抗」時的絕望。於是，我開始寫作，寫作是一種積極抵抗。我用寫作來反抗謊言與暴力，我用寫作來追尋自由與幸福。日復一日，年復一年，直到有一天，將自己寫成了「國家的敵人」。

人們習慣了黑暗，不再需要燈光。如果用一副對聯來描述今天的生活的話，有一位聰明的網友完成了巧奪天工的集句——上聯：「我現在深陷牢獄之災，百感交集，也只剩餘生」（投稿民眾：重慶薄熙來先生）；下聯：「這一世夫妻緣盡至此，我都還好，你自己保重」（投稿民眾：香港王菲小姐）；橫批：「中國夢」（投稿民眾：北京習近平先生）。《紅樓夢》中的唱詞驚人地寫實：「金滿箱，銀滿箱，轉眼乞丐人皆謗。正歎他人命不長，哪知自己歸來喪！」統治者與被統治者，富豪與明星，沒有一個人是安全的。這個國族的人們，明明生活在垃圾場中，卻以爲生活在天堂；明明患上了癌症晚期，卻爲奧運會閃閃的金牌歡呼雀躍。

這裡的人們有著特殊的喜好：在魯迅的小說《藥》中，蘸了人血的饅頭很好吃，還可以包治百病；在現實生活中，小孩子的眼睛更好吃——二〇一三年八月二十四日下午七點，山西省汾西縣發生了一起傷害兒童的惡性案件，一名六歲男童被人帶至野外，對其雙眼實施了嚴重傷害，當孩子被發現時，「滿臉都是血，眼睛翻出來了，裡面就沒有眼球了」。一百多年前，鬧義和團的時候，鄉紳和拳民編造了基督教傳教士用孩子的眼睛煉丹的故事，實際上，他們自己才是狼吞虎嚥的吃人者——一直津津有味地吃到今天，連嘴角的血都來不及擦去。

這個被咒詛的國家還有救嗎？光照在黑暗裡，黑暗卻不接受光。直到災難降臨到每件事和每個人頭上的那一刻之前，它都被遮蔽著。零零星星的反抗者，要麼像劉曉波那樣被關在監獄裡，要麼像我這樣死裡逃生後踏上流亡的旅途。反抗者，微弱如螢火蟲；而反抗的對象，強悍如大象。螢火蟲和大象，能成爲鬥獸場上對峙的兩極嗎？

✣

反抗似乎是一種過於奢侈的選擇，被招安則水到渠成。這個時代的知識分子，脊樑早已被打斷，他們口蜜腹劍、巧言令色。他們信奉「西瓜教」——看哪邊大，哪邊有錢有權，就往那邊滾。二〇一三年八月廿三日，《中國社會科學報》刊登了江蘇師範大學特聘教授孫經先的文章〈餓死三千萬不是事實〉，稱大饑荒年代，只有二百五十萬人是「營養性死亡」：「三年困難時期，我國一些地區出現的是『營養性死亡』現象，『餓死三千萬』不是事實。餓死的只是一小部分。」這個國度，人的生命最沒有價值、最受蔑視。誰說漢語缺乏想像力呢？「營養性死亡」的說法，除了漢語，還有哪種語言中存在此種異想天開的「發明」呢？

在無邊的黑暗中，還是有星星點點的螢火蟲在發光。學者楊繼繩耗費十多年時間蒐集原始資料、採訪當事人，寫成記載大饑荒歷史的《墓碑》一書。楊繼繩反駁孫經先說，餓死三千六百萬人的數字有著堅實的調查基礎，其中很多來自中國官方資料，如國家統計局公布的人口資料是公安部三局戶籍處（四處）提供的。楊繼繩還披露了諸多重要史實：一九六一年底，糧食部長陳國棟、國家統計局長賈啓允、糧食部辦公廳主任周伯萍三人受命，讓各省塡報糧食和人口變動的統計表。匯總後發現，全國餓死幾千萬人！三人將報告送交周恩來，周看了後沒有否定，卻指示銷毀這些資料。楊繼繩還查閱過當時各地的資料，吃人事件達數千起之多，如果不是極度饑餓，怎麼會出現這種情況？人吃人不僅僅是對中國文化的隱喻，更是活生生的現實。

孫經先這樣腦滿腸肥的奴才，其人性之黑暗令人髮指。教授的「叫獸化」，成爲一種普遍現象：他們污蔑上訪者是精神病人，他們稱讚北韓金家王朝三代世襲的「制度優越性」，他們叫囂「攻佔臺灣島，活捉林志玲」，他們參與「金盾工程」並修築「網路長城」。在臺灣，有到北京天安門城樓上仿效毛澤東揮手的流氓文人李敖；在香港，有推動蓋世太保法令「廿三條」的葉劉淑儀。有知識、有文化、有學歷的人，一旦壞起來，比普通人還要變本加厲。他們將靈魂抵押給魔鬼，拿什麼可以贖回來呢？

✣

崛起的是權貴，沉淪的是大地。今天的中國正在昂首闊步走向法西斯主義，張牙舞爪的中華帝國漸成雛形。

在中國的各大網站上，流行著一篇氣勢洶洶的戰爭宣言〈未來五十年的六場戰爭〉，文章宣稱，「未來五十年內，中國必須進行六場戰爭，也許是舉國大戰，也許是局部戰爭，但無論哪一場戰爭，都是中國必須進行的統一戰爭」。第一場戰爭為統一臺灣（二〇二〇—二〇二五年），第二場戰爭為收復南海諸島（二〇二五—二〇三〇年），第三場戰爭為收復藏南（二〇三五—二〇四〇年），第四場戰爭為收復釣魚島和琉球（二〇四〇—二〇四五年），第五場戰爭為統一外蒙古（二〇四五—二〇五〇年），第六場戰爭為收復被俄國侵佔的領土（二〇五五—二〇六〇年）。怎麼看都像是希特勒《我的奮鬥》（*Mein Kampf*）的口吻，每場戰爭連時間都準確到了個位數。無數的憤青為此熱血沸騰，大聲叫好；而官方嚴密的網路檢查，偏偏就是對這篇文章「網開一面」。

這不是極少數瘋子的夢囈。這是一個黑暗帝國的「雄心壯志」，中共新統治者習近平不是在視察部隊時再三強調「軍隊要隨時能打仗」嗎？如同托爾金（**John Ronald Reuel Tolkien**）《魔戒》中的魔宮，要染指整個世界。中國媒體大肆渲染日本軍國主義復活的資訊，將日本塑造成「假想敵」和「公共污水溝」。殊不知，在民主的日本，一般民眾對軍國主義已有充足的免疫力。當東京奪下奧運會主辦權、日本全國上下歡天喜地之時，剛宣布退休的動畫大師宮崎駿公開表示，他對東京申奧完全沒興趣，政府應該把申奧的錢，拿去補助福島災民。宮崎駿還說，他拒絕替東京奧運製作任何影片。宮崎駿就像他的動畫片中的螢火蟲，將光射在沒有盡頭的黑暗中，照亮人們腳下的道路。在偌大的中國，有幾個像宮崎駿這樣挺身挑戰黑暗的螢火蟲呢？

✣

我在這本書中講述的，就是一群自不量力的螢火蟲的故事。在黑暗中，螢火蟲才凸顯出自身的價值。所以，螢火蟲不以黑暗爲苦。

在法庭的最後陳詞中宣稱「我沒有敵人」的劉曉波，堅韌不拔地以善抗惡的許志永，用「每日一博（客）」的方式傳播常識的冉雲飛，把毛澤東請下神壇的茅於軾，倡導思維的樂趣和自由的滋味的王小波，相信和平終將戰勝暴力的達賴喇嘛，與藏人和維族同命運的王力雄，晚年大徹大悟、融入世界民主浪潮的趙紫陽……他們，都是螢火蟲。

還有倡導「無權者的權力」的哈維爾（Vaclav Havel），以柔弱勝剛強的翁山蘇姬，在獨裁者面前寸步不讓的法拉奇（Oriana Fallaci），以善報惡完成民族和解的曼德拉（Nelson Mandela），淋漓盡致地揭示羅馬尼亞獨裁政權醜陋面目的赫塔·米勒，將自由當作磐石般的信念來傳揚的以賽亞·伯林（Isaiah Berlin），爲百分之百的自由不惜燃燒自己身體的鄭南榕……他們，也都是螢火蟲，讓不可一世的大象最終轟然倒下。

我在《香草山》中說過一句話，「與其詛咒黑暗，不如讓自己發光」。漢娜·鄂蘭（Hannah Arendt）也說過：「如果公共領域的功能，是提供一個顯現空間來使人類的事務得以被光照亮，在這個空間裡，人們可以透過言語和行動來不同程度地展示出他們自身是誰，以及他們能做什麼，那麼，當這亮光被熄滅時，黑暗就降臨了。」對於未來，我是樂觀的。這光不會熄滅，因爲反抗者的隊伍，絡繹不絕。

這群小小的螢火蟲，可以移山，可以填海。

這群小小的螢火蟲，彼此溫暖，彼此敞亮。

第一卷

先知的證詞

愛與黑暗的故事

——劉曉波的文學與人生

你可以迴避歷史，歷史不會迴避你。你可以逃離，或者轉過身來回顧以往，但是你不能消除他們……

阿默斯・奧茲（Amos Oz）

《愛與黑暗的故事》（*A Tale of Love and Darkness*）是以色列作家阿默斯・奧茲帶有自傳體色彩的長篇小說，也是我這幾年來讀到的最偉大的小說之一。我很少用偉大這個形容詞來定位一本小說——而《愛與黑暗的故事》是當之無愧的，它既是一部家族史，也是一部民族史與國家史。那裡面，有愛，也有仇恨；有黑暗，也有光明；有絕望，更有救贖。

「我在樓房最底層一個狹小低矮的房間裡出生，長大。」小說從這個句子開始了長達五百多頁的講述。這不是一個絢麗而驚豔的開頭，但絕對是順暢而清澈的，如同大河的源頭，而且必然具有一種平靜的氣質。一部作品能稱爲偉大，絕不會因爲它的控訴、憤怒與無助，就像作者的祖母曾經對他說的：「當你哭到眼淚都乾了，這就是你應該開始笑的時候了。」

阿默斯・奧茲說過：「我們不可以成爲歷史的奴隸，但是在歐洲這片土地，人們必須跪下，將歷史扛上肩頭。只有這樣，我們才能去我們想去的地方。」在承受苦難、珍惜記憶、捍衛歷史的維度上，華人跟猶太人非常相似。有時，歷史需要像閘門一樣扛在肩頭。劉曉波就那樣謙卑地跪下來，將當代中國苦難的歷史，特別是一九八九年天安門屠殺的歷史扛在肩頭上。我在寫作《我無罪：劉曉波傳》的時候，恍然覺得自己也是在寫一個關於愛與黑暗的故事，描述劉曉波的文學與人生，沒有比這更爲妥帖的說法了。

二〇〇五年，法國具有領袖地位的知識分子索爾孟（Guy Sorman）訪問中國，走遍大江南北，訪問各個階層的中國人，寫出了《謊言帝國》（*Empire of Lies: The Truth About China in the Twenty-First Century*）一書。索爾孟爲西方讀者描述了一個被謊言重重包裹的中國，也表彰了若干與謊言戰鬥的、值得尊敬的中國人，其中就有劉曉波夫婦。有意思的是，這位目光敏銳的知識分子，在採訪劉曉波夫婦之後，並沒有將劉曉波作爲「傳主」，偏偏將劉曉波的妻子劉霞選爲「傳主」。

劉霞在作爲猶太人的索爾孟面前，將自己形容爲「中國的猶太人」。索爾孟認同這一嚴重而真誠的比喻，並以此作爲書中這個章節的題目。經過兩千年的顛沛流離和二十世紀納粹屠猶的慘劇，「猶太人」的身分不再是作爲上帝選民的榮耀，而隱喻著必然經歷無邊苦難與羞辱的「賤民」。「猶太人」不再是一個種族意義上的概念，它涵蓋了所有被壓迫、被凌辱的人群。劉霞「中國的猶太人」的概念，言下之意就是將中共政權與納粹德國相提並論。索爾孟引述劉霞的話說：「對她而言，作爲猶太人，就是要設身處地地想像一位猶太人如何在納粹德國壓迫者統治下存活。她明確指出，共產黨體制與納粹主義或法西斯主義並無什麼不同。誰是所謂中國的猶太人？他們就是異議分子、自由心靈者、知識分子、藝術家、工會分子、帶頭反抗的農夫，以及獨立自主的神職人員。上述均是共產黨隨時隨地處心積慮，想自社會中剷除的『毒草』，他們就像納粹德國的猶太人，先被鎖定，貼上標籤，密集監視，最後斬草除根。」

劉曉波和劉霞的命運被索爾孟不幸而言中。二〇〇八年十二月八日，劉曉波因發布零八憲章而被中共當局祕密抓捕。警察破門而入的那一刻，劉曉波本來示意劉霞用手機通知朋友，誰知劉霞不會用手機，平時她打手機都是曉波幫她撥好對方的號碼。這個電話未能打出去，他們的告別是心照不宣的無言苦笑。二〇〇九年耶誕節，中共故意選擇這個西方國家歡樂休假的日子，將劉曉波以「煽動顛覆國家政權罪」判處十一年的重刑。二〇一〇年十月八日，劉曉波榮獲諾貝爾和平獎。同日，劉霞被非法軟禁在家，與世隔絕，一直至今。中共當局對諾貝爾和平獎得主的妻子實施如此殘酷的迫害，連希特勒和史達林這兩個獨裁者都望塵莫及。

在劉曉波被捕以後，我就有了爲劉曉波撰寫傳記的想法。不過，那時我並沒有預料到，因爲這本書，我也成爲中共當局必須拔去的一個眼中釘。就在諾貝爾獎頒獎典禮前一天，我被中共祕密警察用黑頭套綁架到北京郊外，酷刑折磨至昏死。最終，我攜妻子和孩子從中國出走，而且「君問歸期未有期」。

鐵磨鐵：我與劉曉波十年的友誼

我的一本文集的名字叫《鐵磨鐵》，來自聖經中的話：「鐵磨鐵，磨出刃來；朋友相感，也是如此。」回顧我與劉曉波十年的友誼，「鐵磨鐵」是一個最好的比喻。

我與劉曉波的結識，有一些頗爲戲劇化的細節。

一九九八年，在北大中文系剛上碩士班的我出版了處女作《火與冰》。一夜之間，洛陽紙貴，這本書尤其受到青年學生的喜愛，差不多每個大學生宿舍都有一本。那時，劉曉波還在獄中，那是他的第三次入獄。劉霞聽說了《火與冰》，就買一本送到獄中給曉波閱讀，希望他看到年輕一代人對八十年代自由思想的承接並由此感到欣慰。劉曉波在八十年代以對前輩學者和作家的激烈批評而一舉成名，被稱爲「文壇黑馬」；而我在《火與冰》中也直言不諱地評點了不少名流先賢，也被稱爲新一代的「文壇黑馬」。

然而，讓劉霞沒有想到的是，劉曉波在獄中讀了《火與冰》之後，給予的評價不是讚賞，而是否定。主要原因是我在書中對北大的一批中年教授有頗多讚譽，而這些人大都是劉曉波在八十年代就很熟悉的同學和同儕，很多人他並不放在眼中。他看他們的視角，當然與我這個有幾分仰望的年輕學子不同。他據此認爲我是一個工於心計的少年人。當時，劉曉波對我的批評固然有失嚴苛，但後來事實證明，當我選擇在眞理的道路上奮然前行之後，我確實與很多北大的師長漸行漸遠，而與我一起「出道」的孔慶東和摩羅更是墮落爲權力的幫忙和幫凶。若不是我後來成了基督徒，若不是後來與劉曉波成爲摯友，我是不是也會墮落如斯呢？想起來也有些後怕。

劉曉波行事爲人的原則，向來是「對事不對人」。一九九九年，他第三次出獄後不久，給我打了一個電話。那時，我還是一個韓寒式的、少年成名的文化名人，圍繞著我已經有了不少的爭議，但我還可以在媒體上露面、在大學裡演講，我的「敏感度」還沒有亮起紅燈。那一天，恰好是中國警官大學請我去他們學校演講，校方專門派車來接我。爲表示對我的尊重，還有兩名穿警服的老師隨行。那時，我根本不會想到，幾年以後參與對我和劉曉波迫害的警察，有不少就是從這所大學畢業的。正在路上，我的手機響起來，對方結結巴巴地說：「我是，我是劉曉波！」這個電話不是向我示好，而是直率地批評我不久前在一個電視臺的訪問中的一段談話。第一次通話，就如此直言不諱地批評對方，這就是劉曉波直言不諱的風格。在車上，左右都是警官，我不便與劉曉波深談，哼哼哈哈幾句就說再見了。

我們第一次見面是在幾個月之後。我們共同的朋友、作家廖亦武來到北京，他認爲劉曉波跟我該見一面，便安排我與劉曉波在一個朋友家會面。剛見面，我還心存芥蒂，話不多，劉曉波似乎也沒有多少興致與我交談，場面一時間顯得很冷清。一刻鐘之後，我妻子下班趕來，她才打開了冷淡的局面，我跟劉曉波慢慢找到了一些共同的話題。之後大家一起吃飯，朋友家的阿姨來自四川，做得一手好川菜。劉曉波比我這個眞正的四川人更能吃辣，我記得那天他大口吃泡椒雞雜、水煮魚，滿頭大汗，風捲殘雲。大家都吃完了，他還用湯泡了一大碗米飯接著戰鬥。我們邊吃邊談，逐漸發現彼此對許多人和事都有相似或相近的看法。告辭之後，我們剛上計程車，手機就接到了劉曉波發來的一個短信：「今天很高興認識你們。」一句話，言簡意賅。冥冥之中，一切就已經註定。

在此之後將近十年時，我們成了心心相印的朋友。差不多每隔一兩個星期就會碰面，通常是在餐館裡一起吃飯，偶爾也到對方家中享受自己做的「私房菜」。對於中國人來說，民以食爲天，很多事情都是我們一邊吃飯一邊討論出來的。我們一起起草各種有關人權問題的簽名信，一起爲入獄的良心犯家屬籌措救援金，一起推動獨立中文筆會在國內的公開活動，最後一起修訂零八憲章的文本和聯絡簽名人。可以說，最近十年以來，劉曉波從事的所有人權活動，我都是親身參與者。當然，除了人權活動之外，我們在一起討論最多的話題還是文學。劉曉波在骨子裡不是政治中人，而是文學中人。他最關切的是人性，而不是政治。

傳世與覺世：文學的「野心家」與人權的捍衛者

一九八九年「六四」的槍聲，改變了劉曉波的一生，也改變了我的一生。那一年，劉曉波三十四歲，是天安門廣場上堅持到最後的絕食四君子之一；那一年，我十六歲，在四川偏遠的小鎮上，從美國之音的廣播中聽到沉悶的槍聲，一夜之間，我就完成了我的成年禮。然後，劉曉波入獄。三年後，我如願以償地考入北京大學，在我們偏遠的縣城，每年一千名高中畢業生中，差不多只有一個人能考入北京大學。

在八十年代，劉曉波是一位文學的「野心家」。張愛玲說過一句名言：「出名要趁早。」青年劉曉波是一名懷著出名的渴望來到京城的外省青年。他野心勃勃，野性難馴，他不把前輩和權威放在眼中，打倒他們並取而代之是他的夢想。他首先說出中國當代文學一無所有的眞相，然後指出中國知識分子根深蒂固的奴性，接著像《國王的新衣》中的那個孩子一樣，說出了一個人人心知肚明卻又相顧無言的事實——「毛澤東就是混世魔王」。那是一個文學爆炸的時代，作家是萬人迷，詩人比後來的歌星影星更受追捧，劉曉波果然成了中國最出名的文學博士。那時，他研究的題目是美學，那是八十年代中國的顯學，而劉曉波本人也具有極高的藝術鑑賞力。他愛看電影、聽古典和搖滾音樂，流連於北京的美術館和畫廊。如果沿著這條道路走下去，一直寫寫文學評論和藝術評論，他會成爲中國最優秀的文學教授和一言九鼎的文學評論家。

但是，沒有人能決定自己的命運，即便強悍如劉曉波也不能。「六四」的槍聲終結了劉曉波的文學夢，他的人生更換軌道，駛入驚濤駭浪的出三峽之旅。一九八九年之後，他出入於監獄內外，很多時候，他的家也變成臨時的監獄。中國日新月異，物欲橫流，人們以忘卻作爲升官發財的前提，而劉曉波將自己定格在那個恐怖的夜晚，跟「新時代」和「大國夢」格格不入。他付出了很多時間和精力去安慰那些良心犯的家人，而他們大都是在壓力、迫害和困窘之下的憂鬱症患者。中國人沒有看心理醫生的習慣，於是劉曉波便兼任起心理醫生的職業，以自己的切身經驗來撫慰和鼓勵他們。他爲一樁樁的人權事件拍案而起，儘管由於嚴密的監控，他很多時候無法身臨現場，但筆下的文字卻如泉水般汩汩地流淌。他幾乎是一人敵一國，單槍匹馬地對抗黨國強大的宣傳機器。一個「文學」的劉曉波，轉換成了「政治」

的劉曉波。

我在北大念碩士的時候，論文是關於梁啓超的。我的導師夏曉虹教授是研究梁啓超的專家，她寫過一本名爲《傳世與覺世》的梁啓超的傳記。梁啓超的一生都在「傳世」與「覺世」之間掙扎，人的生命是有限的，但人的使命卻是多重的。是寫曹雪芹的《紅樓夢》或錢鍾書的《管錐編》那樣的巨著，還是寫如魯迅形容的「匕首」和「投槍」的雜文和時政評論？前者是傳世之作，後者是覺世之作。對於既有天才也有野心的作家來說，這是一個兩難的困境。梁啓超看到他所處的那個時代，皇綱解紐，百廢待興，民智未開，歧路亡羊，他放棄了寫作那種可以「藏之於深山，傳之於後世」的巨著，而寫作那種開啓民智、啓蒙大眾、傳播常識、警戒危機的報刊文章。

劉曉波也是如此，一九八九年之後的二十年，他沒有寫過長篇小說，也沒有寫過結構嚴謹、規制宏大的學術論著，他結集出版的幾本書都是由評論彙編而成。他以寫作傳世之作的才情來寫覺世之作。這是不是大材小用呢？「天安門母親」丁子霖曾經問劉曉波，爲什麼不寫理論專著，而專寫那種會惹麻煩的文章？劉曉波回答說，十三億人口的中國，開口說話的人太少了。看到身邊的朋友以及那些無辜的百姓遭到強權的迫害、凌辱、剝奪，我能保持沉默嗎？在這樣一個基本人權和自由不得保障的境遇下，追求文學夢和學術夢過於奢侈了。那時，劉曉波大概也沒有想到，他失去了實現文學夢的機會，卻成爲尊崇的諾貝爾和平獎得主。

其實，這也是我近十年來的選擇。二〇〇一年出版的《香草山》，是我最後一本所謂

「純文學」的作品，那是一本長篇自傳體的愛情小說，在一個人們普遍不再相信愛情的時代，我重申了愛情的可能與愛情的偉大。但在此之後，我也像劉曉波那樣，集中精力寫作那種「速朽」的政治評論。由此，我的書、文章乃至名字在中國全面被禁，我與劉曉波一樣成了在祖國「隱形的人」。

因爲愛，所以痛：劉曉波的愛情以及對世界的大愛

劉曉波的尖銳和堅韌，是因爲愛和不忍。二〇一〇年九月二十九日，國際筆會第七十六屆代表大會在日本東京舉行紀念會，特別紀念獄中作家委員會成立五十周年——中國作爲監禁作家數量居世界第一的國家，成爲會議討論的重點。開幕式上播放了劉霞的一段視訊講話，那是劉曉波榮獲諾貝爾和平獎消息傳出之前的一個星期，日漸消瘦的劉霞平靜地講述說：

這是劉曉波一九九七年一月給我的信，也是幾百封信中僅存的之一。

「親愛的，我們愛的首要和最後的依憑就是一種堅韌的宗教情懷，彼此的信任和絕不放棄未來的希望。或者說，我們生活的首要的和最終的意義來自我們的愛。……愛會使我們在充盈的感情的溫暖中過飽滿的心靈生活，愛使我們有勇氣、有信心秉持人類正義，向極權挑戰，保持人的尊嚴、誠實、自由。

你的信，你遙遠的思念，使我努力向著完美的境界靠近，從另一種維度走向終極的

存在，我會在充分的內省之中，批判地面對世界和自我，謹慎而又堅定地作出選擇，對生命始終保持善意的基本信任。

我們對這個社會的拒絕，不是出於憤怒和仇恨，而是出於寬容和愛。我們永遠不會是現存秩序的認同者和辯護士，我們以永遠的愛來拒絕。」

在一九九六年十月八日到一九九九年十月八日曉波被勞教三年期間，我給他寫了三百多封信，他給我寫了兩、三百萬字，幾經抄家，他的文字基本消失。

這就是我們的生活。

謝謝大家給我時間，與我一起分擔劉曉波不自由的日子。

我想，聽過這段講話的朋友，一定就能理解劉曉波爲何要爲人權和自由奮鬥。爲了自由，他付出了不自由的代價；爲了愛，這個宣稱「我沒有敵人」的人，成了專制政府最大的敵人。

《我無罪：劉曉波傳》是我寫的第一本傳記。在劉曉波於二〇〇八年十二月八日失去自由之後，爲劉曉波寫一本傳記成了我的心願和我的使命。在寫作傳記之前，我在香港出版了評論集《劉曉波打敗胡錦濤》，收錄幾十篇探討劉曉波的思想和呼籲關切劉曉波案件的文章。寫評論我是輕車熟路，寫傳記對我則頗有挑戰。首先，是資料蒐集的困難，比如我想採訪劉曉波歷次坐牢期間的獄友和獄卒，以及與他的案件有關的警察、檢察官和法官，但在目前中國的政治情勢下根本不可能，劉曉波的獄中文稿仍被官方封存在檔案館中。其次，是我與傳主之間有著亦師亦友的親密關係，我如何能在傾注情感的同時又保持一定的距離感，不致於將傳主神聖化，而寫出一個有血有肉、有缺點、有侷限、有衝突的「人」來？

那就必須全面呈現劉曉波對待愛情和眞理的態度。英國學者保羅．約翰遜（Paul Johnson）在《所謂的知識分子》（*Intellectuals*）一書中指出：「考察知識分子對待眞理的態度，他們尋找證據和評價證據的方法。他們對待特定的人，而不是對待人類整體的態度；他們對待朋友、同事，尤其是對待家人的方式。」有些知識分子宣稱他們愛人類，但他們愛的是一個抽象的、群體的概念，他們卻不愛身邊具體的人，不愛他們的妻子和孩子，這樣的人是虛僞的。劉曉波有過一段不懂得愛、不珍惜愛的放蕩不羈的時期，像五四時代的小說家郁達夫那樣「曾因酒醉鞭名馬，生怕情多累美人」，終於導致第一次婚姻的破裂，他的前妻攜他們唯一的兒子遠走美國。他對前妻造成了很大的傷害，致使此後他們基本斷絕了聯繫，甚至當劉曉波第四次入獄和榮獲諾貝爾獎之後，他的前妻和兒子都不曾對媒體說一句話。

正是因爲曾經失去，經歷過那刻骨銘心的痛，劉曉波後來才倍加珍惜與劉霞的愛情和婚姻。他對劉霞體貼入微，每次過馬路的時候都牽著膽小的劉霞走，每當在外面的餐廳吃到好吃的菜都會給劉霞打包回去。劉曉波對我說，一個不愛自己妻子的人，是不能作朋友的。這是他選擇朋友的首要標準。這就是眞實的劉曉波，他對世界的愛是從對妻子的愛開始的。

出黑暗，入光明：劉曉波與未來中國的民主轉型

多年以來，劉曉波屢敗屢戰地與外在的社會、政治和文化的黑暗戰鬥，他不僅批判共產

黨的獨裁制度，而且否定中國兩千年來儒法互補的專制主義傳統。他熱烈擁抱民主自由的普世價值，同時也對資本主義和商業文化帶來的「單向度的人」不無憂慮。他從時代的脈動中捕捉到「未來自由中國在民間」的資訊，但又對民粹主義和「多數人的暴政」充滿警惕。所以，劉曉波的思想觀念不同於一般意義上的「反共人士」，他看到了許多「反共者」與共產黨之間不自覺的「精神同構性」。所以，我將劉曉波看作是「異議人士中的異議人士」。

與外在的社會結構性的黑暗相比，人內心深處的黑暗更加可怕。思想史家張灝提出「幽暗意識」的觀點，認爲正是儒家性善論中「幽暗意識」的缺乏，使得中國未形成強大的民主傳統。儒家「人之初，性本善」對人性的樂觀看法，導致暴君肆無忌憚地施行暴政。作爲傳記的寫作者，我當然不迴避劉曉波生命裡眞實存在的黑暗。劉曉波本人也從未否認自己內心的黑暗與虛無，除了應對警察以及異議人士陣營中的批評者之外，他更多的是在「天人交戰」。他有過虛榮、傲慢，有過軟弱、退卻，人性中普遍存在的那些黑暗，在他身上都或多或少地有。在第一次入獄的時候，劉曉波在父親的勸說之下寫過悔過書，客觀上配合了當局的宣傳——他說自己沒有看見廣場上死過人，雖然他確實沒有親眼看到死難者，他並不是在說謊，但這句話卻被共產黨當局大肆利用，成爲對死者和家屬的第二次傷害。由此他開始了漫長的自我拷問。大屠殺之後，劉曉波活了下來，出了監獄，但把十字架永遠背在背上。別人試著背一下，背不動，就輕輕地放下了。可是他偏不，一直背著。

劉曉波不是生而成爲聖賢，而是不斷地懺悔與反省、修補與超越，向著聖賢的方向邁進。我也深信，第四次入獄的劉曉波，會做到他自我期許的那樣「愛獄如家」，正如劉曉波的好朋友、政論家胡平所說：「二十年來，曉波透過更堅定的抗爭，更從容的面對苦難，包括一次又一次的坐牢，爲自己贏回了尊嚴，從而也使得自己的精神境界進入到更高的層次。……聖人，就是不斷努力的罪人。」在過去的十年裡，我親眼目睹了劉曉波如鳳凰涅槃一樣的昇華，他也帶動著我向前走。有一句英國諺語說：「跟我們同行的人，比我們要到達的地方更加重要。」能夠與劉曉波同行，是我一生的幸運。儘管因爲與他的友誼，因爲寫作《我無罪：劉曉波傳》，我的生命軌跡發生了翻天覆地的變化，差點失去生命，被迫離開中國，但我並不爲此感到後悔。

今天，在大國崛起的肥皂泡之下，中共的獨裁統治已呈現出嚴重危機。不管中共當局是否承認和接受，中國的民主轉型已經不可避免。作爲一名從天安門屠殺以來持續二十多年爲中國的人權事業奮鬥不止的知識分子，作爲非暴力抗爭的原則和「我沒有敵人」精神的倡導者，作爲唯一一名身處中國本土的諾貝爾和平獎得主，劉曉波必將在這一變革中發揮至關重要的作用。

中國的民主化，不僅將使得十三億中國人告別共產黨暴政、基本人權受到法治保障，而且將帶動新一輪的全球民主化浪潮，北韓、伊朗、古巴等獨裁國家的變化必將加速。在此意義上，劉曉波對人類歷史的推動，將不亞於南非的曼德拉、捷克的哈維爾、韓國的金大中和緬甸的翁山蘇姬等人。他應當像曼德拉、哈維爾、金大中和翁山蘇姬那樣獲得其同胞和全世界的支持。

我很喜歡的日本童謠詩人金子美鈴寫過一首題爲《向著明亮的地方》的童謠，其中有幾句是這樣寫的：

向著明亮的地方
向著明亮的地方。
哪怕一片葉子
也要向著日光灑下的方向。
灌木叢中的小草啊。

向著明亮的地方
向著明亮的地方。
哪怕燒焦了翅膀
也要飛向燈火閃爍的地方。
夜裡的飛蟲啊。

是啊，我們都是灌木叢中的小草，我們都是夜裡的飛蟲。我把這首童謠送給在冰天雪地的錦州監獄的曉波，也送給每一位熱愛真理、正義、和平與光明的朋友。

苦難的程度與飛翔的高度成正比

——劉曉波與曼德拉之比較

在監獄裡，我很擔心一件事情，那就是自己在不知不覺中被外界塑造成聖人的形象。

曼德拉

政論家胡平有一篇評述劉曉波的文章，題目是〈聖人就是不斷努力的罪人〉。這句話是電影〈翁山蘇姬〉中的一句臺詞。電影裡有這樣一個片段：一九九五年，翁山蘇姬剛剛獲得一段短暫的自由，丈夫艾瑞斯和孩子們到緬甸來探望她。在陽臺上，艾瑞斯對翁山蘇姬講，你現在是多麼的出名，有多少人崇拜你。翁山蘇姬說，我不喜歡被人崇拜，我有很多弱點，但我會不斷努力。接著她講了一句很精闢的話：「聖人，就是不斷努力的罪人。」其實，曼德拉也說過類似的話，而且說得更加清晰和謙卑：「對於聖人，有一種世俗的定義，即聖人就是不斷努力嘗試改變自我的罪人。但是，即使按照這個定義，我也算不上是聖人，我從來都不是。」[1]

1 曼德拉《與自己對話》，中信出版社，二〇一一年第一版，頁三五六。

劉曉波、翁山蘇姬、曼德拉都是這樣的人，他們一生都走在從罪人到聖人的漫漫長路上，他們承受苦難的程度與飛翔的高度成正比，正如胡平所說：「如果劉曉波一直堅持，堅持到底，他就是聖人了，不是也是了——這樣都不是，怎樣才能是呢？聖人就是這樣煉成的。沒有人天生完美，完美就體現在對完美的不斷追求。那些終生追求完美的人就是完美的。」[2]在諾貝爾和平獎得主群星燦爛的天幕上，我認爲最具可比性的兩個人是曼德拉與劉曉波：他們承受的漫長而艱難的牢獄之災是如此相似；他們經歷的家庭破碎和丈夫及父親身分的缺席是如此相似；他們在各自的國家和平轉型中的象徵地位和樞紐作用也是如此相似。所以，本文以劉曉波和曼德拉的比較爲切入點，重點分析兩人在不同的時空、文化及信仰背景下的處境異同，進而凸顯劉曉波在中國憲政變局中無可取代的價值。

誰能「愛獄如家」？

任何一個正常人，在家和監獄兩者之間，都會選擇家。沒有任何一座監獄，即便是在監獄中享受特殊待遇，會比家更加溫暖。監獄是家的對立面，監獄不是一個拯救人、矯正人的制度，而是一個剝奪人的愛與自由的制度。傅柯（Michel Foucault）是劉曉波最喜歡的當代思

2 胡平《「聖人就是不斷努力的罪人」——看電影〈翁山蘇姬〉想起劉曉波》（上），《中國人權雙週刊》第九二期，二〇一二年一一月一六日—一一月二九日。

想家，劉曉波曾經激動地向妻子劉霞朗讀傅柯著作的片段，傅柯研究的一個重點，就是監獄制度的形成以及人文科學對監獄制度的合理化闡釋，傅柯指出：「監獄是一個以囚犯船或苦役到各種輕微限制的廣泛等級。它傳送著某種由法律所肯定的、被司法當作最得心應手的武器的權力。」[3] 長期坐牢的劉曉波和曼德拉對此當是心有戚戚焉。

曼德拉在回憶錄中談到三個讓人揪心的細節。出獄後，有一次，朋友問他：「在夫妻性生活方面，你或許再也沒有能力了；你的性能力萎縮。在監獄裡，你怎麼處理這個問題？」曼德拉回答說：「一個人總會習慣一件事情的，其實控制自己也不是太難；我是說，我讀過高中，也在寄宿學校待過，在那裡可能半年都見不到一個女孩，所以自己必須克制自己。後來我進了監獄，也就接受了再也不可能有機會做那件事情的事實，我能夠處理好這件事情。」[4]

曼德拉於一九六二年被捕，當時女兒澤妮還在襁褓之中。二十多年以後，女兒抱著剛出生的外孫女去探望外公，曼德拉寫道，他在擁抱女兒的時候內心澎湃，「自從她大約與她自己的女兒那麼大之後，我就再也沒有抱過我長大成人的女兒。這是一場令人激動的經歷，時間似乎就像科幻小說中過得那麼快，轉眼之間，自己的孩子就已經長大成人了。」[5]

曼德拉出獄後，在另一個女兒津姬的婚禮上說，自由戰士似乎命中註定要過不穩定的個

3 米歇爾·傅柯《規訓與懲罰》，三聯書店，一九九九年第一版，頁三四七。
4 曼德拉《與自己對話》，中信出版社，二〇一一年第一版，頁一五二。
5 曼德拉《漫漫自由路》，山東大學出版社，二〇〇五年第一版，頁四二三。

人生活。「當你的生命像我的生命就是鬥爭那樣，你就幾乎沒有家庭生活的餘地。這一直是我一生中最大的遺憾，也是我所作的最痛苦的選擇。」他接著說：「我看見我的孩子們在沒有我的情況下成長，當我眞的從監獄出來的時候，我的孩子們說，我們認爲我們有父親，並且有一天他將會回來；但是，讓我們失望的是，我們的父親回來後又不和我們在一起了，因爲他現在成了國父。作爲一國之父是莫大的榮耀，但作爲一個家庭之父卻是莫大的愉快。然而，這種愉快對我來說實在是太少了。」[6]

監獄生活也就意味著與家的隔絕。曼德拉感歎說：「我一直不能跟家人團聚，在我的政治生涯中，這是一個一直困擾我的問題。我很喜歡在家裡休息，安安靜靜地讀書，呼吸從廚房飄來的飯香味兒，然後和家人圍坐在飯桌前吃飯，偶爾帶妻兒去外面遊玩。如果連這些簡單的快樂都享受不到，在日常工作中就會感覺到失去了生命中某些珍貴的東西。」[7]

一九八九年之後，劉曉波的生活始終籠罩在牢獄之災的陰影下。與曼德拉一樣，劉曉波也承受了第一次婚姻破裂的痛苦。如果說，「六四」的槍聲讓「天安門母親」失去了她們的孩子，那麼從那一天起，劉曉波也被剝奪了「父親」的身分以及與兒子之間的血肉聯繫。我相信，這是劉曉波內心深處最大的痛。後來，前妻帶著年幼的兒子遠赴美國開始新的生活，與劉曉波極少聯繫，即便在劉曉波獲得諾貝爾獎之後，他們都未現身就此事對媒體發表評

6 曼德拉《漫漫自由路》，山東大學出版社，二〇〇五年第一版，頁五一五。
7 曼德拉《與自己對話》，中信出版社，二〇一一年第一版，頁六〇。

論。我理解和尊重他們的選擇，但我也期望，劉曉波唯一的兒子劉陶，「六四」的時候只有六歲，現在已經二十九歲了，他可以嘗試著去原諒父親、理解父親乃至重新接納父親。父子復和的那一刻，將是何等美好。

對於政治犯與監獄的關係，劉曉波說：「政治犯不是超人，爲自由坐牢也不是自我炫耀的資本。在這顆平常心的審視下，監獄的鐵門成爲通向自由的必經之路，獄外的抗爭和獄內的堅守，共同構成獨裁下的自由事業。」[8] 作爲一名囚徒，如何才能不被長久的牢獄之災摧垮？劉曉波的心得體會是：「在極端嚴酷的環境中，只有保持樂觀的平常心，某一時刻的絕望才不會變成自殺的毒藥，特定的苦難才不會把人變成喋喋不休的怨婦，才不會陷於『爲什麼我如此倒楣？』的自我中心的深淵，才不會沉溺於『我是天下最不幸的人』的悲歎中而無力自拔，才不會覺得全世界的人都『欠我一筆還不完的債』，稍不如意就大發雷霆或哀聲歎氣，並將自身的冤恨、憤怒、悲觀、厭世、沉淪、頹廢等情緒轉嫁給外在環境和親人、朋友及其他人。」這段話，可以成爲所有政治犯的「教材」。

儘管監獄是家的對立面，但劉曉波認爲，「愛獄如家」既是一種難得的品質，也是獨裁制度下異議人士應該具有的「職業道德」。「異議人士要把坐牢看作必修課。如同工人應該做好工、農民應該種好地、學生應該學好功課，獨裁下的民主人士也必須坐好監獄。」劉曉波指出，選擇反抗首先是個人性的和自願性的，你也可以像其他人一樣選擇沉默。既然是

8 劉曉波《自由人面對鐵窗的微笑：爲秦耕〈中國第一罪：我在監獄的快樂生活紀實〉作序》，「觀察」網站。

個人自願的，就要坦然承受這種選擇所帶來的一切；特別是當坐牢並沒有爲良心犯帶來所期望的社會聲譽和公眾尊敬之時，良心犯也不應該怨天尤人，更不應該以坐牢爲資本向社會討債。與此同時，外在的社會評價越是向良心犯獻上種種英雄光環，良心犯本人就越應該清醒，避免陷於一坐成名的自我陶醉之中。「事實上，坐過中共大牢的異議人士，也絕非『聖人』或非人化的『英雄』，而僅僅是獨裁制度下的常識性行爲；政治犯身上既有堅守尊嚴和爲自由而付出的勇氣和良知，也有常人的七情六慾或人性弱點。」無論經歷多少苦難，也要保持看待自己和看待社會的「平常心」。這樣，人才不會被苦難束縛，而是超越了苦難。

自由憲章與零八憲章

憲章（Charter）一般有三種涵義。第一，即憲法，根本法，或稱憲制性文件，是一個國家、地區、自治地區、聯邦制國家的州的根本大法。第二，是指國家間關於某一重要國際組織的基本文件，具有國際條約的性質。一般規定該國際組織的宗旨、原則、組織機構、職權範圍、議事程式以及成員國的權利義務等，屬於多邊條約的一種，如《聯合國憲章》（*Charter of the United Nations*）、《美洲國家組織憲章》（*Organization of American States Charter*）、《非洲統一組織憲章》（*Organization of African Unity: Charter*）等。第三，是官方或民間發布的關於人權問題的文件，它不具有法律效力，卻是民主化運動中的里程碑式的事件，如零八憲章和七七憲章。

零八憲章發表之後，很多人將零八憲章與七七憲章相提並論。七七憲章的發起人哈維爾專門撰文探討兩者之間的精神聯繫。作爲零八憲章的首批簽署者之一，在二〇〇八年夏秋之間，我參與多次劉曉波召集的飯局和討論會，一起斟酌具體的條文和名字。幾經反覆，我們最後確定了零八憲章的名字，當時確實有向七七憲章致敬的考量。

當時，我們並不知道在南非取消種族隔離制度的抗爭歷史上，也有過一份重要的人權文件，即自由憲章。將自由憲章與零八憲章的產生背景、運作過程、具體內容作比較是一件很有價值的事情。

一九五四年，南非非洲人國民大會（簡稱非國大）舉行全國會議，決定制訂一套建立新南非的原則，新憲章將聽取人民的建議，將是一個來自人民的文件。非國大有一個班子負責起草《憲章》，然後由南非非洲人民國民大會全國執行委員會負責審閱。一九五五年六月，會議在一個草原上的村莊召開，三千多人不畏警察的威脅參加了大會並爲自由憲章投了票。當大會在歡呼聲中透過憲章的時候，一群荷槍實彈的警察和特警偵探蜂擁跑上主席臺，宣布大會有謀反的嫌疑，然後警察開始一個接一個地檢查與會人員的身分證。[9]

雖然後來憲章內部發生了分裂，但曼德拉認爲：「憲章本身成爲指引解放鬥爭的偉大燈塔。像其他不朽的政治文獻如美國的《獨立宣言》、法國的《人權宣言》和《共產黨宣言》一樣，自由憲章是世紀目標和詩一般語言相結合的產物。它讚美廢除種族歧視和人人獲得平

9 曼德拉《漫漫自由路》，山東大學出版社，二〇〇五年第一版，頁一四五。

等的權利。歡迎熱愛自由並參與創造一個民主的、沒有種族歧視的南非的所有人士。它代表著人民的希望和夢想，成爲解放鬥爭和國家未來的藍圖。」10

而零八憲章的誕生過程更爲艱難。南非白人政權實行嚴厲的種族隔離制度，但表面上存在憲政的框架，屬於威權主義的政府，所以黑人政黨和組織還存在一定的反抗空間。他們至少能夠召集三千人開會，即便會議被警察打斷。但是，中共政權是極權主義體制，有憲法而無憲政，是赤裸裸的一黨獨裁，公民社會和公共空間受到嚴密壓制，不可能成立不受中共控制的政黨和組織，更不可能組織三千人的大會——即便是在網路上聯繫一、二十人「同城飯醉」（犯罪之諧音，意即吃飯），也常常遭到國保警察之阻撓。所以，零八憲章的起草者和組織者，只能在餐廳和茶館中三五人一批地商談文稿的內容。

憲章是群體智慧的結晶，需要取得「最大公約數」。在這個意義上，劉曉波無法將他自己的那些比較超前的思想納入到零八憲章之中。比如，在統獨問題上，他個人持原住民自決的態度，但零八憲章只能採納「聯邦制」的提法。即便如此，據說「聯邦制」還成爲讓胡錦濤震怒並下令抓捕劉曉波、鎮壓憲章運動的理由之一。再比如，在如何面對中國現有的憲法的問題上，劉曉波更傾向重新起草一部眞正具備憲政精神的憲法，但零八憲章只能提出「修改憲法」的建議，而非全盤推倒重來。這種妥協固然使得零八憲章的前瞻性和衝擊力受到傷害，卻能「求同存異」，獲得最大多數人的支持。

10 曼德拉《漫漫自由路》，山東大學出版社，二〇〇五年第一版，頁一四六。

就內容而言，我個人認爲零八憲章優於自由憲章。自由憲章多是泛泛而論一些基本的人權和自由原則，對可以實踐的政治方案涉及較少。在經濟政策上，自由憲章也在一定程度上受到社會主義思想的污染，聲稱要強化國家對工業和商業的管理。當時非國大內部就有很多人認爲，國民黨人和白人共產黨人對憲章的意識形態有很大的影響。曼德拉當時就比較傾向社會主義，比如，他在對憲章的上述評價中，就將《共產黨宣言》視爲人類歷史上的正面遺產。在相當長的一段時間內，至少共產黨人將曼德拉視爲可靠的盟友，一直到一九八四年六月十八日，古巴總統卡斯楚還授予曼德拉以古巴最負盛名的獎章。而古巴當局對劉曉波獲得諾貝爾和平獎一事，卻與中共當局一個鼻孔出氣，竭盡攻擊污蔑之能事。

曼德拉在組織武裝鬥爭的時候，還專門學習毛澤東的著作。「我閱讀了切．格瓦拉（Che Guevara）、毛澤東、卡斯楚的著作和關於他們的書籍。在愛德格．斯諾（Edgar Snow）的光輝著作《紅星照耀中國》（*Red Star Over China*）中，我發現毛澤東的決心和非傳統思想把他引向了勝利。」[11] 對共產黨及其意識形態的警醒，曼德拉是很多年之後才產生的：「我不認爲共產主義就是一種解放，馬克思主義對我來說實際上只是一種新的意識形態。這就是爲什麼一涉及政治，我就攻擊共產黨員的原因。」[12] 這種覺醒，乃是亡羊補牢，爲時未晚。而劉曉波面對的對手就是中共獨裁政權，劉曉波對共產黨的意識形態、經濟、政治、文化、教育

11 曼德拉《漫漫自由路》，山東大學出版社，二〇〇五年第一版，頁二三二。
12 曼德拉《與自己對話》，中信出版社，二〇一一年第一版，頁四三。

制度有著全方位的反省和批判。儘管青年時代的劉曉波所接觸到的書籍有限，不得不依靠馬克思的著作來瞭解西方的思想和文化，但在八十年代中期，他就徹底拋棄了馬克思主義和毛澤東思想。經過八九民主運動和蘇聯、東歐的劇變之後，共產主義意識形態更是聲名狼藉。所以，在零八憲章的內容中，我們可以更多地發現英美自由主義傳統的影響，這與劉曉波對英美自由主義的推崇是分不開的。

非暴力：手段還是原則？

曼德拉與劉曉波都是諾貝爾和平獎得主，但他們對非暴力的理解卻有本質的差異。一言以蔽之，非暴力對曼德拉來說，是可以改變的手段；而非暴力對劉曉波來說，卻是必須堅守的原則。

早年的曼德拉曾經堅決主張展開武裝鬥爭。一九五五年，當索非亞頓反對搬遷的鬥爭失敗後，曼德拉第一次產生放棄非暴力原則的想法：「我們一次又一次使用我們『武器庫』內所有的非暴力武器，例如演講、派代表團、威脅、遊行、罷工、自願坐牢。這些『武器』都沒有效果，因爲不管我們採取哪種方式都會遭到鐵拳的打擊。……發展到一定時刻，只能以火救火。」[13]

13 曼德拉《漫漫自由路》，山東大學出版社，二〇〇五年第一版，頁一四〇。

曼德拉認為，武力是最後的選項之一：「每個人都會如此——在和平方式不適用的時候，而推動運動前進的唯一一條路或者解決問題的唯一一種方法只剩下武力的時候，就要使用武力。這是世界各地根據上百年的歷史總結出的教訓。」[14] 他也認為，對施暴者的報復是必不可少的：「我們必須要有勇氣承認，殃及大眾的報復行動勢必存在。但是，我們會謹慎選擇報復行動的目標，盡力避免殃及大眾。因此，目標最好遠離大眾，盡可能靠近敵人。」[15]

在一次罷工失敗之後，曼德拉會見記者，發表聲明，他說：「如果政府作出的反應是用赤裸裸的武力鎮壓我們的非暴力抗爭，我們將不得不重新考慮我們的策略。在我的心目中，我們正在翻過非暴力政策這一歷史篇章。」他未經委員會的授權而發表此聲明，引起非國大內部的激烈爭論。關於非暴力的辯論，出現在一九六一年的一次會議上，曼德拉提出建立軍隊的建議。委員會中的資深成員摩西・考塔尼明確表示反對：「如果我們採取曼德拉的建議，我們無異於把無辜的人民交給敵人進行屠殺。」[16]

後來，非國大決定，組建民族長矛軍，由曼德拉擔任指揮官。在策劃民族長矛軍的發展方向和行動方式時，曼德拉考慮了四種暴力活動：破壞、開展游擊戰爭、搞恐怖活動、公開進行革命。他得出的結論是：「對於一支規模很小而羽翼未豐的軍隊，開展公開的革命戰爭是不可想像的。搞恐怖活動不可避免會給活動者帶來不好的名聲，從而引起公眾的反感。開

14 曼德拉《與自己對話》，中信出版社，二〇一一年第一版，頁七四。
15 曼德拉《與自己對話》，中信出版社，二〇一一年第一版，頁九一。
16 曼德拉《漫漫自由路》，山東大學出版社，二〇〇五年第一版，頁二二八。

展游擊戰爭具有可能性，但是非洲人國民大會一直不願意採取暴力，我們趨向於採取對個人傷害最小的暴力形式，即破壞。」[17]

曼德拉放棄非暴力是因爲他把非暴力「手段化」了，他自己就這樣說：「對於非國大，非暴力是一個不可違背的原則，而不是一個根據條件變化而變化的策略。而我本人則認爲恰恰相反，非暴力是一個策略，當它不再有保留價值的時候，我們就應該放棄它。」[18]

經過漫長監獄生活的磨鍊，以及看到國際國內情勢的變化，出獄之後的曼德拉放棄了武裝鬥爭的手段，轉而與白人政權的總統戴克拉克一起致力於種族隔離制度的取消和南非社會的和平轉型。在群眾集會上，很多人向這位昔日的武裝組織領導人呼喊：「曼德拉，給我們槍！」但曼德拉告訴他們，國家不能陷入內戰狀態，和談是唯一的出路，「要想與對手和平共處，你就必須與對手一道工作，使對手變成你的夥伴。」[19] 這個觀念，與劉曉波在法庭上最後陳述的題目〈我沒有敵人〉異曲同工。

劉曉波從八十年代起就是非暴力的倡導者。一九八九年四月二十六日，劉曉波從紐約啓程回國那天，時任《時報週刊》總編輯的臺灣朋友杜念中送給劉曉波兩套非暴力政治學專家基恩．夏普的著作。不知彼時心潮起伏的劉曉波，在飛機上是否翻閱過該書？甫一回國，在學運的洪流中，他肯定沒有時間和心情仔細閱讀此書。也不知這兩套書後來的命運如何，是

17 曼德拉《漫漫自由路》，山東大學出版社，二〇〇五年第一版，頁二三八。
18 曼德拉《漫漫自由路》，山東大學出版社，二〇〇五年第一版，頁二三九。
19 曼德拉《漫漫自由路》，山東大學出版社，二〇〇五年第一版，頁五二五。

不是落入那些抄家的警察手中？

劉曉波沒有像曼德拉那樣經過一個從非暴力走向暴力，再由暴力走向非暴力的階段。他一開始就毫無保留地持守非暴力的觀念。他認爲，非暴力不是一種手段，而是一種價值；非暴力適用於任何情境之中，而不是在權衡對手的道德與倫理狀態之後的一種選擇。「當民間反對者必須面對被強加的暴政及其苦難之時，作爲反抗的一方，應該具有一種超常堅韌的非暴力反抗能力，那是一種直面暴虐的超常勇氣，一種忍受痛苦和屈辱的超常能力，用仁愛面對仇恨，以尊嚴面對羞辱，以寬容面對偏見，以謙卑面對傲慢，以理性面對狂暴，最終逼迫加害者回到理性和平的規則中來，從而超越『以暴易暴』的惡性循環。」[20] 從八九學運到零八憲章，非暴力成了劉曉波堅定不移的信念與信仰。

在貧富懸殊、官民對立的當代中國，官方拒絕啓動憲政改革，民間日益焦躁絕望，矛盾愈演愈烈，暴戾之氣彌漫在社會的各個角落。在此背景之下，倡導非暴力的理念極爲困難，可謂左右不討好、動輒得咎。這也是劉曉波遭到某些激進派攻擊並被妖魔化爲「投降派」的重要原因。但是，劉曉波堅持認爲，中國的民主化必須走一條理性、非暴力、依靠民間、堅韌而持久奮爭的道路，每一個對中國的未來有責任感的公民，都應當盡自己的努力增大和平轉型的可能性、也就是降低「血流成河」的暴力革命的可能性。

在多年從事人權活動和民主運動的思考與實踐中，劉曉波先後提出「責任倫理」、「程

20 劉曉波《楊佳式暴力復仇僅僅是「原始正義」》，香港《爭鳴》雜誌，二〇〇八年九月號。

序正義」、「以最小的成本求取最大社會公益」、「切忌以牙還牙」、「切忌一舉清除所有罪惡和實現百分百正義」等一系列主張，爲中國的和平轉型提供了豐厚的思想資源和寬廣的理論基礎。每一個有良知和責任感的中國公民都可以從中尋求養分和啓發，並參與到這一艱鉅而偉大的事業當中。

天空與大地

——近代以來的華文流亡文學

在我身上沒有痛苦。
直起腰來，我望見藍色的大海和帆影。

米沃什（Czeslaw Milosz）

用這個題目來描述近代以來的華文流亡文學，是我少年時代就很喜歡的臺灣歌手齊秦和齊豫給我的啓發，他們的一首歌是這樣唱的：「你在天空飛翔，我在地面遊盪，看似兩個地方，其實都是一樣。」也是一九八九年之後流亡海外的中國知識分子、《河殤》撰稿人之一的遠志明給我的啓發。遠志明到西方之後寫的第一篇文章中這樣說：「到了自由世界，才發現得到了天空，失去了大地。」其實，無論我們是否眞的離開故土，在靈魂深處，每一個寫作者、每一個思想者，都如同德國詩人特拉克爾（Georg Trakl）所說，是「大地上的異鄉者」。

直到離開中國那一刻到來的時候，我始終沒有想到自己也會成爲一名流亡作家。在我於一九九八年出版的處女作《火與冰》中，有一篇文章的題目就是〈流亡者〉，那篇文章似乎成了一個預言，隱藏了十四年之後我自己的命運。在那篇文章中，我引用了丹麥文學評論家布蘭德斯（Georg Brandes）在他的名作《十九世紀的文學主潮》中的一句話：「流亡文學是一種表現出深刻不安的文學。」統治者很害怕這種「不安」的因素，於是，十九世紀中期，歐洲的三個主要國家都分別流放了他們最偉大的作家：英國流放了拜倫（Lord Byron），德國流放了海涅（Christian Johann Heinrich Heine），法國流放了雨果（Victor Hugo）。但流放並沒有使他們任何一個人失掉他的任何文化影響。作為「祖國的異邦人」，他們用自己的流亡為「祖國」構建了巨大的精神財富。

「獻身甘作萬矢的」：戊戌變法失敗後康梁的流亡

在中國的近代史上，最早一代的流亡作家是康有為和梁啓超。在戊戌變法失敗之後，康梁這對師徒不得不流亡海外，此後十四年間，他們讀萬卷書，行萬里路，足跡遍布日本、東南亞、北美和歐洲等地，眼界大為開闊，思想更為活躍。

我在北大念碩士班的時候，碩士論文研究的對象康梁在海外流亡期間的新聞事業，這是中國近代思想史和文學史中不可缺少的一部分。康梁是近代中國的第一代「報人」，尤其是梁啓超，他敏銳地意識到新聞的巨大力量，自覺地從傳統的文人士大夫轉型為近代的新聞業者。流亡五年之後，梁啓超於一九〇二年寫成了一生中唯一的一部長篇預言小說《新中國未來記》。他預言中國必將走向民主，仿效美國的模式建立「大中華民主國」，開國紀年為十年後的一九一二年，這個時間節點與辛亥革命爆發的時間完全一致。

滿清王朝實行傳統的專制帝制，而不是歐威爾在（George Orwell）《一九八四》中描述的密不透風的現代極權主義，故而其統治疏鬆到了「吞舟是漏」的地步。當時，流亡在海外的康梁，在境外將〈清議報〉、〈新民叢報〉等媒體辦得有聲有色，而且居然可以大量運送到國內訂戶的手中。朝廷失去了對「筆桿子」的掌控，進而影響到「槍桿子」的穩定——新軍不僅使用新式的裝備，更接受新思想的啓蒙。正是透過創辦和主持報刊，梁啓超左右了此後十多年間中國思想文化的發展脈絡，推動了立憲運動的勃然興起。甚至清廷派遣大臣出國考察西洋憲政體制，考察報告居然要偷偷請梁啓超這個通緝犯來執筆完成。當時，梁啓超言論的影響力之大，如黃遵憲所說：「驚心動魄，一字千金，人人筆下所無，卻爲人人意中所有，雖鐵石人亦應感動，從古至今，文字之力之大，無過於此者矣。」

幾年前，我到普林斯頓大學拜訪退休的史學大師余英時教授，余先生抄錄梁啓超的《自勵詩》勉勵我：「獻身甘作萬矢的，著論求爲百世師。誓起民權移舊俗，更研哲理牖新知。十年以後當思我，舉國猶狂欲語誰？世界無窮願無盡，海天寥廓立多時。」那個時候，我並未意識到不久後自己也會走上漫漫流亡路。梁啓超流亡十四年之後，才迎來滿清傾覆、共和成眞並凱旋而歸。而我離開家園的時間，將比梁啓超更長。共產黨政權的韌性與殘酷性遠甚於滿清政權，百足之蟲，死而不僵，它拖的時間將更長，轉型的過程將更痛苦和艱難。

從大河到大海：國民政府遷臺後中國知識分子的流亡

戊戌之後，康梁的流亡畢竟只是一個小群體的流亡；而在一九四九年，中國大陸變天，大批知識分子隨國民政府遷臺，那是近代中國規模最大的一次文學和學術的流亡。齊邦媛寫的那本既像史詩一樣恢宏，又像日記一樣細膩的《巨流河》，就是這場大遷移的一個縮影。而余光中的那首〈鄉愁〉，也寫出了所有流亡者的心聲。

對於流亡者個體而言，飄零到一個陌生的小島，固然要承受錐心之痛；不過，如果換一個角度來衡量，對臺灣而言，這群人的到來，卻是一筆寶貴的財富。我在閱讀臺灣黨外運動前輩張俊宏寫的《和平中立的臺灣》一書的時候，看到了作者對流亡來臺的中國知識菁英的感恩之心。張俊宏特別舉出雷震、傅正、胡適、傅斯年、殷海光、楊國樞等人，他說：「這些『高貴的中國菁英』親眼目睹、親身體現中國在大時代轉變過程中遭遇的悲劇，將五四時代在中國不能實現的理想，和臺灣的草根運動相結合，尋找到和平演變的途徑，共同激盪出新品質的民主概念和實踐方法。」公允地說，臺灣的民主化離不開這些流亡的外省人思想與行動的貢獻。他們大都任教於大學人文系科，並創辦文學和政治方面的刊物，啟發了臺灣學子的民主素養和文學熱忱，奠定幾十年來臺灣民主發展的基礎及文學的繁榮。

就文學而言，影響我個人較深的，是幾位在兩岸及更廣闊的中西文化差異中尋求人生定位的作家。他們先是從中國流亡到孤島臺灣，又從臺灣赴西方世界求學和生活。第一次的流亡是在同質的文化圈內，因為臺灣畢竟還是華人和華文的世界；第二次背井離鄉則是在異質的文化圈之間，因為西方是白人和英文的世界。從某種意義說，這是「兩次出走」，他們經歷了種種精神的試煉和文化的衝突，他們的人生與創作在挑戰中開出了奇葩。比如聶華苓、白先勇、於梨華，他們的作品都曾給少年時代的我極大的震撼。

在八十年代末九十年代初，我還在偏遠的中國西南部四川省的小鎮上念中學，訂閱了一份福建出版的《港臺文學選刊》。在這本雜誌上，看到了聶華苓的《桑青與桃紅》的片段，看到了白先勇的《寂寞的十七歲》和《遊園驚夢》，看到了於梨華的《又見棕櫚，又見棕櫚》，由此感受到一種跟中國當代文學完全不一樣的自由、文雅、憂愁與美。當時，中國當代文學正在流行「傷痕文學」和「尋根文學」，濫情而粗糙的文字以及對西方後現代主義文學理念的生呑活剝，讓我目不忍睹。正是這些流亡者浸透了漂泊感的文學，打開了我的眼睛和心門，也影響了我的審美方式。

中國知識分子尋覓「詩意的棲居」：以高行健和哈金為例

一九八九年的「六四」屠殺，宣告「文革」之後共產黨與知識分子十年「蜜月期」的終結。大批追求民主自由的知識分子和學生領袖被迫流亡海外。在「六四」前後幾年間，逃離中國的作家包括劉賓雁、高行健、北島、哈金、阿城、蘇曉康、鄭義、張伯笠、孔捷生、劉再復、李劼等數十位。他們當中有的人後來回到中國，有的人仍然在海外堅守，有的人的文學生涯被攔腰折斷，有的人重新寫作邁入嶄新的境界。

高行健使用法語寫作，但他寫作的題材與中國息息相關。他在諾貝爾文學獎頒獎典禮上所作的題爲〈文學的理由〉講演中，對文學作出如下界定：「文學只能是個人的聲音，而且，從來如此。文學一旦弄成國家的頌歌、民族的旗幟、政黨的喉舌，或階級與集團的代言，儘管可以動用傳播手段，聲勢浩大，鋪天蓋地而來，可這樣的文學也就是喪失本性，不成其爲文學，而成爲權力和利益的代用品。」他認爲，文學應當遵循自身的發展規律，文學應當表達作家內心深處的眞實，「文學是人精神上自救的一種方式。不僅對強權政治，也是對現存生活模式的一種超越。」在國內的時候，高行健就疏離於熱鬧的文壇，選擇成爲「內心的流亡者」，一個人單槍匹馬地到中國西南的少數民族地區尋覓有生機和活力的文化形態。

高行健似乎未卜先知，早在「六四」之前兩年就離開了中國。「六四」發生之後，他公開譴責中共當局的血腥屠殺，並在三個月後寫出了以「六四」爲背景的劇本《逃亡》。由於作者對劇中青年學生的理想主義提出質疑與反諷，招致許多參與「八九」民運的知識分子的批評。但同樣也是流亡作家的孔捷生認爲，該劇最能代表高行健的戲劇成就和思想高度，它超越了「六四」之後的種種政治評判和道德爭論。《逃亡》是對生命價值的終極關懷，革命和暴力還有藉其他名義而推行「一元化」的東西，都將個人話語和異議話語逼到死角，而《逃亡》就是不同類型的個人在絕境中的自言自語。正是在這個意義上，高行健說，人們談論「流亡」，常常更多地談及黑暗的一面，即「失去了什麼」；其實，對一個中國作家來說，不應該忘記另一面：漂泊使他們獲得了什麼？例如，寫作「個人化」、「客觀化」便是漂泊生活的一大收穫，對整個中國文學的成熟大有好處。

而我個人更喜歡的作家是哈金。哈金是在英文世界中取得最高聲譽的華人作家，他是美國國家書卷獎和福克納獎得主，他對自己的形容是「用英語繼承契訶夫的傳統寫作」。哈金在一九八五年赴美求學，跟「八九」民主運動並無直接的關係，但「八九」在他的生命中打下深刻烙印，他為「六四」發聲，參與支持劉曉波和〈零八憲章〉的簽名，因而被中國政府拒絕入境。哈金的代表作《自由生活》有一定的自傳色彩，主人公武男攜妻兒離開強迫人們永遠「等待」下去的祖國，來到陌生的美國。本來，武男期待著「當你進入那個地方，一路鮮花將在你腳下綻開」，但語言的隔膜、文化的衝突、婚姻的危機、生存的壓力，漸次而來。作為詩人和文學博士的武男無法以詩歌維持生活，只能開張一家小小的餐廳。在油煙瀰漫的廚房中，能寫出優秀的詩歌嗎？

這個實存的世界上，沒有任何地方可以實現海德格（Martin Heidegger）所說的「詩意的棲居」。但是，流亡卻是通向自由的必經之路。哈金在接受梁文道的訪問時說：「我在中國生存了二十九年，這是我個人存在的一部分。我不能說因為它過去了而跟現在沒有關係。但是你又不能把它全都背著，會背不動的。對你生活有意義的，就一定要繼續。如果很多東西只能帶來負作用、只能產生壓力；令你的生活艱難、痛苦，那你就寧願不要。因為你到另一個地方生存，就是一個旅程。這個旅程當中你不能帶上一切。」哈金在《自由生活》的結尾處，附錄了主人公武男的幾首詩歌，其中一首名為《祖國》，有幾句是這樣寫的：

你回不去了。
看，大門在你背後關上了。
對於一個從不缺少公民的國家，
你同其他人一樣，可有可無。
你會徹夜難眠，
困惑不解，想家，默默哭泣。
是的，忠誠是一個騙局，
如果別無選擇，只好加入難民的
行列，改換護照。

我的出走：自由在哪裡，祖國就在那裡

一九二二年八月，列寧爲清剿有可能對新生政權構成「威脅」的知識分子，親自下令發起了一場醜陋不堪的驅逐行動。兩百一十七名俄羅斯頂尖的哲學家、文學家、科學家、工程師被列入黑名單，由政治保衛局的祕密警察統一抓捕，再強迫他們親手寫下一份自費出境的申請和一份未經許可不擅自回國的字據之後，將他們押送上一艘船，從烏克蘭運往西方。八月三十一日，蘇維埃政權的第二號人物托洛斯基（Leon Trotsky）在接受美國記者安娜・斯特

朗（Anna Louise Strong）的採訪時，第一次針對國際社會的質疑解釋了驅逐這些知識分子的原因：「我們驅逐或將要驅逐的那些人士，在政治上本來是無足輕重的。但他們是我們可能的敵人手中潛在的武器。在軍事狀況複雜化的新形勢下，所有這些不調和卻又不悔改的人士就將成爲敵人的軍事政治間諜，那麼我們將不得不按照戰爭法槍決他們。這就是爲什麼我們認爲，現在，和平時期，預先驅逐他們更好。」這就是所謂的「哲學船」事件。

在二十一世紀進入第二個十年的前後，在中國的官員和富商的移民潮中，也出現了一個類似於「哲學船」的潛流：中國一流的法學家王天成、中國一流的政治學者張博樹相繼離開中國，然後是我，然後是陳光誠……，這個名單還在不斷地增加新的名字。

我不願使用「流亡」這個詞語來形容我的選擇，而願意用稍微中性一些的說法，即「出走」。對我來說，「流亡」這個詞過於負面，過於悲情。我特別欣賞德國作家湯瑪斯・曼（Thomas Mann）在離開納粹德國時說的一句話——「自由在哪裡，祖國就在那裡」；我也很敬佩余英時教授對遊說他回中國去「看看」的那些人所說的一句話——「我沒有鄉愁，我在哪裡，中國文化就在那裡」。那是一種「獨與天地相往來」的充沛自信。

其實，我個人也不太需要那種群體性的認同。我從小就沒有太強烈的鄉土和種族觀念，卻有一種對「世界公民」的身分認同。我在四川生活了十八年，在北京生活了十九年，但我對這兩個地方都沒有眞正的歸屬感。我童年時代生活過的那個依山傍水的美麗小鎭，已經在九十年代城市化建設的浪潮中蕩然無存；而北京更是一座以權力和財富爲價值座標的、沒有靈魂而又冷酷無情的城市，所以我在四川和北京都是異鄉人。這一次離開，即便是長久的離開，對我而言，並非一個太過痛苦的決定。作為一名作家，在中國寫作和在美國寫作，都是一樣的，更何況在網際網路時代，我在海外反倒可以更加自由地獲得資訊，對中國的脈動把握也許更為精準。

在維吉尼亞鄉村的碧雲天下，我有了一個「風能進，雨能進，國王不能進」的家，我再也不用擔心國保警察衝進來將我的電腦和文稿抄走。哈金說：「如果你不知道如何運用自由，自由對你將毫無意義。」他在《自由生活》中用了這樣一個比喻：很多在美國的華人，雖然生活在一個自由的國度，精神上卻仍然不得自由，他們以為自己是天空中飛翔的鳥兒，其實他們是風箏，無論飛得多高，那根線始終被共產黨牢牢地牽在手上。我不會接受風箏的命運，聖經中有一個比喻，我很喜歡——「如鷹展翅上騰」。哈金也在題為〈祖國〉的那首詩歌中說：「我會回來，像一頭獅子。」當彼岸成為此岸的時候，我們必將如鷹、如獅子。

我們可以像梭羅那樣生活嗎？

所謂國家主義，就是一種把我的祖國的蠢蛋們，同侮辱我的生活方式的人，同褻瀆了我的語言的人聯繫在一起的愛。

卡爾・克勞斯

中文世界裡的讀者，大都讀過梭羅（Henry David Thoreau）的《湖濱散記》（*Walden*），認爲梭羅是一個如同陶淵明那樣獨善其身的隱士。至多還知道梭羅是個環保主義者和素食主義者——這兩個取向正是晚近以來十分時髦的、布爾喬亞（小資）味道十足的意識形態和生活方式。然而，卻極少有人知道梭羅還寫過鏗鏘有力的政論《公民不服從》（*Civil Disobedience & Life without Principle*），並因爲拒絕納稅而被捕入獄。

二〇〇三年，當我第一次訪問美國的時候，專程去位於波士頓郊外的瓦爾登湖「朝聖」，並進入梭羅當年居住過的那個簡陋的小木屋中體驗一番。湖邊迎風而立的梭羅銅像，呈現出他戰士的那一面——嚴峻的神情，蓬亂的鬍鬚，並沒有常人想像的那麼和藹可親。在其浪漫的表象之下，是嚴峻的性情和尖銳的批判，是怒髮衝冠的公民抗命。

梭羅為何將自己送進監獄？

梭羅與好朋友愛默生（Ralph Waldo Emerson）等人，可以說是美國的第一代公共知識分子。與那些跟他們同時代、高高在上、貴族氣十足的歐洲知識分子不同，梭羅等人崛起於「隴畝」之中，具有草根特質，與普通民眾水乳交融。英國歷史學家保羅・約翰遜（Paul Johnson）指出：「美國本身就是對不公正的舊秩序進行革命的產物。」美國的政府結構跟中央集權的歐陸國家迥然不同，美國是先有本地社群，繼而有地方自治，再有聯邦政府，難怪來自法國的思想家托克維爾（Alexis de Tocqueville）大為感歎，並寫下了《論美國的民主》（*Democracy in America*）這一經典巨著。

與普通的美國人一樣，梭羅對於像霍布斯（Thomas Hobbes）筆下「利維坦」（Leviathan，巨靈）一樣的政府和國家權力，始終心懷警惕。雖然有憲法和三權分立的體制保障，他們仍然擔憂政府的權力過大，大到危害公民權利的地步。梭羅認為：「美國政府從前取得的所有成就，皆賴於美國人民的性格；如若政府不曾時時作梗，取得的成就還會更大。因政府乃是權宜之計，人們可以由此欣然做到不相往來。」換言之，政府並不具備上帝般的權威，政府僅僅是一種「必要之惡」而已。

當政府小心翼翼地行使民眾之授權的時候，民眾也就給予政府相應的尊重和支持；但是，即便是民選政府，亦有可能出現「脫軌」。當政府失去「懲惡揚善」的天職時，公民當何爲？梭羅斷然指出：「當政府淪爲暴政，或它效率極低、無法忍受，有權拒絕向其效忠，且有權對其反抗。」梭羅雖非虔誠的教徒，但這一決斷與清教徒傳統一脈相承。

在此一原則下，政府制訂和實施的各項法律，需要公民逐一思考、甄別。如果法律違背正義，那麼拒絕遵守法律就是「天賦人權」的一部分。這種極端狀況，不是每時每刻都會遇到，但當它發生的時候，公民不能逃避和屈從。梭羅指出：「培養對正義的尊重尚不可取，對法律的尊重又何足論？我有權承擔的唯一義務，乃是不論何時，都做我認爲正當的事情。」

是故，當政府透過徵稅來發動戰爭，並對外推廣奴隸制度的時候，梭羅便決定遵循良心的呼喚，拒絕納稅。他明明知道這一舉動的結果是觸犯法律，但他仍然主動將自己送進監獄——「在其監禁行爲存在著不公正的政府下面，正義之人眞得其所的地方便是監獄。」如果監獄是熱愛自由的人唯一的去處，他又何妨「以獄爲家」？雖然只是一天的監禁生涯，卻足以讓梭羅倍加珍惜自由與人權，並更加勇敢和堅定地爲之吶喊與戰鬥。

梭羅啓發了前仆後繼的公民抗命運動

梭羅是近代公民抗命運動的第一人。他的生命實踐啓迪了後世很多偉人，包括托爾斯泰、甘地、馬丁·路德·金恩和曼德拉；他的公民抗命思想更開啓了一個源遠流長的政治哲學傳統，成爲此後兩百年公民運動中寶貴的精神資源。

梭羅之於美國，猶如伯克之於英國、雨果之於法國、托爾斯泰之於俄國，他以一種特別的方式塑造著美國歷史和美國精神。馬丁・路德・金恩在自傳中披露，他在一九四四年首次閱讀《公民不服從》，從而接觸到非暴力反抗的概念。金恩指出：「當時，美國政府發動對墨西哥的戰爭，試圖將奴隸制度的版圖擴至墨西哥。梭羅因反對這場不義之戰，拒絕繳稅而入獄。我由此知道了非暴力反抗的原理。他提倡不和惡勢力妥協的理念使我震撼不已，讓我一讀再讀。」此後，梭羅的思想與聖經同爲源頭活水，滋養著金恩。

公民抗命，不是消極忍耐，乃是積極踐行公民的基本權利與自由，乃是一種道德上的實現和倫理上的自足，正如金恩所言：「我開始相信，不向惡勢力妥協是一種道德責任，就和行善一樣。沒有人比梭羅更傳神、更熱誠地表現這個想法。籍由他的文字，見證他的爲人，我們傳承了這一種具原創性的抗議方式。梭羅的教誨在公民運動中重燃，甚至比以前都還熱烈。梭羅倡導一個正直的人不應忍耐不義之事，而是要堅持對抗邪惡，無論場合地點，在全國各地的抗爭運動，其實都是梭羅理念的延續。」毫不誇張地說，在美國兩百多年來的歷次公民運動中，梭羅的影子都若隱若現。

梭羅的影響力，不僅限於美國國內，而且逐漸拓展到全球。一九〇六年，甘地在印度發起獨立運動時，讀到了梭羅的《湖濱散記》。甘地爲反英國的殖民統治而入獄，在獄中又讀到梭羅的《公民不服從》，並深受啓發。甘地在一篇評論中讚美說：「梭羅是美國有史以來最偉大的賢人。」甘地後來還說：「梭羅的理念對我影響很深，我採用了很多，而且向每一位爭取印度獨立的同胞推薦這本書。我甚至以《公民不服從》來爲我們的運動命名。」

只要專制和暴政存在一天，公民抗命就會前仆後繼、百折不撓。從曼德拉和圖圖大主教領導的南非人民取消種族隔離制度的鬥爭，到推倒柏林圍牆的「蘇（聯）東（歐）波」；從席捲阿拉伯地區的茉莉花革命，到翁山蘇姬領導的緬甸民主運動……，儘管有壓迫、苦難甚至流血，但好消息接踵而至：面對鍥而不捨的公民抗命運動，一個個貌似固若金湯的獨裁政權最終轟然倒下。在阿根廷，有失去孩子的「中央廣場的母親們」；在中國，有失去孩子的「天安門母親」，眞相、正義與和解是她們的願景，而梭羅與這些如同壓傷的蘆葦的母親同行。

如今，在兩岸三地，公民抗命運動方興未艾：香港的「佔領中環」運動喚醒了沉睡多年的中產階級群體的公民意識；臺灣的反核、大埔、洪仲丘案等，亦激發出沉寂已久的公民自發維權運動；而在中國，從「零八憲章」到「新公民運動」，儘管受到中共當局的殘酷打壓，劉曉波、許志永、王功權等知識分子領袖、法學家、企業家等先後入獄，但地火已在燃燒，春雷已在萌動，即便中共黨內再出現毛澤東式的冷血屠夫、獨裁暴君，亦不能讓十幾億人重新返回奴隸狀態。

那些「以服從爲天職」的人，快醒來吧

梭羅倡導的公民抗命運動，不僅是鼓勵同道、啓發民眾，更是對政府官員、普通公務員乃至執法部門、強力部門的成員喊話與傳道。被馬克思主義視爲「階級鎭壓工具」的軍隊和

警察，通常是公民抗命運動的對立面。梭羅入獄的時候，看守對他彬彬有禮，將他介紹給同室獄友時特意說：「這是個一流的傢伙，聰明得很。」但梭羅在面對「那兩三尺厚的堅固石牆，那一尺厚的鐵皮木門，以及那扭曲了燈光的鐵柵」時，仍然感歎說：「我不禁震驚於如此待我的制度之愚蠢。」

所以，梭羅在《公民不服從》一文中嚴厲批評那些聲稱「服從就是天職」，從而迴避良心判斷的士兵和警察。他指出：「對法律不適當的尊重，會自然導致一個普遍的結果，便是一整隊的士兵、校官、尉官、下士、二等兵、塡彈手，雄赳赳氣昂昂，翻山越嶺，奔赴戰場，而有悖於他們的常識與良心。他們算得上什麼？算得上是人？還是會動的小堡壘、小彈藥庫，一班不講廉恥的掌權者做了奴才？」在這裡，他的筆鋒與《湖濱散記》中的飄逸與浪漫迥然不同，而是如匕首投槍般鋒利：「這一些聲稱爲國效力的人，簡直就算不得人，而是帶了軀殼的機器。是他們組成了常備軍，組成了民兵、看守、警察、保安，以及諸如此類。他們多半沒法自由運用自己的判斷與道德感。……他們的價值，不過抵得上一匹馬、一條狗。」

這些人固然是領取俸祿的士兵、警察和公務員，但他們首先也是公民的一部分。他們的俸祿不是政府賞賜的，乃是來自於納稅人和公民社會。如果政府命令他們從事剝奪公民的財產、基本人權乃至生命的時候，他們理所當然應拒絕接受這樣的命令，乃至脫下制服、投入公民抗命運動之中。比如，東德的邊防軍士兵接到上級向逃亡者開槍的命令時，難道要無條件服從嗎？兩德統一之後，有一名開槍打死已被抓獲的逃亡者的士兵被判處六年監禁。其律師申辯說，哨兵開槍沒有錯，他遵從了當時的法律。法官則指出，人們不應當遵守邪惡的法律，尤其當它違背了普遍的人權原則。

在這個意義上，公民抗命運動也是對掌權者和執法者的教育和啓蒙的過程。當所有公民都像梭羅那樣生活的時候，這個世界就能恢復「弟兄和睦同居，何其美善」的狀態。爲了達致這樣的狀態，值得我們爲此而不懈努力。

虎洞喝茶看雲飛

男兒臉刻黃金印，一笑心輕白虎堂。

聶紺弩

二〇一〇年八月八日，〈南方都市報〉副刊發表了四川作家冉雲飛的專訪〈「書匪」冉雲飛：以酒佐書，坐看雲飛〉，記者余少鐳以這樣一段玩笑話開場：

「我用開玩笑的語氣，問了一個嚴肅的問題：『假如哪天你失去自由，只允許你帶三本書進去，你會帶哪三本？』他略為沉吟，說首先會帶一本字典，第二是一本沒讀過的（當然必須是份量比較重的），第三就是一本經典，可以反覆翻閱，『這樣不會讓你覺得寂寞』。」

沒有想到，一語成讖，四個多月後，冉雲飛「忽然」失去了自由——僅僅因爲他在推特上轉發了幾條關於茉莉花革命的消息，而且連三本書都不能隨身攜帶。冉雲飛曾經如此評論臺灣作家李敖：「把我與臺灣民主以前的李敖放在一起，高看了我；把我與臺灣民主以後的李敖放在一起，高看了他。」後半句至今有效——今天的李敖已淪爲一個突破知識分子道德底線的、大一統的專制主義的吹鼓手；前半句則可以修正——冉雲飛當初如是說的語境，無非是他沒有像李敖那樣坐過牢，而如今坐過牢的資歷再也不是李敖的專利了。

德國作家湯瑪斯・曼說過：「只有在提到自由兩個字會愴然淚下時，人類的情況才會好轉。」我想到剛動過大手術、身體尚未痊癒的冉雲飛，身體失去自由的種種苦楚，不禁爲之淚下。生龍活虎的冉雲飛，怎麼就被茉莉花香給熏倒了呢？

這個游走在「邊城」的土家族人

冉雲飛被警察從家中帶走之前，我們最後一次見面，是二〇一一年春節期間的某個晚上，我們一班基督徒寫作者在成都的一家餐廳吃飯。在座的大都是冉雲飛的老朋友以及希望跟他見面的新朋友。我就想，既然只有冉雲飛一個人不是基督徒，這不就是我們向他傳福音的好機會嗎？雲飛的妻子王偉早已受洗，女兒在教會也有服事，現在就只等他自己叩門了。那天，我們一邊吃飯，一邊分享過去一年裡最讓自己感動的事件、書籍或電影。

大家都講完了，最後一個說話的是冉雲飛。王怡開玩笑說，今天雲飛被我們這群基督徒包圍了，我們就把壓軸戲留給雲飛。平時，冉雲飛說話吆三喝四，聲如洪鐘，這是他少有的一次用寧靜而舒緩的聲調發言。

冉雲飛說，一件就是劉曉波榮獲諾貝爾和平獎，這是「六四」之後二十多年來他聽到最好的消息。在推特上同步看到這個消息之後，他用電話和電郵等各種通訊方式，將這個好消息告訴了很多朋友。第二件事就是他找到了一生都沒有見過面的父親。雲飛出生之後，生活中只有母親一個人，母親從來不跟他談及父親的情況。母親去世之後，他以爲再也無法查考到父親的資料了。不久前，機緣巧合，他瞭解到父親還活著，已經八十五歲了。雲飛說，這件事說來話長，甚至寫成一篇小說，改天再跟大家詳談。

冉雲飛最爲人所知的外號是「冉匪」，他的博客即名爲「匪話連篇」，他的書房即名爲「反動居」。他的故鄉酉陽與沈從文的故鄉鳳凰相隔不遠，自古就是「窮山惡水多土匪」之地。那些人名爲土匪，其實大部分都是善良的農民，只是不願意服從帝王將相的支配罷了。冉雲飛來自廣義的「邊城」，用他本人的話來說，這片土地是「襟連荊楚，攀依黔北，懸掛於巴蜀，勢控南越，北緯三十度橫切武陵地區，像日本武士切腹的勇毅絕決，神祕孤寂。」這種匪氣，乃是中國底層社會生生不息的活力，和不爲體制所束縛的自由精神。在普遍中產化和白領化的知識分子群體中，這種氣質十分罕見。

冉雲飛從小沒有見過父親，也不忌諱別人說他是「雜種」或「雜皮」。四川話中的「雜皮」一詞，常有貶意，意爲不務正業的混混、袍哥；但也隱含有堅忍不拔、百折不撓之意。冉雲飛本人撰寫自己的簡歷即如是說：「生於寒素之家，長於草莽之間，起於青蘋之末，混跡於土家、苗、漢三族混雜之地，雜種就是這樣煉成的。詩人廖駋子亦武稱我爲冉雜，一爲身上血液之雜，二意謂我讀萬卷書之雜，無多少人可比。」我最欣賞冉雲飛的恰恰是後者，我自認爲讀書多且雜，卻驚訝於冉雲飛讀書更多更雜。

廖亦武寫《中國底層訪談錄》，三教九流，無所不包，其中有一篇題爲〈藏書家冉雲飛〉。我跟廖、冉兩人聊天時說，雲飛藏書三萬冊，坐擁書城，堪比富豪，哪裡是底層人物，老廖此舉簡直是將「老子與韓非同傳」！不過，與冉雲飛亦師亦友的老詩人流沙河如此形容他：「一身衣著像個打工仔，示人以土，毫不惹眼。」他若出現在火車站，人人都會認爲是一個外出打工的農民，哪會認爲是學富五車的學者和作家呢？

我們爲什麼不能「像唐詩一樣生活」？

我認識冉雲飛有十多年了。他是那種心心相印的朋友：平時不需要常常打電話、通電郵，但任何重要事件發生，彼此都會知道對方的反應和態度，而且從來不會猜錯。這樣的朋友，在一生中可遇而不可求。於我而言，這樣的朋友在國內只有劉曉波、王怡、冉雲飛等屈指可數的幾個人。

記得我剛上研究所的時候，川籍作家伍立楊介紹我跟冉雲飛聯繫。當時，冉雲飛正在編輯《四川文學》的隨筆欄目。上個世紀九十年代末，新聞出版的控制相對寬鬆，若干慘澹經營的省級文學刊物開闢了「思想隨筆」欄目吸引讀者。所謂「思想隨筆」，就是兼具思想性、美文性和批判性的散文。冉雲飛給我打電話約這類的稿件，我們開始有了往來。

此後，我每次回成都探親，我們都會聚在一起吃飯、聊天。冉雲飛常常約來成都的一些老中青不同年齡的朋友，專談國事，鋒芒畢露，他儼然是成都獨立知識分子圈子的中心人物。那幾年，我們常去一家名叫紅錦天的小館子吃飯，它的火鍋雞、火鍋兔和火鍋牛蛙都堪稱「成都第一辣」。有了冉雲飛、廖亦武和王怡三個「大肚漢」，一大鍋菜瞬間便如風捲殘雲般消失了。後來，王怡痛風發作，老廖搬到郊區，大家一起大吃大喝的時候便少了。冉雲飛感歎說，很少有當年酣暢淋漓地吃飯的樂趣了。

冉雲飛個子瘦小，食量卻大如牛。廖亦武在書中說，冉雲飛一頓就能吃完一隻肥美的板鴨。與他那巨大的食量相對稱的，是他那如火山岩漿般噴薄而出的寫作量。有人寫作重質，惜墨如金，十年磨一劍；也有人寫作重量，著作不僅等身，甚至可以換算幾倍的身高。但像冉雲飛這樣，每日都有長短不等的文章出世，而且差不多篇篇都是佳作的，卻不多見。

以前，冉雲飛身上帶有濃重的傳統文人的名士氣，比如喜好莊子、熱愛唐詩，比如嚮往美食、美酒、美人。他寫過一本名爲《像唐詩一樣生活》的書，這是他給女兒講唐詩的講稿。我本來想寫篇書評，卻遲遲沒有動筆。因爲我的書評想從反面來寫：冉雲飛的理想爲什麼不能實現？我們爲什麼不能像唐詩一樣生活？

因爲，我們生活在一個毫無詩意的時代。別人都說這是兩千年未有之盛世，冉雲飛卻看到了繁華之下的朽敗、大話背後的謊言，看到了鼎沸魚爛、大廈將傾。他的書房雖大，但在四川地震之後，卻再也無法放穩一張鑽故紙堆的書桌了。

在地震中，比天災更可怕的是人禍。在主流媒體「多難興邦」的宣傳口徑下，冉雲飛在網上發表了〈最不可辜負的是民心〉一文。他寫道：「這回四川大地震，我想政府應該知道民心的力量；但遺憾的是，他們似乎又走上了辜負民心的老路，還在使用早該唾棄的宣傳手段與拙劣的自我表揚。」確實，如果是在帝制時代，皇帝會爲天災發表「罪己詔」，從天災中尋找治理上的失誤；然而，在黨天下的時代，黨魁從不認錯，因爲他們是唯物主義者。冉雲飛的批評讓奴隸主和奴才們如坐針氈。

於是，一起文人迫害文人的事件施施然地上演了：四川省作協黨組全體成員與《四川文學》主編一道，找冉雲飛進行集體談話，「對其錯誤言論提出嚴肅批評」。省作協黨組宣布，省作協三刊一報，一律不再刊發冉雲飛的所有作品；關閉冉雲飛辦公室的網路系統。看來，不想當奴才，後果果然很嚴重。這個時代容不下「仰天長嘯出門去」的李白，也容不下那些尋求詩意地棲居的人。

男兒臉刻黃金印，一笑心輕白虎堂

冉雲飛的老朋友、記者馬小兵在〈冉雲飛這廝〉一文裡形容冉雲飛說：「寫作一夜不累，喝酒八兩不醉，打麻將通宵不睡，玩遊戲如癡如醉，成天上網到處亂吠。」觸網以後，冉雲飛的人格形態由傳統文人向現代公共知識分子脫胎換骨，其影響力也從四川盆地擴展到整個華語世界。他如此概括此一變化：「在遇到網際網路的同時，我重新遇到了胡適先生（以前讀過胡適，但感受不深，所以叫重新遇到），遇到了威伯福斯等人，這是改變我精神歷史的嚮導。同時，我遇到許多活生生的向善而做點滴努力的中國人，這許多的精神與現實事件合起來，逐漸造成了今天的我。」中國網路上的語言方式和思維方式，受魯迅和毛澤東影響甚大，冉雲飛則致力於將胡適精神灌注其中，以寬容與自由來取代獨斷和仇恨。

有人選擇廟堂之高，有人選擇江湖之遠。在中國的政治和經濟都呈現「國進民退」的趨勢之時，作家學者們紛紛以被招安、被御用爲榮，爭先恐後地參與瓜分官與商們剩下的殘羹冷炙。而冉雲飛不會喜好烏鴉口中的腐肉，別人趨利避害，他卻趨害避利。他開始研究民國的國文教育和公民教育，以此對照今天共產黨的洗腦教育，透視狼奶的劇毒與危害。他也針對最爲敏感的時事即時發言，往往是入木三分，畫皮畫骨。如果說《國王的新衣》中的那個孩子喊出了皇帝什麼都沒有穿的事實，那麼冉雲飛就一直在撕心裂肺地呼喊：「狼奶有毒！狼奶有毒！」

這幾年，冉雲飛與官方的關係越來越糟，不是他越來越激進，而是官方越來越不像樣。他不得不拍案而起，參與了反對修建紫坪鋪水庫、興建大型石化工程等公民運動。由此，當地官僚對他恨之入骨。他逐漸從主流媒體上消失了，也不再是官方重點培養的「優秀的少數民族青年作家」及人大代表。反之，便衣開始出現在他的門口，「被喝茶」成了他生活的一部分。

冉雲飛從不認爲自己是英雄或天生的勇者，他要說話，不是因爲他要用驚人之語去博取權力或名聲，而是因爲他太熱愛生活、太熱愛自由了。我還記得，幾年前冉雲飛來北京出差，我請他喝老北京的豆汁，他是我見過的唯一一個喜歡喝豆汁的非北京人。在飲食乃至思想上，他都是一個兼收並蓄並擇善固執的人。他的外表「動物凶猛」，內心卻是「一低頭的溫柔」。不僅對妻子、對女兒、對母親傾注了深深的愛，而且對那些爲義受逼迫的人及其家人也是無私地關愛。劉賢斌再次入獄後，他邀請劉的妻子和女兒到成都來作客，竭盡所能地予以經濟上的援助和精神上的支持。

老詩人流沙河在一篇爲冉雲飛寫的序言中說：「我曾撰聯一副送他。上聯：『龍潭放尿驚霧起。』下聯：『虎洞喝茶看雲飛。』對著龍潭放尿，坐在虎洞喝茶，都要有膽有識才行。上聯說霧起，潛龍將要躍出來，找那敢放尿的小子算帳，所以用一驚字。後來事實證明，這是虛驚罷了。」沙河先生是老運動員了，對現實的險惡有相當的評估，卻也沒有想到，更惡劣的遭遇不久之後降臨到冉雲飛身上。

冉雲飛說過，他一生中有三件大事，分別是考上大學，八九事件，母親去世。「一一道來，將是一本私人回憶錄，那時我會更喜歡聶魯達回憶錄的書名：我承認，我歷經滄桑。」這一次的牢獄之災該算是他生命中的第四件大事吧。劉曉波說過，在中國，你要說眞話，就得有跟警察和監獄打交道的心理準備。冉雲飛有這樣的心理準備。我不願任何一個朋友進監獄，但我對包括冉雲飛在內的每一個受難朋友都深懷敬意。

將冉雲飛這樣的好公民抓進監獄的政權，讓人絕望；但，我們對自己不絕望。因爲，霧起之後必然是雲飛。

附記

冉雲飛：作家，生於重慶酉陽，土家族，畢業於四川大學中文系。

二〇〇八年五月，參與並組織「牛博網」四川地震災區救助活動。

二〇〇八年六月，因在博客發表〈最不可辜負的是民心〉，而遭四川省作家協會「批評教育」以及斷網、封殺等處理。

二〇〇八年十二月，參與連署〈零八憲章〉。

二〇〇九年一月，連署呼籲〈抵制央視，拒絕洗腦〉。

二〇一一年二月二十四日，四川警方以「涉嫌煽動顛覆國家政權罪」，對冉雲飛實施刑拘。三月二十八日，冉雲飛夫人王偉女士稱，當天上午她收到成都市公安局對冉雲飛正式批捕的通知，該局於二〇一一年三月二十五日以涉嫌煽動顛覆國家政權罪，對冉雲飛實施逮捕並押於都江堰。

二〇一一年八月九日，冉雲飛從都江堰的拘留中心釋放，回到家中。但此後一直受到當局的嚴密監控並限制其自由行動。

冉雲飛的主要著作有：《莊子我說》、《沉屙：中國教育的危機與批判》、《手抄本的流亡》、《通往比傻帝國》、《像唐詩一樣生活》、《從歷史的偏旁進入成都》、《吳虞和他生活的民國時代》、《古蜀之肺：大慈寺傳》、《給你愛的人以自由》等。

如馬行過曠野

——寫給失去自由的朋友們

這光亮源於某些男人和女人，源於他們的生命和作品，它們幾乎所有情況下都點燃著，並把光散射到它們在塵世所擁有的生命所及的全部範圍。像我們這樣長期習慣了黑暗的眼睛，幾乎無法告知人們，那些光到底是蠟燭的光芒還是熾烈的陽光。

漢娜・鄂蘭

我逃離中國之後一年多時間，中國的人權狀況急劇惡化。當局封網抓人，民眾道路以目，法西斯主義猖獗。相繼被捕入獄的人權活動人士中，有好幾位是我認識的友人。我在遙遠的大洋彼岸，想像著與他們促膝談心的時刻，溫暖而憂傷——爲這個世界上有這些如同燈檯上的燈的人而感到溫暖，爲他們背負過重的軛、被壓彎腰而感到憂傷。我走在沒有盡頭的流亡路上，他們則在暗無天日的監獄中。哪一天，是重逢的日子？哪一天，是自由來臨的日子？

第一次見到趙常青，是在北京方舟教會的禮拜日。他瘦高的個子，深度近視，說話急促而激動，身上帶著泥土的氣息。聽他自己介紹，他是「八九」那一代的學生，當時就讀於陝西師範大學歷史系，曾任外高聯聯絡部祕書長。「六四」鎮壓之後，他被捕入獄半年，在秦城監獄，「決心把民主當成一個非常崇高的事業去追求」——人們談虎色變的秦城監獄，果然是一所北大、清華都比不上的「民主大學」。一九九七年，趙常青成為陝西省漢中市南鄭縣的人大代表候選人，由於揭發選舉中的違法行為，被以「煽動顛覆國家政權罪」判處三年徒刑。二〇〇二年，因起草〈中國公民運動宣言〉及相關民主人權活動，又入渭南監獄關押五年。二〇一〇年十月，因集會慶祝劉曉波榮獲諾貝爾和平獎，入北京朝陽區拘留所八天。

後來，趙常青又來過教會和查經班多次。他對信仰有渴求，卻又常常發出疑問：為什麼上帝容忍這麼多罪惡施施然地發生？為什麼那些飲恨而終的天安門母親未能得到公義？他的問題一個接一個，牧師也難以招架。在厚厚的鏡片後面，他的眸子閃爍著迫切的光芒。他本來是個才華橫溢、前途無量的青年，若非生命被「六四」攔腰折斷，又豈會四十不惑之際，尚且孤身一人、居無定所？他既為己悲，亦為這個國家而悲。我知道他心裡沒有平安，這個城市、這個國家，哪裡又有平安呢？大監獄和小監獄，實在沒有太大的差異。我無法給他更多的安慰，只能默默為他祈禱。

去國之後，我聽北京教會的鐘道弟兄說起，趙常青結婚了，受洗了，還有穩定的教會生活。我為他感到欣慰。在耶穌基督裡，他終於享有真正的平安。我與鐘道弟兄合作作華人基督徒的訪談系列，鐘道建議說，可以對趙常青作一個訪問。我想，趙常青受洗不久，不妨再等等看，等他的生命狀態更加成熟與豐滿，再作訪問不遲。可是，數日之後，噩耗傳來：二〇一三年五月二十四日，趙常青因為參與新公民運動、要求官員公布財產、組織公民聚餐、宣傳民主理念，被北京當局以涉嫌「非法集會罪」正式逮捕。家中留下傷心的妻子和剛滿周歲的兒子。

✣

第一次知道許志永的名字，是「三博士」上書呼籲取消收容遣送制度。我跟滕彪是多年老友，跟許志永的來往則不多。不過，我們是同齡人，又是北大校友，我一直關注他的言論和活動。他是朱蘇力的弟子，卻與作為施密特式的專制政權御用法學家的老師分道揚鑣，這種「謝本師」的勇氣正是我佩服的。有一次，我們在一個畫展上相遇，結束之後，我順便開車載滕彪和許志永一程，路上簡單地聊了一陣。那時，收容遣送制度被廢除了，包括許志永在內的多名維權律師被香港《亞洲週刊》列為年度風雲人物，人們對中國的民主轉型充滿了樂觀的期待，王怡在一篇文章中稱二〇〇三年為「憲政元年」。某些維權律師更是以當年臺灣「美麗島事件」中的辯護律師自居——未來這些律師都成為民進黨政府裡出將入相的大人物。但是，我對前景並不樂觀，更對公盟的前途頗為擔憂，這個小小的組織已成為當局的眼中釘。我再三提醒他們要多加小心，但許志永認為，他們心懷坦蕩，無所畏懼。

不久之後，公盟遭到當局取締，許志永被郵電大學停課、停發工資。二〇〇九年七月，當局以所謂「偷稅」的罪名將其抓捕入獄，一個月之後被釋放。他被拘押的北京市看守所，在離我家只有一箭之遙的地方，而我時不時被軟禁在家——熱愛自由的人，偏偏要付出失去自由的代價。二〇一二年一月，我逃離中國之後，最擔心的友人就是滕彪和許志永。二〇一三年四月十二日，許志永計畫赴香港參加「孫志剛案十周年研討會」，在機場過了邊檢之後，卻被非法限制人身自由，從此被軟禁在家。這種非法軟禁的模式，是近年來中共蓋世太保付出成本最低的拿手好戲——還可以解決多名警察和「協警」的飯碗問題。七月十六日，許志永被以「聚眾擾亂公共場所秩序罪」刑事拘留，八月二十二日，被正式逮捕並起訴——一個被軟禁在家幾個月的人，居然能「聚眾擾亂公共場所秩序」，他是分身有術的孫悟空嗎？

在中國險惡的政治環境中，許志永始終天眞得有些迂闊。他說過：「我覺得中國面臨的改革不僅僅是政治制度的改革，也是政治文化的改革。……過去很多從事政治的，就是靠我有多少人馬有多少槍，但是我認爲那是一種暴力的力量。我們要走到另一個極端去，走到極致，用自己的承擔、自己的受苦喚醒人性中善良的一面，直到這種善良成爲整個社會的主流，讓那些暴虐的氣息蕩然無存，讓那些野蠻暴力的傳統徹底被壓制，它們將成爲末流。只有在這個基礎上，這個社會才能眞正建立一個現代文明的國家。」中國從來不缺少朱元璋、洪秀全、毛澤東式的野心家和造反者，中國最缺少的就是這種以善抗惡的甘地、馬丁・路德・金恩和曼德拉式的人物。

✣

八月十二日，《財新》雜誌記者陳寶成被山東省平度警方抓捕。爲了保衛自家祖居及家鄉村民的承包田不被當地政府和開發商非法佔用，陳寶成「被車禍」、被毆打，用血肉阻擋挖土機（怪手）前進的道路，最後成了一名囚徒。當陳寶成揮舞著兩齒釘耙撲向巨大的挖土機時，這個文弱書生的身影，成為中國民眾抗拒徵地強拆的又一個標誌。在拆字當頭的中國，怪手不僅僅是怪手——在怪手的背後，是龐大的官商勾結的權貴集團，他們打著「城市化」的幌子，實施著血腥的「圈地運動」。

陳寶成有法律背景，又是知名媒體的記者，這兩重身分讓他的維權活動備受關注。村民們將這個外出多年的年輕人當作主心骨，而在當地政府官員的眼中，他是非得拔去不可的眼中釘。中共靠農民運動起家，《湖南農民運動考察報告》是毛澤東的成名作；但中共建政之後，卻嚴禁農民成立農會等自治組織，農民淪為最卑賤的「當代農奴」，不僅失去了遷徙自由，而且連僅存的土地也遭到肆意剝奪。一旦出現陳寶成這樣替農民說話的知識分子，當局便恨不得除之而後快。浙江村民錢雲會慘死於暴力拆遷團體製造的車禍，陳寶成說，他也險些成了「第二個錢雲會」。

我與陳寶成認識的時候，他還是中國政法大學的一名學生。他們的學生社團組織了一個論壇，請我與王東成、丁東等學者前去座談。剛剛進入二十一世紀那幾年，大學的學生社團還有些許生氣，像陳寶成這樣滿懷理想主義的學生，在社團中十分活躍。我也還沒有「敏感」到被祕密警察全天候監控，不僅不能在媒體上發表文章，也不能到學校演講的程度。那一次，好大一間教室，座無虛席，我看到台下目光灼灼的學子，就想起幾年前自己在北大聽講座的情形。我講了什麼內容，早已忘記了，但陳寶成等幾個同學送我走出學校時，在那滴水成冰的夜晚，我們在雪地上匆匆行走，他們熱烈地提出形形色色的問題，那一場景宛如昨日。

九月十三日，王功權被北京警方傳喚並宣布刑拘。《紐約時報》隨後發表的一篇報導中，對王功權的身分描述是「公民商人」。作爲當年赫赫有名的「萬通六君子」之一，王功權把「公民」看得比「商人」或「投資家」更重。當柳傳志、馬雲、馮侖等人紛紛向黨表忠心時，王功權卻走上「新公民運動」的荊棘路。他說過一段心裡話：「我不希望我的孩子將來和我一樣爲難，要麼同流合污，要麼做事艱難，這樣心裡很苦。我也不願意看到我那麼多朋友本來都很善良，只能同流合污，以至於失去內心的美好，不能獲得救贖，自己都覺得聖潔不起來。」這一選擇如同飛蛾撲火。有人在網上感歎說：「中國商人的下場：賺了錢還不移民，曾成傑就是你的下場；移民了還回國，薛蠻子就是你的下場；拒不同流合污還不移民，王功權就是你的下場！」

二〇一二年秋天，我在紐約哥倫比亞大學演講，正在哥大作訪問學者的王功權特意趕來與我見面，還熱情地請我吃飯。一般而言，財富積累到他這種程度的商界菁英，不會冒著失去財富乃至人身安全的危險介入民主運動。王功權是一個例外。他說，他本人並沒有從政的野心，只是想爲中國的和平轉型出一點力。那時，我很擔心他的安全。而他告訴我，自從決定參與「新公民運動」，他就作了最壞的打算。此前，國保方面並沒有跟他接觸過，唯有一次，北京市公安局的一名官員在一場飯局中，用開玩笑的方式對他說過幾句威脅性的話。言猶在耳，王功權歸國之後不出幾個月，就身陷牢獄之災。

有人統計，王功權是習李體制成型後，第一百零五位公開遭到逮捕的民主人士。中共之所以如此如此肆無忌憚，一方面是因爲它手中掌握了大量從人民那裡掠奪來的財富，並組建起全世界最龐大的一支維穩力量；另一方面則是大部分民眾仍然處於昏睡或故意裝睡狀態，權利意識遠未深入人心。當我在臉書上發布王功權被捕的消息時，有一個名叫袁輝光的人在後面跟帖冷嘲熱諷：「還新公民運動？只是一幫自我催眠者。」在受到我的斥責之後，此人自我解嘲說：「你當我是打醬油的便成。」我回答他說：「共產黨肆虐至今，就是有不計其數的像你這樣的冷血庸眾。魯迅〈藥〉中的場景，還在今天的中國上演。你去打醬油吧，鹹死你。」

✣

劉曉波曾經期望他本人是中國的最後一個良心犯。然而，在他入獄之後這幾年裡，一個又一個正義之士跟他一樣步入監獄之門。我對他們深懷敬意。中國的未來，不取決於屠夫主動放下屠刀的覺悟，而取決於每個道德異議分子的人格及信仰，特別是他們對於邪惡與善行何者優先的信仰。他們深知為何而戰，如漢娜・鄂蘭所說，是為「解除同胞所受的羞恥和侮辱，解除社會不斷地強加給他們的不幸的傷害」。

惟願這些失去自由的朋友早日重獲自由。他們將如馬行過曠野，他們將如鷹展翅上騰。

此心安處是吾鄉

——讀高爾泰《尋找家園》

有些鳥註定是不會被關在籠子裡的，因為它們的每一片羽毛都閃耀著自由的光輝。

電影〈刺激一九九五〉

當代中國的文化史、思想史，是一部處處充滿斷裂、遮蔽和扭曲的歷史，而那些斷裂之處、遮蔽之處、扭曲之處，對後人來說，恰恰是最可寶貴的精神資源。如歷史學者朱學勤所說，史家重要的工作之一就是「尋找思想史上的失蹤者」。高爾泰正是這樣一位「思想史上的失蹤者」。吾生也晚也，未能趕上高爾泰的著作風行一時的八十年代，知道高爾泰的名字，還是從九十年代後期在成都結識的友人、高爾泰的弟子李亞東那裡。李亞東每每談起高爾泰，有一種焚香沐浴般的尊重與景仰，在這個老師變身「老闆」、教授蛻化「叫獸」的年代，此種師徒關係堪稱絕響。於是，我就想，這位高爾泰老師究竟是何許人也？

後來，在與劉曉波的交談中，才知道高爾泰是當年應王元化之邀，參與他的博士論文答辯委員會的學者之一。高爾泰在一篇回憶王元化的文章中寫到那段歷史：「劉曉波離經叛道，不受控制，國家教委想治他一下，安排了幾個他們認爲是忠於黨和馬列的學者進入答辯委員會，使委員會的人數增加了一倍。消息傳出去，來旁聽的很多，有好幾百人。以致不得不把答辯的地點，由會議室搬到了小禮堂。」高爾泰在會上讀完評語，多說了幾句話：「現在不是五四時期，但仍然有一個救亡問題。那時是救國家，針對外國侵略。現在是救自己，針對國家壓迫。所以現在的文化運動，需要更多的劉曉波。這種能獨立思考而且勇於犯上破禁的人才，越多越好。」兩年以後，「六四」屠殺發生，作爲廣場「絕食四君子」的劉曉波被捕入獄；而並未深切捲入學運的高爾泰，也在南京大學教授任上以「煽動反革命宣傳罪」被祕密抓捕，關押四個多月，他在劉曉波博士論文答辯會上的這幾句講話，也被揭發出來作爲罪證。

我斷斷續續從網上讀到高爾泰寫的自傳性文集《尋找家園》中的一些篇章，愛不釋手，心醉神迷。後來，此書前兩卷的刪節版在廣州花城出版社出版，亦被多家媒體評爲「年度好書」。但是，我從來拒絕閱讀這類被「掏空心肺」的刪節版，所以一直等到我也走上「尋找家園」的漫漫長路，才找到由臺灣印刻出版社出版的全本《尋找家園》，置於案頭細細閱讀。

一個自由人，在追趕監獄

高爾泰是甘肅酒泉夾邊溝勞改農場的倖存者。在這個以關押「右派」爲主的勞改農場，在大饑荒的那幾年，餓死了數千無辜者。有關夾邊溝的作品，近年來有楊顯惠的《夾邊溝記事》與和鳳鳴的《經歷：我的一九五七》，以及王兵導演的電影《夾邊溝》。夾邊溝因而成爲「中國的古拉格」的一個代表性的地名。

「反右」運動開始時，高爾泰剛剛從美院畢業，二十出頭的他被分配到蘭州一所中學當美術老師。愛寫作、愛思考，發表過一篇受到批判的美學論文，讓他落進「反右」的天羅地網。然後，押送夾邊溝勞改，雖然沒有判刑，身分跟判刑的囚犯差不多。改造鹽鹼地、戈壁灘的強體力勞動，惡劣的飲食，以及人人提防和仇視的人際關係，讓夾邊溝成了人間地獄。

有一次，高爾泰發現工地上有幾棵小小的沙棗樹，收工的時候，偷偷跑去摘沙棗，結果在荒漠中迷了路，好不容易才趕上大隊伍，卻累得暈倒過去，藏在衣服裡的沙棗也被大家分而食之。追趕大隊伍的那一小段時間，讓他終身難忘——如果沒有追上，他有可能在荒漠中饑渴而死，或者被管教人員冠以逃犯的罪名；而追上了，無非是恢復囚徒的身分而已——「月冷龍沙，星垂大荒。一個自由人，在追趕監獄。」這一場景，豈不是中國人的縮影？

高爾泰之所以死裡逃生，幸虧他畢業於美院、擁有繪畫技藝，當饑荒剛開始蔓延不久，被抽調到蘭州爲「建國十周年展覽」作畫。在那裡，他得以吃飽穿暖，恢復了體力。他也勝任這份救命的工作，畫了一幅名爲「社員之家」的大油畫，深得領導賞識。畫的是人民公社的公共食堂，桌上魚肉酥脆流油，饅頭熱氣騰騰，男女老少個個紅光滿面笑口高張。高爾泰承認，他不是像林昭那樣的絕決的反抗者和殉道者，那時候生存是第一選擇——「我一門心思製造效果，致力於細節逼真氣氛熱烈，想不到自己是在撒謊，是在參與擴大災難。不，有時也想到一下，浮光掠影，並不影響工作。」如此坦誠的文字，在中文世界裡十分罕見。

與此同時，夾邊溝正被死亡的陰影籠罩。關押在此的三千多名「右派」，百分之七十以上都死掉了。其中，有學富五車的學者，有熱心支邊的工程師，也有從美國趕回來報效祖國的、國民黨起義將領傅作義的弟弟。他們並沒有反對這個政權的意圖，最多就是提點善意的意見。他們的生命在專制的鐵拳下如塵土般卑微，「屍體丟在野地裡就是了。蘭新鐵路遠著呢，望都望不見，可列車上來來往往的旅客，都聞到一陣一陣的惡臭，弄不清是哪裡來的。」

多年以後，甘肅省委批准蘭州醫學院到夾邊溝挖掘完整人骨，作實驗和教學用具。已經在蘭州大學任教的高爾泰與諸多倖存者，想抗議而不得，只能感歎說：「面對累累枯骨，誰又能區別英雄與奴才、殉道者與市儈、老實人與騙子、這個人與那個人？即使是未來的基因考古學家，又怎麼能夠知道，哪具骨骼裡面，曾經『滿腔的熱血已經沸騰』？」

哪一個人家，沒有血淚斑斑的歷史？

共產黨政權的邪惡，不在於它殘害反對者——出於獨佔權力的私欲，所有獨裁者都會迫害反對者；共產黨政權的邪惡，更在於它殘害大多數良民、順民，用魯迅的話來說，你想坐穩奴隸而不得。從毛澤東到習近平，這個政權唯一沒有改變的一點就是：殺人如草不聞聲。

高爾泰的父親是一位民間教育家，即便在抗戰硝煙瀰漫的難民生涯中，也念念不忘辦學校，爲國家培養一群讀書種子。然而，就是因爲有學校、有田地，這個老實安分的讀書人，在共產黨奪取政權之後成了人人可以欺負的「地主」。一九五八年夏天，縣上在東平殿廣場建築司令台。「正値大躍進高潮，參加勞動的居民群眾情緒昂揚，等不及窯裡的磚頭冷卻，就著地、富、反、壞、右出窯。父親在毒日頭底下，背著灼熱沉重的磚頭趕路，沒能支持得住，從跳板上跌下來死了。他是世紀的同齡人，時年五十八歲。」

父親的死亡不是這個家庭悲劇的結束，而是開端。「背上的衣服焦黃，黏連著皮膚上破了的水泡，撕不下來。母親和二姐收屍時當眾大哭，被指控爲『具有示威的性質』，現場批鬥，成了『階級鬥爭的活教材』。」而此時，高爾泰已被打成「極右分子」，下放夾邊溝。

高爾泰的第一任妻子林茨出身於一個基督徒和醫生家庭，嫁給高爾泰之後，沒有過過一天安穩日子。「文革」風暴襲來，高爾泰再度被關進牛棚，醫院院長的林茨的父親也成了「反革命」，林茨帶著幼小的女兒被下放到沙漠邊上的一個小村莊，一病不起。高爾泰趕到的時候，她已經停止了呼吸，遺體尙溫。

更大的痛苦還在後面。女兒高林聰明伶俐，八十年代中期考上南開大學，卻因爲父親是「自由化分子」，被南開大學退了回來。女兒受此刺激，患上精神分裂症。「八九」屠殺之後，高爾泰踏上逃亡之路，先把女兒託付給姑姑照料。誰知，他被「黃雀行動」接到香港後不久，就得到了女兒因爲失去父親的消息而離家出走、自殺身亡的噩耗。

每一個親人的死亡都不是偶然，他們都是共產黨暴政的犧牲品。這是一本蘸著親人的血，朋友的血，同胞的血寫成的自傳。寫作是高爾泰生命的支柱，無論遭受多少苦難，他都沒有停止給他帶來無窮苦難的寫作。在風沙撲面的敦煌文物研究所，在鬼影飄忽的古道觀，「不知不覺，又寫起來。寫人的價值，寫人的異化和復歸，寫美的追求與人的解放，寫美是自由的象徵。自知是在玩火，但也顧不得了。」即便是玩火自焚，他也禁不住燃燒的誘惑。

正如高爾泰的學生李亞東所說，當代中國最優秀的文學是獨立寫作，是苦難敘事，「是披麻戴孝的寫作，多少作品都是哭出來的。讀者也是邊讀邊哭、邊哭邊讀。讀著讀著，淚往下滴、血朝上湧。說它不唯美不要緊，說它不文學不要緊。重要的是，活生生的人。眼睜睜看著，一條條鮮活的生命消失。」這就是寫作對於高爾泰這樣的倖存者的意義。他們死去了，你還活著。你活下來，不單單是爲自己，乃是爲著將他們的命運寫下來。於是，那些夾邊溝的骨頭，成了高爾泰的火把，照亮他腳下的路，照亮他案頭的紙。

這個世界上還有不是用石頭圍起來的地方嗎？

讀《尋找家園》，宛如一部中國版的〈刺激一九九五〉，而且更爲沉痛、更爲厚重。長歌當哭，淚中帶血。高爾泰就是安迪，有一顆不羈的心靈。安迪說：「懦怯囚禁人的靈魂，希望可以感受自由。強者自救，聖者渡人。」安迪又說：「世上還有不是用石頭圍起來的地方，你的內心還有你自己的東西，他們碰不到的東西。」這不正是高爾泰的「夫子自道」嗎？

在很多文人學者爲之神往的八十年代，高爾泰雖然也有過三五年的「好日子」，但是他從未樂觀過，因爲權力始終在共產黨手上。像他這樣天生就熱愛自由的人，在每一場政治運動中必然都是被整肅的對象。在所謂的「清除精神污染」運動中，高爾泰再次成爲箭垛——「但見兩個月裡，周圍的人們先是笑臉隱去，呲出獠牙，忽又獠牙隱去，綻開笑臉。隱顯之間，小小文革一閃，告訴我們所謂文革反思全面懺悔云云，全是扯淡。誰只要權力夠大，再搞一次文革，不難。」所以，他並不認爲「回到八十年代」是拯救中國的妙方良藥。

八九學潮初起，方勵之、溫元凱等知識分子領袖都樂觀地預測中國的轉機將要到來，高爾泰的學生劉曉波更是全身心投身其中。偏偏高爾泰置身事外，被友人們批評爲「落伍」。多年以後，他如此解釋說：「六四的屠殺，我絲毫也沒有感到意外。它能震驚世界，只不過是因爲它發生在歷史舞臺上國際媒體的聚光燈下。在小小舞臺之外廣大的黑暗深處，四十年來無聲無息的大小屠殺從未間斷。我沒有預見能力，但我來自那黑暗深處。」

即便如此，高爾泰仍然被一群便衣祕密抓捕。在官方的眼中，他倡導的「因審美得自由」，堪稱一顆埋在青年學子心中的定時炸彈。「這次無故被捕，和被捕的野蠻過程，使我斷定這個政權，已經墮落到了什麼事都做得出來的程度。」那麼，以中國之大，還有容身的地方嗎？高爾泰想過到偏遠的鄉下去當一名與世無爭的文物管理員，但當他到深山古剎中看到那些高僧大德亦在共產黨幹部面前唯唯諾諾的時候，便徹底斷了這個念頭。這個國土面積居世界第三的國家，哪裡不是用石頭圍起來的地方？出了一個小監獄，又是一個大監獄。

於是，過了大半輩子「人爲刀俎，我爲魚肉的歲月」，一九九一年，五十六歲的高爾泰毅然決定逃離中國。「祖國」這兩個字的涵義，對他來說，不過是「軛下的奴隸」而已；而擁抱自由，永遠不算晚。

在自由女神的庇護下，晚年的高爾泰總算可以安心寫作、畫畫。祖國沒有丹書鐵券，自由才是陽光雨露。所以，這本書的書名，與其叫《尋找家園》，不如叫《尋找自由》，或者叫《尋找那飄揚著自由旗幟的家園》。一生奔波在流放路上的蘇東坡說：「此心安處是吾鄉。」高爾泰亦如是。

正義必將戰勝坦克

——與達賴喇嘛會談記

人必須要做的敬畏生命本身，就包括所有這些能想像的德行：愛、奉獻、同情、同樂和共同追求。

史懷哲

二〇一二年秋天的一個上午，當我應邀來到紐約曼哈頓一家中等規模的酒店時，才發現大堂裡已坐滿等候與達賴喇嘛會面的嘉賓，有西方人，有華人，也有藏人。在等候的藏人當中，既有白髮蒼蒼、一看就是飽受苦難的老人；也有身穿豔麗的民族服裝、眼中充滿期待神情的美麗少女，甚至還有一名穿著美軍軍裝的年輕藏族女孩。

我對藏族這個堅毅而韌性的民族充滿敬意，也對中共佔領西藏以來對藏人犯下的滔天罪行深懷愧疚——對於中共在西藏屠殺的歷史和藏人以自焚反抗中共暴政的現實，我的大部分漢族同胞要麼是毫不知情，要麼是漠然對之。

長期以來，西藏的精神領袖達賴喇嘛遭到中共宣傳機器的妖魔化，被多數的中國人視爲大逆不道的賣國賊和不可接觸的壞人。但是，對我來說，這次由西藏駐美代表處安排的與達賴喇嘛的單獨會談，是一次期待已久的會面。

當我和妻子、孩子被引進達賴喇嘛的房間的時候，出現在我面前的是一位身穿袈裟、身材高大、皮膚黝黑的老人。在藏傳佛教的信仰體系中，達賴喇嘛是活佛，具有神一樣的地位。但在作爲基督徒的我眼中，他就像鄰家的老大爺一般親切和藹、平易近人。他緊緊地握住我的手，笑容可掬地注視著我，如同見到一名久違的老朋友。我原來設想的第一次見面的距離感和陌生感，就在他的微笑中消失得無影無蹤了。

達賴喇嘛牽著我的手，引我跟他一起坐在長沙發上。出於尊重的考慮，我坐得離他稍稍遠了一些，結果他急切地用手勢招呼我，讓我離他近一些。於是，我便靠近他，下面的這段時間，我們幾乎是在「促膝交談」。下面是我們的談話記錄：

劉曉波的「我沒有敵人」，是一種偉大的精神價值

余杰：很高興今天在紐約與尊者見面，我讀過您的自傳和其他的一些傳記，我對西藏問題也一直都很關切。

首先，非常感謝您對劉曉波的關注和支持，在劉曉波獲得諾貝爾和平獎的過程中，您起到了至關重要的作用。我也注意到，您一直在呼籲中共當局儘快釋放劉曉波，這種關切超越了政治方面的考量，讓我感受到深沉的愛和同情心。

達賴喇嘛：是的，我跟其他朋友一起強烈推薦劉曉波爲諾貝爾和平獎候選人，他有資格

獲得這樣的榮譽。果然，他得到了這個獎。但遺憾的是，他仍然還在監獄之中。他和他的妻子現在情況如何？

余杰：據不久前，記者無疆界組織公布的一段劉霞的視訊顯示，劉霞仍然被非法軟禁在家。劉曉波的所有家人都處於被嚴密監控的狀態。這兩年來，沒有任何關於劉曉波的第一手消息傳遞出來。這是一種非常糟糕的情況，當年的納粹德國和蘇俄都沒有如此瘋狂，肆無忌憚地迫害諾貝爾獎得主的家人。我們必須盡更多的努力，讓劉曉波夫婦早日獲得自由。以後還要請您繼續在這方面發揮您的影響力，讓更多人關心和支持劉曉波。

達賴喇嘛：劉曉波的狀況讓人擔心。劉曉波在監獄中，我被迫流亡海外，我們兩人的處境很能說明今天中國的現狀。我會繼續努力讓大家關注劉曉波。比如，在諾貝爾和平獎得主的一些聚會上，我就多次呼籲，我們一定要聯合起來，向中當局發出聲音、形成壓力，促使劉曉波夫婦早日獲得自由。我的建議得到不少諾貝爾和平獎得主的贊同和支持。以後我還會這樣做，包括在其他場合。

余杰：作爲劉曉波多年的好友，我對您的幫助表示衷心感謝。今年十二月十日，是劉曉波獲得諾貝爾和平獎兩周年的日子，我們正在籌畫在全球發起新一輪的聲援劉曉波的系列活動。我們將在紐約召開一次新聞發布會，如果您能提供一份視訊講話，我們將在大會上播放。

達賴喇嘛：當然可以，我願意用各種方式來支援你們。我也會讓西藏駐美國代表處的工作人員向你們提供力所能及的幫助。

余杰：我非常贊同您多年來堅持的非暴力反抗的理念，這也是劉曉波一貫的思路。劉曉波所說的「我沒有敵人」，與您的用愛來轉化仇恨的理念不謀而合。儘管有些人不同意，他們堅持暴力反抗和報復共產黨；但我認爲，非暴力並非妥協、軟弱，它是最爲強大的力量。表面上看，我們是弱者，但我們從不放棄希望。在您的身上，我就看到這樣的人格魅力，您經歷那麼多的痛苦，被迫離開家園已經長達半個多世紀，但您並沒有哭泣，也沒有憤怒，您的臉上永遠充滿笑容，這笑容是從您的內心流露出來的。

達賴喇嘛：我相信正義和眞理的力量。槍、坦克和暴力，也許能取得暫時的勝利，但長遠地看，推動歷史發展的決定性力量是正義和眞理。

余杰：您離開西藏已經六十多年了，我才剛剛離開中國——今後很長一段時間都不能回到家鄉，我們都像一棵樹一樣，被暴力粗暴地移植到另外的地方。儘管如此，我看到這些年來您在困境中取得的巨大成就，您的人生經驗裡有許多供我們年輕人學習的地方。

達賴喇嘛：今天與你見面，我作爲一名跟你一樣的背井離鄉的流亡者，也想趁機談一點心得。早在二十多年前，我就是中國的民主人權活動人士的朋友。一九八九年之後，我注意到，有很多中國的知識分子和學生領袖流亡到西方，特別是美國。當時，反對運動有很多有名望的人參加，獲得了西方主流社會和華裔社群的支持，很有氣勢，很有活力。我跟他們見面的時候，就坦率地談到，我是一個老流亡者了，你們是新來的人，你們要明白，流亡的歲月非常不容易，這不是一條順暢的道路，以後會遇到挫折和低潮，所以更要具備持之以恆、水滴石穿的信念。還有一點就是，要有共同的目標，要團結起來。

多年以後，我發現，我的擔憂不幸而言中。中國的民主人權人士在海外的事業發展得不如人意，參與者和支持者都減少了，毋庸諱言，如今是一個低潮。因此，我特別想說的是，一是要長期堅持下去，不能輕言放棄；二是要求同存異，減少內部的爭鬥，合力總是大於單槍匹馬的力量。

余杰：您的意見眞是肺腑之言，我一定會銘記在心。

達賴喇嘛：不知你跟臺灣方面有沒有聯繫？我認爲，臺灣是中國可以好好借鑒的榜樣。

余杰：我一直很關注臺灣的政治、經濟和文化，我跟臺灣的若干學者、媒體、教會、民間社團都有聯繫，也寫過很多關於臺灣的文章。明年我會去臺灣訪問。

達賴喇嘛：這很好。近年來，兩岸關係趨向緩和，臺灣的重要性也就凸顯出來。比如，很多大陸遊客到臺灣旅行，許多大陸學生到臺灣念書，兩岸在語言和文化上有共通之處，所以臺灣成爲一個最好的傳達民主自由理念的視窗。有時候我跟臺灣的朋友見面，就對他們說，共產黨說要解放臺灣，他們靠的是軍事力量、導彈、航空母艦等，即便共產黨有強大的武力，也無法征服臺灣的人心；恰恰相反，臺灣反而有可能解放中國大陸，用民主自由價值給大陸的人民帶來希望和眞正的解放。

說到這裡，達賴喇嘛哈哈大笑起來，笑聲中氣十足，顯示他的身體相當健康。在談話的過程中，他一直注視著我，仔細傾聽、認眞思考，絲毫沒有作爲「尊者」的「唯我獨尊」的氣勢。他也不時地含笑向坐在旁邊的我的妻子和兒子致意。

四歲半的兒子聽不懂大人的談話，拿起彩筆在他的連環畫上寫字母。達賴喇嘛便吩咐祕書說，給孩子拿一個紅蘋果來。然後，他對我和我妻子說，你們的孩子眞可愛。看到孩子開心地啃起紅蘋果來，他又是一番開懷大笑。雖然他自己沒有孩子，但從這個小小的細節可以看出，他很喜歡孩子，他保有一顆單純天眞的童心。

片刻的中斷之後，我們又繼續交談。

藏人將與中國人一起享有自由和民主

達賴喇嘛：臺灣是制度的先行者，對中國大陸的示範作用極爲重要。之前我到過臺灣，但最近我不能去了。因爲臺灣當局有顧慮，他們雖然不致於把我看作壞人，但在他們眼中，至少是個「麻煩製造者」，所以不讓我去。說罷，他再次發出爽朗的笑聲。

余杰：那我比您幸運，我明年初要去臺灣訪問，參加臺北國際書展和去大學講學。我希望向臺灣朋友多多介紹中國的眞相，讓他們看到一個經濟發展的中國背後的人權災難。有一位牧師說過，喪鐘爲誰而鳴？爲我們每一個人而鳴。在這個意義上，中國的人權問題與臺灣的民主自由成果的保障息息相關。

達賴喇嘛：太好了。不知你有沒有時間訪問完臺灣後去達蘭薩拉看看，我正式邀請你去。

余杰：我一定會去達蘭薩拉訪問，那是一個讓我牽掛的地方。我想，親身去觀察和體驗，跟讀別人寫的文章，肯定是不一樣的感受。我早就盼望去那裡看看，藏人社區的民主實踐値得內地人士學習。

達賴喇嘛：那我就在達蘭薩拉等候你的訪問。我想問一個問題，對於目前中國的權力交接，你有什麼看法？

余杰：我對中共上層的權力變動不抱任何的希望。此前，我與一些藏人朋友討論的時候，也坦率地對他們說，不能對中共高層抱有幻想，中共早已淪爲一個既得利益集團，他們的既得利益牽一髮而動全身，所以不會邁出政治體制改革的一步。對西藏的政策，中共也不會有大的調整。因爲西藏政策不是一個單獨的政策，跟中國政治改革的大方向聯繫在一起。其他領域不發生大的變革，西藏的政策也不會有根本性的變化。也許他們會有一些小範圍內的調整，但基本上於事無補。

但是，有一個讓我們樂觀的現象，中國民間的力量正在快速成長，網路帶來相當程度的資訊的自由傳播，越來越多人民知道了西藏的眞相，也贊同您倡導的非暴力理念，所以同情西藏的漢人的數量也在迅速增加。像李江琳這樣的漢族學者所寫的關於西藏的著作，雖然不能在中國出版，但很多盜版書流傳甚廣，還有很多讀者在網路上閱讀電子版。在這樣的背景下，共產黨當局對您的妖魔化宣傳的效果越來越差，那種大規模的政治洗腦運動已經難以爲繼。

達賴喇嘛：是的，最近我跟一些從中國出來的朋友見面的時候，他們也談到，中國國內反對極權制度的聲音越來越多，人們逐漸敢於公開說出自己的想法來。這是一個可喜的現象。

余杰：今天，漢藏的交流和互動相當重要。我有一個建議，西藏流亡政府可以將你們的憲法更多地向漢人介紹，你們本身就是一個成功的「民主特區」。我和身邊很多朋友對西藏問題持開放態度，無論未來西藏在與中國的關係上，是高度自治、或是獨立，還是採取美國式的聯邦制，或者像歐盟、英聯邦那樣的更爲鬆散的一種聯盟結構，都是可以繼續討論的。總之，無論哪種選擇，都要將人權的保障放在首位，藏人的宗教和文化傳統必須得到尊重。也就是說，人權高於主權。

我們也期盼著，在不久的將來，中國能夠順利地走向民主憲政的道路，您也能平安地回到自己的故土。

達賴喇嘛：今天的會面只是一個開端，希望今後我們能保持聯繫，還能有見面和交談的機會。

把毛澤東請下神壇需要怎樣的勇氣？

——賀經濟學家茅於軾榮獲「傅利曼自由獎」

許多偉大的自由倡導者都始終不渝地強調著這樣一個真理，即如果沒有根深蒂固的道德信念，自由絕不可能發揮任何作用，而且只有當個人通常都能被期望自願遵奉某些原則時，強制才可能被減至最少限度。

海耶克《自由憲章》

二〇一二年五月四日，美國重要的保守主義智庫加圖研究所在華盛頓希爾頓酒店舉行該年度「傅利曼自由獎」頒獎儀式。我有幸應邀出席。頒獎儀式盛大而莊重，華府政界、學界、媒體等各領域上千人出席，可謂冠蓋雲集、群賢畢至。典禮上先播放了米爾頓·傅利曼生平的紀錄短片，這位畢生倡導自由市場經濟的大師，與海耶克一起，跟凱恩斯主義及各種左派理論對壘，謗滿天下，亦譽滿天下。傅利曼去世之後，十年前由加圖研究所設立「傅利曼自由獎」，這是對先哲的最好紀念。茅於軾是第一個獲得該獎的中國人。頒獎典禮上也播放了加圖研究所製作的一段關於茅於軾生平和思想的短片。其中有對我的一段訪問。我認爲，這是繼劉曉波獲得諾貝爾和平獎之後，西方給追求自由的中國知識分子的第二個重要獎項，其意義不可低估。

在頒獎典禮上，茅於軾及全家坐的那張桌子，就在我所在的桌子的左側。於是，我趁機向茅老致意並與之有一番簡短的交談。茅老也詢問了你在美國的生活狀況，他說，我在劉曉波獲得諾貝爾獎之後的遭遇他全都知道，也為你逃離中國感到高興。在國內，〈零八憲章〉發表之後，因為我們都是首批簽署者，受到當局的嚴密監控而無緣見面。如今，我們第一次見面卻是在美國的土地上。這一事實本身就說明，中國的自由是何等稀缺，中國公民爭取自由的努力是何其寶貴。

茅於軾先生的獲獎，回答了「一個體制內知識分子可以走多遠」的問題。人可以是體制內的人——茅於軾是從中國社會科學院美國研究所退休的，至今仍領取社科院的退休工資、居住在社科院分配的住房之中。但他的思想和精神卻超越體制之限制，體制並未成為讓其如履薄冰、瞠目結舌的「軟肋」。跟大部分體制內學者沾沾自喜於在中國經濟增長過程中分得權貴階層賜予的殘羹冷炙迥然不同，茅於軾雖人在體制之中，卻始終保持自由之思想、獨立之人格。

比高深的學術研究更重要的是普及常識

茅於軾獲得傅利曼獎之後，附屬於《人民日報》的《環球時報》照例是蜀犬吠日，發文攻擊，無非是「美帝走狗」之類的陳詞濫調。文章雖匿名，必有幕後操刀者。此類甘當獨裁幫凶的御用文人，在中國民主化之後，必將爲其助紂爲虐的言行受到相應的懲罰。利比亞變天之後，那些供職於格達費的「喉舌」的名記、名嘴及爲其代筆、炮製「格達費思想」的「智囊」們，全部被禁止參與新利比亞的政治活動。中共的文化幫凶們不久之後也會得到同樣的下場。

對於茅於軾的獲獎，也有圈內人持不同看法。有人認爲茅於軾在經濟學領域的成就並不突出。對此異議，學者李華芳撰文指出，回顧傅利曼獎歷屆得主的履歷可以發現，該獎剛設立時確實是「經濟學獎」，獲獎者中有諾貝爾經濟學獎得主等人；但近年來，該獎逐漸轉向「人權獎」，其重點是獎勵推進自由的個人，並不侷限在這個人的身分是不是經濟學家、政治家或作家。「推進自由的方式是多種多樣的，可以是透過表現政治上的領導力，也可以是透過發表文章針砭時弊，還可以是透過普及學術推廣個人自由和市場經濟的理念等。」

此種轉變，與諾貝爾和平獎近年來的轉變頗爲相似。諾貝爾委員會指出，和平與人權密不可分，若不能捍衛基本人權，和平只能是虛幻的肥皀泡。國家之間、民族之間乃至社會不同階層之間的和平，其基礎都在於每一生命個體的自由、尊嚴與基本人權得到切實保障。傅利曼獎也是如此。在此意義上，茅於軾是一位當之無愧的獲獎者，他不僅是一名經濟學家和書齋中的學者，更是一名起而行的推動自由和民主的鬥士。從外表上看，茅於軾溫文爾雅、謙卑平和，但爲了弱勢群體的權益，他常常拍案而起、怒髮衝冠。茅於軾不像某些老人，年紀愈大而愈精明和油滑；他是年紀愈大而愈純眞、愈直率。

茅於軾確實不是一位在經濟學領域有獨到貢獻的學者——他受制於時代的侷限，在他青年時代遭遇多次殘酷的政治運動，連人身自由都被剝奪，遑論讀書、思考和寫作了。「文革」結束後，他已年逾五旬，從事學術研究的黃金時代已經失去了。這固然是經過毛澤東時代苦難的中國知識分子的一大遺憾。但是，學術不應當被作爲唯一的價值標準。具體到中國當下的處境，在常識尚未得以普及的情形下，茅於軾所從事的普及常識的工作與經濟學上開創性的研究同樣重要。

對自由市場經濟的鼓吹、對保護私有財產的呼籲、對個人自由的捍衛，是茅於軾始終聚焦的三個要點。中國並不缺少那種一邊玩弄高深的學術概念一邊爲專制體制塗脂抹粉的所謂「右派經濟學家」，如林毅夫、胡鞍鋼等人；也不缺少那種鼓吹民粹主義、反對自由市場經濟、嚮往國家管制的所謂「左派經濟學家」，如郎咸平、崔之元等人。中國卻少有茅於軾這樣「憑愛心說誠實話」、將自由經濟與基本人權相提並論的經濟學家。茅於軾倡導的是有道德的經濟學和說眞話的經濟學，他不僅致力於普及常識，而且還身體力行，親自參與各項扶貧事業，切實幫助農民工等弱勢群體脫貧致富。與之相比，標榜「左派」立場、關懷窮苦大眾的「烏有之鄉」諸君，究竟做過哪些扶助弱者的事情呢？

茅於軾與劉曉波在「反毛」議題上的交集

在傅利曼自由獎的頒獎典禮上，主持人在介紹茅於軾的生平與貢獻時，特意提及劉曉波在其文集《我沒有敵人》中對茅於軾的褒揚。劉曉波指出，茅於軾是一位充滿勇氣和智慧的前輩知識分子。

在走向自由之路上，不可忽略的一項工作，是對扼殺自由的劊子手的揭露與批判。劉曉波早在八十年代便已寫出《混世魔王毛澤東》一文，此後不斷批毛，並發起將毛屍遷移出毛主席紀念堂、進而將紀念堂改爲共產主義大屠殺博物館的呼籲書。與劉曉波一樣，茅於軾也積極參與當代中國的「非毛化」進程。二〇一〇年四月二十六日，他在天則經濟研究所網站發表《把毛澤東還原成人──讀〈紅太陽的隕落〉》一文，歷數毛澤東的罪惡，包括心理陰暗、姦淫婦女無數、搞階級鬥爭、因政治原因害死五千萬人、將國家領至崩潰邊緣等。他進而指出，這個「禍國殃民總後台」的頭像，至今還在天安門城樓上掛著，說明「中國的滑稽劇還沒有眞正謝幕」。

與「八九」之後二十多年來劉曉波在中國國內遭到全面封殺不同，茅於軾的言論在國內尚有一定的傳播空間。因此，茅於軾對毛澤東的批判，雖不如劉曉波那樣尖銳和徹底，卻在中國社會引發了高度的關注和激烈的討論。中共當局長期壓制歷史學界呈現毛的罪惡和毛時代的黑暗，尤其是胡錦濤執政以後，其意識形態急劇向毛時代蛻化，這才出現薄熙來在重慶爲所欲爲地「唱紅打黑」之怪現狀。雖然薄熙來在黨內鬥爭中垮臺，但毛左禍國的陰影並未煙消雲散。茅於軾因批毛而遭到毛派圍攻，甚至有毛派提出以懲治「漢奸」的名義起訴和追殺之。在當天傅利曼獎的頒獎典禮上，甚至出現一個衣冠不整的華裔毛派流氓舉牌辱罵茅於軾的鬧劇。由此可見，「非毛」的工作在華人世界任重道遠。毛澤東的倒下去，才意味著中國人的站起來。

茅於軾也是老一輩體制內學者中參與〈零八憲章〉簽名的少數人之一。〈零八憲章〉在醞釀和修訂過程中，劉曉波曾與諸多體制內開明派元老和前輩知識分子聯繫，比如李銳、胡績偉、許良英等人，但他們基於種種考慮，未能參與連署。而茅於軾置個人安危於不顧，並沒有拿出「保護天則經濟研究所」之類的冠冕堂皇的理由來推託，他「明知山有虎，偏向虎山行」，勇敢地在這份文件上簽上名字。「不說出來的眞理不是眞理」，茅於軾參與〈零八憲章〉的簽名活動，就是對自由的捍衛、對良知的彰顯，此種勇氣與風骨，在經歷半個多世紀的磨難的老一輩知識分子中尤其讓人敬佩。

海耶克—傅利曼傳統在中國

加圖研究所的宗旨是弘揚海耶克——傅利曼的傳統，也就是政治經濟學領域的古典自由主義傳統。這一傳統是當今美國保守主義的主要思想資源。這一學派倡導自由市場經濟、個人主義、小政府、大社會，對歐巴馬政府將美國「歐洲化」的一系列政策極爲反對。在此次頒獎典禮上受邀發表演講的幾位美國著名政治家和學者，都大聲疾呼說，民眾一定要警惕政府擴大權力的企圖。

在受獎演說中，茅於軾也特別強調約束政府的行爲，因爲與美國相比，在中國這個問題更加嚴重和嚴峻。他指出：「誰最可能干涉別人的自由？恰好就是當官的、具有特權的管理者。一個社會需要有效的管理，必定賦予管理者一些特權。可是管理者利用被賦予的，或者憑武力搶得來的特權爲自己謀私，侵犯別人的自由以擴大自己的自由。他們甚至於侵犯別人的生命和財產。」雖然他沒有明確譴責中共當局「和尚打傘，無法無天」的統治模式，但誰都知道，除去北韓之外，中共當局是全世界權力最大的政府，中國民眾是全世界範圍內自由（當然也包括經濟自由）最少的民眾。茅於軾多年來奮鬥的目標，就是限制政府權力、拓展個體自由，這就是海耶克——傅利曼傳統在中國的生根發芽。

經濟自由是其他自由的奠基石，作爲經濟學家，茅於軾對經濟自由思考和著筆最多。在《一個經濟學家的良知與思考》這本書中，他不僅介紹了自己的一些工作經驗，如推動小額貸款、爲貧困地區培訓家政服務員等，更多篇幅是對一些錯誤的大眾常識分析或糾正。他認爲，目前中國社會存在的若干問題，如大眾最關心的腐敗和貧富懸殊等，並不是市場經濟的錯，而是權力對市場的干預。他分別在房地產、電力等資源、春運、土地等多個方面指出了非價格機制配置資源所產生的扭曲。比如，他對房價與車價作了對比，同樣是需求的強勁攀升，房價爲何高漲而車價卻下滑？在兩者供給方面，汽車的原料、技術等沒有瓶頸，而房地產卻受到政府對土地的壟斷和資本市場的缺乏競爭等扭曲，管住了數量（對土地的壟斷等），房價飆升實屬必然。如果改革不觸動這些根本，限價等枝微末節的政策不可能起作用，更有可能造成二次扭曲。這樣一分析，民眾的困惑就迎刃而解，官商勾結的祕密就水落石出。

不過，我未必同意茅於軾在書中的所有論點，比如他飽受爭議的「替窮人辦事，爲富人說話」的觀點。「替窮人辦事」的苦心和實踐當然讓人尊敬，也應當有更多人來仿效之；但

「爲富人說話」的宣告，實屬錦上添花、多此一舉。我理解茅於軾對中國當下的仇富心態的警惕，以及對中國傳統文化中均貧富的思維方式的反思，但是，在今天的中國，更應當提防的還是炫富的風氣和對財富無節制的追求與佔有。看看馮小剛的電影〈非誠勿擾〉中對富人生活厚顏無恥的渲染和張揚，就知道今天中國媒體的價値觀並不爲大眾所左右，而是被少數富人所把持和壟斷。富人佔據的話語平臺和管道實在太多了，根本不需要像茅於軾這樣的知識分子幫富人「說句心裡話」。

李愼之、方勵之等諸多前輩學人謝世之後，茅於軾是當代中國公共知識分子中最有資格榮獲傅利曼獎的人。正如他在演說中所說「在中國，追求自由的力量越來越強大，我在過去三十年內做的只是極其微小的一部分」，他是中國進步與變革的見證者與推動者，他從來沒有停止過對自由和對眞理的探求。即便無法親眼看到自由中國的臨到，但他無悔今生。

有一隻鷹飛過

王小波離開這個世界的時候，正值我的處女作《火與冰》剛剛出版。惡俗的書商硬要在《火與冰》的封面打上「北大的第二個王小波」的字眼。我萬分不願意，卻無法改變商人賺錢的欲望。其實，我的寫作跟王小波並無直接關係，也沒有受過他的影響。在閱讀王小波的文字之前，《火與冰》當中的文字都已完成了。不過，書商這種粗糙的銷售手段，卻讓我對王小波有了更多的興趣。

我所認識的有「三個」王小波。第一個，是作爲小說家的王小波。我最早讀的王小波的作品，是名噪一時的《黃金時代》。老實說，我不喜歡。我個人的審美傾向是古典的、崇高的、優雅的風格，我對法國文學和俄羅斯文學有一種深入骨髓的熱愛。我不太喜歡現代主義以及後現代主義的文學，尤其不喜歡影響中國當代文學甚大的拉美魔幻主義文學。

我對文字有一種潔癖，正如對生活一樣。我不喜歡文字中有髒字、有色情和暴力成分，正如不願自己家中有一點髒東西。雖然過了那麼多年大學宿舍的集體生活，而且無法改變室友們的生活習慣，但屬於我的那個角落，永遠是乾乾淨淨的。我知道，這只是我的個人喜好，並沒有要將其強加給別人的意思。我不喜歡文字中出現髒字，尤其是描寫性愛。文學作品不是不能涉及性愛描寫——性可以寫得美侖美奐，如杜拉斯所寫的，愛侶在做愛的時候，

「如同大海，沒有形狀」，多美，多麼富於動感。而王小波小說中頻頻出現畸戀、虐戀和同性戀，甚至充滿對男女生殖器赤裸裸的、審醜式的描寫，讓我無法接受和欣賞。

然後讀到的，便是那些宛如「故事新編」的小說，如《紅拂夜奔》。這些作品展示了王小波詭異的想像力和幽默的風格。不過，我還是不喜歡。正如魯迅後來對自己寫的《故事新編》有所反思，說它們「過於油滑」一樣，王小波的這些「歷史小說」亦過於油滑。過於油滑，便容易滑向虛無。

當然要破除那些別人強迫我們相信的虛假歷史，但如果一個人最終什麼都不相信，其人生未必就能幸福。這個時代，虛無主義已經過剩了。我對歷史懷有敬意，我喜歡莎士比亞的歷史劇，在莎翁筆下，歷史多半與悲劇緊緊聯繫在一起。從古希臘的悲劇一直到好萊塢的史詩電影〈英雄本色〉、〈神鬼戰士〉、〈五百壯士〉等，那種「力拔山兮氣蓋世」的歷史題材文藝作品，是我所激賞的。儘管歷史不能上升為宗教信仰（中國人的歷史情懷庶幾近之），但歷史可以成為讓人類精神飛升的平臺。在某些場合，歷史亦不妨是嘲諷的對象；但歷史之所以成為歷史的那個支點，是不能拆毀的。

我所認識的第二個王小波，是作為雜文家的王小波。作為小說家的王小波，並沒有讓我高山仰止；作為雜文家的王小波，讓我像發現新大陸一般欣喜若狂。二十世紀九十年代以來，「雜文」在中國文壇差不多壽終正寢。時下流行的「雜文」，只是發表在報紙縫隙裡的、猶抱琵琶半遮面的「時評」。這些八股味道十足的「時評」，既沒有生活趣味，也缺乏文學魅力。最讓人無法忍受的是，作者們喜歡大段引用領袖人物或高級官員的語錄，來作為免受文字獄之苦的護身符。在此種心態下寫出文字，必然不忍卒讀。與之相比，王小波的雜文乃是眞正雜文，是魯迅之後罕見的個性化雜文：比李敖更有邏輯性，比龍應台更有幽默感，比董橋更多一分山野之間的桀驁之氣。

王小波在雜文中言說常識，破除意識形態魔咒，痛加針砭民族主義、新左派等「不讓人好好生活」的理論。他從西方理性主義的傳統中取來火種，算是與當年胡適的思路一脈相承。王小波的文字沒有經過古典文學的陶冶，沒有典雅考究的氣質，卻有一種理工科出身、「外行人」的隨心所欲與自由放蕩。他在寫雜文時，差不多是「我筆寫我口，我口說我心」，天馬行空，我行我素，從來不迎合編輯或者讀者的喜好。換言之，他不爲發表而寫作，也不爲讀者而寫作。他的文字深深打上個人烙印，讀者若先不看作者的姓名，只是掃過幾行文字，便可知道出自王氏之手。放眼今天的華人世界，寫作雜文達到此一境界的，不過是陶傑、劉曉波、孔捷生等屈指可數的幾個人而已。

王小波逝世前後的那幾年，正是網路在中國迅速拓展的時期。他的雜文透過網路飛速傳播，而他那如同行雲流水的文字恰恰應和了網路寫作的隨意、輕鬆與調侃，從而成爲網路寫作者心中的最愛。王小波也堪稱第一位「網路作家」，儘管他的大部分作品並非最早發表在網路上，他也並未有意識地面對網路寫作。但是，他的文字風格深刻地影響了第一代在網路上寫作的青年作者。近二十年來，其文字形成時代之風尙，改變了整整一代人話語方式，在這一點上，惟有王朔可以與之並駕齊驅。

然而，一個作家的文字成爲某種流行風格，既是作家本人的幸運，也是其不幸。說幸運，是因爲作家本人在被流傳、被學習的過程中，不斷煥發出勃勃生機，作家本人即便去世或停止寫作，其文字依然鮮活有力；說不幸，是因爲在被接受和被傳播的過程中，誤會和扭曲層出不窮地發生，人人眼中皆有其《紅樓夢》，人人眼中也皆有其王小波——像古龍一樣，當王小波式的文體被不斷複製時，單調和乏味便是必然結局。

不可否認，王小波雜文中的思想立場，亦存在著一定的欠缺。在其思想脈絡中，過於張揚理性的力量。對人自身的無限讚美和對人智力的過度迷戀，使其雜文缺乏一種更爲深切的自省與謙卑。冷嘲熱諷、插科打諢，固然給雜文帶來閱讀的快感，反過來也會使自身受到傷害。

王小波太喜歡羅素了——至少跟羅素是數學家有關。王小波的父親是大學數學教授，父親期望兒子成爲數學家，而不是作家。在當代中國，數學家比作家安全。然而，王小波未能發現羅素思想中致命的缺陷——在激烈地反對信仰和道德的同時，理性並不能爲之提供一種堅強而溫馨的精神支撐。羅素幸福嗎？這個長壽的哲人結過四次婚，有無數情人，甚至勾引兒媳，並將兒子當作瘋子關起來，一個孫女因爲被他驅逐出家族而自焚。這個口頭上鼓吹愛情與和平的偉人，終生都未能獲得愛與寧靜。王小波從羅素那裡繼承了過於激烈的「非道德主義」，對本來就喪失道德感的中國，並非福音。

而我認識的第三個王小波，是作爲詩人的王小波。這個王小波更接近其本性。王小波說過：「人不僅應當擁有此生，他還應該擁有一個詩意的世界。」當我讀到王小波的情書時，對其理解和認識便進入最爲本眞的層面。王小波的小說和雜文，無論存在著多少缺點，每一篇中都浸透自由氣息，每一篇都在申明自由的不可摧抑。而王小波的情書，則讓我緩緩進入其內心深處，與之對話，與之擁抱，與之同哀哭、同歡笑。

最本色的王小波，不是小說家，也不是雜文家，而是懂得愛、渴望愛並尋求愛的詩人。這位全身心投入寫作情書的詩人，是我最喜歡的王小波。他不再是一個飽經滄桑、萬事皆空的哲人，也不再是一名威風凜凜、意氣風發的騎士。有著北方人的粗獷長相和高大身材的王小波，一開始寫情書，就如同賈寶玉般兒女情長、心細如髮，更像孩子一樣天眞爛漫、純眞無邪。

如法國詩人佩斯所說，「我的寫作是讓我的朋友們更加愛我」，王小波的寫作也是如此。愛，讓他像那隻撲火的飛蛾，奮不顧身。愛，本該如此。在愛裡沒有算計和考量，在愛裡沒有猶豫和懼怕。王小波說：「我老覺得愛情奇怪，它是一種宿命的東西。對我來說，它的內容就是『碰上了，然後就愛了，然後一點辦法也沒有了』。它就是這樣！愛上，還非要人家也來愛不可。否則不叫愛，要它也沒有意思。」愛，讓人身不由己；愛，讓人魂牽夢繞。王小波又說：「只要我們能在一起，我們什麼都能找到。也許缺乏勇氣是到達美好境界的障礙。你看我是多麼適合你的人。我的勇氣和你的勇氣加起來，對付這個世界總夠了吧？要無憂無慮地去抒情，去歌舞狂歡，去向世界發出我們的聲音。」此類樸實而堅決的文字，比起那些充滿智慧的幽默和隱喻來，更能打動我的心靈。

愛，從來都不是一件容易的事情。愛，就像芒草一樣，經常被農夫粗暴地剷除。這個世界上的很多人，無論貴爲君王，還是卑賤如販夫走卒，終生都未能找到眞愛。那是人生中一種極度絕望的處境。那麼，王小波呢？他找到眞愛了嗎？

在一封封沒有精心雕飾、眞情流露的情書裡，我漸漸發現一個不太和諧的事實：王小波對李銀河的愛，遠超過李銀河對王小波的愛。他們兩人的愛是不對等的。就如同當年魯迅與許廣平一樣，許廣平始終未能理解魯迅的內心世界，李銀河也是如此。李銀河太冷靜、太理智，她未能挖掘出王小波本性中如同孩子般純眞的那一面，並好好呵護它。王小波去世的時候，李銀河不在身邊，那一刻，王小波必定無比孤獨。

張楚說，孤獨的人是可恥的；王小波說，孤獨是醜的。無論如何，他們依舊孤獨。劉曉波是王小波的知己，雖然他們交往並不多。劉曉波知道王小波去世的消息，已是好幾個星期之後，那是劉曉波第三次入獄期間，是妻子劉霞在信中告訴他的。

於是，劉曉波寫了一首名爲〈悼王小波：給爲王小波寫詩的霞〉的詩：「他的突然猝死，留下了太多的空白。但我仍然爲他慶幸，甚至有些羨慕。」也許，在一九九七年七月二日那天，劉曉波就預見到他還將背負更重的軛——「親愛的霞，小波的死和你的悼亡詩，讓我感到的不是悲傷。想像著他，邊喝酒邊聊天的悠閒，我的牢房突然明亮，恍若一座雨後的庭院。」而王小波已然在彼岸安息。

惟有詩人，才能在比黑暗更黑的時代向死而生；惟有詩人，才能在天幕上如鷹飛過而不留下一根羽毛。王小波說：「現在我是詩人，雖然沒有發表過一行詩，但正因爲如此，我更偉大。我就像那些吟遊詩人，在馬上爲自己吟詩，度過那些漫漫長夜。」於是，你在最好的年華裡離開，不願讓朋友們看到你蒼老的容顏。

此時此刻，我剛剛看完獲得二〇〇六年奧斯卡最佳外語片獎的德國電影〈竊聽風暴〉（The Lives of Others）。我自己的生活與電影裡的主人公相比，何其相似——沒有自由，沒有隱私，沒有詩意，卻依然要寫詩，纖弱的詩歌能夠抵擋凶狠的坦克嗎？

這是一個膜拜坦克的人遠遠比熱愛詩歌的人多的國度。在〈竊聽風暴〉的結尾處，出現了一首詩，正好可以送給在河流的另一邊默默向隅的王小波，送給這位傷痕累累卻又故作輕鬆的兄長：

親愛的孩子，你怎麼了？
你的愛人死了。
愛人？你今早上還見過他，
他還是那麼鮮活。
不，姐妹們，相信我，
他已經死了。
我知道他死的時候，
火紅的太陽剛剛升起。
照耀在他身上。

第二卷

自選的舞臺

知識分子與權力
——劉曉波與龍應台之對照記

知識分子需要投入、表態、傳播，這和作家不同，作家只是滿足於寫小說或詩歌；與藝術家也不同，藝術家需要創造藝術作品；和學者也不同，學者尋求的是真理。而知識分子就是一種干預性的態度，走出自己的辦公室和實驗室。

雷吉斯・德布雷

二〇一二年春，美國副總統拜登在接待了習近平之後發表的一場演說中指出，無論中國的經濟如何增長，美國始終有一個競爭優勢是中國無法超越的，那就是創新的能力。拜登認爲，只要中國壓抑人民思想和言論自由的專制體制存在，它就難以有創新的能力；即便有再多的工程師和科學家，中國都無法在世界上居於主導地位。其實，在我看來，決定一個國家未來發展的至關重要的因素，比創新能力更爲重要的，在於是否擁有一個堅持公義、批判權力的知識分子群體，以及具有道義力量的象徵性人物。

在我成長的經歷中，有兩個知識分子群體對我影響很大。一個群體在彼岸的臺灣，在臺灣的民主化進程中，幾代知識分子風雨兼程、前仆後繼，從胡適、傅斯年、雷震、殷海光、傅正到彭明敏，從《美麗島》雜誌諸君到柏楊、李敖、龍應台，無不讓我心儀和神往。在上個世紀八九十年代之交，柏楊、李敖、龍應台的部分著作在中國可以公開出版，一時洛陽紙貴，他們三位在中國的青年學生中也最具影響力。他們的著作是我青少年時代不可或缺的啓蒙讀物。如今，柏楊已經過世，李敖淪爲中共專制政權的吹鼓手，龍應台華麗轉身、學而優則仕，讓我不禁感歎權力和虛榮心對知識分子獨立人格可怕的侵蝕，眞是「雕欄玉砌應猶在，只是朱顏改」。

另一個群體就在我身邊，自從我在一九九九年結識劉曉波之後，劉曉波就是我最親密的良師益友。《西遊記》中有一個細節，每逢孫悟空要外出尋找食物，就會用金箍棒爲唐僧畫一個圓圈，唐僧只能在這個圓圈內活動，在圓圈內是安全的，出了圓圈就有危險。在共產黨一黨獨裁統治下的中國人，大都對這個圓圈心知肚明、心領神會。所以，像劉曉波這樣莽撞地躍出這個圓圈的人，會被看作唐吉訶德式的傻瓜。劉曉波的妻子劉霞就常常用「傻瓜」作爲對劉曉波的暱稱。在俄羅斯的東正教文化中，有所謂「顚僧」的傳統，托爾斯泰和杜斯妥也夫斯基等文豪多少都有點「顚僧」的氣質。而劉曉波就是中國的「顚僧」，當諾貝爾和平獎的冠冕戴上他的頭上時，他說這是給「六四」亡靈的，他沒有被榮譽所俘擄，儘管身在中共的監獄中，他的心靈依然寧靜而自由。

從影響力而言，龍應台無疑是臺灣最具影響力的知識分子。如今，龍應台貴爲部長，劉曉波淪爲囚徒，兩人之處境天壤之別。如果把龍應台與劉曉波作一個對比，堪稱探究知識分子與權力關係的最佳視角。

龍應台，你爲什麼不生氣？

龍應台寫過一篇題爲〈中國人，你爲什麼不生氣〉的文章，沒有想到，多年以後我要借用同樣的問題，不過，質問的對象變成了龍應台本人。我想問的問題是：龍應台，你爲什麼不生氣？

本來不想批評龍應台，因爲我跟她有過一些交往。二〇〇四年年初，我在香港中文大學作訪問學者，恰逢龍應台到中大演講。她對臺灣和香港有諸多不留情面的批評，卻對中國閃爍其辭，便提問說：「龍女士，您在以往的文章和今天的演講中，把『知識分子』定義爲『批判現實、特立獨行、體現社會良心』的一群人。您多次使用『中華文化』的概念，對自己的定位不是『臺灣知識分子』，而是『中華知識分子』。但是，在今晚的談話中，您用了許多尖銳的言辭批評臺灣和香港，爲什麼偏偏對中國不置一詞？是不是因爲批評民主的政府是安全的，批評專制的政府是危險的？」當時，會議的主持者居然說這個問題與演講主題無關，龍應台不必回答。於是，我憤而退場。

第二天，龍應台專門赴中大約我對話。她解釋說，她沒有批評中國，是因爲對中國不瞭解，所以不能輕易發言。儘管我不同意她給出的解釋，但我發現她至少對批評意見頗有雅量，這一點是中國很多文人學者所不及的。後來，我在香港《開放》雜誌發表了一篇題爲

《龍應台，你爲何不批評中國政府？》的文章。

也許是因爲我的提問對龍應台形成了某種程度的刺激，在此後的一年多時間裡，龍應台的筆觸逐漸涉及中國，先後寫下三篇批評中國的文章。第一篇是寫於二〇〇四年臺灣大選之後的〈爲臺灣的民主辯護〉，她明確指出，中共的武力恐嚇乃是對臺灣民主的最大威脅。第二篇是二〇〇四年六月發表的〈誰，不是天安門母親？——獻給丁子霖〉，這篇文章以一名母親的身分，表達了對那些十五年前被殺害的孩子的悼念。第三篇是爲二〇〇五年《中國青年報》「冰點」週刊被封殺而寫的〈胡錦濤，請用文明說服我〉，該文直言不諱地譴責以胡錦濤爲黨魁的中共政權「把眞理當謊言，把謊言當眞理，而且把這樣的顚倒制度化」。這三篇文章改變了我對龍應台的看法，於是寫了一篇〈「野火」可以融化「冰點」〉的評論讚揚她。

然而，野火的二度燃燒，只是曇花一現。二〇〇八年十二月，中國異議知識分子、人權活動家劉曉波因參與起草和組織〈零八憲章〉被中共當局祕密逮捕。稍後，我赴香港講學，與另外一位公共知識分子、法學家王怡一起去港大拜訪龍應台。龍應台熱情招待我們，我向她談起劉曉波事件，希望她爲劉曉波的自由撰文呼籲，說不定可以凝聚海外輿論的力量，對中共當局形成相當的壓力，使得此事件像「冰點」週刊那樣有一個「比較不壞」的結局。然而，龍應台聽了我的建議之後，不置可否。我也只能點到爲止。那時，我心裡很疑惑：作爲一個「行公義、好憐憫」的知識分子，對於劉曉波等數百個中國良心犯的悲慘遭遇，龍應台爲什麼一點都不生氣呢？

「臺灣利益」與「普世價值」有衝突嗎？

二〇一二年，龍應台當上了臺灣的第一任文化部長。作家當文化部長，彼岸早有先例，八十年代的中國，作家王蒙就當過文化部長。因此我並不驚奇，我驚奇的是，入閣之後的龍應台再度「變臉」，變得比川劇中的「變臉」絕技還要快。

在立法院的一次質詢中，立法委員段宜康詢問龍應台，「二二八」的罪魁禍首究竟是誰，一連問了幾次，龍應台無處迴避，遂以「權力是一個很複雜的結構」來搪塞，她始終不敢說出「蔣介石」這個名字來。龍應台曾經旅居德國，難道當有人詢問她誰是奧斯威辛集中營的最終負責人，她也不敢說出希特勒的名字來，而以「權力是一個很複雜的結構」來敷衍嗎？反倒是蔣介石的曾孫蔣友柏在不久前誠實地對媒體說：「我的曾祖父蔣介石帶領的國民政府總共殺害約一千萬中國人……事實就是在那裡，一味地否認並不會就使這些事件從歷史紀錄裡消失。我認爲最好的方式只有以健康的心態正面地面對這些歷史事實，並儘量做出補償；即使我個人因爲無能爲力，而只能以口頭方式表達來自隔代的歉意。」兩相比較，高下立現。

緊接著，龍應台又在立法院陳述，她不談「六四」的理由是：作家可以有勇，部長必須有謀；換了位子，就要換腦袋。這個說法更讓我莫名驚詫：如果說因爲龍應台是國民黨政府的文化部長，礙於馬英九的情面而無法說出老祖宗蔣介石這個名字來，尚且情有可原；那麼，既然龍應台並不是中共政權的文化部長，爲什麼對「六四」要三緘其口呢？不談「六四」是維護「臺灣利益」的必要選項嗎？

腦袋，即思維方式，當然可以轉換。但是，人不能改變的是良心。我不知道龍應台旅居香港時，有沒有參加過維園燭光晚會。對照維園二十多年不變的燭光，龍部長改變的，不是腦袋，乃是良心。港人常說，「六四」是一面照妖鏡，照出香港高官和富豪們的原形。沒有想到，這面照妖鏡居然將龍照成了蟲。在最近的《南方週末》事件中，臺灣藝人伊能靜勇敢發聲，被禁言、被喝茶。中國國台辦發言人威脅說，歡迎臺灣藝人到中國發展，但必須遵守中國的法律。說白了，就是必須對共產黨一黨獨裁的事實視而不見。瘦小的伊能靜讓我想起聖經中面對巨人歌利亞的少年大衛，更有人在網路上爲她繪畫了一幅神似年輕時的翁山蘇姬的漫畫。媒體人連清川撰文指出：「當一個國家的自由受到侵襲與禁錮的時候，任何一個界別的職業身分都無以自存。……因爲公共自由的喪失，不僅僅是對當事者的損害，而是整個民族，所有群體的受傷。」微博上還有人創作了這樣一副絕妙的對聯：「伊本能靜伊未靜，彼可成龍偏成蟲。」下聯說的是成龍，不過，借用於龍應台部長身上似乎也很準確。

再以後，是龍應台訪問香港，談到香港社會拒絕大陸化和「國民教育」風波時，她表示，自己已經不再是作家，已經沒有了個人身分，一言一行代表官方和政府，所以必須要尊重香港政府和香港人民，不便對此發表意見。被問到特首梁振英僭建問題時，她以工作很忙，沒每天看報紙，所以「沒有資格」評論作答。對於臺灣媒體被中資機構收購是否染紅傳媒，她簡單以這是全球性問題來回答，又反問：「難道被美資買掉就應該很開心嗎？」這個反問與莫言在斯德哥爾摩爲共產黨政權的新聞檢查制度辯護有異曲同工之妙。莫言說，檢查制度是必要的，飛機場還要對乘客實行安檢呢。這是一種低劣的攪渾水的做法。美國政府難道設有一個可以審查和竄改從來對政府都不友善的《華盛頓郵報》的宣傳部門嗎？沒有。恰恰相反，《華盛頓郵報》記者對水門事件的調查和曝光，讓美國總統尼克森不得不引咎辭職。那麼，中資和美資有差別嗎？以龍應台在歐美國家生活多年的豐富履歷，還不致於弱智到搞不清楚民主與專制的差別吧？莫言是共產黨政權之下一個好不容易掙脫農民身分的作家，他寫作的目標就是有餃子吃，他的怯懦可以理解；但龍應台已經貴爲中華民國的文化部長，爲何要主動爲中共塗脂抹粉呢？龍應台很欣賞莫言，莫言一獲得諾貝爾文學獎，龍應台就立即跟莫言攀親戚，說在她當臺北文化局長期間曾請莫言來臺北訪問。而劉曉波是全世界唯一一個被關押在獄中的諾貝爾和平獎得主，龍應台卻假裝這個事實不存在。全球數百位作家和諾貝爾獎得主簽名呼籲中共釋放劉曉波，龍應台的大名至今缺席。

也許，龍應台認爲，她保持沉默便不會激怒對岸的「綠巨人」，就是保護了臺灣的利益。然而，她錯了，徹底地錯了。捍衛臺灣的利益跟堅持普世人權價值沒有衝突，臺灣的核心價值就是臺灣的憲政民主。

知識分子的使命就是對權力說不

文人當官，龍應台不是第一人。智利詩人、諾貝爾獎得主聶魯達曾出任駐外使節和國會議員，卻不顧優渥的待遇，譴責本國獨裁政權之暴政，以致被免職、被通緝、流亡異國多年。聶魯達一生堅信「人之爲人的自覺與共同命運」，始終站在弱者一邊。捷克劇作家哈維爾，因發布爭取人權的七七憲章而成爲共產黨政權的階下囚，天鵝絨革命之後，當選首任民選總統。貴爲國家元首，哈維爾依然勇於爲公義而戰鬥，譴責強鄰蘇俄當年出兵血腥鎮壓布拉格之春人民起義，並推動劉曉波榮獲諾貝爾和平獎——在去世前不久，哈維爾抱病冒著大雪親赴中國駐捷克使館遞交抗議信，中國使館閉門不納。若以龍應台的標準衡量，哈維爾的做法得罪了俄國和中國兩個大國，也就危及到了捷克的國家利益，是缺乏作官的「職業倫理」，眞該謝罪下臺。然而，並不信奉龍應台遵循的「當了官就要閉嘴」的「潛規則」的哈維爾，卻深受國人乃至全世界的愛戴，其葬禮萬人空巷，身後備享哀榮。聶魯達、哈維爾二氏，身分雖然曾有過變化，但「老吾老，以及人之老；幼吾幼，以及人之幼」的良心一以貫之。作爲作家的成就，他們並不比龍應台低；作爲官員或政治人物的聲望，他們更比龍應台高出許多。

劉曉波和朋友們推出零八憲章，就是追溯哈維爾和七七憲章的道路。我本人是零八憲章從起草到發布的親歷者之一。我記得我們在北京的一間餐廳的包廂中討論如何命名這份文件的時候，在座的幾位人士都贊同使用呼應著七七憲章的零八憲章這個名字。劉曉波說，這當然會帶來更大的風險，但這是我們的歷史使命；劉霞在旁邊說，你做了這件事，我又要踏上漫長的給你送牢飯的路途了。劉曉波的可貴之處就是知其不可爲而爲之，像希臘神話中的西西弗斯那樣推著石頭上山。

一九八九年，劉曉波毅然中斷在美國哥倫比亞大學的訪問學者計畫，回到北京參加「八九」民運，這樣的選擇相當可貴，不過並非最爲可貴，因爲當時幾乎全部中國的民眾和全世界的民眾都支持天安門廣場的學生。劉曉波最可貴的地方在於，在一九八九之後的二十多年裡，一如既往地持守理想並不斷地反省和超越自己。在身邊的朋友一個接一個地脫隊甚至站在其對立面的時候，他卻永不放棄，知行合一。劉曉波的好朋友、政論家胡平指出：「曉波有嚴格的反省精神，這表明他對自己有很高的要求，他拒絕自己欺騙自己，不能容忍自己做出讓自己的良心感到不安的事，他堅持自己的所做所爲一定要通得過良心的拷問。」這正是一個知識分子最讓人欽佩的地方。劉曉波所追求的是陳寅恪倡導的「獨立之精神，自由之思想」，爲此他付出了四度入獄，失去自由近二十年的沉重代價。

做一名眞正的知識分子並非易事。法國思想家朱利安．班達（Julien Benda）《知識分子的背叛》（*Betrayal of the Intellectuals*）一書中指出：「知識分子已經可恥地背叛了他的使命。比如，當法西斯主義猖狂之時，知識分子因爲這是『既成事實』而承認非正義；更有甚者，他自願充當完全鄙視一切理想性的哲學的奴僕，並且因爲它在當下體現了『歷史的意志』而斷言它是正義的。」在二十世紀三十年代，知識分子墮落的標誌是向納粹政權卑躬屈膝、俯首稱臣；在今天，知識分子墮落的標誌則是向中共政權暗送秋波、狼狽爲奸。隨著中國經濟的騰飛，儘管這種騰飛的代價是數億農民工被奴役、能源的巨大消耗和環境的毀滅性破壞，但中共當局不以爲恥、反以爲榮，宣揚「中國模式」和「北京共識」。「天下熙熙，皆爲利來；天下攘攘，皆爲利往」，爲了金錢和權勢，那麼多政客和商人皆往北京朝拜。就是一向高傲的好萊塢也不得不低頭獻媚。二〇一二年中國電影的票房收入高達一百七十億元，僅次於美國居世界第二。好萊塢片商爭先恐後想入場，放棄了美國最珍視的表達自由的核心價值，在電影還在拍攝過程中，便主動邀請中共的電影審查機構前往片場視察，確認電影故事情節、製作和其他創意元素都獲得他們的批准。《紐約時報》評論說，就連「鋼鐵人」也害怕踢到中共的鐵板上。然而，我們能夠想像三十年前美國的電影公司邀請蘇聯的宣傳部審查他們的作品會是怎樣的情形？

今天的共產黨政權似乎大獲全勝、一手遮天，但劉曉波擁有比「鋼鐵人」更堅強的意志，正如朱利安·班達所說：「知識分子的法則是，當全世界都匍匐在作爲世界主宰的非正義之前時，他卻屹立不動，用人類的良心來反對它。這類值得我們尊敬的人有在凱撒面前毫不屈服的加圖和在拿破崙面前不願喪失氣節的基督教神父們。」劉曉波也是其中的一員。我相信，劉曉波已經作好了成爲中國的曼德拉、中國的哈維爾、中國的翁山蘇姬的準備，他是否會成爲民主中國的總統並不重要，重要的是，即便他掌握了權力，他也不會被權力所腐蝕，他將善用和慎用權力，讓權力推動自由和人權的實現。

羅本島監獄離錦州監獄有多遠？

當知識分子、藝術家、作家和學者行使自己的核心使命：即思考、重新思考、提出問題、批評、創造性地採取行動並嘗試開展公開對話時，根本就不存在顛覆國家安全。相反，當政府壓制知識分子的表達時，現在和未來的社會福祉就會被政府破壞。

哈維爾

二〇一三年七月一日，美國總統歐巴馬參觀了在南非羅本島上的一間牢房，曼德拉曾被囚禁在此。該監獄如今被用來紀念曼德拉。

歐巴馬眞的視曼德拉爲「精神之父」嗎？

《紐約時報》報導說，歐巴馬特意帶妻子和兩個女兒一起進入這間曼德拉度過了其二十七年牢獄生涯的十八個年頭的牢房裡，記者甚至用「擠」字來形容當時的情形。「在這個空空如也、煤渣磚砌成的牢房裡有一個便器、一床薄薄的床墊和枕頭，以及一條棕色毯子。一扇窗戶面向院子，上面裝有粗大的白色鐵欄，和通向監獄過道的門上的鐵欄相呼應。」歐巴馬單獨在監獄裡待了一會兒。攝影師捕捉到他望向鐵欄外藍天的那一瞬間，整個院子沐浴著陽光。然後，他不發一言，走到自己的家人中間。

歐巴馬一家還參觀了曼德拉和其他政治犯被迫勞動的石灰岩採石場。在海鳥的鳴叫聲中，歐巴馬向女兒瑪利亞和莎夏講述了這座監獄島的歷史。「你們可能不知道的一件事是，政治非暴力的理念最早生根於南非，因爲甘地曾在南非當過律師，」父親告訴女兒。「當他回到印度後，這些理念最終帶領印度獲得獨立，而甘地的行動則激發了馬丁・路德・金恩。」歐巴馬聲稱，兩個女兒如今能更理解曼德拉的成就，「看她們站在這間曾經囚禁過納爾遜・曼德拉的牢房裡，我知道這是她們永生難忘的經歷。」

在監獄院子裡的來訪者留言簿上，歐巴馬寫道，他們一家「站在這間牢房裡，感到十分謙卑，因爲有很多勇士曾在這間牢房裡直面不公並拒絕讓步。全世界都對羅本島的英雄們心懷感激，這些英雄提醒我們，沒有枷鎖或牢房能匹敵人類精神的力量。」

南非的種族隔離制度已成爲日漸遙遠的歷史，曼德拉爲之奮鬥的、建立公平正義的社會的目標雖然還未完全實現，但南非已在通往「彩虹之國」的道路上大步邁進。在此意義上，曼德拉的犧牲是有意義、有價值的。甚至可以這樣說，如果沒有曼德拉，南非的和平轉型不可能如此平穩而迅速地完成。也許會走很多的彎路，流更多的鮮血。

當曼德拉成爲新南非的國父之後，參觀羅本島、向曼德拉致意，不會在任何國家引起爭議。羅本島本身已成為一處自由民主的聖地，不管哪個國家的政客來此參觀，都能給自己加分——所以，即便臭名昭彰的中國前總理、腐敗分子、「六四」屠殺的直接元凶李鵬，一九九九年以人大委員長的身分訪問南非時，也特意到這間牢房參觀，並搔首弄姿地讓記者拍照。當然，李鵬不會想起在中國的牢房裡仍然關押著數以千計的像曼德拉那樣的政治犯。

歐巴馬去羅本島當然沒有錯——尤其是他本人為美國第一位黑人總統的身分，讓這趟朝聖之旅更富於戲劇性。然而，歐巴馬卻故意遺忘了另一個他更應當去的地方：中國遼寧的錦州監獄，那裡關押著當今世界上唯一仍然被關押在獄中的諾貝爾和平獎得主——劉曉波。

歐巴馬為何忘卻「中國的曼德拉」劉曉波？

也許錦州監獄太遠了。羅本島離錦州監獄有多遠？這個距離，不僅是地理意義上數萬公里的路途，更是驗證一個政治人物是否真的有決心捍衛自由、公義和人權的標準。

歐巴馬、曼德拉和劉曉波同為諾貝爾和平獎得主，但眾所周知，歐巴馬的這個獎來得太容易了。那時，他剛剛當上美國總統才一年，並無值得一提的政績，這個獎項就如同從天而降的餡餅落到他頭上。而劉曉波則付出了極為沉重的代價：不僅自己第四次被判刑入獄，如果坐滿這次的刑期，他加起來在獄中的時間差不多有十八年，雖然少於曼德拉的二十七年，但他的處境比曼德拉更糟——劉曉波的妻子劉霞，自從二〇一〇年丈夫獲得諾貝爾獎之後，就被中共當局非法剝奪自由、長期軟禁在家；劉霞的弟弟劉暉，因為幫助姐姐傳遞資訊，被以莫須有的經濟罪名判刑十一年。若把家人失去自由的時間加在一起，劉曉波及其家人所承受的苦難，甚至超過了曼德拉及其家人。由此可見，在邪惡程度上，中共政權的邪惡，超過了南非的種族隔離政權。但是，全世界就這樣坐視中共政權爲非作歹，似乎束手無策。

中國不是一個正常國家，是被共產黨綁架的「邪惡軸心」。與當年南非的種族隔離制度相比，中共自從一九四九年奪取政權以來便實行「城鄉二元制」，這是一種更加隱蔽的身分歧視。中國沒有因爲膚色差異而形成的隔離體制，卻有因地域差異而形成的更嚴重的制度性的壓榨與戕害——在中國，只要你身爲農民，就天然地成了政治、經濟、教育權利殘缺不全的「二等公民」。數億農民在今日中國的悲慘生活，堪比昔日的美國黑人和南非黑人。

劉曉波肩頭的擔子比曼德拉重。就內部環境而言，昔日的南非，至少還有一套表面的民主體制，所以只要體制內出現戴克拉克（Frederik de Klerk）那樣的開明領袖，就能與曼德拉展開談判，雙方共同啓動政治改革；而今天的中國，卻是赤裸裸的極權暴政，共產黨萬變不離其宗，仍是一個列寧和毛澤東式的政黨，對國家和社會的控制並未有絲毫鬆動，所以劉曉波的處境比曼德拉更加艱險，中國政治改革的可能性更爲渺茫。

就外部環境而言，劉曉波和中國的民主派得到的國際支持亦遠不如當年的曼德拉。在長達二、三十年時間裡，民主世界同仇敵愾地對南非實施政治和經濟制裁，用實際行動支持曼德拉和他的同仁們；如今，民主世界卻對中共卑躬屈膝，因爲中國是世界工廠，也是全球最大的消費市場，唯利是圖的商人和見錢眼開的政客，遂不惜與中共共舞，如此方能悶聲發財，同吃人肉盛宴。

當年，在民主國家，沒有人爲南非的種族隔離制度辯護——就像不能替納粹說好話一樣，誰也不敢背負這個千夫所指的罵名。但是，如今爲中共唱讚歌的「洋五毛」卻多如過江之鯽，有花旗銀行董事，有哈佛大學教授，有德國前總理，有英國大主教，爭先恐後地到北京去尋覓「嗟來之食」。人們忘記了「六四」屠殺，忘記了在中國每天都在發生大大小小的屠殺，也忘記了獄中的劉曉波。

歐巴馬政府也加入這個排隊向北京招手的行列。歐巴馬是一個世紀以來最漠視人權問題的美國總統，利比亞人民反抗格達費暴政的時候，他默不作聲，讓法國拔得頭籌；敘利亞獨裁者阿薩德對平民大肆屠殺的時候，他仍然無動於衷。若是雷根在臺上，或者小布希在臺上，絕對不會如此袖手旁觀，讓美國作爲自由世界領袖的位置處於「懸空」狀態。就連發生在利比亞、敘利亞這樣小國的人權災難，歐巴馬都不聞不問；對於中國這個東方恐龍的「苛政猛於虎」，歐巴馬又怎麼會放在心上呢？

劉曉波握有中國打開和平轉型之門的鑰匙

劉曉波需要支援，劉曉波不能被忘卻。劉曉波的事業不僅是中國民眾的事業，更是一項足以改變世界格局的偉業。向進入「先賢祠」的曼德拉致敬，是錦上添花；向正在苦難和困厄中奮戰的劉曉波發出聲援，乃是雪中送炭。目光短淺者，只知道錦上添花；高瞻遠矚者，才有雪中送炭的胸襟和魄力。今天的劉曉波正在成爲「中國的曼德拉」的煉獄之路上。對於歐巴馬和西方的每個政治領袖而言，去錦州監獄比去羅本島更加重要、更加迫切。

反之，倘若縱容所謂的「中國模式」如黃河之水般席捲全球，其結果必然是害人害己。看看非洲各國對中國竭澤而漁的「新殖民主義」的憤怒，看看中國產的毒餃子如何讓日本民眾膽戰心驚，看看中國產的劣質輪胎如何在美國奪走無辜者的性命，是禍是福就一清二楚了。以奴役人民、毀滅環境、掠奪資源來達成的發展模式，已經讓中國成爲最不宜居的人間地獄。不民主的中國，就如同一個「不定時」的炸彈，倘若眞的爆炸了，半個地球將深受其害。

而在劉曉波的手上，握有打開這個黑屋子千年深鎖的鐵門鑰匙，邁出去，就是海闊天空，就是民主憲政。劉曉波所倡導的「我沒有敵人」的理念，劉曉波所推動的「零八憲章運動」，正是中國和平轉型的希望所在。對於中國人及海外華人來說，支持劉曉波就是支持一個民主自由的中國的願景；對於包括歐巴馬在內的西方領導人來說，支持劉曉波、促使劉曉波這位諾貝爾獎得主成爲未來民主自由的中國引導者，是在東方贏得中國這個潛在盟友的第一步。如果未來民主自由的中國如同今天的日本一樣，成爲美國和西方在亞洲關鍵性的盟友，那麼世界長久的和平與穩定就觸手可及。

〈阿凡達〉是關於西藏的寓言

我們一直是種種罪惡行徑的沉默的見證人。我們的頭上已經滾過了許許多多的風暴。

潘霍華（Dietrich Bonhoeffer）

我在推特上說，我要用〈西藏就是潘朵拉，王力雄就是傑克，而唯色就是奈蒂莉〉這個題目寫一篇關於〈阿凡達〉的評論。立即有推友回覆說，這是史上標題最長的影評。我說，不是我的標題太冗長，乃是西藏的苦難太漫長。

〈阿凡達〉是一部民族史詩，是所有弱小民族的史詩，是被西班牙殖民者屠戮的馬雅人的史詩，是被納粹屠戮的猶太人的史詩，是被中共屠戮的西藏人的史詩。眞理部竭盡全力編造的一切的謊言，在這部比現實生活還眞實的電影面前不攻自破了。

如同進入夢境的傑克，逐漸覺得夢境比現實還要眞實一樣；今天仍然生活在「一九八四」的中國人，只能在電影中才能找到眞實的人生。一九五〇年中共軍隊侵入西藏之後六十年的歷史，居然被濃縮在這部不到三個小時的電影之中，三個小時等於六十年，由此可見卡梅隆（Kirk Cameron）不愧爲有史以來最偉大的電影導演。

當作爲前海軍陸戰隊士兵的傑克，毅然放棄人類臥底的身分，而選擇成爲納美人的一員，不惜頂著叛徒的惡名、冒著生命危險，揭竿而起、反戈一擊的時候，在黑暗的電影院裡，我不禁聯想起了一名可敬的朋友——他就是〈天葬〉和〈黃禍〉的作者王力雄，我們都叫他「雄哥」。從某種意義上說，這樣的比喻是恰當的：西藏就是潘朵拉，王力雄就是傑克，而唯色就是奈蒂莉。

西藏就是世外桃源般的潘朵拉星球

前幾天，與一名多年沒有見面的中學同學一起吃飯。他在政府部門作一名循規蹈矩的公務員，在家中堪稱好丈夫和好父親，依舊保持著同窗時代善良溫和的性格。不知怎麼地，我們談到了西藏問題，他立即憤憤然地說：「中央將藏人寵壞了，這些年我們給了他們多少錢啊，還把鐵路都修通了。爲了表示民族平等，在西藏的各級黨政機關，中央都按照很高的比例安排藏人擔任要職，即便藏人的能力比漢人差一些，因爲有民族身分上的優勢，升遷的機會都要多得多，在西藏甚至造成了一種『逆向種族歧視』的局面。」他說，他感到難以理解的是：「我們對他們百般遷就，他們爲什麼還不滿意，還要搞暴動，還要呼應達賴喇嘛的煽動呢？」

這位同學並非壞人，但他的看法絕對是一個壞的看法。而這種看法，亦非孤立個案。據我所知，大部分的漢人，在中國占人口絕對多數的漢人，無論是富人，還是窮人；無論是有權者，還是無權者，大都是這樣想的。人們並不覺得這種看法有什麼不對。他們不知道，人活著，不單單靠食物，對於某些人來說，自由比食物和生命更加重要。比如〈英雄本色〉中的蘇格蘭英雄華萊士，〈神鬼戰士〉中的古羅馬將軍馬西莫斯，〈三百壯士〉中的斯巴達國王列奧等等，對於他們來說，「不自由，毋寧死」。

〈阿凡達〉中殖民公司的主管和雇傭軍的頭目，思考問題的方式跟我的這名同學一模一樣。「我們給你們修學校，修公路，修醫院，你們還有什麼不滿意的呢？」這些傲慢的殖民者認爲，野蠻人就應當主動給文明人讓路，因爲歷史是一個線性進化的過程，歷史當然遵循一套「物競天擇，適者生存」的「顯規則」。難道僅僅爲了尊重野蠻人的宗教信仰，就要讓文明人犧牲開採稀有礦石的機會嗎？土地和森林，不是永遠屬於野蠻人的，儘管你們祖祖輩輩生活在這裡，但如果你們沒有能力「有效」地利用這些資源，那麼由我們來幫助你們「利用」，難道不是一件天經地義的事情嗎？「天下本無姓，唯有力者得之」。如果你們膽敢抗拒「現代化」，那麼只好兵戎相見了。於是，「天人合一」的納美部落的末日便降臨了。那個面目猙獰的雇傭軍上校宣布說，「被屠殺」是你們的宿命——「我們」比「你們」先進，就是「我們」屠殺「你們」的唯一的理由。

這也是胡錦濤的思維方式。二〇一〇年的全國研究生考試政治科目中，第十五道選擇題是：二〇〇九年三月二十八日，西藏自治區各族各界萬餘人身著節日盛裝在拉薩布達拉宮廣場隆重集會。熱烈慶祝：（A）西藏自治區和平解放五十八周年；（B）西藏自治區成立四十四周年；（C）西藏自治區九屆人大二次會議召開；（D）首個西藏百萬農奴解放紀念日。所謂的「正確答案」是D——胡錦濤強迫大家都接受這個答案。我不知道究竟有多少考生答「對」了這個題目，更不知道有多少學生從心底裡認爲這個答案是「正確」的。

〈阿凡達〉所給出的「正確答案」顯然不是D，達賴喇嘛、王力雄和唯色所給出的「正確答案」也不是D。當所有的考生都被迫接受一個所謂的「正確答案」的時候，當所有考生都相信西藏人民「身著盛裝」、「隆重慶祝」的時候，每一個考生都潛在地成了〈阿凡達〉中那些殺氣騰騰的士兵。爲了礦石這種赤裸裸的財富而殺人，與爲了「統一」這一抽象的理念而殺人，表面上看，前者粗鄙，後者崇高，但實際上兩者並沒有本質的差別。

王力雄就是心靈轉變的傑克

多年以前，當王力雄開始關注西藏問題的時候，他還是一名對體制寄予厚望的改革派知識分子。他希望透過一種獨特的「行走中國」的方式，完成一份對「改革大業」有所幫助的調查報告。由此，在青海藏區的黃河源頭，他獨自乘坐用汽車內胎紮捆的筏子漂流了一千二百多公里，搜集了大量沿途的人文地理的第一手資料。

王力雄的身上浸染了八十年代理想主義的激情，更有中國古代士大夫「先天下之憂而憂，後天下之樂而樂」的自我期許。西藏的「不穩定」讓他隱約感到不安，他的夢想是，以自己的智慧幫助中樞制定一套更加「合理」的西藏政策。哪個中國知識分子從未有過這種

「帝王師」的情結呢？〈阿凡達〉中剛開始接受「重大任務」的傑克，何嘗不是懷有〈無間道〉中那個到黑幫臥底的警探那樣「捨我其誰」的使命感呢？那個時期，王力雄的寫作和思想，與當時絕大多數中國知識分子的寫作與思考一樣，都自我設定了一個潛在的閱讀者——「今上」。

然而，西藏血淋淋的眞相帶給王力雄一次又一次的震撼，一九八九年天安門的槍聲讓他對共產黨體制有了深刻反思，此後赴新疆調研期間被祕密警察抓捕乃至以自殺抗爭的經歷，更是讓他如同傑克那樣，毛蟲化蝶、鳳凰涅磐。從此，王力雄不再對「說服」中共當局或者中共當局虛心「納諫」抱有任何不切實際的幻想，他在肉體和精神上都成了一名徹底的「民間知識分子」。

二〇〇二年十二月，王力雄發起了對四川藏區阿安扎西活佛案的簽名請願活動，呼籲當局公正審理這一中國版本的「國會縱火案」。我是這份文件的簽名者之一，這也是我首次參與一份「高度敏感」的公開信的簽名。此後，我與王力雄的名字，經常同時出現在若干份與人權和宗教信仰自由有關的文件當中。

也正是這封公開信，讓我和我身邊很多漢族獨立知識分子，開始關注西藏問題。一旦關切西藏問題，我才對多年以來對西藏的視而不見感到無比愧疚——我們追求自己的自由，卻忽視還有處境比我們更糟糕的族群。我們珍視自己的自由，但在論及西藏問題的時候，立刻變成天經地義的「統一論」支持者。所以，中共多年來在西藏的罪惡，與我們並非毫無關係。

二〇〇八年，當西藏再次發生流血事件後，王力雄發起了一份〈中國部分知識分子關於處理西藏局勢的十二點意見〉的連署簽名書，我毫不猶豫地成了第八個簽名者。

唯色就是持守自我傳統的奈蒂莉

王力雄對西藏的同情與支持，還讓他收穫了唯色的愛情。如同〈阿凡達〉中的傑克一樣，能夠讓一個眞正的男人奮起捍衛的東西，除了正義，便是愛情了。如果正義與愛情重疊在一起，那不就是人生中最美好的事情嗎？

在納美部落生活的美侖美奐的森林裡，傑克找到了地上的駿馬和天上的靈鳥，脫離了輪椅的束縛，體驗到飛翔的感覺；在納美部落生活的宛若天堂的森林裡，傑克拜公主奈蒂莉爲師，學習如何在叢林裡生活，當兩人各自駕馭著靈鳥在一片純淨的天空中飛翔的時候，他們比《射鵰英雄傳》中的郭靖與黃蓉不知要幸福多少倍呢。

是的，當你愛一個民族的時候，你首先便是愛上其中一個活生生的人。每當我遇到那些對西藏問題指手劃腳的「愛國賊」的時候，我通常會反問他們說：你認識某一個西藏人嗎？你有一個藏族朋友嗎？如果他的回答是「沒有」，我便拒絕與他繼續討論下去，儘管他有可能對西藏的農奴制和人皮面具的「知識」如數家珍。若無情無義無愛，再多的知識又有什麼用處呢？

傑克因爲愛奈蒂莉而愛潘朵拉，王力雄因愛唯色而愛西藏，他們的愛情堪稱「驚天地、泣鬼神」。唯色，更準確地說，她的藏文名字是「次仁唯色」，她沒有奈蒂莉公主那樣「矜羊掛角，無跡可尋」的好身手，卻有像奈蒂莉公主那樣堅忍不拔的心志。她沒有弓箭，只有一支筆。但僅僅是這支筆，就足以讓那些武裝到牙齒的侵略者感到害怕了。他們不發給她護照，不允許她出國訪問；他們在她家樓下安裝攝影機，監視她的一舉一動。他們的屠殺從來就沒有停止過，從天安門到藏區，殺人成了家常便飯。殺人之後，便是鋪天蓋地的謊言，便是無孔不入的洗腦術。

弱小如一株青稞的唯色挺身而出，從這層層累積的污血和淤泥之中，挖出一個可供呼吸視聽的小孔。唯色所做的，就是恢復眞相的工作，與猶太集中營倖存者威塞爾的工作相似。這是另外一個戰線上的戰鬥，孤獨而艱巨，正如王力雄所說：「專制權力的虛假宣傳和資訊封鎖，使得多數中國民眾對西藏眞相難以瞭解，也對達賴喇嘛的中間道路無法知曉。這是西藏問題長期無法解決的主要障礙。消除這種障礙，應當是中國知識分子的使命，因爲最大的知識不是別的，正是眞相。」爲了揭示眞相，她付出了太多、太大的代價，失去工作，乃至失去個人的隱私與自由。這就是爲了信仰付出的代價。

從秋瑾到劉和珍，從張志新到林昭，從丁子霖到唯色，這片土地上有過多少讓鬚眉折腰的女性啊，如魯迅所說，「但看那幹練堅決，百折不回的氣概，曾經屢次爲之感歎」，她們如同〈阿凡達〉中那些漂浮在空中的精靈水母，柔弱到了極致，亦剛強到了極致，「足爲中國女子的勇毅，雖遭陰謀祕計，壓抑至數千年，而終於沒有消亡的明證」。

若藏人不自由，我們都是藏人

王力雄和唯色的結合，宛若天作之合，似乎預示著漢藏關係的未來的微茫而溫暖的希望。既然傑克和奈蒂莉可以攜手制止來自地球殖民者的爲所欲爲，爲潘朵拉創建美好的和平；那麼，爲什麼王力雄和唯色不能以一種「牛犢頂橡樹」的勇氣和智慧，爲漢藏這兩個相鄰生活上千年的民族提供一個和諧共生的願景呢？

二〇〇九年，達賴喇嘛親自將「眞理之光」獎頒發給王力雄，王力雄在答謝詞中說：「專制造成的民族仇恨，反過來成爲專制者拒絕民主的理由，而且得到受大漢族主義蠱惑的國民支持。這種綁架者與人質共生死的邏輯，是中國走向民主的一個難解之結。……超越這種困境，必須從推動民族間的民間對話開始。只有各族人民化解仇恨，實現團結，才能駁倒專制者以民族衝突而拒絕中國民主的理由。」電影畢竟是電影，電影中的傑克是如此英勇神武，所以唯色才在推特上幽默地跟我說，王力雄哪有傑克那麼英勇神武啊！

然而，對於手無寸鐵的王力雄和達賴喇嘛來說，他們擁有智慧、道義、耐心和韌性，這智慧、道義、耐心和韌性是從「幼吾幼以及人之幼，老吾老以及人之老」的中原文化傳統中而來，是從「捨身飼虎」的佛教文化傳統中而來，也是從馬丁·路德·金恩和圖圖大主教的非暴力抵抗的經驗中而來。

與達賴喇嘛、王力雄和唯色對立的，是共產黨的掌權者們。掌握了暴力機器的共產黨，能夠消滅達賴喇嘛、王力雄和唯色嗎？上帝創造的「天父世界」，不應當是一個弱肉強食的世界，不應當是一個道德相對主義的世界。美國保守主義思想家列奧・斯特勞斯（Leo Strauss）說過：「如果道德是相對的，那麼食人只是口味問題。」地球人在潘朵拉星球上的所做所爲是惡，中共在西藏的所做所爲是惡，這既是一個事實判斷，也是一個道德判斷。只有作出了這樣的判斷之後，我們才能起而言、才能起而行。

在現實生活中，我們的反抗不可能像〈阿凡達〉中的傑克和奈蒂莉那樣，得到靈鳥和怪獸的幫助。我們是弱勢群體。劉曉波說過，跟無惡不做的統治者相比，除了道義力量之外，我們還有什麼呢？

我記得，二〇〇二年，王力雄在領取獨立中文筆會第一屆自由寫作獎時，說過這樣一段話：「也許犬儒主義者們不會接受這裡所談的正義、良心等說法，他們最擅長的是質疑誰有資格去判定何爲正義何爲良心。對此我至少可以這樣回答，只要專制權力依然橫行於社會，就說明正義肯定尚未實現，只要世間還有苦難者的哭泣，誰有無良心就可以一目了然。」在這個意義上，此刻，我們都是藏族人；只要藏族人一天不得自由，我們便是藏族人。

他們眼中的化外之民，你眼中的兄弟姊妹

——讀劉紹華《我的涼山兄弟》

作爲一名在四川生活了十八年的四川人，我卻從未去過在行政區劃上隸屬於四川的涼山彝族自治州。倒是常常聽母親說起她年輕時候到涼山州的大山裡修水電站的往事，母親出身於地主家庭，毛時代全家被掃地出門，初中畢業後只得參加一個工程隊的招工，去人跡罕至的深山老林裡討生活。母親偶爾提及她接觸到的彝族人，他們的窮困與野蠻超乎這些初涉人世的年輕人的想像，其中一個讓我難以忘懷的細節是：常年皆著黑色察爾瓦（披衫）的彝族，習慣於隨地大小便，將察爾瓦（披衫）一揮，便將身體遮掩得嚴嚴實實。擁有七百萬人口的彝族，是中國第七大少數民族，然而，在現實生活中，我從未結交過一個彝族朋友；我所知道的兩個彝族名人，是民國時代的雲南軍閥龍雲和盧漢。彝族對我而言，幾乎就是傳說中的外星人。

因此，當我讀到劉紹華的《我的涼山兄弟》一書時，時而震撼，時而感動，時而羞愧。說震撼，是因爲作者透過扎根式的田野調查，發掘出這個被極權體制、毒品和愛滋病折磨的族群的悲慘狀況，她「深入訪談了五十六人，其中包括高層政府官員、鄉幹部、傳統儀式治

療者、傳統判官或仲裁者、家支頭人（宗族長老）、曾經吸過毒的、還在吸毒的、愛滋病患者、歷任鄉衛生員，以及流動青年」。這種嚴謹、堅韌的學術態度，今天的中國學者有幾個人能做到呢？說感動，是因爲作者並未自詡百分之百的學術中立和客觀性，在朝夕相處中，她從心底將許多訪問對象當作弟兄姊妹，「在貧窮與疫情肆虐的利姆親眼目睹太多苦難，道德與情感上的掙扎經常盤踞我心，好多個夜晚，我在鄉衛生院的簡陋住房內暗自流淚」。這種「老吾老以及人之老，幼吾幼以及人之幼」和「愛人如己」的心性，又有幾個冷酷而自私的中國知識分子所能具備？說羞愧，是因爲作者作爲一名臺灣學者，完成了本該由「在地」的中國學者從事的研究，而作爲中國公共知識分子一員，我對身邊這個邊緣族群的漠視與陌生，以及因爲潛意識裡的傲慢而導致的無知，豈能不深切檢討與反省？

一個被碾碎之後重新捏造的民族

「彝族」是在中共建政之後的所謂「民族普查」中，強加給諾蘇人的新名字。其實，在漫長的歷史中，大部分的時間裡，諾蘇人跟歷代漢民族政權是一種井水不犯河水的關係。儘管不能將他們存在奴隸制度的、經濟極端落後的生活模式想像爲桃花源般美好，但他們基本達到自給自足，也並不需要與外部世界有太多的聯繫。

中共奪取政權之後，國家的力量強行進入各少數民族地區，諾蘇人的傳統生活方式再也無法維繫。劉紹華指出：「諾蘇人在短短半個世紀間，經歷了三種迥異的社會生活形態，包括：一九五六年之前以氏族爲基礎的獨立自主部落狀態、一九五六至七八年左右的社會主義集體公社時期，以及一九七八年之後逐漸以資本主義爲導向的改革開放時期。一九五〇年代開始，原本不受國家管轄，且未發展貨幣制度的諾蘇社會，被納入中國社會主義治理，接受『文明』改造，成爲官方認定的少數民族之一。」中共所謂的「民族區域自治」制度，完全沿襲自蘇聯，並不符合中國自身的民族分布狀況。這一政策的強行實施，給包括諾蘇人在內各少數民族帶來毀滅性的災難。

毛澤東的暴政，不僅漢族是其犧牲品，各少數民族亦無法倖免於難。而且，少數民族地區的官員爲了迎合中央，往往施行更左的政策。他們剷除了諾蘇人原有的宗族和宗教傳統，以使得推行政治、經濟政策時，不再有任何的挑戰和阻礙。在五十年代末的大饑荒中，諾蘇人亦深受其害，作者訪問到一位名叫曲比的老奶奶，老人說：「我一個女兒上吊了，她太餓了，吃了米糠還有草，受不了了，吊死了，才十八歲。」也許這部分內容不是本書的重點，作者遂一筆帶過。其實，如果繼續展開研究，查考官方的統計資料，以及當地的年鑑、地方誌等，這一部分內容可以寫得更爲充實與厚重。

一處被凌虐又被污名的邊陲

七十年代末，鄧小平上臺執政，中國逐漸進入姑且稱之爲「權貴資本主義」的發展階段。在這一時期，諾蘇人社群所受到的衝擊和誘惑可謂空前。用劉紹華的話來說就是：「自從中國歷史性地縱身一躍，投入資本主義市場經濟發展潮流後，利姆鄉的年輕人以生命之軀銘記一種新的生活軌跡。這段波折起伏的歷程，我稱之爲邊緣人群的『成年禮』；而其牽引出的的劇烈社會變遷，則可視爲巨觀改革中國的過渡儀式。」但是，由於種族背景和教育程度等限制，到城市裡尋求新的生活方式的諾蘇族青年大都失敗而歸，而且，帶回了可怕的詛咒：毒品和愛滋病。

早在清末和民國時代，諾蘇人就有過種植和販賣鴉片的歷史，但那時整個中國都籠罩在鴉片的陰影之下，諾蘇人的作爲並無特殊之處。但是，最近二十多年來，涼山州的諾蘇人聚居地區卻意想不到地成爲全中國吸毒人口比例和患愛滋病人口比例最高的地區之一。以前，這些區域被視爲「落後」和「野蠻」的地帶，如今再加上毒品和愛滋病，更成爲外人談虎色變的「死亡地帶」。

作爲一名外來的「臺灣同胞」，又是一名女性學者，劉紹華研究此一「敏感問題」，難度之大，可想而知。她第一次訪問利姆的時候，很快就有警察趕來驅逐，告知她這裡從不允許外來人士長期居住。後來，劉紹華藉助四川大學一個研究小組的幫助，才獲得當地警方的許可居住下來。但是，要獲取官方的資料難於上青天，各級政府都拒絕提供資料，通常以「機密」爲理由。劉紹華的研究便以個體訪談爲主開展，這也符合她的學術抱負，她希望在書中記載「個人的聲音」，希望呈現「這些年輕人在中國改革開放時代中，透過各種方式釋放他們的渴望，渴望也能參與發生在他們周遭的新興發展，追求更好的生活」。

在劉紹華的筆下，那些被一般的漢人視爲不可接觸的賤民、化外之民、土匪的諾蘇族年輕人，終於擺脫了長期被污名化的處境，眞實而自信地表達自己的心聲。即便那些患上愛滋病、掙扎在死亡線上的年輕人，也被劉紹華的誠懇打動，滔滔不絕地說出自己的夢想、挫敗與苦難。其中，最引人入勝的是「四兄弟」的故事，他們離開山寨到外面的世界闖蕩，有過吸毒、販毒、戒毒的歷史，「他們嘗試體驗新鮮有趣的生活，並在探索的過程中改變了個人認同，以及和諾蘇傳統制度與習慣的關係」。他們的故事，比小說家的虛構更精彩。

不是全球化惹的禍，而是極權主義的罪惡

在研究諾蘇人社會的毒品和愛滋病問題時，劉紹華借用大量時髦的西方社會學理論和框架。這些理論和框架屬於西方左翼學說——社會學是左翼色彩最強烈的學科之一。這些學說往往著眼於對新自由主義和全球化的批判和反思。若干評論者也就順理成章地將諾蘇人的問題歸咎於新自由主義和全球化。比如，顧玉玲評論說：「資本主義市場經濟的狂潮下，社會關係被金錢取代、在地文化斷裂、公共空間崩解。」張翠容亦指出：「直視他們在中國匯入全球化與現代化的大形勢下，如何被迫爲生命轉型所付出的代價，以及對生命尊嚴的吶喊。」

但是，這一理論預設並不完全符合中國當下的實際情況。諾蘇人的悲劇，包括今天中國社會存在的大部分違背公平正義原則的情形，其始作俑者不是新自由主義和全球化，而是中國從毛時代沿襲至今的極權主義體制。這一點，劉紹華亦有所體認，她寫道：「諾蘇人社群集體接觸現代性的重要關鍵，並非來自資本主義市場的滲透，而是由於國家主導的社會主

義治理。」可惜，在此一層面，她未能更多地展開。當下的中國並未進入所謂的「後社會主義」或「後極權主義」階段，而是一種化妝的、更加精密的極權主義。

在探討當地的禁毒運動時，劉紹華梳理了諾蘇人藉助宗族力量推動的禁毒計畫，以及一個龐大的中英合作項目的興衰成敗。無論訴諸於傳統，還是期盼外來力量，都未能奏效。因爲，每一個項目和運動背後，都隱藏著國家強權「看不見的手」。劉紹華指出：「政府一方面縮減地方社會福利經費，但仍強力實施政治動員，要求利姆農民無償義務投入公共參與，以控制流行病疫情。利姆經驗顯示出無端任意治理心態，使得農民無論在哪個現代性趨向的社會發展中，都穩列輸家一方。由於國家控制與介入，他們無法藉由草根動員發展成眞正的地方賦權運動；而缺乏足夠的教育訓練與政府支持時，他們也難以在自由市場經濟中競爭成功。」換言之，政府在某些領域的毫不作爲，比如在基礎教育、公共醫療衛生領域的失職和缺席；以及政府在某些領域的強勢作爲，比如意識形態的宣揚和警察暴力的管控；在這兩個方面，都把諾蘇人推入萬劫不復之深淵。

所以，在我看來，與其引述那些「水土不服」的西方左翼社會學理論，不如借用其他的歷史學和政治學著作。比如，美國學者杜贊奇之《文化、權力與國家》一書，該書以二十世紀上半葉的華北農村爲研究對象，透過對「權力的文化網路」的分析，精闢地指出「國家權力的內卷化」是傳統農村秩序崩解的根本原因。此一視角，用於二十世紀下半葉的諾蘇社群的分析，亦會有庖丁解牛之效果。再比如，漢娜・鄂蘭之《極權主義的起源》（*The Origins of Totalitarianism*）一書，探究了極權主義體制如何將人變成多餘的、孤立的狀態，「摧毀了道德人格，取消了法律人格」，當年數百萬無可奈何地走向毒氣室的猶太人，與今日喪失對生命的敬畏、對未來不抱任何希望的、作爲毒品和愛滋病的犧牲品的諾蘇人，其遭遇是何其相似！

中國現存的那種變種的、升級的極權主義體制，才是諾蘇人，以及中國境內各種族、各階層苦難的根源。若要拯救那些生不如死的涼山兄弟姊妹，首先要從推倒極權主義體制開始。

晚年趙紫陽何以大徹大悟？

主啊，賜給每個人他自己的死亡。
這個死，來自他的生命，
有他的愛、思想和苦難。

里爾克

中共黨內改革派元老李銳說過，如果說胡耀邦是中共的良心，那麼趙紫陽就是中共的大腦。確實，在未來實現憲政民主的中國，中共若想成爲多黨競爭中的一黨，得到一部分民眾的支援或同情，其意識形態，既不能靠毛澤東式血淋淋的法西斯主義，也不能靠鄧小平式赤裸裸的功利主義，而只能以胡耀邦和趙紫陽的崇高聲譽來抵消人們對中共暴政的厭惡與憎恨。可惜，今天的中共領導人尚不具備此種遠見，不願將胡趙當作民心盡失的黨所擁有的正面遺產看待。尤其是被元老們非法罷黜、軟禁至死的趙紫陽，其名字與劉曉波一樣，在中國大眾媒體上是「超級敏感詞」。趙紫陽下臺後的處境比胡耀邦更加嚴酷，他與中共體制的告別，也比胡耀邦更加絕決。不過，比起幽居瀛台十年、鬱鬱而終的光緒皇帝，趙紫陽晚年的十五年要幸運得多：他手不釋卷，韋編三絕，背對中國黑暗的專制主義傳統，面朝不可阻擋的世界民主潮流，完成了思想上的突破和人格上的昇華。

一個人會成爲什麼樣的人，從他讀什麼樣的書大致看得出來。論及晚年趙紫陽，不能不研究他看過哪些書，這些書對他的思想和言論形成怎樣的衝擊與拓展。從趙紫陽的口述回憶錄《改革歲月》和宗鳳鳴記敘的《趙紫陽軟禁中的談話》可以看到，沒有受過正規教育的趙紫陽，早年在地方上任職時是實幹派，後來擔任總理和總書記，身負經濟改革重任，難得有充裕的時間讀書。他大量涉獵書籍是在無官一身輕的晚年。趙紫陽的老部下、曾任新聞出版署署長的杜導正寫道：「趙紫陽在廣東工作近二十年，是有名的工作狂。他不吸煙，不跳舞。一年三百六十五日，有一半時間跑農村。……晚年蟄居在家，他深感自己以往讀書少，欠了書債。現在是讀書的好機會。」趙紫陽晚年讀書之多、之雜、之深，讓許多學者亦自歎不如。正是透過廣泛讀書，如丁東所說，趙紫陽的見解、趙紫陽的思想，「具有了大思想家——至少是思想大家——的深度和水準」。

「劉項原來不讀書」：中共歷屆黨魁的讀書習慣

《趙紫陽的道路》是一本研究晚年趙紫陽的思想脈絡的力作。在作者當中，有趙紫陽昔日的部下和故交，如鮑彤、嚴家祺、蔡文彬；有專事中國政治及轉型問題研究的資深學者，如吳國光、張博樹；有體制內的共產黨開明人士，如辛子陵；也有海內外的反對派人士，如胡平。這些文章側重不同，如同色彩不同的光環，共同構築成美不勝收的彩虹。

其中，旅澳學者馮崇義的〈趙紫陽在一九八九年的思想飛躍〉一文，尤其發人深省。以一九八九年爲轉捩點，此前趙紫陽身居高位，看似無比自由，卻如籠中困獸，上有八大元老監國，下有李鵬、姚依林、鄧力群等保守派搗亂，壯志難酬；此後，趙紫陽不僅失去權力，還被限制人身自由，在困境中反而獲得心靈自由，在精神和思想的世界裡不斷探索奮進，脫胎換骨，鳳凰涅槃。

探究中共歷代黨魁的讀書史頗有意味。毛乃一代梟雄，其行事爲人，天馬行空，無法無天。他鄙視秦始皇焚書坑儒不夠徹底，他焚書之多和殺人之多，百倍於秦始皇。毛酷愛讀書，也常常向身邊的高級官員推薦書讀，如《水滸傳》、《紅樓夢》、《漢書》等。每逢政治鬥爭的關鍵時刻，毛便命令大家都來讀某一本書，以此考驗手下是否有「揣摩上意」的本事。不過，毛讀書數量雖多，品種卻十分單一。用學者周有光的話來說，毛讀的全都是「橫放在書架上的線裝書」。在人類文明的長河中，毛澤東「去其精華，取其糟粕」，雖然煉成了所向披靡、戰無不勝的權謀大師，卻與民主自由的普世價值背道而馳，終至禍國殃民、遺臭萬年。

此後的中共黨魁，在讀書習慣和品質上，更等而下之。鄧小平基本不讀書，江澤民附庸風雅讀點余秋雨。到了胡錦濤與習近平，興趣愛好不爲外人所知。根據已有的資訊，這兩個人都不愛讀書，或者說，都不敢讀書。爲什麼貴爲黨魁偏偏不敢讀書呢？馮崇義對此有精闢的分析：中共長期的文化專制主義統治嚴重破壞了民族智力和國民智商，黨國上層甚至比普通民眾更爲不幸，因爲他們被文化專制主義統治得更嚴密、摧殘更甚。「黨國上層在享受各種政治和經濟特權的同時，也被投入陰森的心靈牢獄。在那個用特權築起的高牆之內，黨國上層的閱讀範圍，基本上只是馬列『經典著作』，指定的參考書，以及黨的檔、內部報告。那些不符合黨性和黨的路線與政策的人類精神產品，都被劃定爲毒草和不淨之物。」

爲了防範政敵的覬覦與攻擊，胡錦濤和習近平戰戰兢兢、小心翼翼，不給對方留下蛛絲馬跡。胡錦濤家中除了馬列經典、《毛澤東選集》和《人民日報》，沒有其他有品質的藏書。習近平大致也是如此。於是，「日積月累而成陋習，他們也就劃地爲牢，自動地過濾和抵制那些與黨國需要不一致的資訊和知識，而無緣到比黨國精神牢獄豐富得多的人類精神寶庫中廣泛吸取精神養料和知識資源。」這就是害人害己、作繭自縛。

「雪天讀禁書，人生一大樂事」

有人讀書雖多卻受其束縛，有人讀書是尋求自由，趙紫陽屬於後者。學者張博樹在《趙紫陽的道路》的導言〈趙紫陽道路意味著什麼？〉中指出：「審查結束後，趙獲得部分會客自由，得到的資訊多了，人們和他談官場內外的各種消息和社會見聞，給他帶去有影響的國內新出版的書籍，和香港、海外的出版物，這些都促使趙思考更多問題，認知迅速昇華。」

在擔任黨政領導人時，趙紫陽著眼於經濟改革，在政治改革方面比較謹慎。他對經濟學很感興趣，多次找機會與自由主義經濟學大師傅利曼（Milton Friedman）及海外華人自由主義經濟學家蔣碩傑、鄒至莊等人切磋學問，也虛心向身邊的青年學者群學習現代化理論。一九八九年「六四」屠殺之後，他痛定思痛，深入思考政治改革問題，其讀書重點也由經濟學擴充到政治學領域。特別是友人從海外帶回來的「禁書」，被他視爲最好的禮物。

明代文人金聖歎說，雪天讀禁書，乃是人生一大樂事，對於晚年的趙紫陽來說也是如此，他特意選擇不爲體制所容的異議知識分子的著作來精讀。吳國光、何清漣、劉曉波、焦國標、楊小凱、周其仁等人的文章與著述，都是他愛不釋手的枕邊書。他稱讚何清漣的《現代化的陷阱》：「這本書很值得一讀，它反映了改革開放以來中國社會階層變化的眞實。」在讀了高文謙的《晚年周恩來》之後，他評論說：「這個作者寫得比較成功，把周總理的內心動態、處世哲學寫出來了，是從儒家思想臣對君不能不忠來敘述的。當年毛主席對周總理是不信任的，但又離不開他，又反不了他，即所謂『反周必亂』。」

對晚年趙紫陽影響最大的學者是顧準和李愼之。被中共官方定位爲「六四幕後黑手」的陳子明在〈顧準、李愼之對趙紫陽的思想影響〉一文中，探討了趙紫陽對顧、李兩位思想家的觀點的創造性汲取。趙紫陽在精讀完《顧準文集》之後，讚賞說：「顧準是個大思想家，在當今理論界還沒有超過顧準的思想水準的。」他把李愼之視爲中國自由主義的代表性人物，稱讚李愼之的〈中國文化傳統與現代化〉一文，認爲這篇文章指出了中國歷史文化的眞諦。即中國文化傳統乃是專制主義，而儒法互補又是專制主義的核心理論。

「自由主義」、「議會民主」與「美國模式」

趙紫陽晚年的思想飛躍，用馮崇義的說法，建立在以下兩個前提之下，「掌握自由主義的眞知灼見，和對馬列主義意識形態的大徹大悟」。總而言之，趙紫陽晚年的思想成果有三大環環相扣的方面：「自由主義」、「議會民主」和「美國模式」。

在「自由主義」這一維度上，趙紫陽超越了大多數黨內改革派元老。劉賓雁、李銳、胡績偉、謝韜等人，大致屬於社會民主主義者或民主社會主義者。因爲年輕時代投身共產主義事業，因爲中國傳統「均貧富」式的平等思想，他們很難「絕地反擊」，擁抱英美自由主義，他的最多就是認同北歐模式。這一點從本書所收的幾篇文章的題目即可看出，比如辛子陵的〈趙紫陽對民主社會主義的理論貢獻〉、張顯揚的〈論趙紫陽的「後社會主義」〉，這些作者在思想上還沒有趙紫陽本人走得遠，他們對趙的闡釋，與其說是「我注六經」，不如說是「六經注我」。

在「議會民主」這一維度上，趙紫陽遠比年輕他一代、甚至兩代的「體制內開明派」走得遠。比如，被視爲習近平智囊的張木生，雖然贊同政治改革，卻堅持政治改革只能由共產黨領導，不能動搖黨對權力的壟斷，他們的思想資源是毛澤東奪取天下之前欺騙大眾的「新民主主義」。而趙紫陽早已突破了「四項基本原則」之藩籬，明確指出議會民主、多黨競爭、保障人權，才是中國未來的必要之路，這是不以任何人、任何政黨、任何統治集團的利益爲轉移的。雖然趙紫陽生前未能看到這一願景的實現，但他對這一方向和趨勢從不懷疑。

在「美國模式」這一維度上，趙紫陽以最熱情、最明快的語言，肯定和讚揚「美國模式」，並將「美國模式」作爲自欺欺人的「中國模式」的照妖鏡。由於中共長期仇美教育和宣傳，使得許多中國人對美國存在巨大的誤解與敵意，甚至知識分子也是如此。當農村改革的先行者之一杜潤生批評美國的「霸權主義」時，趙紫陽並不掩飾他與杜在這一問題上的分歧。他指出，「美國這個民族值得好好研究。這個國家經濟上一直在增長、繁榮、發展，高科技又一直領先，社會是穩定的，國家領導人也是一直穩定交替的；對外並不進行領土擴張，搞殖民地，而是發展自由貿易。」他又說：「美國這個價值觀是符合人類社會走向現代文明的要求，是符合人類社會的發展利益的。」當江澤民炮製出華而不實的「三個代表」理論時，趙開玩笑說：「所謂三個代表，從國際範圍來看，美國才是三個代表。這樣。有人一定會說我是賣國主義，但這卻是客觀的事實。」他還預測說：「二十一世紀的前半個世紀，主導世界的仍然會是美國，其他無論歐盟和日本都起不到這樣的作用，至於俄羅斯和中國更不用說了。」這些說法，即便在獨立知識分子群體中亦屬「政治不正確」，但趙如同返璞歸眞的孩童，童言無忌，直指眞理。連杜潤生、資中筠等人都認爲，美國「對內民主，內外霸權」，這個看法在邏輯上無法自洽——若非美國爲幾波民主化浪潮護航，世界格局不會如此迅速地朝著民主的方向拓展；所以，李愼之、趙紫陽等人認爲，美國「對內民主，對外亦民主」，美國向世界推廣民主自由的價值觀，是既「利人」又「利己」的。

什麼是趙紫陽的道路？一言以蔽之，就是「自由主義」、「議會民主」和「美國模式」。這是他「讀萬卷書，行萬里路」得出的眞諦。我也深信，這是未來中國的正途與大道。

我看青山多嫵媚，料青山看我亦如是

——阮銘回憶錄《追尋自由：美國篇》推薦序

如果社會制度把某一群體、某一階級或某一民族的自由建立在其他人的苦難上，那麼，這種制度就不合理、不道德。

以賽亞・伯林

阮銘先生離開中國二十四年之後，我也選擇了離開。我離開的二〇一二年的中國，比阮銘離開的一九八八年的中國更加不堪——大國崛起的表象下，山河污染，人性敗壞，官逼民反，天怒人怨，共產黨正在轉型爲納粹黨，法西斯主義露出了尖銳的獠牙。

年逾八旬的阮銘先生差不多是我祖父輩的人物，他在回憶錄中條分縷析的流亡之路，於我而言，未嘗不是一部未卜先知的教科書。英國作家伊夫林・沃（Evelyn Waugh）認爲，「人的本性是流放者」，熱愛自由並追尋自由的人啊，哪一個，不是走在放逐與自我放逐的旅途中？

鄧小平道路與毛澤東道路有多大的差異？

上世紀八十年代前半期，阮銘曾在時任中共總書記的胡耀邦身邊工作過，並參與起草改革開放初期的一些歷史性檔案。他深味中共高層權力運作的祕辛，對毛、鄧兩個時代都有深切體認，在海外出版了厚重而扎實的代表作《鄧小平帝國》。

二〇一二年，習近平上臺之後，旗幟與道路曖昧不明，忽左忽右。左派為習近平向毛澤東鞠躬的舉動而歡呼，右派為習近平向鄧小平致敬的行為而叫好。於是，左右逢源的習近平，賺到的金山銀山比青山綠水還多。

左派，尤其是毛左，我不予置評，也不值得我給予任何一句評價。而所謂的「右派」——或曰體制內改革派、溫和改良派、憲政民主派、普世價值派及自由主義者們——一廂情願地為新君唱讚歌的表現，則讓我大跌眼鏡，禁不住有話要說。人們看到習近平重走一趟鄧小平一九九二年的「南巡路線」，就把習近平看作是又一顆「大救星」。然而，中共統治的「前三十年」與「後三十年」，即毛澤東時代與鄧小平時代，真有本質的差異嗎？真是針尖對麥芒嗎？

惟有讀史才能使人明智。阮銘是一名少有的既能「入乎其內」又能「出乎其外」的中共黨史研究者。在這個時刻，更需要讀一讀他的相關著述，包括這本獨一無二的回憶錄。在阮銘看來，鄧小平不是毛澤東的叛徒，毛澤東對鄧小平的定位是恰如其分的——鄧小平充其量就是「修正主義者」而已。在維護共產黨一黨獨裁這一「核心利益」方面，毛與鄧並無二致。胡耀邦與趙紫陽從未有過取鄧小平而代之的意圖，鄧為何要罷黜胡、趙，轉而選擇江澤民為接班人呢？阮銘分析說：「鄧小平只是在開創改革大業時，才需要胡耀邦、趙紫陽這樣有新思維的開創型人才。等到天下大定，鄧小平擔心的正是開創型新領袖的新思維，會改變他鄧小平帝國的舊路線，特別是他『絕不能讓』的政治思想領域。它需要的正是另一個『華國鋒』，遵循他鄧小平的『凡是』永遠不變。」這個看法如老吏斷獄，切中肯綮。此後的胡錦濤、習近平都算是「盜版的江澤民」，才可能被此種「優敗劣勝」的體制選中而上位。

習近平強調，「前三十年」與「後三十年」都是共產黨的榮耀和成就，不可厚此薄彼，更不可同室操戈。站在共產黨的立場上，這個說法是成立的。毛知道鄧是共產黨體制的忠臣孝子，才留下鄧一命；而鄧執掌大權之後，果然保留毛澤東紀念堂、天安門毛像以及憲法序言中的「四項基本原則」。毛、鄧的治國之道雖有差異，在意識形態上卻都是「銅牆鐵壁」。

這一點類似於毛澤東與周恩來之異同。曾任美國駐華大使的李潔明，在回憶錄中論及西方對周恩來的誤解。很多西方人認為，在中國的權力鬥爭中，周代表的是「好人」這一邊。但李潔明清楚地指出：「周恩來是個強悍、堅貞的革命黨員，過去曾有過動用暴力的紀錄。他之所以開啓和美國溝通的管道，並非因為他喜歡或欣賞美國人，或是美國的制度，而是因為中國迫切需要可以反制蘇聯的力量。」鄧小平也是如此，他開啓改革開放的道路，並不是要給中國人民以民主和自由，乃是為拯救共產黨自身搖搖欲墜的統治。可惜，在今天的西方和中國內部，仍有那麼多人對鄧小平崇拜得五體投地，甚至為習近平傾向鄧小平多一點而祈禱。哈佛大學中國問題專家傅高義所寫的關於鄧小平傳記，甚至為「六四」屠殺辯護——傅高義曾經當過阮銘在哈佛訪學期間的房東，卻不曾吸納阮銘對鄧小平鞭辟入裡的批評性看法。

只要是反對共產黨的人，就永遠偉大、光榮、正確嗎？

阮銘以海外流亡者中的「烏鴉」自詡，雖然這個名字是別人為他取的，他本人卻甘之如飴。從這本回憶錄中可以看到，他只是有限地參與過一些海外民運活動，大部分時間都輾轉於美國各大學和基金會之間，讀書、寫作和研究是他的興趣所在。他不是政治活動的弄潮兒，只是偶爾涉足其間，不小心打濕了鞋子而已。

沒有人喜歡聽烏鴉的聲音，沒有人喜歡聽批評性的言論。這些年來，海外民運的路越走越窄，不僅幾乎在西方主流社會銷聲匿跡，也基本不受海外華人社群的認同和歡迎。沒有任何一個人物與組織，享有清末時康梁、孫中山的那種地位。原因是多方面的，海外民主人士與經濟崛起的中共政權相比，確實實力懸殊。但是，反省與檢討仍然必要，若任何批評意見都不願聽取，而是熱中於「抓特務」的遊戲，民運與共產黨又有什麼差別呢？

在這本回憶錄中，阮銘對九十年代初期民運在轟轟烈烈的熱潮之下潛在的敗相已有所覺察。他寫道：「討論到『民陣』的組織屬性，會上的『三巨頭』，陳一諮和萬潤南兩位『實力派』領袖一個代表『體改所』派、一個代表『四通公司』派，都傾向列寧式政黨。」用共產黨的模式能戰勝共產黨嗎？既然你變得與共產黨一模一樣了，為什麼還要反對它呢？短短幾年之間，阮銘又發現：「無論樂觀的舊夢、悲觀的新夢，都是不願或不敢直面現實，喪失了民運前進的目標。而愈無目標，愈內鬥；愈內鬥，愈無目標。沒有了理想的追求，爭鬥的都是權和錢。」毛的鬥爭哲學深入到每一個反對共產黨的人士的骨髓之中。

書中有幾處涉及作為流亡者群體的菁英組織的「普林斯頓中國學社」的內部分歧與興衰史。書生的爭鬥，亦堪稱一場沒有硝煙的戰爭。我與好幾位當年的學社成員是交往頗深的朋友，對學社的歷史與掌故多少有所瞭解。我並不完全認同阮銘對諸多人事、理念的紛爭與糾葛的判斷，但我覺得，學社雖小，可作為透視中國知識分子以及中國文化的病症的一個標本，也可以作為分析中西文化衝突的一個典型個案。所以，阮銘書中披露的部分內容，是彌足珍貴的史料。

與普林斯頓中國學社的淵源更為深厚的蘇曉康，在《離魂歷劫自序》中如此描述學社當時的光景：「普林斯頓收留的『菁英』、名流，因為不懂英語又不是平常人，只好『相濡以沫』，抱成一團，遂成一『中國城』，派對每週必有，還非唱『文革歌曲』不可，要不就是〈血染的風采〉。沒有誰受過基本的學術訓練，卻常常要辦學術討論會，人人看上去大言不慚，預言中國，還都會侃幾句文化；否則怎麼叫『訪問學者』？」老實說，很多人，盛名之下，其實難副。不過，皇帝的新裝，誰也不敢戳破，戲還得演下去。美國是一個自由的世界，可是這些流亡者的心靈真的得到了自由嗎？未必。蘇曉康感歎說：「這班大名鼎鼎的中國知識分子，除了擁有一輛破車和不再擁有崇拜者之外，彷彿並沒有生活在美國。」若非經歷生離死別之劫難，蘇曉康的自我反省與解剖，又豈能如此痛徹肺腑？

流亡是一段精彩的新生命的開端

一九八八年離開中國的時候，阮銘本是想暫時出來透透氣，未曾料到次年發生了「六四」慘案，從此便有家難歸。這本回憶錄集中描述作者在美國的生活，美國的大山大河，在其筆下嫵媚多姿，作者本人的生命狀態亦多姿多彩，所以方能「相看兩不厭」。對於接納無數流亡者，讓他們在此自由地呼吸、自由地思考、自由地言說的美國，作者充滿感激之情；另一方面，作者又並非「惟美是從」，對於從老布希到賈伯斯等向中國暗送秋波、「與狼共舞」的美國政商人士，他亦是直言批評。

阮銘如此概括自己的一生：「我的生命，三分之二逝去在地獄裡，三分之一飄泊在地獄外。」那自由的三分之一的時間，比起那不自由的三分之二的時間來，不知道要快樂、幸福多少倍。阮銘離開中國時，已五十七歲，差不多快到退休年齡。但在這本回憶錄中，讀者看不到某些流亡者身上的那種化不開的哀怨、愁苦、失望的情緒。二十多年來，阮銘著述十餘部，在美國和臺灣的大學開課數十種，緊張、忙碌、充實，開闢了堪稱「笑傲」的「人生下半場」。思想家伯林說，流亡是一條康莊大道，阮銘當有同感。

所以，就連失去中國護照和中國國籍的那一刻，阮銘也輕鬆寫來，一筆帶過：「中國領事館的答覆是拒絕延期。我問為什麼？回答是：『政府不滿意你寫的文章。』我再問：『難道文章觀點不同，就可以剝奪我的公民身分？』回答是：『這個我們不能回答，我們也是奉命行事。』這樣，我就成了無國籍的漂泊者。」此刻，並無斑駁之血淚，更沒有地動山搖之痛。對於大部分中國人來說，家國情感可謂「千年一貫」，如棺材蓋一樣壓得人喘不過氣來。阮銘卻能做到「揮一揮衣袖，不帶走一片雲彩」。從美國到作爲美麗島的臺灣，哪裡有自由，那裡就是家園，何必對那個早已淪爲爛泥潭的中國牽腸掛肚呢？比「葉落歸根」更高的價值，是與自由爲友、與自由同在。

智者的流亡，不是智者本人的錯，而是迫使智者流亡的國家和制度的錯。英國歷史學家理查・皮佩斯（Richard Pipes）在《共產主義簡史》（*Communism : A Brief History*）一書中指出：「爲了追求全體一致，共產黨政權使用了流放與監禁等辦法，企圖讓那些無法與其一致的人保持緘默，但這些人往往也是最具有才能與創造精神。其結果是，由於能存活下來的通常是最依賴以及最能配合的人，因此所有的創新行爲幾乎無法出現；因此，既然共產社會無法讓最好的人才留下來，日復一日地陷於困境也就無可避免。」一個被土匪綁架的國家，有什麼榮譽可言呢？我只能預測，那一天，睿智的中國知識分子不再流亡他鄉；哪一天，中國本土才是值得其公民自豪的自由之鄉。

去蔣化和去毛化都是去偶像化

那些國王的塑像，看上去像精神病院裡嚴重的抑鬱症患者。人們經過它的時候，一定會像經過精神病院的院牆那樣感到恐慌。

穆西爾

二〇〇七年，我在臺灣訪問時，感受到臺灣社會強烈「去蔣化」的主流民意。臺灣的「去蔣化」，是一種遲來的正義，它滯後於臺灣的民主化進程。近年來，「二二八」慘案以及歷次政治迫害的受害者，先後都獲得相應的國家賠償，而始作俑者的塑像卻依然在很多地方高高矗立，充當氣勢凌人的國家圖騰，不能不說是正義與邪惡的錯位。

中正紀念堂一度改名爲臺灣民主紀念館，但馬英九上臺之後又改了回去。臺灣基督教長老教會的牧師曾經發表了一份關於「中正紀念堂改名」的祈禱與聲明。文中指出：爲了消弭臺灣國內族群與意識形態的對立及衝突，社會各界應廣泛討論蔣介石獨裁政權在中國及臺灣國內濫權枉法、迫害人權、屠殺人民，造成遍地血淚斑斑，千千萬萬家破人亡、妻離子散的眞相，讓世世代代臺灣國人可以記取歷史慘痛的教訓，手牽手共同維護生命價值、人性尊嚴以及民主自由，不再重蹈歷史覆轍。

這份聲明也討論到蔣介石的基督信仰與偶像崇拜之間尖銳的內在矛盾，特別値得基督徒深思：「蔣介石在遺囑中自稱是耶穌基督的信徒，卻在生前容讓成千上萬的銅像林立，要人民頂禮膜拜，到處設立中正路、中正堂，且藉著教育洗腦與媒體宣傳，把自己神格化，大搞個人偶像崇拜，長期捆綁與扭曲全體臺灣國人的心靈，此舉完全違背上帝所頒布十誡中的第二誡：『不可爲自己雕刻偶像，也不可做甚麼形像，彷彿上天、下地和地底下、水中的百物。不可跪拜那些像，也不可事奉它……』；此一違背基督信仰之事，應當予以改正。」

蔣介石是什麼神靈？

我在高雄市遊覽時，專程赴文化中心觀摩蔣介石銅像被拆除的過程。昔日被獨裁者盤踞和污染的公共空間，終於回歸民眾。老人和孩子們在這片空地上散步和玩耍，一幅其樂融融的景象。

我欣賞高雄市長陳菊拆除蔣介石銅像的果斷與堅持，也期盼島內殘存的蔣介石塑像及早得到清理。作爲美麗島事件的被刑求人之一，陳菊對白色恐怖時代有著深切體認。她堅持清除高雄公共空間中作爲野蠻制度存留的蔣像，讓下一代的孩子們不再生活在個人崇拜、奴性教育的環境當中，讓臺灣告別那些恐懼無眠、家破人亡的日子。

當然，並非所有人都贊同「去蔣化」。長期的獨裁統治將奴性深深注入某些人的大腦和骨髓之中，尤其是國民黨黨內對蔣介石的個人崇拜仍然濃得化不開。我在臺灣媒體上看到一則無比荒唐的言論：陳菊因高血壓導致輕微中風住院，中國國民黨議員王齡嬌在市政總質詢時指出，陳菊住院是受到三月間拆解蔣介石銅像神靈因果所致。她指出，在桃園地區有多間蔣公廟，供奉蔣介石神像，說明蔣介石的神靈確實存在。王齡嬌表示，日前她到玉皇宮爲陳菊祈福並擲筊問神，神明認定陳菊的病因確實受到拆解銅像神靈因果所致。於是，她爲陳菊求得玉皇大帝的神符，希望陳早日悔過，方可康復。

這樣的言論居然在議會中滔滔不絕地宣講，讓人莫名驚詫。按照王齡嬌的說法，蔣介石的神靈連自己的銅像也保護不了，還得請玉皇大帝親自出馬，才能將事情擺平。這簡直成了一部當代版本的《封神演義》。那麼，在臺灣五花八門的神仙世界中，蔣介石的神靈究竟隸屬哪個等級呢？上比觀音、媽祖、關公、財神不足，下比土地公總是綽綽有餘吧？我想反問的是：如果蔣介石眞有神力，他怎麼會淒淒慘慘地被中共趕出大陸呢？如果蔣介石眞有神力，當年一手遮天的蔣家又怎麼會一門七寡婦呢？如果蔣介石眞有神力，馬英九的民調怎麼會一次次創下歷史「新低」呢？

把蔣介石當作神靈，也就同時把自己當作奴才。然而，蔣介石生前又自稱基督徒，讀聖經、作禱告、參加禮拜，在日記中頻頻提及上帝和耶穌之名。對於基督徒來說，耶穌基督是創造世界萬物的獨一眞神，除了三位一體的神之外，世間別無他神。基督徒最大的罪，便是自我偶像化。如果蔣介石眞的是一名基督徒，他必定堅決反對那些爲他建立塑像乃至寺廟的褻瀆上帝的行爲。如果蔣介石樂於自我偶像化，大搞個人崇拜，他就肯定不是信仰虔誠的基督徒。兩者不可能同時毫無矛盾地存在於一個人身上。

如果我們姑且相信蔣介石是一個基督徒，那麼，真正觸犯蔣介石的，不是陳菊以及大多數臺灣民眾將其請下神壇的作爲——蔣介石一定會感謝陳菊將他還原爲人的行動；恰恰相反，眞正觸犯蔣介石的，是諸如王齡嬌之類「自作多情」、「自我奴役」的獨裁餘孽，他們的身體活在當代，精神卻活在古代，一天沒有皇帝，便不能過正常的日子，何其可悲！

蔣友柏何以走出歷史的陰影？

王齡嬌以蔣介石的孝子賢孫自居，但眞正的蔣家人卻長出了反骨。蔣家第四代、橙果設計負責人蔣友柏，是我最欣賞的臺灣人之一。倘若我是臺灣人，倘若蔣友柏出來競選總統，我一定投他一票。絕不是因爲他是蔣家後代，而是因爲他沒有歷史包袱，深諳自由民主理念，且有廣闊的國際視野，是臺灣年輕一代中的佼佼者。

蔣友柏在其博客「白木怡言」中撰文指出：「兩蔣有沒有做錯事？當然有。」他自稱花了很長時間接受國外學者將蔣介石列爲全球第四大殺人魔王的負面結論。「除非你把自己的心給鎖死，否則就算是你把眼睛遮起來、耳朵掩起來，在這個 Web 2.0 的時代，你不主動去尋找這些資訊，這些資訊也會在你無意識中映入你的眼簾；假如你對『二二八』事件在經過那麼多人的研究後，還有存疑，那就先不談『二二八』；但就已經被公開了的那麼多的我曾祖父親筆批示的『死刑可也』的檔案；還有一個與我們族群無關的外國人，夏威夷州立大學R. J. Rummel教授寫的《Death By Government》裡的那份二十世紀全世界十大政府殺人的資料裡，我曾祖父於一九二一年到一九四八年所帶領的國民政府總共殺害約一千萬中國人，排名第四；你當然可以說這個統計數字不公正、不準確，那就算打．折，也有一百萬；你當然也可以說那是那個時代的背景因素，有它不得不然的原因（我自己個人也深深地相信這個論點）；但是當時的政府就是殺了那麼多人，雖然殺人並不是我曾祖父親手扣的扳機，但畢竟他在當時代表的是那個執行的政府。」蔣友柏眞誠地表示，作爲蔣家後人，他願意向兩岸人民道歉：「我認爲最好的方式只有以健康的心態正面地面對這些歷史事實，並儘量做出補償；即使我個人因爲無能爲力，而只能以口頭方式表達來自隔代的歉意。」

當年，蔣友柏曾經在博客上批評連戰選輸不認輸，帶著群眾大鬧臺灣三個月，將國民黨的形象資產糟蹋六成以上。「這個『不認輸』、『輸了後耍賴胡鬧』，不只把『臺灣的民主形象』打得支離破碎，這個『耍賴胡鬧』也讓其他想要向『臺灣的民主發展』學習的國家重新省思『民主』到底是不是一個好制度；這樣做，倒是給那些獨裁者一個很好的藉口，『臺灣的民主』搞成這樣，我們還是繼續『獨裁』好了。」

蔣友柏一言既出，一石激起千尺浪。國民黨發言人黃玉振回應說：「請他們不要踩著國民黨的血跡前進！」國民黨祕書長吳敦義更是指出：「蔣友柏的看法，與絕大多數臺灣百姓的觀感認知，恐怕有很大差異。」這些批評，強詞奪理，亂扣帽子，充滿威權時代的陰風。首先，蔣友柏獨自創辦設計公司橙果國際，打拚出一片個人的天空，乃是一介平民，而非國民黨的幹部，更沒有動用過黨產一分錢，如何是「踩著國民黨的血跡前進」？其次，蔣友柏只是口頭批評，又沒有用大刀向國民黨的頭上砍去，國民黨哪來的「血跡」？國民黨製造過「二二八」慘案，流過別人的血，可從來沒有流過自己的血。第三，究竟誰有資格爲大多數臺灣百姓代言？吳祕書長本人的官位並不是百姓選舉出來的，本身並不具備「代表性」。況且，蔣友柏從沒說過代表多數百姓，他發表的僅僅是個人意見。即便他的個人意見與大多數人不一樣，難道他就必須保持沉默嗎？國民黨官僚眞該學一學最基本的邏輯學。由此細節可以看出，國民黨離現代民主政黨的標準還「路漫漫其修遠兮」。

我的臺灣訪問期間，聽到許多臺灣人談起連戰，都將其當作笑話的主角。連戰訪問中國，在胡錦濤面前卑躬屈膝，聲言「聯共制台」，深爲中國民眾和知識分子不齒。我早就撰文呼籲國民黨開除連戰的黨籍，可惜馬英九沒有此種「壯士斷腕」之魄力，使得國民黨一直扛著這一「負資產」而步履蹣跚。

有意思的是，蔣友柏的母親蔣方智怡公開道歉說：「年輕人說話欠考慮。」並立即辭去在黨內所有職務。雖然古話說「母子連心」，但蔣友柏早已是成年人，爲何不能獨立發表個人看法呢？如果兒子的言論竟然要株連母親，只能說明國民黨還是一個「防民之口，甚於防川」的、前現代的專制政黨。爲什麼退休的「名譽主席」不可以批評？如果連蔣家後代的言論自由都得不到保障，普通民眾豈不是只能戰戰兢兢、道路以目？

蔣毛後代，人生迥異

蔣友柏已經走出了「蔣家王朝」的陰影，既以平常心接受身爲蔣家後人的不可改變事實，又以個人的才華和能力開創一片自己事業的天空。他曾留學美國，深諳自由民主價值，故而能對先輩的功過作冷靜的評述；他相貌俊朗，談吐高雅，一副陽光男孩的模樣，是許多少女心目中的偶像。他主持的橙果設計公司，以別具一格的設計和一流的服務，在業界享有盛名。蔣友柏以精彩的人生證明了：作爲蔣家後人的他，已經適應了民主時代，不必深陷於詭譎險惡的政治泥潭，照樣可以實現花香滿徑的人生價值。古代那些亡國之君的哀歎「願來世不再生在帝王家」，終於在蔣友柏這裡劃上一個句號。

對比彼岸的中國，毛家後人依舊生活在無邊無際的黑暗之中。在毛家後人當中，沒有一個人對毛澤東作爲人類歷史上排名第一的殺人魔王的身分有絲毫認識。他們雖然沒有進入權力中樞，用毛澤東孫子毛新宇的話來說「黨和國家領導人，咱是不去想了」，但仍然陶醉於天安門的毛像、毛主席紀念堂的毛屍以及人民幣上的毛頭的榮耀之中。今天的中國仍然是老毛「當家作主」的中國，中國的其他方面都在發生日新月異的變化，但共產黨的本質仍然是毛澤東締造的獨裁黨——這一點從未改變。在此政治格局之下，毛的後人不僅拒絕向被毛害死的數千萬同胞及其家人道歉，反倒津津樂道於毛一生殺人如麻的「豐功偉績」。

人們普遍認爲毛新宇存在一定的智障問題，他卻擁有歷史學博士學位，成爲解放軍中最年輕的少將。他在電視上侃侃而談，認爲第二次世界大戰是他爺爺指揮的，日本人是他爺爺打跑的。無知者無畏，這些天方夜譚成爲民間的笑柄。據說，有一次毛新宇在計程車上大肆吹噓老毛，惹火了司機，遂停車將其趕了下去。

毛家人繼續將老毛供在神壇上。儘管毛新宇從未受到毛澤東的接見，並未獲得毛澤東之血統上的確認，但其兒子毛東東一出生，便四處放出消息說，這個毛家第四代傳人的生日，居然恰好是老毛一百一十周年的誕辰！這難道不是「轉世靈童」嗎？而且小東東一出世便認出掛在牆上的爺爺，看來這個孩子有「眞龍天子」的命！於是，國家郵政局破例爲「毛東東周歲紀念」發行郵票十六枚，使他成爲「發行個性化郵票最小的人」。這難道不是濫用公權力、私相授受嗎？

蔣毛後代兩重天，亦折射出海峽兩岸政治制度和社會風尚的天淵之別：彼岸的臺灣，去蔣化至少完成了一半，個人崇拜逐漸進入歷史，自由平等理念深入人心。蔣家後人以健康、青春和睿智的形象獲得民眾的認可。此岸的中國，不僅未能啓動「去毛化」進程，反倒繼續強化對毛的偶像崇拜。毛澤東的頭像，不僅高高懸掛在天安門城樓上，而且印刷在每一張人民幣上，獨裁者的幽靈四處徘徊，偶像崇拜深深植入民眾的潛意識。毛家後人遂裝神弄鬼，大樹底下好乘涼。北韓的「金氏王朝」，眞的會在中國複製嗎？

去蔣和去毛方能還原歷史真相

暴君歸位，在華人世界中還是一項「同志尚須努力」的工作。然而，他山之石，可以攻錯：旅英美國作家奈格爾・考桑（Nigel Cawthorne）最近再版的《暴君》（*Tyrants*）一書，以「史上百名最邪惡的專制君王與獨裁者」（History's 100 Most Evil Despots & Dictators）作爲副標題，將毛澤東、蔣介石同列暴君。

作者心中「暴君」所訂的標準，顯然主要是看特定人物導致他人死亡的多寡。蔣介石，此書用兩頁篇幅介紹他的生平。視他爲「邪惡」的論據，一是他一九一六年加入黑社會色彩濃重的「青幫」；二是他一九二七年在上海發動血腥的「清黨」；三是他在內戰中招募飽受詬病的軍閥去翦除異己，又縱容貪污；四是他一九四九年以後在臺灣實行鐵腕統治，緊握權柄不放直到一九七五年辭世。

對二十世紀影響更大的毛澤東，在書中幾乎占滿五頁篇幅。作者描寫他的暴虐行爲都發生在一九四九年以後，包括建政頭一年處決三百萬「反革命分子」、因強制推行農業合作化而造成饑饉、在「反右」中濫施逮捕與勞改、「大躍進」失敗後餓死數百萬人，以及藉開展「文化大革命」而將整個國家投進萬劫不復的災難。

被作者判定爲「邪惡暴君」的現代人物除毛、蔣兩人外，還有法西斯頭子墨索里尼、蘇聯兩代領袖列寧與史達林、南北韓的前統治者金日成。

二〇一三年春，臺灣中正紀念堂管理處發起「臺灣設計蔣」的文化創意活動，卻遭到民間強烈反彈，被迫取消。與之形成鮮明對比的是，中共當局在習近平上臺後，大打毛澤東牌，企圖發動「小型文革」，山雨欲來，群魔亂舞。

二〇一三年是毛澤東誕辰一百二十週年，湖南省計畫推出十項紀念活動，除了紀念大會、文藝演出、學術研討會外，還特別打造紅色旅遊文化節，把紀念毛澤東和中國國家主席習近平的「中國夢」結合起來。此外，還有萬人唱紅歌「東方紅」、萬人吃福壽麵等。耗資人民幣數十億元的十二項建築工程也即將完成，其中包括「潤澤東方文化產業基地」，將成為「中國出了個毛澤東」大型實景演出場地。湖南省敢於如此大張旗鼓地紀念毛澤東，顯然是摸準了中央的風向。

上行下效，御用文人吹捧毛澤東的言論，在二〇一二年初薄熙來垮臺之後沉寂了不到一年，重新氾濫成災。其中的最強音是：中國人民大學教授劉小楓提出應當將毛澤東捧為「新國父」。劉小楓認為，毛澤東是中華人民共和國的締造者，類似於華盛頓之於美國；毛澤東又是內戰的勝利者，類似於林肯之於美國。所以，毛之功勛乃是華盛頓與林肯的總和。

中國文人，沒有最無恥，只有更無恥。「文革」結束後較早研究基督教思想和學術的劉小楓，三十年後華麗轉身成為暴君的吹鼓手，其墮落軌跡亦可成為研究中國知識分子心態史的一個典型標本。

惟有去蔣和去毛，方能恢復兩岸之眞實歷史，肅清專制獨裁之餘毒，重建社會之公平正義，最終走向民主與自由、和解與和平。

附一：王康有薄、溫、蔣三個父親嗎？

我的〈去蔣化與去毛化都是去偶像化〉一文發表之後，王康以〈正邪混淆，遺哂天下〉一文反駁之，通篇高言大志，充斥虛詞空話，偏偏沒有一個過硬的史料證明蔣介石不是獨裁者和屠夫。

此類文章本不值一駁，不過王康此人，其人格形態、知識結構、思維方式都有剖析的餘地，可以將其作爲一個解剖標本，透視那些雖經過「六四」屠殺、口口聲聲追求民主自由的文人，內心深處其實是那麼地熱愛專制獨裁。

多年來，王康兩岸通吃、中美優游，以唐君毅侄兒的名義行走江湖。既能被中共國安特務創辦的鳳凰電視臺當作座上嘉賓，又能在「邪惡國家」的自由亞洲電臺滔滔不絕，以民間思想家自居，偏偏出入的都是深似海的侯門，走鋼絲的本領眞不簡單。就連國民黨名譽主席連戰都託他帶話給薄熙來，縱橫捭闔，怎生了得？假以時日，還不是南懷瑾第二？

長袖善舞，多父善賈。幸虧唐君毅不是王康的老爸，否則怎麼容他又找來薄熙來、溫家寶和蔣介石三個父親？

說薄熙來是王康的精神之父，並沒有冤枉他。薄熙來垮臺前，王康視之若修齊治平之理想明君。在薄熙來統治重慶的時代，作爲重慶本地人的王康，從不對其唱紅打黑的倒行逆施有一句批評。若是懦弱自保還情有可原，因爲連《南方週末》一般都迴避批評廣東本地的事情。但是，據重慶的朋友告知，王康不僅不潔身自好、與推行「小型文革」的薄熙來保持距離，反倒投懷送抱、與薄熙來的若干文膽智囊打得火熱，從中拿了不少顧問費、諮詢費以及各種來歷不明的津貼。那時，別的民營企業家都成了「黑社會」，只有他這個「一代儒商」的生意做得紅紅火火。

而薄熙來甫一垮臺，王康便如同鐵達尼號上的老鼠，跑得最快。一夜之間，搖身一變，居然放膽揭露薄熙來、谷開來夫婦「性生活不調」，成為薄案之「第一爆料人」，在西方媒體上很出了一陣風頭，讓他身邊的人大跌眼鏡。那時候，就連劉源、張海陽等手握軍權的太子黨都噤若寒蟬，偏偏就王康一個人「有料」。若非當過薄熙來之王府總管，如何能知道主人「性生活不調」之內幕？若非中南海刻意安排、布下棋子，對於如此膽大妄為的潑糞者，中共國安、國保之羅網又豈能「呑舟是漏」？早以「洩露國家機密」的罪名抓去判個十年八年了。

那麼，為何普天之下惟有王康能獨享言論自由？因為他已經拜溫家寶為新任父親了。且看他諂媚溫家寶的言論，精神按摩如何恰到好處——「基督教的救贖意識，溫家寶多少融匯己身」、「中國當代擁有這樣一位動心忍性、忍辱負重、繼往開來的悲劇型政治家，這是中國的宿命。溫家寶是中國專制時代受公義使命召喚、戴鐐銬踐行的君子之一。」溫家寶當然會稱讚「豎子可用」！可惜，話音剛落，《紐約時報》揭露溫氏家族二十七億美金巨額家產的報導，立即讓曾經香氣撲鼻的「八寶飯」臭不可聞。王康的雄文自然被讀者擲之於地，廢為廁紙。

有了兩個父親充作其左右護法、哼哈二將，這還不夠，還要拉來已經作古的蔣介石作陪。王康曾率團到臺灣開辦關於抗戰的畫展，他接觸的當然都是郝柏村、連戰、吳伯雄等國民黨元老顯貴。於是，他眞以爲臺灣還處於蔣氏統治的威權時代，所有人對老蔣都頂禮膜拜、視若神明。在他的筆下，「蔣公率中華民國印信旗幡乘桴東渡，十年生聚十年教訓，爲中國保守一片迦南之地，以至於今。」亂用聖經典故，將無知當博學。在其眼中，蔣介石簡直成了偉大、光榮、正確的「中興之主」。當然，他不會忘了吹捧一下正在當權的馬英九：「馬英九主席承襲中華民國法統，護衛蔣公尊位，乃中華大義所在。」另一方面，稱其「主席」而不稱「總統」，顯然也是對中南海亦步亦趨。文人當奴才，首鼠兩端，察言觀色，眞如陳寅恪所云「最是文人不自由」。

在這篇爲蔣介石「正名」的文章中，王康將中國抗戰取得勝利完全歸功於蔣介石，就如同毛新宇說是他爺爺打贏了第二次世界大戰般令人噴飯。我不信任有國共兩黨背景的著作，我更信任作爲旁觀者的美國人的著作。稍稍讀一讀史迪威的回憶錄以及美國歷史學家巴巴拉・塔克曼（Barbara W. Tuchman）獲得普利茲獎的巨著《史迪威在華經驗》（*Stilwell and the American Experience in China*），就知道蔣介石領導的重慶政府何等貪腐無能，而蔣介石本人的軍事才能又何其低下。僅就軍事才能而論，且不說無法企及史迪威之萬一，比之白崇禧、孫立人亦望塵莫及。後來被中共打得落花流水，也就在情理之中了。再看看易勞逸的著作《毀滅的種子：戰爭與革命中的國民黨中國》，那些蔣介石本人都承認的資料是何等怵目驚心——比如，在一九四三年徵集的一百六十七萬新兵中，有將近一半在趕去部隊的途中死去或逃走，而蔣介石及其親屬無邊的腐敗，正是造成這一惡果的根本原因。那麼多的冤魂，債主不是蔣介石又是誰？

然後，就是王康津津樂道的蔣介石敗退臺灣之後「勵精圖治」的不朽功勳，他居然自以爲是代替臺灣婦孺立言，要求臺灣民眾對蔣介石感激涕零、三呼萬歲。然而，臺灣的主流民意，是這位只知道奔走於權貴之門的說客體察不到的。王康當然不會去景美、綠島和馬場町看看，也不會傾聽「二二八」難屬的哭泣，更不會對鄭南榕、陳文成和林義雄的故事有興趣。他沒有讀過資料翔實、圖文並茂的《人權之路：臺灣民主人權回顧》一書——如果他想讀的話，我可以送他一本。政治受難者楊碧川在序言〈暴力的美學〉中，描述了自己被蔣政權的特務拔指甲、燙乳頭、二十四小時輪番羞辱，求生不得、求死不能的悲慘遭遇，痛斥「蔣氏父子拿政治犯殺雞儆猴，讓全臺灣人不敢反抗」的累累罪行。歷史學家李筱峰則指出，蔣介石在臺灣實行戒嚴統治和「戡亂」體制，透過嚴密的特務系統來推行。如蜘蛛網般的特務系統，發揮了白色恐怖的作用。「從一九四九年的四六事件，到一九六〇年九月四日的雷震案，十年之間，臺灣一共有兩千多人遭到處決，八千多人被判重刑。其中除了不到九百人是眞正的共產黨之外，其餘九千多人是冤案、假案的犧牲者。」這本書中給我留下最深刻印象的，是蔣介石在法院判決書上的「朱筆御批」。一九七五年以前，兩蔣在白色恐怖的分工，大致可說：蔣經國負責逮捕，蔣介石負責最後審判。號稱「愛民如子」的蔣介石，多次用他「遒勁有力」的「御批」草菅人命。其批語中，有將六十歲的陳心棻從十年改判死刑；有下令將自首的徐會之「應即槍決可也」；有將法官認爲「惡行不大」而被判十五年的康震「改判死刑」；有要求對翁文禮、梁培英、高執信（台南開元寺證光法師）三人「嚴爲復審」，這三人因此被判死刑。一代大獨裁者幕後扮演法官，踐踏法治，無以復加。

這就是王康心目中英明神武的蔣介石的眞面目。慣於宏大敘事的王康，是不屑於做考據工作的。既然沒有受過嚴格的學術訓練，也就不知道任何一個論點的成立，必須有材料的支援以及邏輯的推理。自說自話，不學無術，這是文人的通病，也是文人跟現代知識分子之間的一道絕大鴻溝。

另一方面，以新儒家自詡的王康，外表卻又裝扮出列寧的模樣，恰恰將儒家的專制傳統和俄國的專制傳統完美融合。青年時代的偶像是毛澤東，中年以後的偶像置換成蔣介石，換湯不換藥，舊瓶裝老酒。一個偶像破滅了，就必須找出另外一個來，何其可憐。這種人偏偏就不知道如何自立，對他們來說，沒有皇帝的日子是過不下去的——因爲當帝王師是他們最高的人生目標。

眞正的知識分子必須有人權至上的價值堅守，批判所有的、程度不等的獨裁者，而不是從一大群獨裁者中挑選獨裁程度稍弱的那個傢伙來擁戴之——這是魯迅所說的「奴在心者」。我並不認爲自己的每一篇文章、每一個觀點都正確，我始終歡迎朋友和論敵的批評指正。但是，有一點我是引以爲傲的：我不曾讚美過任何一個獨裁者。殺死一個人的獨裁者，與殺死一千萬人的獨裁者，都是不可饒恕的獨裁者。無論是左翼極權主義，還是右翼威權主義；無論是毛澤東，還是蔣介石；無論是鄧小平、江澤民、李鵬，還是胡錦濤、溫家寶、習近平，我都指名道姓地批評過。我也點名批評過最近幾屆的每一名中共政治局常委，因此我被軟禁、被旅遊、被毒打，最後被迫出走中國。同時，我也持之以恆批評那些充當幫凶、幫忙和幫閒的無恥文人，從余秋雨到莫言，從孔慶東到摩羅，從于丹到甘陽，從劉小楓到王康，一個都不放過。中國潰敗，奴才遍地，逐臭之夫，與日俱增，我的批評也就如西西弗斯推石頭上山，沒有終局。

與此同時，王康左右逢源，遊刃有餘，亦文亦商，亦中亦西，何等滋潤。但是，過於聰明的人啊，把靈魂賣給了撒旦，把自由抵押給了暴君，你又能拿什麼東西贖回來呢？

附二：民主臺灣早已告別蔣氏獨裁

——臉書上對時空倒錯的「蔣介石崇拜」的回應

余杰按：筆者在縱覽中國網站發表〈去蔣化和去毛化都是去偶像化〉一文，引來王康之反駁，我以〈王康有薄、溫、蔣三個父親嗎？〉一文回應。海內外不少朋友閱讀了這幾篇各抒己見的文章，有些朋友還在我的臉書上發言評論。從這些發言中，尤其是以臺灣朋友為主的發言中，可以清楚地看到人心所向，宛如「兩岸猿聲啼不住，輕舟已過萬重山」。民主臺灣早已告別蔣氏獨裁，這是不以任何人的意志為轉移的。

我將這些發言彙集如下，以供讀者參考：

李酉潭（臺灣政治大學國發所教授、社會科學院副院長、臺灣高級中學《公民與社會》教材總編輯）

頃拜讀您在縱覽中國發表的有關蔣介石功過的兩篇文章，暢快淋漓，收穫良多，已轉寄給修課的學生閱讀參考，謝謝！

許多人的人生都在追尋眞善美，但若不眞誠，就無法判斷是否良善，也就不可能達到美麗的境界。研究歷史在於追尋眞相，若不能辨別眞相，哪有功過是非可言。對於蔣介石與毛澤東功過是非的評價首要在於讓眞相呈現，而非訴諸於任何權威。因此，稱呼蔣介石爲蔣公或將毛澤東照片擺在神壇上面，皆是造神運動，也就不可能尋求歷史眞相。

陳奕廷（臺灣媒體人）

百度上面說，王康（對中美關係、臺灣懸案、中日現狀以及馬克思主義、港臺新儒家皆有獨到心得），又說，（多年來他一直研究中國人的人權意識、生命意識。）

但此文，先指（而今，大陸毛派捲席重來之際，獲當局恩准的旅美文人余杰，突然稱蔣暴君，稀罕。），再指（民進黨諸人反蔣自有其理據，同時他們也心知肚明，若非蔣公堅持反共復國立場，全體臺灣人都早已淪爲毛掌中物，大陸所歷，他們無人能倖免。馬英九主席承襲中華民國法統，護衛蔣公尊位，乃中華大義所在。……蔣公出生入死，蹈難辛亥指揮北伐領導抗戰，艱苦卓絕。微蔣公，中國早匍匐東方法西斯鐵蹄之下，二戰勝敗誰手難定。若非雅爾達祕密協議，蘇聯出兵東北，中國將成亞洲民主堡壘，一九四九後所有劫難不會出現。）

最後說，（此岸劉小楓認毛作父，彼岸余杰詆謗蔣公暴虐，前者系「文化基督教，後者是原教旨基督教；前者為暴君「封聖」，後者為聖者「加暴」，同工異曲耳。學人姿意濫語，可以休矣。）

這種文章，其實就是最典型自以為是，自我錯亂的文章。

他如果對臺灣懸案非常瞭解，那臺灣懸案是甚麼？所有匪夷所思，但大家心如明鏡的懸案，幾乎都是在極權體制產生。他討厭毛澤東，尊稱蔣公，只可見自己沒有本土思想，只會拿別人的東西，自己選擇片面意淫。

有一些中國人，對於蔣家與馬英九都充滿了錯覺。蔣介石來臺灣是逼不得已，陰錯陽差，他對臺灣有所貢獻，那也本應該如此，我們不應偏頗，但也不用當封建奴才，大喊萬歲。而馬英九先生能成為臺灣總統，是臺灣經歷過流血流汗的民主爭取，社會變革，他才有機會爭取民眾支持，成為民眾之公僕。

這是臺灣的根本，臺灣價值所在。這人可稱毛暴君，又稱蔣介石聖人，還被人說理解臺灣懸案。可見此人跟臺灣差距多遠，他雖不愛共產中國，但也不愛民主臺灣。

只覺得此人，根本不理解臺灣歷史，也不懂臺灣當前的價值與想法，他的用字遣詞，更是讓我懷疑，他心中對於民主與人權的理解有多少，處處是封建之感。

Jen-Wen Wang（王貞文，台南神學院教師、作家）

真的好錯亂！真的不瞭解臺灣。

王昭文（台南神學院教師、臺灣基督長老教會《新使者》雜誌總編輯）

對臺灣人而言，國民黨是外來統治者，帶來威權政治，讓臺灣不自由。若因反共而認為國民黨好，就太不明智了。

國民黨反共，但其實國共是雙生子，對人民的統治方式如出一轍。毛澤東和蔣介石都搞個人崇拜、大舉整肅異己，為鞏固自己的統治地位而不惜屠殺無辜人民。

現在，國民黨正為了自己的利益，一步一步把臺灣出賣給中國共產黨。

這個黨，始終與臺灣人民為敵。

許又方（學者，評論家，東華大學華文系主任）

孔慶東還曾經參與過八九學運，卻不知怎地竟全身而退，還進了百家論壇當起大砲來了。我對中國內部許多事務依然不甚了了，拜讀余先生弘文，才有些粗糙理會。

蔣介石對抗日或許有些貢獻，但依我在臺灣四十七年的成長經驗看，他在臺灣不過是個土皇帝罷了。

有人曾說，因爲蔣堅拒國軍支領美國薪水，否則臺灣早就變美國的了。我不知這段歷史的眞實性，但依我實際生活經驗，幼時所接觸之事，何者不是「美援」？若非美軍援助，臺灣能否在蔣的統治下挺住老共的侵擾，並成功發展經濟，實在大有問題。而且從現在的國際情勢來看，雖然臺灣不是美國的領土，但事事都受老美牽制，宛如其幫派中的一個小弟。同時，臺灣多的是希望被美國收編的主張（曾有人發起臺灣志願成為美國第五十一州的運動）。看來，如果當年臺灣眞的變美國的，說不定民主會來得更快，經濟會發展得更好，大多數人還會更歡迎吧？——至少跟蔣介石的獨裁相較，好得多了！

王子安

眞奇文耶。

江文正

中國文人沒有最無恥，只有更無恥。嗯！眞是精益求精啊！

康依倫（臺灣媒體人）

他應該來臺灣走走，二二八紀念館、人權園區，好好瞭解「蔣公」。

Xiazi Hei（臉書資料顯示，此人現居香港）

黑匣子主義認爲，王康批余杰文，正義凜然，淋漓酣暢，值得一讀。

陳思邦

樓上的先生，你知道臺灣白色恐怖時期的可怕嗎？爲什麼你們可以護衛蔣介石這樣的獨夫？純粹敵人的敵人就是朋友？中國因爲你們這樣的獨夫擁護者，即便推翻了中共，一樣可能是獨裁政權上臺。

燕鵬（從中國逃亡到臺灣的民主人士，現從事福音和媒體工作）

毛澤東依然有大量的粉絲，「蔣公」的粉絲當然會如此不平。崇拜暴君集權是一種精神領域的病症吧？

將社會的福祉寄望於某人物，最終將是悲劇或慘劇。

獨裁者們的思想動機都相同，沒有好壞之別。人民越反抗他們就越殘暴，他們的唯一眞理是：「順者昌，逆者亡」。

Xintian Qi

蔣公比較起來不是最壞的。

按照佛教原理，他的後代經國先生算幫他贖罪了一部分。相比另外一邊……

中國人悲劇，所以來生不作中國人。

黃承中

歷史的功過是非，評斷或需時間，此時論來稍嫌太早。

周峻

蔣介石是個什麼貨色，你是眞不知道還是裝不知道，在支那大陸和臺灣，他缺德事幹得還少嗎？

支那平民是幾年不喊萬歲，精神上就會很空虛，滿腦子骨子裡都是奴性。魯迅說過中國人是作穩奴隸和爭取作奴隸而不可得的時代。說明支那豚從來都沒把自己當人看，只是目前對共黨這個主子不滿意想換個稍微好一點的主子而已，只對暴力權力屈服，也只崇拜暴力權力，對它越殘暴它越服服貼貼的，人話永遠聽不懂，賤就一個字。

艾維斯

「若非蔣公堅持反共復國立場，全體臺灣人都早已淪爲毛掌中物」這句很無知，臺灣被日本殖民五十載先於蔣毛，無蔣毛之流佔領，臺灣的文明與發達的步伐並不會減慢。

楊月清（人權活動家）

余杰說的好：中國不少人將蔣當作救星。青年時代崇拜毛，中年以後崇拜蔣，終生都是奴才。

王進龍

現在臺灣還是有不人，以當「奴才」驕其妻妾。

John Tang

我同意余杰的說法，但我更同情他所說的這些人。因爲，像陳光誠那樣，能看到中國之光（法治）的人眞不多。

黃月
　兩位都是不得了的人物，毛名列世界殺人魔第二名，蔣「公」稍遜掉到第四，一個中國兩個世界級的殺人魔，不知中國文化出了什麼問題？

中國當代文學反思錄

我由於恐懼而歌唱。
我由於被壓迫的反抗而歌唱。
你呀，來自沙漠驚雷的你呀，
被封嘴的破碎的祖國呀，
拖著癱瘓的腳步在我身邊匍匐。

阿多尼斯

寂寞已久的中國文學批評界大張旗鼓地掀起一場「尋找大師」運動。諸多名聲顯赫的批評家捧出各自心目中的「大師」，媒體以大量篇幅對此作詳盡介紹。人們聲稱某某人是中國當代文學的「大師」，人們聲稱這些作家及其作品早已超越了魯迅、沈從文等現代文學經典作家。但是，當我看到這張長長的「大師名單」時，唯一的感覺是：這些討論是莫大的笑話，是皇帝的新衣，是色彩斑斕的肥皂泡。中國當代文學已病入膏肓，而非生機勃勃；中國當代文學已淪爲權力和金錢的奴隸，而非時代的良心所繫。中國當代文學首先要面對的問題，不是有沒有「大師」和「大師之作」，而是尋找正常的生命感受、正常的寫作倫理和說眞話的勇氣。

中國當代文學幾乎不再應對這個時代的重大命題。在這個道德淪喪、貧富懸殊、公義喪失的社會裡，作家們隨著大眾一起墮落和狂歡，試圖迎合大眾，卻又爲大眾所蔑視。與那些爲強取豪奪的官僚和奸商作辯護的「主流經濟學家」一樣，那些既貪財又好色的作家們，在公眾眼中已然成爲一群「最不可信賴的人」。作家們如同在街頭販賣狗皮膏藥的、謊話連篇的商販，不過他們的語言要優美千百倍。作家們自願充當官員們酒桌旁邊諂媚的陪客，殘羹冷炙足讓他們心滿志得。這是何等可悲而可憐的處境。那些著名作家們依賴中國龐大的人口基數所造就的龐大的圖書市場，像寄生蟲一般吃老本。他們心安理得地數著巨額稿費，一心一意地估算和觀察著自己的作品在圖書排行榜上的座次，深深地沉浸在自己是「大師」的良好感覺之中。他們對自我的生活方式、思維方式及作品的價值取向、精神向度全然沒有反思。

在我看來，表面上繁榮昌盛的中國當代文學患上了五種極其嚴重的、積習難返的病症：第一、只有「小聰明」而沒有「大智慧」；第二、只有氾濫的抒情而沒有歷史的眞實；第三、只有對暴力迷信而沒有對愛和悲憫的信仰；第四、只有肉體的「活著」而沒有靈魂的向度；第五、只有縱欲至死的「此岸」而沒有永生盼望的「彼岸」。這五個病症可謂環環相扣、相互作用，它們各自有各的典型代表。許多作家則同時患上幾種病症，更是難以根治。這些病症使得中國當代文學的成就遠遠低於現代文學，其前景亦黯淡無光。

錢鍾書：只有「小聰明」而沒有「大智慧」

第一個病症是：只有「小聰明」而沒有「大智慧」，其代表是被奉爲「文化崑崙」的學者型作家錢鍾書。從二十世紀八十年代以來，被冷落近半個世紀的長篇小說《圍城》被重新發現，迅速成爲暢銷書並拍攝成電視連續劇，繼而被擺進二十世紀文學經典的聖殿；其學術著作《管錐編》也被譽爲當代學術史上的傑作，即便是無甚特色的《宋詩選集》也因爲是「錢選」而倍受重視。依照錢氏的年齡，完全可以算作是現代作家，但其作品產生普遍性的社會影響，則是在八十年代之後，故而將其放入當代文學的範疇內討論。

在我看來，種種美譽並不足以掩飾錢鍾書在爲人、爲文和爲學上的巨大侷限及缺陷。錢鍾書記憶力超凡，懂得多種語言，能背誦數千首詩詞。但在網際網路時代，記憶力的價值充其量就是一台電腦。錢氏的生存能力更優於同輩，他是一名既「苟活於亂世」又「聞達於諸侯」的莊子與諸葛亮的交集，是以逍遙自詡的「遺老」和與新朝唱和的「貳臣」。錢氏並非沈從文那樣的「老實人」，他與老同學、主管意識形態的胡喬木保持密切關係，對臭名昭著的胡的延攬亦不拒絕，並不像外界形容的那麼清高出世。他既沒有固定的人生體驗，也沒有值得爲之獻出生命的價值皈依。他的聰明只是嘲諷艱辛地在土地上勞作的同胞的聰明，他沒有屬天的智慧，沒有直接洞悉事物善惡眞假的智慧。由此，便「難得糊塗」地活下來，而且長壽。

無論《圍城》還是《管錐編》，錢鍾書都沒有爲中國文學及學術提供超越性的思考方式和精神境界。《圍城》寫於抗戰最艱難的歲月，作者卻對那些在硝煙和血淚中掙扎與呻吟的同胞們沒有同情之心，而只是滿足於深陷於自我中心主義的智力遊戲。他無法忍受西南聯大的艱苦生活，恬然返回淪陷區的上海，在那裡過上遊刃有餘的生活，與一幫漢奸文人打得火熱。抗戰勝利之後，錢氏因此受到國民政府的清查。

所謂「二十世紀最重要的學術巨著」的《管錐編》，純粹是古代注釋家「我注六經」傳統的重複，並無多少個人的創見與發揮。錢鍾書的作品只是傳統士大夫的「小聰明」。那麼，什麼樣的作品才算得上「大智慧」？像法國思想家巴斯卡的《思想錄》才是「大智慧」之作。《思想錄》體現了作爲「會思想的蘆葦」的人類的軟弱與堅韌、卑賤與高貴，以及人類在泥濘中仰望天空的激情。我從《思想錄》中感受到了智慧的美與力量，這是在錢鍾書故作冷靜的文字中無法體驗到的。

余秋雨：只有氾濫的抒情而沒有歷史的眞實

第二個病症是：只有氾濫的抒情而沒有歷史的眞實，其代表便是被奉爲「當代散文大師」的余秋雨。在萬馬齊喑的九十年代初，余秋雨憑藉《文化苦旅》一舉成名，成爲民間與官場、商場與媒體各方通吃的寵兒。他在港臺和海外華人世界甚至比在內地還要受歡迎和追捧，因爲那些地方的讀者在他的文字裡發現了一個逝去的、柔媚的傳統世界。余秋雨那種小說化、戲劇化和詩話的散文寫法，在一九八九年之後的文化斷層中橫空出世，確實令許多心灰意冷的文化人耳目一新。但如果仔細研讀這些作品，便會發現在其浮華婉轉的文字背後，彌漫著一種透入骨髓的油滑與虛無。這是一名風流才子對殘山剩水的把玩，缺乏行走在大地上的堅實感與眞切感，批評家朱大可形容爲「文化口紅」頗爲準確。

余秋雨懂得借用典故抒發文人志向未展的牢騷，卻不會與權勢階層發生衝突。他有一篇寫廬山的散文，把古往今來與廬山有關的名人逸事都收集在一起津津有味地講述一番，一般人讀來覺得眞是一道「文化盛宴」。但作者沒有提及二十世紀五十年代發生在廬山的那次決定數千萬中國民眾生死的會議——正是在那次的廬山會議上，爲民請命的彭德懷等人被毛澤東打成反黨集團。會議之後，黨國政策再度左轉，大饑荒加速蔓延。短短三年間被餓死的老百姓，僅四川一省就達一千萬人（據四川省原政協主席廖伯康之回憶），全國達到三千萬至六千萬人。廬山會議無疑是當代中國最重要的事件，然而，也許是爲保持這篇散文的「審美的和諧」，余秋雨悄悄地將廬山會議從廬山的歷史中剷除掉了。他知道什麼東西可以觸及，什麼東西不要觸及，如同籠子中的小鳥一樣，自覺地將鳥籠中的天地當作整個天空。

余秋雨是一名「變色龍」人格深入骨髓的才子，其作品是氾濫的、甜得發膩的過度抒情的結晶。虛驕太平盛世需要這樣的流行文化符號。然而，今天的中國更需要先知式的呼喊與哀哭。如果沒有對眞相的發掘和對記憶的捍衛，如果沒有對現實的解剖和對危機的陳述，就不可能出現文明的更新與重建。那麼，什麼樣的作品表達出了冷峻的眞相呢？如俄羅斯作家索忍尼辛的《古拉格群島》（*The Gulag Archipelago*），這是一部記載極權政權政治迫害的史詩。作家在這部巨著中彰顯了人的價值和尊嚴，如同一盞在黑暗中燃燒的蠟燭。中國與蘇俄經歷了同樣的苦難，中國仍深陷於這樣的苦難之中。但在中國，像《古拉格群島》這樣的巨著仍未浮出水面。在歷史血淋淋的斷層之上，在沉默的大多數面前，誰有資格自稱爲「大師」呢？

王朔：只有對暴力的迷信而沒有對愛與憐憫的信仰

第三個病症是：只有對暴力的迷信而沒有對愛與憐憫的信仰，其代表人物是「痞子作家」王朔。看看王朔若干作品的題目便一清二楚——《動物凶猛》、《我是你爸爸》、《無知者無畏》、《我是流氓我怕誰》等等。王朔是軍隊大院裡長大的孩子，與北京的平民生活毫無關係，將他看作北京市民文化的代表乃是天大的誤會。像王朔這樣生活經歷的文化名人還有很多（如姜文等），他們共同形成了宣揚「暴力審美」和「暴力語言」的文化模式和文化磁場。軍隊大院具有嚴格的等級秩序，尊奉暴力、野蠻的叢林法則。「文革」發生，爲這群背景特殊的青年提供了虛假的「自由空間」，他們將發洩暴力和性當作人性的解放。對於其他大多數同胞來說是血淚斑斑、家破人亡的「文革」，在他們的回憶裡則是「陽光燦爛的日子」。他們是謊言的受害者，他們未能戰勝謊言，成了謊言的奴隸。

王朔作品的走紅，也與八、九十年代中國的文化思想轉型有關。在希望破滅的時刻，痞子精神是最好的麻醉劑；一旦將自己定義爲流氓，任何人也沒有權利再來要求你承擔什麼。王朔的作品在消解官方僵化的意識形態的同時，也毀滅了人們對正義與崇高的信念，並將「物競天擇，適者生存」的社會達爾文主義推展到極端狀態。王朔作品最可怕的地方在於，對暴力無節制的謳歌與讚美。這一負面作用將長期存在於中國當代文化之中。於是，王朔成爲時代的標誌，而不是雨果及《悲慘世界》、《九三年》成爲時代的標誌；王朔筆下毫無悲憫之心的主人公們成爲青年一代效仿的對象，而不是雨果筆下的尙萬強和郭文成爲人格標竿。

與王朔自傳體小說的題目《看上去很美》相反，王朔的作品與我們生活的現實一樣，看上去一點也不美。絕大多數當代作家在描寫醜惡的人與事的時候，往往遊刃有餘、繪聲繪色、甚至全身心投入，但在寫作高貴的人與事的時候，則束手無策、如履薄冰、虛假無比。因爲作家們在自己身邊從未發現過高貴的人性，也缺乏向著高貴的方向奔跑與求索的意願，便乾脆否認高貴的存在。「王朔流」的氾濫，影響了七十年代之後年輕寫作者的語言風格和思想方式，亦大大加劇了中國社會的暴戾之氣。進入網際網路時代，因爲網際網路上的表達處於匿名狀態，王朔式的語言成爲人人效仿的典範。

余華：只有肉體的「活著」而沒有靈魂的向度

第四個病症是：只有肉體的「活著」而沒有靈魂的向度，其代表人物是余華。在小說《活著》中，余華傳達了一種讓大多數讀者無法反對的原則：對於中國人來說，活著是一切，活著是勝利，不存在高於「活著」的價值。所謂「甯作太平犬，不作亂世人」，長久的東方專制主義以及週期性的社會動盪，形成了高度實用化、物質化的「活著主義」，其關注點完全集中在人的肉體生命的保存上。中國人長期以來遵循實用理性，都未能擺脫生理及心理上的「災民狀態」，由災民轉變爲暴民，往往是一步之遙。

從《活著》、《許三觀賣血記》到《兄弟》，昔日的牙醫余華不斷講述關於「如何活下來」的故事。也許因爲給患者拔過牙，他知道怎樣才能讓讀者忘卻現實生活中的痛苦。余華編造的故事，宛如野外生存手冊，表明由中國人構成的社會仍處於「原野」狀態，生活於其中，你必須依靠本能求生。余華透過一個接一個的「偶然事故」，來闡釋人生的悲劇性，命運無常的歎息卻無法產生悲劇力量。余華並不缺少想像力，他缺少的是關於是非的判斷力以及對愛與同情的理解。余華不關心人物的心靈狀況，他也從未關心過自己的心靈狀況。這些曲折的、熱鬧的、暢銷的故事，跟靈魂無關。在當今的中國，討論靈魂問題被看作是過於奢侈、過於矯情的「超前行爲」。

余華在其訪談錄中多次引用聖經中「窄門」的典故，他認爲自己的寫作如同耶穌一樣，是在進窄門。他還宣稱他的作品顯示出他對這個時代的「正面強攻」。我不知道他是不是在欺騙自己，因爲他所走的是一道最爲寬闊的門，這是他精心算計之後的選擇；他沒有與這個時代產生矛盾，甚至在對歷史的追溯中亦放棄了最堅硬的、異端的那一部分。與之相比，俄羅斯作家巴斯特納克所寫的《齊瓦哥醫生》（*Doctor Zhivago*），才是一本關於窄門的、關於靈魂求索的作品。齊瓦哥醫生是時代的「多餘人」，爲捍衛靈魂的獨立與高貴，不惜付出肉體受傷的代價——「我們這個時代經常出現心臟細微溢血現象。……我想它發生的原因在於道德秩序。要求把我們大多數人納入官方所提倡的違背良心的體系。日復一日使自己表現得同自己感受的相反，不能不影響健康。……我們的靈魂在空間佔據一定的位置，它存在於我們身上，猶如牙齒存在於口腔中一樣。對它不能無休無止地施加壓力而不受懲罰。」這是一名信仰者的靈魂告白。在整體優孟化的中國當代作家之中，誰能寫得出如此擲地有聲的句子？

賈平凹：只有縱欲至死的「此岸」而沒有永生盼望的「彼岸」

第五個病症是：只有縱欲至死的「此岸」而沒有永生盼望的「彼岸」，其代表是賈平凹。早在八十年代，賈平凹便以審醜風格的鄉村題材小說和僞筆記體散文而著名；九十年代初期，一部厚厚的《廢都》，更是將具有中國特色的縱欲主義推到繼《金瓶梅》之後的又一高峰。《金瓶梅》展示了一個即將覆滅時代的狂歡，與之相似，《廢都》也宣洩了一種末世的狂歡——一種成熟到腐爛地步的文明，像「醬缸」一樣敗壞所有身處其中的人。中國文人是文化衰敗過程中敏銳的感知者，中國文人又最軟弱、最虛僞，由於沒有彼岸世界的盼望，無法承受苦難，便將苦難轉移到女人身上。他們透過瘋狂地發洩性欲、透過對女性肆無忌憚的凌辱，重新獲得了「自信」。

在《廢都》中，「性」變成文人們生活的全部。吟詩作賦、賞玩古董、琴棋書畫等，僅僅是他們分散肉體欲望的其他管道。這些喜好或事業，無法提供長久的、精神性的滿足。唯有女人才能讓這些失去中心位置的文人們獲得心理安慰。在《廢都》的每一行文字裡，讀者都找不到作者對女性起碼的尊重和關愛。書中的女性，要麼是性欲得不到滿足的花癡，要麼是被強姦之後心甘情願的順服者。賈平凹興致勃勃地描寫變態的性愛過程，眞不知道他如何面對母親、姐妹和女兒。文學固然不應當成爲道德的附庸，文學也不應當成爲道德的敵人。無論如何，對強姦的歌頌都是不能被接受的，正如研究強姦問題的美國學者蘇珊·布朗米勒（Susan Brownmiller）在《違背我們的意願》（*Against Our Will: Men, Women and Rape*）一書中所指出的：「把生殖器作爲耀武揚威的武器是男性的一大發現，可列入史前最重大發現之一，其重要程度不亞於火的發現及粗糙石斧的首次使用。我相信，從史前期到如今，強姦一直發揮著一個重要的功能，即有意識的威懾功能，透過這種功能，所有男性可令女性望而生畏。」對身體和精神都羸弱的中國文人來說，強姦是他們被權力閹割之後的自我想像。

《廢都》遭受過一次查禁，然後重新出版，其盜版書以驚人的數量傳播。讀者充分發揮想像力，根據書中作者設置的「以下刪去若干字」方框，玩起填字遊戲。《廢都》開啓了當代文學「下半身寫作」之先河，塡補了中國沒有成人雜誌而造成的市場空缺。《廢都》作爲一本想像和寫實並存之書，僅有的價值便在於，它說出了兩句實話——「西安是中國的廢都，中國是地球的廢都」，或者用搖滾歌手何勇的歌詞來形容，這個世界是一個「垃圾場」。

文學乃是一種對抗黑暗的精神努力

以上五大症候，已經形成了更為嚴重的「併發症」，令中國當代文學病入膏肓。即便是華陀轉世，亦難以醫治。可是，當代文學中的若干當紅人物，自我感覺良好，有人寫作炫耀功成名就的回憶錄，宣揚其飛黃騰達的人生哲學，甚至還有人營造故居和博物館。以上所論諸人，錢鍾書、余秋雨、王朔、余華、賈平凹等，絕非這個時代的「大師」，他們無法為這個時代指出一條精神救贖之路。他們的創作不僅沒有緩解今日中國的社會危機或者發出一聲石破天驚的警示，反倒大大加劇了此種危機。他們是文化頹敗的「自由落體運動」中的急先鋒。在他們的身上，我看到了作家作為「職業」的可恥、可悲與可憐。

今天中國需要的文學，乃是充滿大智慧的文學，乃是揭示冷峻真相的文學，乃是傳播愛和憐憫的文學，乃是展示靈魂的求索的文學，乃是指向永生盼望的彼岸的文學。這樣的文學方能成為大洪水爆發時的諾亞方舟，方能成為沙漠中的綠洲以及黑暗中的燈塔。一流的文學當有超越性，當有批判性，當有精神性，也當有崇高的品質和永恆的內核。每個文學家都是唐吉訶德式的理想主義者，而不是「人情煉達、世事洞明」的「老油條」；文學家必須成為抵抗黑暗與邪惡的堤壩，而不是與狼共舞的奴才。文學和文學家是在與黑暗的抗爭過程中到達了偉大的境界，正如文學評論家李建軍在《時代及其文學的敵人》一書中所論：「直面黑暗，敘寫黑暗是文學具有宿命性質的使命。文學乃是一種對抗黑暗的精神努力。但是，有必要強調的是，寫黑暗本身並不是目的；偉大的作家是爲了追求光明才敘寫黑暗的，正像他們爲了追求善而寫惡，爲了追求美而寫醜一樣。他們寫黑暗，就是爲了顯示光明的價値和意義，就是爲了表達人們對於光明的渴望與追求，就是爲了表現人性的高貴和偉大。」

黑暗是光的敵人，黑暗將長期存在。文學則是眞理的車輪，是光的投射。古往今來，爲何那麼多人熱愛文學？因爲文學能給人類帶來光明和溫暖，如同星辰，如同爐火，如同谷中的百合花，如同樹上的橄欖枝。人類存在一天，文學便將存在一天。

「動物農莊」裡的幸福之旅

——杭士基和大江健三郎在中國

謊言一旦變成赤裸裸，信任的支柱便被抽離，此時支持謊言繼續運轉的動力要麼是利益要麼是暴力。赤裸裸的謊言不再承擔造夢的功能，但它依舊可以讓每一個人繼續生存在一個虛假的空間裡；在這空間裡，大夥兒集體裝睡。

周濂

近年來，自我感覺越來越良好的中共當局，不惜花費鉅資推行「大外宣」項目。對西方文化界和學術界名人的統戰，是其中不可或缺的環節。而某些西方的文化名流也突然發現：到中國這個不再貧困、不再神祕的國度說幾句恭維話，便可以吃到免費午餐，也可以滿足文人被奉爲座上賓的虛榮心。於是，雙方一拍即合，如膠似漆。

當年，蘇聯當局高規格款待羅曼·羅蘭、約翰·杜威、薩特和西蒙·波娃等西方知識分子，使得這些人在西方世界鞍前馬後地爲史達林充當辯護士，可謂投入微薄而獲利頗豐。如今，蘇聯已不復存在，唯有中共繼續此種一本萬利的買賣，而新一代西方左派們再次走在前輩曾經跌得鼻青臉腫的紅地毯上。他們不知道，榮華與虛名終將變成歷史上的罵名。

杭士基：是入鄉隨俗，還是揮刀自宮？

以「美國的異議分子」自居的西方左翼知識分子的旗手杭士基（Avram Noam Chomsky，中國譯為：喬姆斯基），高調訪問北京，主賓之間達成雙贏之結果。

這一次，中共首席喉舌《人民日報》不惜使用最華美的詞語頌揚這個「反美鬥士」，稱杭士基訪華「熱度超過國家元首」。然而，受到《人民日報》吹捧的西方文化人是什麼貨色，中國普通民眾心知肚明。

北京當局特意安排杭士基到最高學府北京大學講演，並授予其名譽博士學位。北大校長周其鳳在致辭時，語無倫次地說，這是杭士基教授難忘的一個夜晚，他本來想說「杭士基教授接受北大的名譽博士學位是北大的光榮」，卻說成了「這是杭士基教授的光榮」。幸虧杭士基聽不懂中文，聽到台下人們的笑聲，臉上一片茫然。不過，周校長的最後一句話才是畫龍點睛之筆：「以後我們就是一家人了。」數十年來，杭士基跟世界上的各個獨裁政權都是「一家人」。

獨裁者喜歡歌頌獨裁的幫閒文人，不管他是黃皮膚，還是白皮膚，不管他是余秋雨、李敖，還是奈斯比特、杭士基，財大氣粗的中共當局對投懷送抱者照單全收。諺語說得好：「吃人嘴軟，拿人手短。」在中國吃香的、喝辣的，住高級酒店，高官迎送，杭士基頓時從一隻怒髮衝冠的公雞變成溫順謙卑的羔羊。雖然他謙虛地說並不瞭解中國，還是發表了不少讓主人感到悅耳的評論。他說：「中國依靠其明智的政策，的確發展得很好。」無數血汗工廠裡奴隸勞工的悲慘處境，能用一個「好」字來概括嗎？不過，他也委婉地、不痛不癢地作了一點批評：「數百萬人擺脫了貧困，但卻也付出了很大的代價，而許多代價會轉嫁給下一代，如生態成本。」只談環境問題，不談人權問題，還在主人可以接受的範圍之內。杭士基懂得拿捏分寸，既可顯示自己的「獨立」身分，又點到爲止，不致讓主人難堪。

談論到中國的政治問題時，杭士基又是一番胡言亂語，他說：「中國確實沒有制度形式上的民主，不過在社會層面也有不同程度的公眾參與。」他在否定了美國式的民主之後，對中國的政治現狀發表這番評論，一貶一褒，對比鮮明。然而，中國民眾不僅不能選舉國家元首和政府首腦，甚至連基層官員都不能選舉。中國的媒體全部在黨的控制下，普通公民無法公開發表意見。NGO組織被胡錦濤定位爲「顏色革命的先鋒」，受到嚴密監控和打壓。在城市，社區業主維權屢戰屢敗，舉步維艱；在農村，基層選舉停滯不前，農民的土地遭到肆無忌憚的掠奪。法學家江平指出：「有法律不等於有法治，有憲法不等於有憲政，這是我們需要思考的最根本的問題。」與之相比，杭士基究竟深入到中國的哪些「社會層面」，並由此得出中國「也有不同程度的公眾參與」的結論？身爲名校教授，爲何敢於跨越專業範疇而對一個陌生國家的情形信口開河？

杭士基總是以「異見者」自居，他義正詞嚴地說：「他們在社會的邊緣，批評權力的運作，試圖找出制度的本質，呼籲道德和正義。這樣的人通常會受到這樣或那樣的懲罰。在一些社會裡他們被謀殺，在另一些社會他們被送去監獄，被排斥邊緣化。他們從來沒有受歡迎過。」但是，杭士基難道不知道自己最受中共當局的歡迎嗎？對這種歡迎，他毫無警惕和反思。杭士基誇誇其談地標榜自己是「異見者」，卻對在美國媒體上廣泛報導過的劉曉波因言獲罪的遭遇不聞不問，不是僞君子又是什麼呢？眞正的異見分子不是杭士基，而是劉曉波。杭士基被中共奉爲貴賓，劉曉波卻被中共關進監獄，爲什麼他們的待遇迥異呢？背後道理還不簡單嗎？

杭士基承認「美國目前是世界上最富有的國家，在工業、商業發展、軍事權力和全球影響方面都佔據頂峰」、「對言論自由的保障是美國最大的優勢」，但又杞人憂天地指出，「美國的文化發展卻在後退」。他說，有三分之一的美國人認爲《聖經》的每一句話都是眞的，「非理性的看法隨著工業革命的發展反而在倒退，美國更像是一個不文明的社會」。這個頑固而狂熱的無神論者，不懂得尊重他人的宗教信仰自由。難道所有相信聖經眞實無誤的美國人都是傻瓜和蠢才，都是非理性的野蠻人嗎？那麼多虔誠信仰上帝的諾貝爾獎得主和美國科學院院士，難道都沒有杭士基聰明嗎？

不過，杭士基有他無比聰明的一面：按照他的邏輯，既然相信《聖經》的人都是「不文明」的人、愚蠢的人，那麼，相信《古蘭經》的人不也是「不文明」的人和愚蠢的人嗎？他卻單單挑出基督徒來嘲諷和辱罵，而對伊斯蘭世界卻三緘其口。他知道那些相信《聖經》的基督徒都是非暴力主義者，他隨心所欲地批評乃至咒罵之，不會有哪個基督徒因爲他褻瀆了上帝而找上門來對他作人身威脅；反之，他絕對不會去觸犯伊斯蘭世界，儘管那裡有許多無辜婦女被暴徒用石頭砸死，他也不會爲這些可憐的女子發聲——他不會「愚蠢」到跟《魔鬼詩篇》（*The Satanic Verses*）的作者、英國作家魯西迪（Salman Rushdie）一樣，因爲批評伊斯蘭教而被伊朗宗教領袖柯梅尼下令追殺。在杭士基表面上的偏執和單純的背後，是透骨的世故和狡猾。

上帝讓人瘋狂，先讓其狂妄。杭士基是冷門學科——語言學——方面的專家，卻喜歡對並不瞭解、也沒有研究過的若干社會議題發言，並裝扮出一副舉世皆濁我獨清的模樣。他在北大宣稱：「學者應該試圖發現眞相，並誠實地說出眞相。」然而，西方知識界歷來對杭士基有不少批評，最集中的批評是「對眞相極度藐視」。二〇〇四年，若干批評者對杭士基「捏造事實」的不滿達到頂峰，聯手出版了《反杭士基讀本》（*The Anti-Chomsky Reader*），揭露了他數十年如一日地「捏造事實」、「竄改資料」以及「偷換歷史背景」。

杭士基歷來都站在獨裁政權一邊。當紅色高棉大屠殺的資訊逐漸爲外界所知的時候，他公開爲波布辯護，說提供大屠殺資料的都是反紅色高棉的難民，那些說法不足爲信。他的這一觀點，跟那些否認希特勒屠殺猶太人的歐洲新納粹有何差別呢？如今，柬埔寨發掘出了若干萬人坑，並將當年的劊子手逐一送上法庭。大部分歷史學家都認爲，在柬埔寨這個人口只有七百萬左右的小國，紅色高棉在短短幾年間便屠殺了一百多萬人，其中兩萬越南裔全部死亡，四十三萬華裔死亡一半，一萬寮國裔死亡四千，兩萬泰國裔死亡八千，二十五萬伊斯蘭教徒死亡九萬。在鐵的證據面前，杭士基從未對當年的錯誤言論公開道歉。

「九一一」恐怖襲擊事件發生之後，杭士基專門出版了一本書，論述恐怖襲擊的「合理性」，以及美國的「罪有應得」。他明明知道在飛機上和在世貿大廈中的死難者都是無辜平民，卻對無辜者的死難毫無同情與悲憫。他的這些言論，是在死難者家屬的傷口上撒一把鹽。

在北大演講會的提問環節，在被問及怎麼看待「中國模式」時，杭士基回答說，所謂「中國民主模式」，如果有，就是「缺乏民主」！這句話說得很好，人們剛要爲他鼓掌，他又接著說：「不過，是否有否民主對中國人來說不重要，重要的是現在中國的經濟起飛了。」他還說：「如果是說中國發展的模式，那麼按照一位諾貝爾經濟學獎得主的說法，中國一九七九年以後的經濟迅猛發展，和毛時代打下的基礎是分不開的。」他用兩個巨大的謬誤去顛覆了一個剛剛說出來的眞相。

在這個回答中，杭士基毫無遮掩地表達出惡毒的種族主義立場。他的言下之意就是：中國是一種特殊的文化，中國人是一種特殊的人。中國文化中本來就沒有民主、自由、人權這些價值，中國人對能否享有普世價值不感興趣。中國人只要能將經濟發展起來，民主、自由、人權都可以放棄。這跟中國官方宣揚的「生存權（其實就是豬權）高於人權」的觀點不謀而合。這也表明杭士基將中國人視爲劣等民族，不配享有民主、自由、人權這些他反覆批判的「西方價值」。這種思維方式跟當年希特勒的「人種優劣說」如出一轍，說杭士基是一個隱藏的納粹主義者並沒有冤枉他——儘管他是一名猶太人。

不過，與納粹眞正相信納粹主義並爲之獻身不同，杭士基僅僅是葉公好龍式的納粹主義者。他的屁股跟他的腦袋沒有長在同一個身體上：儘管他本人對民主自由這些「西方價值」

和「資本主義的僞善」恨之入骨，卻還是選擇生活在資本主義的大本營——美國，以及一所一流大學——麻省理工學院，以便享受言論自由、高薪待遇和舒適生活，而絕對不會移民到中國、古巴、北韓和巴勒斯坦去，跟第三世界人民同甘共苦、並肩作戰。在此意義上，他連以身殉道（儘管是錯誤之「道」）的切格瓦拉都不如。

另一方面，杭士基對毛時代的中國充滿浪漫想像，居然認爲今天中國經濟的發展，得益於毛時代打下的堅實基礎。這個與事實完全背離的說法，死硬的毛派分子最愛聽。杭士基無視毛時代末期的事實：因爲殘酷的政治運動和僵化的計畫經濟體系，中國的國民經濟已經走到崩潰的邊緣。毛時代末期的中國，就跟今天北韓的情形差不多，杭士基應當去那邊看看，就知道毛時代有多麼「陽光燦爛」。中國這三十年經濟的高速發展，不是建立在毛時代打下的基礎之上，而是拋棄了毛時代的倒行逆施、有限度地給人民鬆綁之後才取得的。

杭士基這樣的「怪胎」是如何產生的呢？知識分子是如何從社會良心淪爲思想鴉片的傳播者？深諳國際共運史和西方左派史的程映虹指出：「對文明的批判不能逾越文明的底線。共產黨革命對文明的破壞是在政治和社會意義上破壞了這個底線，而當代西方學界很多時髦的學說則企圖從觀念上解構文明，這種解構本質上是智力、語言和概念遊戲，是文明本身發展到一定階段後自我異化的產物，其導向是反文明的。難怪很多西方『後學』大師和信奉者對共產黨革命不但當時情有獨鍾，今天也還在千方百計杜撰出很多聽上去很有學問的廢話來爲大躍進和文革辯護。」知識分子以批評自己的政府以及所有的權力結構爲其天職，但爲了批評本國政府，而爲恐怖主義和極權主義張目、不惜扭曲眞相、漠視人的生命的價值，就越出了人類的道德底線，就應當被遭到批判與否定。

大江健三郎：是中國之友，還是編外黨員？

日本作家、諾貝爾文學獎得主大江健三郎應中國社會科學院之邀訪華，並在社科院發表演講。他深情回顧了四十六年前作爲日本文學代表團成員訪華的往事。當年，代表團受到中國領導人的接見，「對於熱中閱讀中國現代史的我來說，在那個位置上細細眺望中國的歷史偉人，覺得他們猶如茂密森林中的參天大樹。在這裡特別想告訴大家，我這個人最愛的，就是書和樹。」大江還引用當年的日記，裡面提到一些人的名字，「因爲他們已經作爲偉大的歷史象徵，深刻地印在我們的心裡，所以請允許省去敬稱。我當時寫到，毛澤東、周恩來、許廣平、陳毅、郭沫若，還有文學家茅盾、老舍、巴金、趙樹理……，那是多麼茂密的森林啊！」

如此一往情深的談話，讓我莫名驚詫。尤其是說話的人被文學界譽爲「日本的良心」。那次大江訪華時，是一九六〇年六月，空前絕後的大饑荒正在中國大地上蔓延，超過三千萬（根據官方公布的人口年鑑的推算）百姓被活活餓死，始作俑者便是大江眼中的「參天大樹」們——他們哪裡是「參天大樹」，他們是雙手沾滿人民鮮血的，比希特勒、墨索里尼、史達林、東條英機等人還要凶殘的屠夫。

以毛澤東爲首的中共統治階層，其極端殘暴之處在於：中國古代的皇帝在饑荒來臨時，從未禁止農民外出逃荒；中共當局卻派出荷槍實彈的正規軍和民兵，阻止農民外出尋覓生路。大江健三郎多年來一直義正詞嚴地譴責日本軍國主義的戰爭罪行、譴責原子彈造成的災難，所秉持的是人道主義立場。但是，毛澤東時代的血雨腥風、屍橫遍野，大江爲何從來都不發一句譴責之詞？難道死於中共暴政的中國人就不是人了？

當時作爲中共當局高度重視的統戰對象，包括大江在內的訪華的日本作家們，不可能看到中國的實際情況。無疑，那是一趟「波坦金式」的旅行——當年，沙俄帝國的大臣波坦金爲博得葉卡特林娜二世的歡心，下令在其遊船經過的伏爾加河兩岸大量修築只有一面牆的「漂亮別墅」，女皇看到後龍顏大喜：我的臣民如此富庶和幸福！中共的造假水準更是青出於藍勝於藍：日本左翼作家們受到最爲優厚的待遇，以至於大江在四十六年後還念念不忘北京烤鴨的美味。但是，大江有沒有思考過此種常識性的問題：當時究竟有多少中國百姓能享受到烤鴨的美味？如果說當初受蒙蔽情有可原，時至今日，大量史料已被披露出來，學識淵博的大江一定觸及到其中之一二。如今，依然大肆美化六十年代的訪華之旅，依然爲「動物農莊」的統治者塗脂抹粉，難道不違背知識分子的良知嗎？

英國記者賈斯柏・貝克（Jasper Becker）所著之《餓鬼：毛時代大饑荒揭密》（*Hungry Ghosts: Mao's Secret Famine*）一書，全面呈現了那段發生在風調雨順的和平年代的大饑荒，其中最令人痛心疾首的記敘之一，是那些西方觀察家所起的作用，如美國記者斯諾和斯特朗、美國漢學權威費正清、後來成爲法國總統的密特朗、前任聯合國糧農組織祕書長阿齊茲等人，他們無視在毛虛榮的祭壇上犧牲的千千萬萬生命，而將中國奉爲新的發展模式，毛的政策後來成爲第三世界國家令人恐怖的、破壞性的魔影。當年，訪華歸來撰文歌頌紅色中國的大江也是其中之一，不過他在當時僅僅是一個不太知名的青年作家，沒有起到像上訴諸人那樣惡劣的影響。時至今日，大江對此毫無反省，繼續深陷在紅色中國的迷夢之中。

一九六〇年，「反右」運動之後剛剛三年，離「文革」爆發僅有六年。中國萬馬齊喑、一片肅殺。數十萬知識分子淪爲「牛鬼蛇神」，淪爲「不齒於人類的狗屎堆」。大江見到的許廣平、郭沫若、茅盾、老舍、巴金、趙樹理等文化名流，都是積極或被迫參與了對其他知識分子的攻擊、並向當局宣誓效忠之後的「暫時的倖存者」。作爲魯迅遺孀的許廣平，違心地將魯迅塑造成毛澤東的好學生；作爲魯迅昔日論敵的郭沫若，恬然以毛澤東的文學侍從自居。悲劇以喜劇的方式上演。即便如此，這批人也都處於惶恐不安、朝不保夕的狀態之中。

在「文革」的血雨腥風中，老舍和趙樹理先後慘死，巴金的妻子蕭珊悲慘地結束了自己的生命，即便恭順如奴僕的郭沫若也先後失去兩個孩子。中共政權堪稱文明和文化最大的敵人，戕害了許多作家和學者的生命，毀壞了最多的文物和文化遺產。如果魯迅活到毛澤東時代，其結局正如毛澤東親口所說，或者「識大體、不作聲」，或者「進監獄、繼續寫」。魯迅大抵會選擇後者吧。那樣，作爲崇敬魯迅的後輩作家，大江健三郎會向中共當局提出請求，到監獄中去會見魯迅嗎？中共當局會接受他的這一請求嗎？

大概是囿於「利己的記憶選擇機制」、囿於「個人不可抑止的虛榮心」，大江健三郎對當年受到周恩來接見的場景依然感到萬分榮幸。「周恩來情結」在日本左派中根深蒂固，周恩來就像大熊貓一樣成爲日本親中（共）派的象徵符號。連許多睿智的西方知識分子也將周氏奉若神明，一提起周便畢恭畢敬，這是一種值得深入探討的現象：是因爲迷戀虛妄的意識形態以及空洞的東方文化而導致的高度短視，還是因爲周氏熟諳人性的弱點、撩動了所接觸者內心深處之軟肋？長期以來，周氏以英俊瀟灑的外貌、溫文爾雅的談吐和克己廉潔的外部表現，成爲備受中外人士尊重的「現代聖賢」。其實，在中共極權主義體制內部，周氏不過是毛的家臣和幫凶。黨史專家高文謙在《晚年周恩來》一書中揭示，毛所有的罪行，周都有份。沒有周的輔佐，毛的惡行不會得到如此徹底的貫徹。如果有朝一日，毛以滅絕人類罪受到歷史的審判，那麼周也必將以同案犯的身分被推上被告席。

大江健三郎也是一名不可救藥的「周恩來迷」，他在演講中回憶說：「在北京逗留期間的一天，這些偉人群像中的一位，曾經非常和藹可親地主動與我交談。我們在北京逗留的六月末，正值日本國會即將審議安保條約修改方案，審議的前夜，東京的遊行隊伍包圍了國會大廈，與機動隊發生衝突，女學生樺美智子死亡。這個事件發生後的第三天，周恩來總理在王府井全聚德烤鴨店宴請我們代表團。在門口迎接我們一行的周總理特別對走在一行人最後邊的我說：我對於你們學校學生的不幸表示哀悼。總理是用法語講這句話的。他甚至知道我是學法國文學專業的。我感到非常震撼，激動得面對著名的烤鴨一口都沒咽下。……」我注意到這個有趣的細節：周氏以法文向大江表示問候，表明周氏知道大江是學法國文學的。可見周氏不愧爲特務出身，即便對代表團中年輕一輩作家的身分履歷也一清二楚。周是人情練達、世事洞明的人性大師，知道使用什麼樣的方法能施展其個人魅力、征服對方之人心。

果然，大江乖乖入其轂中。而周氏臉皮之厚也舉世無雙，中共建政之後在歷次政治運動中屠殺了多少百姓，周氏何曾留意千千萬萬冤魂之所在，偏偏對一名異邦女學生的死亡表示「哀悼」。大江贏得「面子」之後，終身都爲周氏所擄獲，儘管周氏與魯迅生前毫無交往、風馬牛不相及，大江仍將兩人並列：「看著周總理，我感慨，眼前這位人物是和魯迅經歷了同一個時代的人啊，就是他在主動向我打招呼。……我當時特別希望把見到周總理的感想儘快地告訴日本的年輕人。……我當時還希望，我不應當再讓周總理這樣的偉大歷史人物爲了我花費他寶貴的任何一分鐘。後來我一直堅守著這個原則。」字裡行間，充滿肉麻的媚態，哪裡有半點獨立知識分子的風骨？大江敢於拒絕天皇的勳章，爲何不能識破周恩來的統戰策略呢？

親中和反美是日本左翼知識分子的通病。他們忘記了，如果不是在美國的引導下進行戰後民主化改造，日本如何能擺脫法西斯主義？大江健三郎支持當時日本的反美學生運動，他由那場學運中死亡的一名女學生，想到魯迅在《紀念劉和珍君》中的帶著血的蒸氣的文字。把樺美智子與劉和珍相提並論固然不錯，但在這樣的場合引述魯迅的文字，怎麼看都顯得不倫不類。因爲就在離大江發表演講的社科院不遠的地方，曾經發生了血腥的天安門大屠殺。邀請大江訪華的中國政府，正是殺戮的導演者。大江記得魯迅譴責過的「三・一八」慘案，也記得在日本學運中死去的樺美智子，偏偏忘記了死難者數量多得多的天安門大屠殺。這是怎樣的一種「盲點」呢？

這不是智力的侷限，乃是道德的缺陷。這是西方左派普遍患上的「近視症」：隱瞞青年黨衛軍身分長達六十年之久的德國作家君特・格拉斯、拜謁中東獨裁者兼腐敗分子阿拉法特的葡萄牙作家薩拉馬戈，以及對史達林和毛澤東頂禮膜拜的法國作家薩特等人，無不如此。影響大江思想最多的，與其說是魯迅，不如說是那些好大喜功、虛僞自戀的法國作家。正是那些極左派的法國知識分子潛移默化的影響，使得大江對包括中共在內的共產主義世界充滿「同情的理解」，而無視「古拉格群島」、「一九八四」和「美麗新世界」的黑暗與邪惡。再加上在批判日本社會的時候，需要尋找一個正面參照系，大江便取來美不勝收的「鏡框裡的中國」。

對於大江對中國的讚美，作爲一名中國知識分子，我是不會領情的。相反，我的建議是：大江先生，倘若你眞要繼承魯迅精神，眞要批判一切專制獨裁的力量，既然你敢於批評自己的母國、敢於批評所謂的「美帝國主義」，爲何單單對中共當局保持死一樣的沉默呢？既然你連天皇都敢批評、並拒絕天皇頒發的獎章，爲何一踏上中國的土地，便對中國的極權制度啞口無言？對於「天安門母親」們的眼淚和呼喊，你爲何閉目不看、掩耳不聽？

四十六年前，剛剛在日本文壇嶄露頭角的大江健三郎對中國的訪問，如同劉姥姥進大觀園；四十六年之後，具備了諾貝爾獎得主、一代宗師身分的大江健三郎對中國的訪問，更是冠蓋雲集、備享尊榮。此次大江到訪的第一站，是被中共當局當作尿壺的「中國作家協會」，這是御用作家的「黃色俱樂部」。與這些官僚作家之間能交流什麼眞知灼見呢？大江無意去探訪天安門母親，無意去慰問那些身陷牢獄的作家的家人，也許是出於「客隨主便」的禮貌？但是，心甘情願地服從中共的安排擺佈，你標榜的人道主義究竟在哪裡呢？

也許，我對作爲外來者的大江要求過高，但這樣的疑問是無法繞開的：爲什麼像大江這樣的左派知識者在日本社會中會被邊緣化？簡單地指責日本社會的保守化、右傾化無濟於事，大江們應當反省。大江們生活在抽象的世界裡，如果不走出「白以爲義」的盲區、不走出救世主的道德虛榮感，便無法貼近普通人的生活感受，便無法推動社會的正義與公平。

作爲諾貝爾獎得主，不知何謂常識，在思想的傲慢和抽象的世界中作繭自縛，誠然可悲。日本民眾並不都是白癡，許多老百姓都能想清楚的問題，學富五車的左翼知識分子偏偏不明白：實實在在地威脅亞洲地區安全的，不是實行民主制度的美國，而是堅持一黨獨裁的中國。一個最簡單的事實便是：如果沒有中共的幕後操縱，哪裡會有北韓的核危機和綁架日本人質的惡行？北韓是中共豢養用以恐嚇東亞各國的惡狗。中國不能實現民主化，中日關係便無法實現正常化。

那些有志於促進中日友好的日本民間人士，必須清醒地分割「中國」與「中共」之差異：「中國」雖然被「中共」所綁架，但「中共」並不能代表「中國」。批評「中共」並非敵視「中國」，一個眞正的「親中派」，必定是堅定的「反共派」。

不知大江先生以爲然否？

虛榮和偽善是知識分子最大的惡

——讀保羅．約翰遜《所謂的知識分子》

他一意孤行，像一隻憤怒的猿猴
在天堂前，他玩弄巧妙的花招
今天使們哭泣

伊薩貝拉

我在大學時代就讀過保羅．約翰遜簡體中文版的《所謂的知識分子》（*Intellectuals*），書中對那些已經成爲如同希臘神話中高山仰止的眾神一樣的西方著名知識分子的批判，對青年時代的我形成「獨立的思想、懷疑的精神」功不可沒。作爲當代英國最著名的歷史學者和公共知識分子，保羅．約翰遜偏偏拿自己的「同僚」開刀，也使得這本書成爲他所有著作中最具爭議的一本。在這本書中，我看到了盧梭、雪萊、易卜生、托爾斯泰、海明威、羅素、薩特等人光鮮的公眾生活背後種種不堪入目的眞相，以及他們思想觀念中的謬誤，給人類社會帶來怎樣巨大的災難。

關於馬克思的那個章節，在書中全部被刪去，我看到的是一個殘缺不全的版本。就像英國思想家波普（Karl R. Popper）的代表作《開放社會及其敵人》（*The Open Society and Its Enemies*）最初的簡體中文版中，作者對馬克思主義系統性的批判，包括「馬克思的方法」、「馬克思的預言」、「馬克思的倫理學」等幾個重要章節全部都不翼而飛一樣。對於中共政權而言，對毛澤東的公開批判是不允許的，對馬克思的公開批判也是不允許的。於是，這些內容成了在中國「成人不宜」的部分。很多年以後，當我讀到全本的、臺灣版的《所謂的知識分子》時，這才發現，保羅．約翰遜對馬克思及其思想的批判，正是全書最精華的部分。作者深刻地揭示了「虛榮和僞善是知識分子最大的邪惡」這一主題，亦印證了心理學家榮格的名言：「在我的經驗裡，除了說謊成癖者外，最忘恩負義、最難應付的病人就是知識分子。」

以「科學」爲標榜的馬克思主義是胡編亂造的贗品

馬克思對現實世界、人類心靈所產生的衝擊，比任何一個現代知識分子都要大。馬克思宣稱他的主義是「科學」的，他找到了一種類似達爾文進化論的科學方法和歷史規律，名之曰「科學社會主義」。對此，英國歷史學家湯恩比評論說：「馬克思主義中明顯的猶太思想是關於暴力革命的天啓觀點。……它就是要把現在無產階級和少數統治者一下子顚倒過來，把被選擇的人民從這個世界的最底層上升到最高層。馬克思使歷史必然性的女神代替了耶和華全知全能神的位置，西方世界的無產階級代替了猶太民族。他的彌賽亞王國就是無產階級專政。」在後來的每一個聲稱以馬克思主義爲意識形態而建立的共產黨國家中，信奉馬克思主義的黨，無一例外地都會以堅信不疑的口吻宣布說，馬克思主義是唯一的科學，而其他的哲學和理論都不是。在這些國家，從小學到大學的各個學科的教育和研究，都圍繞這一原則展開。

然而，約翰遜敏銳地發現，馬克思主義不是科學，而是胡編亂造的贗品。馬克思雖然擁有博士學位，其學術成就卻不足以讓他在任何一所大學任教，他只得屈尊爲報刊採訪和撰稿。馬克思唯一的大部頭著作《資本論》，不是一部有著嚴謹結構的學術著作，而是混亂無序的文章彙編。生活放蕩、嗜好煙酒、作息毫無規律的馬克思，缺乏自我管理和控制的能力，無法完成一部宏大的學術著作。約翰遜認爲，馬克思的《資本論》「是長篇大論且往往前後不一致的佈道文，是一個對工業進程與所有制原則懷有強烈但本質上非理性之恨意的人所發動的攻擊」。然而，就是這樣一部垃圾之書，卻激發了人內心深處的魔性，引發了二十世紀血流成河的暴力革命，並成爲所有共產黨國家數百萬學者終其一生研究的對象。從臭氣熏天的陰溝中能找到美食嗎？

且不論馬克思的觀點是否偏頗，其引用的材料和論據大都不可靠。馬克思常常引用十年、二十年前的二手材料和資料，還有計畫地竄改所引用的資料，完全違背學術規範和誠信準則。英國劍橋大學的兩位學者在一份書評中指出，馬克思「以駭人聽聞的魯莽方式運用政府發布的藍皮書，其目的是爲了證明與藍皮書眞實內容截然相反的結論」。明明當時英國工人的工資和福利都在改善和提升，他卻把工人的生活描繪得苦不堪言、一片漆黑。馬克思聲稱代表工人階級，在他的一生中，卻很少有工人階級的朋友，他也從未深入工廠調查、研究。那個馬克思數十年如一日在大英博物館讀書破萬卷乃至在地板上留下腳印的神話，如果屬實的話，也只能說明他生活在抽象的、文字的、資料的世界中，對眞實的、複雜的、變動的現實生活缺乏應有的關切和掌握。約翰遜一語道破天機：「馬克思根本就不瞭解資本主義，他之所以不瞭解，正是因爲他不科學；他沒有親自考察事實，也沒有客觀運用別人考察得來的事實。」

變態的人格源於虛榮心受挫後的怨恨

馬克思主義是所有共產黨國家的聖經，也是一道緊緊套在數十億人頭上的「緊箍咒」。儘管在全球範圍內，作爲一種預言的馬克思主義已經破產；但在中國，直到今天，作爲「四項基本原則」之一，它仍然高倨於中國憲法的序言之中。中共黨魁習近平在多次講話中，均提到要「特別堅持」馬克思主義。而在共產黨「黨內修正主義」派別中，有人提出回歸馬克思主義以糾正過於殘暴的毛澤東思想，也有人企圖從「青年馬克思」的思想中挖掘符合人道主義的部分。然而，馬克思主義、列寧主義與毛澤東思想是一體的、一脈相承的，「扛著紅旗反紅旗」的做法無異於飲鴆止渴。用約翰遜的話來說就是：「史達林時期發生的事，沒有一件不是早在馬克思的行爲中就已預見。……一種存在於馬克思主義之中、且由馬克思主義政權的實際行爲所不斷展示的暴力意味，其實就是馬克思本人的一種投射。」

在人品上，馬克思是一個冷酷、自私、陰險的小人。他和每一個交往的人吵，除非他們完全接受他的支配。馬克思與家人的爭吵，使他父親晚年抑鬱而終，並導致與他母親徹底決裂。他的許多時間都用於巨細靡遺地收集政治對手的黑材料，並向警方告密；除了與惺惺相惜的恩格斯之外，他在這個世界上可能再沒有其他朋友了。一位普魯士警方幹員在一份關於馬克思在倫敦活動的報告中寫道：「他的人格中最主要的特徵是對權力無限的野心與熱愛，他是其黨派的絕對主宰，他每一件事都獨自進行，並專斷地下達命令，而且不能容忍反對意見。」無政府主義思想家巴枯寧則評論說：「馬克思不相信上帝，倒是很相信他自己，並且要每個人都服侍他。他的心充滿的不是愛，而是怨苦，他對人類非常缺乏同情心。」

文如其人。對於馬克思的文風，約翰遜指出：「馬克思一輩子都生活在激烈的言詞暴力氛圍中，這些言詞暴力每隔一段時間就會爆發成激烈的爭吵，有時還演變成身體上的攻擊。」馬克思對暴力乃至恐怖主義有一種變態的迷戀，他在一份給普魯士政府的宣言中寫道：「當輪到我們動手的時候，不會掩飾我們的恐怖手段。」他還寫道：「批評並不只是一把外科手術刀，而是一件武器，其目的不僅是要駁倒敵人，而且要消滅他們。」這跟一個多世紀之後的伊斯蘭基本教義派恐怖大亨賓拉登的豪言壯語何其相似！

儘管得到恩格斯的慷慨資助而衣食無憂，但馬克思生前並未獲得他企圖得到的名譽和地位，他的生活中充滿挫折感和沮喪感。這使他對現存的社會秩序心存仇恨和怨憤，這就跟太平天國領袖洪秀全落榜後要大幹一場的心態一樣。約翰遜評論說，馬克思從未取得足以發動大規模革命的地位，他把被壓抑的怒氣轉移到他的書中，這些書總帶著一種絕不妥協與極端主義的語氣，「不久之後，列寧、史達林和毛澤東以極大的規模，實現了馬克思心中的所感受、其書中所激發的暴力」。

在這種心態下撰寫的著作，必然缺乏基本的理性和客觀性。正如波普所說，馬克思告訴工人階級只存在一種改進事情的方式，即徹底奪取政權的方式。然而，他忽略了民主一項實際上很重要的職能，即民主能夠制衡權力。因此，波普得出結論：「馬克思是一位錯誤的預言家，他誤導大批有理智的人相信，歷史預言是探討社會問題的科學方式。在那些嘗試推進開放社會的事業的人的隊伍中，馬克思要對歷史主義的思想方法的破壞性影響負責。」

馬克思比薛蠻子更道德嗎？

最近，網路意見領袖薛蠻子狎妓被抓，中共官媒如獲至寶，連篇累牘報導並大肆批判。左派文人孔慶東、黃紀蘇也搖旗吶喊：看哪，這個拿美國護照的傢伙，照樣被關進看守所！「五毛黨」領袖、中共中央機關報《人民日報》旗下《環球時報》總編輯胡錫進，更是在微博留言中洩露了國家機密：「不能完全排除官方是在透過抓嫖娼『整』薛蠻子。透過性醜聞、偷漏稅等『整』政治對手，這是全世界政府通行的『潛規則』……」

網上則有人藉薛蠻子事件論及中共創始人陳獨秀的一段故事：蔡元培出掌北大之後，認爲「私德不修，禍及社會」，因而提倡「進德」，成立「進德會」。蔡元培將「進德會」的等第分爲三種：甲種會員須遵行「三戒」——不嫖、不賭、不納妾；乙種會員須遵行「五戒」；丙種會員須遵行「八戒」。當時，陳獨秀在北大當文科學長，愛逛紅燈區「八大胡同」，拒絕加入「進德會」。後來，陳獨秀嫖娼之事被記者披露出來，北大遂解除了陳的職務。第二年，陳獨秀在上海創建了中國第一個共產黨組織。可見，中共的創立，源於陳獨秀嫖妓這一偶然事件。

不過，拿陳獨秀來爲薛蠻子開脫，是無濟於事的。因爲，在中共黨史上，陳獨秀是一個被開除黨籍的「叛徒」。但是，如果看看約翰遜筆下馬克思的私德，人們或許能獲得更多的啓發：馬克思常常出沒於煙花柳巷，甚至連孩子的生活費都被他揮霍一空。他連家中的女僕琳蘅也不放過——既然身爲無產階級革命導師，就當對無產階級的「代表」之一的琳蘅憐愛有加。琳蘅爲馬克思生下一個兒子，是馬克思唯一活下來的後代——燕妮爲馬克思生下的四個女兒，一個夭折，一個早逝，兩個自殺，詛咒伴隨著這個家庭。名不正、言不順的私生子，被馬克思丟給恩格斯作爲養子，自己從未盡過父親的責任。這個孩子長大以後倒成了一個眞正的工人階級，不過他並不知道父親是誰，也沒有跟父親說過一句話。馬克思的專制和冷酷毀滅了他自己的家庭，而馬克思主義將毀滅千千萬萬無辜者的家庭。以後，在道德敗壞這一點上，史達林、毛澤東等共產黨領袖讓馬克思望塵莫及。是故，奉馬克思爲教主的共產黨當局，有什麼資格圍剿「道德敗壞」的薛蠻子呢？說到道德，馬克思難道比薛蠻子更道德嗎？

私德固然不是對一個人作出全面的、最終的判斷的唯一標準，但對於那些口口聲聲強調道德、正義、崇高、愛的左派知識分子來說，揭穿其「滿口仁義道德，滿肚男盜女娼」的眞相是必要的。在《所謂的知識分子》一書中，除了革命導師馬克思以外，布萊希特、羅素、薩特、海明威等赫赫有名的西方左派知識分子，不僅是共產極權主義振振有詞的辯護士和宣傳家，而且長期玩弄女性，性生活紊亂，私生子眾多。這個群體的道德水準，用中共《人民日報》給薛蠻子的定位「對嫖娼和聚眾淫亂幾近癡迷」來形容可謂恰如其分。

說到底，共產主義是一群失意知識分子的虛榮、僞善、野心、貪婪、仇恨等多種負面人格的產物。以追求至善之名，卻帶來最深重的罪惡。在通往烏托邦理想國的道路上，卻是無以計算的純眞者的殘骸。馬克思主義在蘇聯、東歐已被拋進歷史垃圾堆，在中國則是「百足之蟲，死而不僵」。當中國告別馬克思主義的那一天來臨時，全本的《所謂的知識分子》就能在中國出版，而中國人也會欣然接受歷史學家理查·皮佩斯在《共產主義簡史》一書中的結論：「共產主義不但是一種企圖建立假宗教的假科學，還希望藉此建立一個缺乏彈性的政治體系。由於它實在無法自我解釋那些錯誤的觀念，只好被迫放棄這個幽靈。如果說它還會再度復活的話，那不僅是對歷史的蔑視，同時將讓我們付出另一次慘痛代價。」

第三卷

昨日的容顏

人血饅頭好吃嗎？

別害羞，如果死者和你擦身而過，
那另一些堅持到底的死者，
同他們交換一下目光吧。

里爾克

一九一九年四月二十五日，魯迅在日記中舉重若輕地寫道：「夜成小說一篇，約三千字。」這就是短篇小說《藥》。

就在寫完這篇小說之後的一個多星期，「五四」運動爆發了。這也許不是一個巧合。歷史強大的的脈搏從遙遠的地層下傳來，被敏感的魯迅感覺到、捕捉到。

《藥》是爲紀念辛亥年間那場表面上勝利、實際上失敗的革命，以及在革命中殞身不恤的先驅者。魯迅選擇在這個特殊的時刻完成自己的記念，顯然是「別有用心」——誰能保證今天的這場轟轟烈烈的學生運動，不會蛻變成另一場鬧劇般的「咸與維新」呢？誰能肯定今天擁簇到刑場上、像鴨子一樣伸著脖子的看客，會比前些年的那些烏合之眾少呢？

有人說，《藥》是魯迅爲作爲同鄉的「鑒湖女俠」秋瑾而寫的——從漢字本身複雜的影射功能來分析，「秋」對應著「夏」、「瑜」對應著「瑾」，簡單明瞭，無須作進一步的考證。然而，在我看來，它更是一篇魯迅寫給自己的小說，是魯迅給自己開出的一張藥方。所以，《藥》是魯迅寫得最凝重、最沉痛的小說之一。

誰在乎母親的眼淚？

在小說的結尾處，兩位蒼老的母親不期而遇。她們的兒子，一個奉獻了自己的鮮血，一個吃過對方的人血饅頭。

可是，如今，孩子們都變成了小小的墳頭。除了墳頭墓碑上的名字，墳墓並無差別。

兩個兒子的人生永無重疊，兩個母親的人生卻有了交集。此刻，兩個母親是如此相似：「她們的眼睛都已老花多年了，但望這紅白的花，卻還能明白看見。」古往今來，在這個龐大得沒有邊際的帝國裡，母親們都是被凌辱者與被矇騙者。面對如黑鐵般的暴力與謊言，她們無遮無掩地赤裸在曠野中。除了哀哭，就是沉默。

在中國浩如煙海的歷史書上，有太監四處晃動的身影，卻沒有記載母親們撕心裂肺的哭聲。「二二八」遇難者母親的哭泣，林昭母親的哭泣，天安門母親的哭泣，李思怡母親的哭泣，李旺陽母親的哭泣……誰能聽到？誰與她們同哀哭？

中國的盲人民謠歌手周雲蓬有一首驚心動魄的歌，歌名就叫〈不要作中國人的孩子〉，我曾經移用來作爲一本雜文集的書名。不要作中國人的孩子，也不要作中國人的母親。當孩子被囚禁、被凌虐、被殺戮，母親才是最哀慟的那個人。

在這個文明如同熟透的水果的古國，統治者從來不把別人的母親放在眼裡，儘管他們自己也有母親，儘管他們在自己母親的膝下孝順如貓狗。這是一個從來都是「於己不欲，偏施於人」的國度。孩子與孩子彼此傷害，母親與母親彼此隔膜。

夏瑜的母親對著兒子的墳，流著眼淚說：「瑜兒，他們都冤枉了你……」母親的眼裡，孩子永遠沒有長大。然而，「他們」其實並沒有冤枉夏瑜，「他們」總是能準確地從人群中發現夏瑜的面龐——從譚嗣同到秋瑾，從劉和珍到聞一多，從王實味到林昭……「他們」從不出錯。

錦衣衛和蓋世太保在此時此地合流。「他們」是黑夜的使者，晝伏夜出，「他們」是一群石頭心的劊子手，手起刀落。大刀砍下先知的頭顱，小刀割斷先知的喉嚨，子彈穿透先知的胸膛。「他們」何嘗對夏瑜們心慈手軟過？

而白髮更多的華大媽，也在兒子的墳前慟哭了一場。她呆呆地坐著，不知道在等待什麼。除了眼淚之外，母親們找不到別的詛咒命運的方式。華大媽無法理解苦難從何而來，兒子從母腹中誕生，卻再也無法回到母腹。

一夜之間，母親們的背都被苦難壓駝了。眞的，母親們的苦難比兒子們還要深重。

所以，「祖國」絕對不是「母親」。在這個中央帝國，母親如螞蟻般卑微。我無比厭惡諸如「祖國啊，我親愛的母親」之類的淫詞豔曲——「祖國」時刻都在辜負「母親」，「祖國」從來都是作爲「母親」的對立物而存在。

我愛「母親」，我不愛作爲統治者禁臠的「祖國」。

先知不需要「被理解」

將你的血，給他們蘸饅頭吃吧，雖然這根本治不好他們的絕症。

孤獨的夏瑜，在這個熙熙攘攘的世界上，卻沒有一個人理解你，包括愛你的母親。你的結局是在民眾臭氣熏天的唾沫中死亡，而那些向你吐唾沫的人當中，肯定有你愛的兄弟——對於這樣的並不精彩、並不光榮的結局，你早已知道得一清二楚。

「尋求理解」是一個大騙局。當二十世紀八十年代熱情似火的中國大學生們喊出「理解萬歲」的口號時，我不得不感慨歷史的吊詭與無情。人們的退卻已經退過了最後的底線，人們錯誤地把愚昧當作智慧供奉。眞理總是被徹底忘卻，而謬誤總是頑固地沉澱下來。

夏瑜的人生，不需要他人的「理解」。「理解」又怎樣，「不理解」又如何？只有那些缺乏恆定的信念和信仰的人，才會不斷地乞求他人的「理解」；而一個眞的勇士與先知，即使帶著沉重的枷鎖，也會縱情地舞蹈和放歌。「理解」意味著要求某種回報，而夏瑜是不需要回報的。肩起閘門是夏瑜們自己選擇的職業，至於更年輕的孩子是否會跑到光明裡去，那是孩子們的選擇。

在茶館裡，劊子手康大叔對著一班低聲下氣的街坊高談闊論道：「這小東西不要命，不要就是了。……你曉得紅眼睛阿義是去盤盤底細的，他卻和他攀談了。他說：這大清的天下是我們大家的。你想：這是人話嗎？」

幾千年來，在遼闊得望不到邊際的帝國裡面，除了作爲「天子」的皇帝之外，通常只存在兩種人，一種是「奴隸」，另一種是「奴才」。奴在身者是「奴隸」，奴在心者是「奴才」，「奴才」是「奴隸」的高級版本。人們生下來就是「奴隸」，魯迅解釋說，「奴隸」向深淵墮落就成了「奴才」——「奴才」的功能之一，就是幫助皇帝管理「奴隸」。而對大多數的「奴隸」來說，「奴才」是一張夢寐以求的「身分證」。君不見，今天的中國，報考公務員的大軍絡繹不絕，七千人競爭一個職位，卻沒有人願意作夏瑜。人血饅頭眞的很好吃，因爲血是別人流的。

在《藥》裡，在人們每天必須面對的生活中，康大叔和他的聽眾走馬燈式地來來去去。如果說康大叔是一個道道地地的奴才，那麼那些津津有味地傾聽他講「故事」的大眾就是奴隸。奴才是罪惡的實施者——當然是在皇帝的命令之下，而奴隸則是每一次罪惡忠實的看客——他們並不把罪惡當作罪惡，正如聖經中先知耶利米的譴責：「惟有你的眼和你的心專顧貪婪，流無辜人的血，行欺壓和強暴。」（耶廿二17）

康大叔講到，有一身好功夫的獄卒阿義因爲沒有在夏瑜的身上撈到油水，便狠狠地給了夏瑜兩個嘴巴。當聽眾開始爲這一情節喝采時，康大叔卻緩緩說道：「他這賤骨頭打不怕，還要說可憐可憐哩。」

「打了這種東西，有什麼可憐呢？」聽眾之一的花白鬍子的人說。

康大叔冷笑著說：「你沒有聽清我的話；看他神氣，是說阿義可憐哩！」

當夏瑜在說阿義「可憐」的時候，他的態度是誠懇的，同時也是堅強的；正如耶穌憐憫那些毆打他的士兵和群眾，因爲他們不知道自己在做什麼。

當耶穌走上十字架時，並沒有指望信徒們爲解救祂發起一場暴動，也沒有指望自己的鮮血可以喚醒沉睡中的人們；同樣的道理，當夏瑜在獻祭出自己的頭顱時，並沒有奢望從此以後人人都成爲「天下」的主人，也沒有奢望從此以後這片土地就迎來燦爛耀眼的陽光。

在這個遍地是奴隸的帝國，誰才是瘋子？

聖經中，先知耶利米發出不絕於耳的哀歌：「我們是無父的孤兒，我們的母親好像寡婦。」在東方那綿延不絕、金碧輝煌的宮闕下，作爲「漏網之魚」的夏瑜，從來就沒有奢望過要獲得那些網中之魚的「理解」——他去撕咬那堅固的漁網，僅僅是他自己的願望。他犧牲自由和生命，網依然沒有破。他已經盡力，死而無憾。

聽的人的眼光，忽然有些板滯；話也停頓了。

人們恍然大悟地說：「瘋話，簡直是發了瘋了。」

魯迅寫到這裡，「狂人」的意象再次凸顯出來。在那些「奴在心者」看來，一切的自覺者都是瘋子和狂人，一切的吶喊者和愛人者都是破壞「規矩」和「穩定」的壞人。這是東方社會特有的價值標準。韓國學者金彥河在〈二十世紀前半期中國文學中的瘋狂主題〉一文中指出：「魯迅透過狂人和瘋子發現了缺陷文明和苛酷命運的韌性反抗者，即使它們是歪曲的形態；進一步他又發現了民眾潛在的革命動力和現實上歪曲外表之間的矛盾。」在寫《藥》的同一年裡，魯迅在雜文《暴君的臣民》中寫道：「暴君的臣民，只願暴政暴在他人的頭上，他卻看著高興，拿『殘酷』作娛樂，拿『他人之苦』作賞玩，作慰安。」

魯迅與「民族魂」這個莫名其妙的諡號無關，他是這個民族最惡毒的詛咒者和最絕決的背叛者。這個民族有魂嗎？魯迅的答案是否定的。正如金彥河所論：「魯迅認爲，中國人本質上是吃人的人、暴君的臣民和死靈魂，並且中國文明不過是掩蓋這些醜惡本質的好看的外套。」魯迅本人也是狂人和瘋子序列中的一員，他對「尋根」和「招魂」沒有什麼興趣，那是國粹派們的嗜好。

不過，說到底，魯迅依然是一個樂觀主義者。在《藥》中，沒有出場的夏瑜的聲音貫徹始終。夏瑜像一塊閃光石，在屋子的角落默默發光；夏瑜像一團燃燒的火花，在寒冷的冰川之中發散溫暖。

夏瑜是一個自覺者，也是一個獻祭者。與其說夏瑜們是「中國的脊樑」，毋寧說他們在人間活出了一個又一個「脊樑」的狀態——他們讓自己擁有不屈不撓的脊樑，卻與「中國」這個抽象的概念無關。

夏瑜們面對的是一個比他們強大千百倍的「無物之陣」，譚嗣同面對過，林昭也面對過。你揮出拳頭去，卻找不到明確的目標；你的鮮血在流淌，這片像荒漠一樣的土地立即將它吸乾。你連殉難者的命名也無法獲得，人們會嘲笑你：看哪，那個傻瓜！你的同胞成爲毫無憐憫之心的看客，成為罪惡的一部分，這是犯罪計畫中最關鍵的章節。

夏瑜不知道，在他死了以後，暴政會越來越暴。暴政是一種建立在愚蠢、蒙昧和欺騙基礎上的系統。當愚昧對社會生活的方方面面發揮作用的時候，邪惡就如同空氣一樣滲透進人的心靈和每一個毛孔。人的價值、人的尊嚴、人的權利和人的自由都不復存在。

夏瑜的死亡悄悄地被歷史的書寫者置換成一齣喜劇，人們看得津津有味。在單調的生活中，人們的感覺系統麻木了，有時倒需要一點類似的「調味品」。

然而，夏瑜們已然昂首挺胸，從奴隸和奴才的行列中絕決地走出來。他們是孩子，要不顧一切地說出「皇帝什麼也沒有穿」的眞相；他們又是先知，不能忍受皇帝的陰影長久地擋住太陽的光芒。

他們腳上的鎖鏈拖在石板路上發出刺耳的聲音，而六月的陽光溫柔撫摸著青春的臉龐。

這正是北中國青草生長最為繁盛的季節，然而黃土已經準備接納他們鮮血流盡的軀幹。

行到水窮處，坐看雲起時

——瞿秋白之死

夕陽明滅亂山中，落葉寒泉聽不窮；
已忍伶俜十年事，心持半偈萬緣空。

瞿秋白臨刑前絕筆詩

「眼底雲煙過盡時，正我逍遙處。」

一九三五年六月十八日，一名上身青衫、下身白色齊膝短褲、足蹬藍色長統襪、黑鞋的教書先生模樣的高個子男人，被一隊士兵押解到福建長汀羅漢嶺下。

他步履安穩，長髮一絲不苟，依然保持著許廣平記憶中的那種「演講起來頭髮掉下來了就往上一揚」的「英氣勃勃」的神氣。

士兵們暗自嘀咕：這個柔弱的讀書人，真的全然不怕死嗎？

死亡，是多麼可怕。千古艱難唯一死。

從天香樓到羅漢嶺，這一段路很短，也很長。

這兩個名不見經傳的地點，乃是他三十六歲人生的起點與終點。

他出生和少年時代生活過的「天香樓」，是中國傳統大家族以及文化倫理的縮影，正如他在自傳中所說：「大家族制度最近的狀態，先則震顫動搖，後則漸就模糊漸滅。我單就見聞所及，以至於親自參與的中國垂死的家族制度之一種社會現象而論，只看見這種過程，一天一天走得緊起來。好的呢，人人過一種枯寂無生意的生活。壞的呢，人人——家族中的分子，兄弟、父子、姑嫂，叔伯，——因爲經濟利益的衝突，家庭維繫——夫妻情愛關係——的不牢固，都面面相覷戴著孔教的假面具，背地裡嫉恨怨誹詛咒毒言，無所不至。」那種生活，他不願繼續下去。母親已經被漫無邊際的貧困和冷漠吞噬——在他十六歲那年，用火柴頭上的紅磷和著酒喝下去自殺了。

於是，他從千年暗室中脫穎而出。他一生都在艱難地尋找光明，像撲火的飛蛾。他不斷被黑暗傷害，黑暗就在離他最近的地方。那些他原來以爲「親密無間」的「同志」，向他射出致命的暗箭。他始終沒有學會以「橫站」的姿態，避免從背後來的暗箭。昔日他曾以爲是光明的搖籃的國度，今日他不得不承認乃是一處更大的魔窟：革命之後的俄羅斯，充滿「夢想，幻想；槍，監獄」，饑餓的農民吃死人的屍體或絕望地在家中自焚。這樣的國度，能成爲中國的「老師」嗎？他寧願與哀哭的人同哀哭，也不願與揮動鞭子的人同揮鞭。

他隕命的「羅漢嶺」，是一處貧瘠而優美的土地。當年，是否眞有救苦救難的「羅漢」來過此地，已無從查考。可以肯定的是，若眞有「羅漢」，「羅漢」亦從未憐憫過生活在這裡的人們。農夫們不懂得欣賞風景的秀麗，只關心莊稼的收成。羅漢嶺被農夫當作不毛之地，卻成了他最後的安息之所。

那天早上，他思如泉湧，集句得〈偶成〉一首：「夕陽明滅亂山中，落葉寒泉聽不窮。已忍伶俜十年事，心持半偈萬緣空。」本想重新謄寫，時間卻來不及了。

八點鐘，他對奉命前來向他出示「畢命之令」的特務連長說：「人生有小休息，有大休息，今後我要大休息。」是的，他太累了，十多年來，瘦弱的肩頭承載了太重的負擔，日趨嚴重的肺病讓他骨瘦如柴。

在這些昨天還是農家子弟的士兵們的簇擁之下，他從監牢走向城外的羅漢嶺。他對他們沒有怨恨，他們所做的一切，他們並不知道。殺戮，無盡的殺戮，同胞對同胞的殺戮，何時才能休止呢？一個人的殉難，能滿足那些嗜血的嘴唇嗎？他把自己塞到絞肉機中。生命的終點很快就走到了，最後一縷風吹起他的長髮。

他安靜地盤坐在一片芳草萋萋的草坪上，望了望頭上的蒼天，微笑著對周圍的人說了一聲：「此地很好。」行刑的士兵向他舉起槍，並扣動扳機。槍聲響起，淒厲地劃破寂靜的山嶺，他的鮮血緩緩地滲透進這片土地。

人類社會一次次地上演這樣的悲劇：高擎火炬照亮黑暗的人，往往瘐死黑暗之中。瞿秋白便是其中之一。

✣

瞿秋白不是政客，不是革命家，更不適合充當政黨的領袖。他單純得像孩子，哪裡知道政治是一處險惡無比的「鱷魚潭」呢？他只是懷抱著美麗的理想走進革命隊伍，只是希望爲同胞多爭取一分自由、人權和尊嚴，讓這個國族穩步邁向未來光明的世界。

「無牛則賴犬耕田」，瞿秋白經常說起這句家鄉的俗話，這便是他的自況。也許將自己比喻爲「犬」過於「卑以自牧」，在被捕之後接受《福建日報》記者李克長訪問時，秋白感歎說：「田總是要牛來耕的，現在要我這匹馬來耕田，恐怕吃力不討好。」他總算將「犬」改成「馬」。犬也罷，馬也好，秋白更像一隻羔羊，羊入狼群，焉能全身而退？他被推上領袖的位置，實在是「歷史的誤會」。他不懂得權謀術，也不知道厚黑學，他沒有流氓的無賴，也沒有屠夫的殘忍，他學不會面不紅耳不赤地說謊——這一切，都是充當政治領袖必備的條件。聽聽希特勒的演講，看看史達林的眼神，瞿秋白跟他們相比，是截然不同的族類。

那是一個成王敗寇的世界，成敗的關鍵是誰更無恥、誰更暴虐。瞿秋白不能接受此種遊戲規則，不願放棄心中最柔軟的那一部分。於是，他只好出局了。秋白說過：「我本是一個半吊子的『文人』而已，直到最後還是『文人結習未除』的。」他眞該守住那張小小的書桌。臨死之前，他最大的遺憾便是：沒有時間多翻譯幾部俄羅斯的文學巨著。這才是適合他性情的工作。

與後來躺在水晶棺中的那個巨人相比，瞿秋白過於「婦人之仁」。他看不得別人流血，即便是「敵人」的血；他更不會將「同志」當作「敵人」來鬥爭，他以爲所有人參加「革命」，都抱著與自己一樣單純的想法。他在擔任中共最高領導期間，手邊無一兵一卒，步步皆如履薄冰——「一隻羸弱的馬拖著幾千斤的輜重車，走上了險峻的山坡，一步步的往上爬，要往後退是不可能，要再往前去是實在不能勝任了。我在負責政治領導的時期，就是這樣的一種感覺。」當時，一切指令都來自北邊的「赤都」，他是一個傀儡。黑鍋卻要讓他來背，這也是「黨的安排」。

突然有一天，鋪天蓋地的污水向秋白潑過來。他沒有預料到會出現這樣的情形，他來不及躲閃。他的渾身上下都被弄得臭氣熏天。昔日對他彬彬有禮的同志們，如今都惡語相向。連共事頗多的李立三也在會議上聲色俱厲地說：「我現在瞭解了，秋白同志的確用了兩面派的手段——他在三中全會上的行動，就可以表現出來。黨的利益放在第二位，而私人小團體的利益放到了第一位。」指鹿爲馬，是朝堂上的把戲——秋白從來沒有屬於自己的「小團體」，否則他又怎麼會被掃地出門？

此次會議，秋白缺席。雖然缺席，對他的審判仍然完成了。他沒有想到在《餓鄉記程》中的一句話竟一語成讖——「你們罰我這個瘋子，我不得不受罰。我絕不忘記你們，我是想爲大家辟出一條光明的路。」幸虧，秋白不是那種除了搞「運動」之外便一無所長的「職業革命家」，他與家人一起以化名居住在上海的貧民區，重新開始文字生涯。要是一直這樣下去，該有多好！

然而，黨終究還是忘不了這名被罷黜的「廢人」。秋白接到擔任蘇區「教育部長」職務的任命，且不准攜妻同行。這是一次「不懷好意」的工作安排。他可以拒絕，他可以繼續在亭子間作一名自由撰稿人。但他還是走上了這條不歸路。這是他毅然選擇的「自殺」——殺害他的人，既是國民黨蔣介石，亦是他本黨的同志們，更是他自己。

在離開上海赴中央蘇區前夕，瞿秋白寫了一篇題爲〈兒時〉的短文。此時身患嚴重肺病的他，已預料到了此次遠行也許是一去不復返。秋白以龔自珍的詩句「猛憶兒時心力異，一燈紅接混茫前」開篇，算是對自己短暫的生命作一簡單回顧。「不能夠前進的時候，就願意退後幾步，替自己恢復已經走過的前途。請求『無知』回來，給我求知的快樂。可怕啊，這生命的『停止』。過去的始終過去了，未來的還是未來。究竟感慨些什麼——我問自己。」他是一名悲觀的、托爾斯泰式的個人主義者；而非樂觀的、進化論者和馬列論者。雖然被譽爲共產主義理論家，他坦承並沒有讀過幾本馬列著作，倒是對屠格涅夫和托爾斯泰的作品念念不忘。他不是企圖取悅觀眾的演員，對這個絢爛的舞臺已無留戀。

✣

因爲臨刑前寫了〈多餘的話〉，瞿秋白被本黨同志視爲「晚節不忠」。在此後漫長的時間裡，在黨史上他被歸入「叛徒」或者「準叛徒」的行列，他所期待的「歷史的審判」一直沒有來臨。在「文革」的血雨腥風中，他的墳墓連同母親的墳墓一起，遭到「革命群眾」的挖掘和砸毀。

從某種意義上說，瞿秋白確實是「革命」的叛徒。如果說「革命」意味著殺人放火，意味著焚書坑儒，意味著一種新的、更可怕的奴役制度的建立，那麼秋白理所當然拒絕這樣的「革命」。正如魯迅所說，革命是讓人活的，不是讓人死的，讓人死的革命便失去了其「正義」的根基。是的，這樣的「叛徒」是值得敬重的——天鵝爲什麼不能拒絕與豺狼爲伍呢？憑什麼強迫天鵝爲豺狼妝點門面？

在偌大的黨內，瞿秋白沒有一個值得深談的朋友，權力讓那些人的心靈徹底異化。秋白唯一的朋友是魯迅。「人生得一知己足矣，斯世當以此同懷視之。」這是魯迅抄錄給瞿秋白的一副對聯。那時，魯迅與瞿秋白認識才兩年，見面才幾次。魯迅比瞿秋白年長將近二十年，是共同喜好的俄羅斯文學讓他們走到一起，更大的契合乃是相似的「文人性情」，以及共同的肺病、共同的失眠。深諳世事卻又保有赤子之心的魯迅，不喜歡那個「數風流人物、還看今朝」的領袖，斥之為「有山大王氣」，偏偏欣賞瞿秋白這名一無所有的「出局者」。卑鄙的心靈各有卑鄙的不同形式，高尚的心靈卻因同樣的緣故而高尚。

那段時期，大概是瞿秋白一生中最快樂的時期。經歷了暴風驟雨般的侮蔑之後，本來就敏感內斂的秋白更加沉默，只有魯迅的來訪能讓他打開心扉和話匣。瞿秋白的妻子楊之華回憶說：「魯迅幾乎每天到日照裡來看我們，和秋白談政治、時事、文藝各方面的事情，樂而忘返。我們見到他，像在海闊天空中吸著新鮮的空氣和享著溫暖的太陽一樣。秋白一見魯迅，就立刻改變了不愛說話的性情，兩人邊說邊笑，有時哈哈大笑，衝破了像牢籠似的小亭子間裡不自由的空氣。我們捨不得魯迅走……」

在離開上海之前，瞿秋白最後一次去拜訪魯迅。兩人似乎都有些不祥的預感，這次拜訪成了生離死別。魯迅破天荒地將自己的床讓給瞿秋白睡，還從來沒有客人享受過這樣的禮遇。許廣平後來回憶說：「魯迅特別表示惜別之情，自動向我提出要讓床鋪給秋白安睡，自己寧可在地板上臨時搭個睡鋪，覺得這樣才能使自己稍盡無限友情於萬一。」秋白感受到了這友情的溫暖。楊之華回憶說：「第二天晚上，他回來了……他對我說：『要見的都見到了，茅盾和魯迅身體都好，海嬰也沒有什麼病。魯迅和許先生睡了一夜地板，把床讓給了我。』他帶著微笑，表現了他滿意的微笑。」

瞿秋白曾贈給魯迅一首詩：「雪意淒其心惘然，江南舊夢已如煙。天寒沽酒長安市，猶折梅花伴醉眠。」詩後還有一段跋文：「此種頹唐氣息，今日思之，恍如隔世，然作此詩時，正是青年時代，殆所謂『懺悔的貴族』心情也。」瞿秋白和魯迅是現代中國知識分子中少有的身上帶著「貴族氣」並深有「懺悔精神」的「多餘人」，此種「多餘人」恰恰正是這個民族的脊樑。瞿秋白死後，魯迅在談到正在翻譯的果戈里（Nikolay Gogol）的《死魂靈》（*Dead Souls*）時，歎息說：「（瞿秋白）譯這種書是極相宜的，即此一端，即定判殺人者為罪大惡極。」在其生命的最後一年裡，魯迅不辭辛勞地編輯亡友的文集，並親自負責校對和出版過程。

「我絕不願冒充烈士而死」，瞿秋白不是一名合格的「革命軍中馬前卒」，他默默地走一個人的義路。無疑，秋白是失敗者，魯迅也一樣——他們生前遭到無休止的圍攻和謾罵，甚至死後也不能避免被蒼蠅和蚊子侮蔑的命運。然而，失敗乃是他們的宿命，失敗乃是知識分子不能拒絕的、來自上帝的禮物。他們正是以失敗者的謙卑順服，獲得了那至高至大的榮耀。秋白最終脫下魔戒重獲自由，他的戰友們則一輩子都成為魔戒的附庸。秋白雖然死去，靈魂卻在空中自由自在地飛舞；他的戰友們雖然活著，精神卻處於被奴役的可憐狀態。誰更幸運呢？

瞿秋白很像唐吉訶德，也很像西西弗斯。哈維爾說過：「的確，在某種程度上，知識分子註定是個失敗者，就像西西弗斯那樣。知識分子成為勝利者的可能性總是令人懷疑。然而，在另外一個更深刻的意義上，儘管遭到不斷的失敗，他仍然是個沒有失敗的人——這又像西西弗斯。他實際上透過自己的失敗而勝利。因此，他的地位是雙重的。不承認這種雙重性的存在，最終將意味著接受在勝利者所寫的歷史中的地位。」是的，我也不接受由勝利者所書寫的歷史，我也是失敗者中的一員。我安於失敗的結局，甚至連臉上的唾沫都不願擦去。

此時此刻，不同的時空交錯在一起，我向隱沒在驚濤駭浪中的瞿秋白伸出手去：他那雪白的圍巾在風中飄舞，他那柔軟的雙手仍然如此溫暖……

自古英雄出少年

——致兩岸三地公民運動中的年輕人

在極權統治下爭取自由，好像挖鑿隧道。在黑暗中，你常常弄不清楚已經推進了多遠，還有多遠才能鑿通。於是，你可能焦慮，可能失望，甚至可能無意間放下了手中的鐵鎬。這就需要培養起一種耐性，一種和消極忍受壓制的那種耐性完全相反的耐性。在培養這種耐性的過程中，我們也就塑造了自由的民族精神。

胡平

「沉舟側畔千帆過，病樹前頭萬木春」，在各自的社會都走到了一個何去何從的十字路口之際，中港臺三地的公民運動，呈現出「後浪推前浪」的新景觀。上個世紀八、九十年代之交的中國天安門學運和臺灣野百合學運沉寂多年之後，年輕一代開始發力、開始出聲，顯示他們不是「垮掉」的一代，不是「啃老」的一族，而是熱愛自由、捍衛公義，有夢想和願景的新人。在這些年輕人當中，中國的楊輝、香港的黃之峰、臺灣的陳爲廷，堪稱「自古英雄出少年」的優秀代表。

楊輝：打破一言堂，不畏作囚徒

若不是楊輝事件，沒有人知道甘肅的「國家級貧困縣」張家川的名字。

小城張家川位於隴東南，因交通閉塞，經濟落後，當地青壯年多外出打工，從事餐飲業者甚眾，遍地開花的「蘭州拉麵館」，很多就是他們開的。楊輝的父母也是其中一員。楊家在北京開了一家拉麵館，他從小學起就在北京生活，直到二〇一三年年初，因爲無法在京參加高考，才從北京廣安中學轉學到張家川鎮中。畢竟在北京生活過，楊輝見多識廣，視野開闊，學習優秀。在同班同學眼中，楊輝「有正義感、夠哥們、性子直」。

二〇一三年九月十二日，張家川發生一起離奇的死亡案件。張家川縣公安局認定，死者高某係高墜致顱腦損傷死亡。死者家屬質疑此結論，聚集在作爲死亡現場的某官員開設的娛樂城抗議。九月十四日、十五日，網民「輝哥」的楊輝多次透過QQ空間、騰訊微博等社群媒體質疑高某死因，並發布「必須得遊行了！」等言論。

九月十七日，張家川縣公安局對楊輝進行傳喚訊問，當日，楊輝因「涉嫌尋釁滋事」被刑事拘留。此時正值最高法院、最高檢察院（簡稱「兩高」）剛剛發布〈關於辦理利用資訊網路實施誹謗等刑事案件適用法律若干問題的解釋〉。根據這一〈解釋〉，「同一誹謗資訊實際被點擊、瀏覽次數達到五千次以上，或者被轉發次數達到五百次以上的，可構成誹謗罪」。該案遂成爲「兩高」法律解釋出的「第一案」，事關網路言論自由的生死存亡，很快在媒體上有廣泛報導。

由於楊輝只是年僅十六歲的初三學生，根據有關法律，未成年人不應被刑事拘留。張家川當局卻知法犯法，以「抵制謠言」爲幌子，實踐鄧小平「從娃娃抓起」的教導。一石激起千層浪，此案在網民中引發強烈反彈，律師群亦憤而介入，窮鄉僻壤的張家川成爲全國的「風暴眼」。

九月二十二日，當局宣布，經省市縣公安機關研究決定，依法撤銷刑事案件，對楊輝予以行政拘留的「從輕處罰」。九月二十三日凌晨，楊輝獲釋。獲釋之時，楊輝向友人和媒體作出邱吉爾式的、象徵勝利的V形手勢，楊父自豪地對記者說：「我兒子很勇敢，他是一個有正義感的好孩子。」與此同時，張家川縣政府門戶網發布消息稱，當天停止此案的始作俑者白勇強擔任的縣公安局黨委書記、局長職務。因爲網上披露出白勇強曾賄賂已被判刑的上級公安局長的消息，當局無法繼續遮掩，只能「此地無銀三百兩」地解釋說，白之停職與楊輝一案「無關」。

而後楊輝接受媒體訪問，披露了他在被拘留期間，看守所將他與死囚關押在一起，死囚多次對他實施暴力毆打，並且有多名警官對他拳打腳踢、刑訊逼供。即便經歷了這段驚心動魄的「奇幻之旅」，他仍表示，不會從此沉默，還將爲社會公義發聲。這位十六歲的少年人，讓那麼多學富五車、偏偏看不見「房間裡的大象」的大知識分子們汗顏。一時間，「輝哥」成爲無數網民心中的英雄。儘管成年人縮在烏龜殼裡、未成年人風雨兼程的這種強烈對照，表明中國是一個病態的社會；但是，有這樣爲自由挺身而戰的青少年脫穎而出，畢竟讓我對中國的未來有了微茫的希望。

陳爲廷：禮貌誠可貴，公義價更高

在臉書上，我特別關注臺灣清華大學學生陳爲廷的消息，他看上去那麼年輕英俊，卻已經是一員社運老將了。我在美國接觸到的同年齡大學生，大都忙於體育和戀愛，對社會議題鮮有興趣，深入參與者更屈指可數。不是因爲美國大學生單純淺薄，而是因爲美國的民主制度成熟而穩定，一切依法而爲、井井有條，不需要年輕人操心國事。

臺灣的情形恰恰相反，面對民主倒退、威權陰影重新籠罩的危機，中年人大都瞻前顧後、明哲保身，逼得年輕人紛紛走上街頭運動的第一線。最典型的便是：當苗栗縣長劉政鴻跑到被他逼死的張森文的靈堂「霸王硬上香」之時，忍無可忍的陳爲廷發出「匹夫之怒」，向這個與民眾爲敵的官僚丟鞋抗議，鞋子正中目標。

陳爲廷扔出了第一隻鞋子。一夜之間，扔鞋成爲臺灣民眾抗議當權者的一項行爲藝術。從劉政鴻到馬英九，不稱職的大小官員都是扔鞋的對象。庸官酷吏，所到之處，鞋如雨下，即便各地警方購置攔鞋網，亦防不勝防。

當人民被迫用扔鞋來表達不滿時，已然說明當權者未能謹慎運用民眾賦予的權力，權力運作傷害到民眾的基本權利，並由此引發民眾的激烈抗爭。此時此刻，官員尤其需要以鞋爲鑑。臺灣前總統李登輝在接受採訪時說，很多國家發生革命，都是用槍在打，現在學生只是用鞋子扔，當政者要善於從中聽取民眾的聲音。是的，一個政府若不願傾聽民眾的呼聲，或者聽了之後如風過耳，等到鞋子變成子彈，再想挽回人心已經來不及了。伊拉克的海珊、埃及的穆巴拉克、利比亞的格達費……誰願重蹈這些獨裁者的覆轍呢？

如何應對扔過來的鞋子，是衡量統治者智慧與能力的標準。美國前總統小布希在訪問伊拉克時被扔鞋，談笑自若地幽了自己一默：「不知這雙鞋是否適合我的腳的尺碼？」有「影帝」之稱的中國前總理溫家寶，在英國遭遇關心中國人權的人士扔鞋，頓時失態地反擊說：「這種行爲損害不了中英友誼！」兩種回答，高下立現。

陳爲廷很快收到竹南分局偵查隊主動送來的約談通知，罪名是「妨礙公務」及「公然侮辱」。警方證實是劉政鴻提告。緊接著，不少媒體及若干高官名流，高調批評扔鞋行爲「不禮貌」，教育部長聲稱「扔鞋不宜」，年輕時曾是學運積極分子的國民黨發言人楊偉中更是赤裸裸地威脅「不姑息利用底層民眾憤怒而丟鞋的人」——與香港的親共人士攻擊仗義直言、譴責警方選擇性執法的林慧思老師「不禮貌」，和梁振英命令重案組「跟進」林老師「阻撓警方執法」一案，如出一轍。

扔鞋當然是不禮貌的行爲，但是比禮貌更重要的是公義。漠視掌權者的不公義，卻譴責抗議者的不禮貌，這是故意的本末倒置。聖經中記載了很多先知斥責君王的故事，先知們在面對掌握生殺予奪大權的君王時，似乎沒有斟酌言詞、講究修辭，注重禮貌，而是不顧自身之安危，循公義之原則，發出眞理的吶喊。大衛王謀害烏利亞、侵佔其美貌的妻子拔示巴，先知拿單向其講述了一個富人搶奪窮人羔羊的故事，大衛王說：「行這事的人該死！」拿單立即直截了當地對他說：「你就是那人！你為什麼藐視耶和華的命令，行他眼中看為惡的事呢？」（撒下十二7、9）如此不留情面的譴責，跟扔鞋也差不多。

所以，我不會非議陳為廷的「不禮貌」，反倒要大大鼓勵他繼續走在尋求公義的「光榮荊棘路」上，正像陳為廷宣告的那樣：「改變臺灣，還是得仰賴公民的介入與團結。……大家可以繼續冷眼旁觀、斟酌『禮貌』問題。但我們已然起身，堅持要在黑暗中，與受迫害者一起，找出一條新的路來。」

黃之峰：洗腦豈能忍，自由不可拋

中國的中學生楊輝因為在網路上發表言論，遭遇到牢獄之災；臺灣的大學生陳為廷因為向官僚扔鞋子，被警方約談。香港學民思潮的召集人、十五歲的黃之峰，也因為成功召集十二萬香港人上街反對洗腦的「國民教育」，成為特區政府的眼中釘，也讓疲軟的泛民團體大跌眼鏡。

在北京的遙控下，香港當局對民主派的打壓日漸嚴厲。二〇一三年十月一日，特區政府舉行中共國慶慶典。黃之鋒和黎汶洛兩名學民思潮成員來到場外，沒有發出任何抗議聲響，只是用雙手作了一個代表「全民普選」的手勢，一群如狼似虎的保安便衝上來，用暴力將他們拖離現場。兩位少年回憶，當時他們要求在場警方介入，警方卻袖手旁觀。保安事後聲稱他們按照「觀禮守則」做事，這個守則卻從來沒人看過，市民也無從索取有關公開資料。當我看到熊腰虎背的保安與弱不禁風的少年的對比，不禁感慨萬分——皇家警察變成了北京公安，民眾的守護者變成了獨裁者的家丁。

黃之峰曾在一篇名為〈踏上社運路〉的自述中，從自己的心路歷程討論到基督信仰與社會運動之關係。我覺得，他對聖經眞理的理解，比某些在神學院裡坐而論道、誇誇其談的人物更為深刻與準確。

黃之峰在基督徒家庭和教會中長大，從他從六、七歲起，父親就帶他探訪基層家庭、板間房和社區的商鋪。父親告訴他要關心社會上被遺棄的一群，作為基督徒，不可以坐視不理，只是顧及自己生活圈子內的人。父親也經常在家播放紀錄片〈十字架：耶穌在中國〉，中國家庭教會的信徒經常被共產黨打壓批鬥，但越被打壓，意志越發堅定，讓他們深受感動和鼓舞。

黃之峰逐漸意識到，應當將耶穌的教導應用在關心社會上，基督徒看到社會問題時，不應選擇去漠視，更應嘗試改變社會，讓社會更合上帝心意，例如聖經提及公義的彰顯、工人得該得的工價、人生而平等。他認為，轉化社會是上帝給每個基督徒的使命，基督教教義與社會運動實在息息相關，基督徒除了「坐」在教會聽道、查經、禱告外，還可以「走」上街頭傳福音和參與社會事務。

另外，黃之峰回顧說，他的策畫、組織、交際能力都是從教會中培養起來的。社運時發傳單、搞活動、四處宣傳，跟在教會中所做的事情一樣。不過，他把參加教會崇拜的時間放在第一位，「誰叫我參加社運的出發點是信仰，沒有信仰，我絕不會參與社運；沒有信仰，我根本不會意識到我們應該尋回個人根本的價值，肯定每個人都是被上帝所愛」。

至今我與黃之峰無緣過面，但透過我寫的書籍和文章，我們其實「神交已久」。黃之峰披露，父親藏書數千本，他自己也透過閱讀來提升辯論和寫作的能力，幾個月時間就閱讀了數十本書，「最為深刻的是余杰的《從柏林圍牆到天安門》和《誰為神州理舊疆》，以及潘慧嫻的《地產霸權》」。

如果說有中共撐腰、商人埶背的梁振英如同堅硬的石頭，那麼一無所有、惟有赤子之心的黃之峰和他的同學們就如同脆弱的雞蛋。村上春樹說：「以卵擊石，在高大堅硬的牆和雞蛋之間，我永遠站在雞蛋那方。」黃之峰也堅信：「當雞蛋奮不顧身撞向石牆，石牆被一下一下的撞擊，久而久之，高牆就會碎裂，漸漸倒下。」持著這個信念，他決意走上街頭，繼續盡自己的一分綿力，與那個不公義的制度抗爭到底。我雖然在遙遠的彼岸，也願意與他並肩同行，而我們都遵循聖經的教導——「行公義，好憐憫，存謙卑的心，與上帝同行」。

曾經有那樣一個清華

——讀何炳棣《讀史閱世六十年》（上）

所謂教育，我們大家所指的是某種培訓，關乎心智，同時一般也是關乎身體。

T.S.艾略特

清華百年校慶，冠蓋雲集，熱鬧非凡。許多清華師生炫耀說，慶典比照「兩會」的規格，眞是光榮之至。也有人在微博上把清華大學校慶的做法同英國的牛津大學進行比較，這篇文章說：「九百年歷史的牛津大學，培養了七個國家的十一位國王、六位英國國王、四十七位諾貝爾獎獲得者、五十三位總統和首相。有意思的是，這所英國最古老的大學，甚至沒有舉辦過像樣的校慶，對學術、對眞理的追求讓她畏懼名利。」那麼，清華呢？如今，清華獨一無二的至尊地位，也正如九十年代後期在清華讀書的學子劉天昭所說：「沒有哪所大學，比清華距離國家更近，距離權力更近，距離金錢更近。」

在清華百年校慶的一片喧囂中，卻很少有人細心梳理清華的校史，並從中發現一九四九年前後的清華堪稱「兩個清華」。其實，人們慶祝的是那個只有六十二年歷史的、作爲「紅色工程師搖籃」的「新清華」，而不是那個從一九一一年到一九四九年的、崇尚「自由之思想，獨立之人格」的「老清華」。關於後者，人們可以從歷史學家何炳棣的自傳《讀史閱世六十年》中找到些許剪影與片段。何炳棣於一九三四年至一九三七年間求學於清華，師從蔣廷黻、雷海宗、陳寅恪、馮友蘭等大家，後來留學並任教於美國，終成一代史學大家。他對於清華園中長衫飄飄的年代的深情追憶，讓我們在大學精神失落與沉淪的今天，看到了清華曾經有過的自足於思想和學術的光榮與輝煌。

看，那個時代的教授與學生

清華百年校慶的時候，人們故意迴避清華是一所用美國退還的庚子賠款建立起來的大學的歷史事實。長期的反美教育，使清華人不自覺間成了忘恩負義之輩。有人說，這本來就是中國老百姓的血汗錢，我們不必感謝美國。但是，參與「八國聯軍」的其餘七國，都沒有像美國那樣慷慨大方。尤其是中國付給日本的賠款，還被用作日本擴軍備戰、進一步侵略中國的重要資源。相比之下，美國人的慷慨與寬容，實在該在清華校史中大書特書一番。

正因爲辦學經費來自於庚款，清華才成爲當時中國最有錢的大學和最不受政府控制的大學。所謂「窮北大，富清華」，清華的學生宿舍，清華圖書館的暖氣和衛生設備比照美國大學的標準。清華的學生宿舍是最早安裝馬桶的學生宿舍，清華的食堂更是價廉物美，校方不靠食堂賺錢，反倒向食堂注入大筆補貼。多年以後，何炳棣還清楚地記得「最受歡迎的一道菜是軟炸微焦的肉片」，可見當時膳食之佳。

在回憶清華的求學生涯時，何炳棣不受史家使用的嚴謹語言之限制，而選擇文學家抒情的方式：「如果我今生曾進過『天堂』，那『天堂』只能是一九三四至一九三七年間的清華園。天堂不但必須具有優美的自然環境和充裕的物質資源，而且還須能提供一個精神環境，使寄居者能持續地提升他的自律意志和對前程的信心。我最好的年華是在清華這人間『伊甸園』裡度過的。」這種美好與溫馨的感覺，不僅僅因爲清華具備良好的物質條件和外部環境，更重要的是如梁啓超所說的「薈中西之鴻儒，集四方之俊秀，爲師爲友，相蹉相磨」的學術風氣。

當年清華歷史系的教育，強調通才博識和研讀原典。何炳棣在二、三年級的時候，便選修和自習了以下這些課程：雷宗海先生的修正形態史觀、啓人深思的宏觀中國通史；先自讀，後名義上選修的吉朋（Edward Gibbon）的《羅馬帝國衰亡史》（*The History of the Decline and Fall of the Roman Empire*）；陳寅恪先生的隋唐史；馮友蘭先生的中國哲學史；陳之邁先生的近代政治制度；學習德文，研讀德國外交檔案若干件……。這張課程清單，恐怕讓今天的碩士和博士也望塵莫及吧？只有在本科時期奠定堅實的基礎，方可在此後的學術生涯中作出非凡的成就——「若非及弱冠之年初嘗馳騁中外古今之樂，一生怎能有最低必要的膽識持續國史攻堅的工作？」

學術大師親自爲本科學生授課，這是當年清華的教育保持極高水準的重要原因，也是如今世界一流大學的慣例。何炳棣清楚地記得，一九三五年夏季開學前，他與系主任蔣廷黻教授討論選課的情形。蔣教授告訴他，已經與劉壽民先生談過他一年級的課業，因此特別精心爲之計畫了二、三年級應選的主要課程。何炳棣寫道：「系主任對低年級學生的特殊關懷使我感到受寵若驚，更加激發我力爭上游的決心。」這樣的場景，如何可能出現在今天的大學裡呢？今天中國大學中的教授們，稍稍有點名氣了，便忙著申請項目、出國訪問、積攢金錢，哪裡顧得上給本科生上課呢？即便被安排給本科生上課，大都也是敷衍塞責了事。

看，那個時代的清華校長

如果說沒有蔡元培就沒有北大，那麼也可以說沒有梅貽琦就沒有清華；如果說五四前後是北大的黃金時代，那麼「烽火連三月」的三十年代就是清華的黃金時代。此前，清華校長如走馬燈式地換人，直到一九三一年梅貽琦任校長之後才穩定下來。梅貽琦在就職演說中指出：「所謂大學者，非謂有大樓之謂也，有大師之謂也。」近二十年以來，中國的高等教育進入新一輪的「大躍進」，各大學大興土木、大樓林立，卻再也沒有產生過大師級的人物。

當時的北大校長蔣夢麟倡導「教授治校」，梅貽琦卻在清華實行「教授治校」。梅貽琦上任之後的第一個舉動，便是削減校長的權力、增大教授會和評議會的權力。這不是自廢武功嗎？在這兩個會議上，梅貽琦通常充當「旁聽者」的角色，而一旦大家作出決定，他立即予以實施。用何炳棣的話來說，在梅貽琦的領導下，清華達成了「校長與教授互相尊敬、合作無間、共同治校，最和諧、美滿、高效的局面」。由此，梅貽琦成功地奠定了清華大學的校格，被清華人稱爲「永遠的校長」。

梅貽琦不善演講，時人稱之爲「寡言校長」，但在關鍵時刻卻一句頂千斤。一九三六年十二月二十九日，國民黨軍警闖入清華校園抓捕學生。一部分左派學生認爲是教務長潘光旦向當局提供抓捕名單，第二天發起對潘的圍攻。學生們氣勢洶洶地跑到教務處，不顧其身體有殘疾，搶過其拐杖丟在地上。潘光旦艱難地保持身體的平衡，頭髮淩亂，仍然面容微笑。

在此千鈞一髮之際，梅貽琦趕到了。梅校長站在潘教授旁邊，面對二、三百同學，有半分鐘未發一言，顯然是在儘量抑制他的慍怒。那些夾在人群中呼喊推打的學生都安靜下來。平時恂恂儒雅、近乎木訥的梅校長終於發話說：「你們要打人，來打我好了。你們如果認爲學校把名單交與外人，那是由我負責。」梅貽琦瘦弱的身軀如一尊天神般屹立。學生們遂三三兩兩地散去了。

何炳棣在書中引用了業師劉崇鋐教授對梅校長性格爲人的一段評析：「他處事態度謹嚴，守正不阿，堅定不移。……最令人欽佩者乃其人格感召。其人志趣高尚，嚴峻自持而富幽默感。自奉儉樸，數十年如一日。」何炳棣認爲，如果沒有堅韌果毅的梅貽琦，清華這條航船根本無法安全地航行於「九．一八」以後的驚濤駭浪之中。

梅貽琦這樣的校長，堪稱「大師中的大師」。沒有他作校長，就不可能聚攏一群大師級的教授；而他自己若不具備大師的胸襟、眼界與人品，又豈能讓師生爲之折服呢？與如今那些在權力面前卑躬屈膝，在乎「行政級別」的大學校長相比，梅貽琦的風采讓人神往。不過，一九四九年以後「黨委治校」的高等教育體制，容不下梅貽琦這樣一位「老派人物」。

後人只能發出如陳子昂的感歎：「前不見古人，後不見來者。念天地之幽幽，獨愴然而涕下。」

看，是「學生運動」，還是「運動學生」？

在當時普遍左傾的清華師生中，何炳棣自詡爲「不左不右」、「以學術爲志業」的少數派。在一九四九年之後的語境中，這種人被帶有貶意地稱爲「逍遙派」或「白專派」。何炳棣的同學中有不少人是共產黨的地下黨員，其中就有後來在中共政權身居政治局常委高位的姚依林。何炳棣跟這些同學保持良好的個人關係，但對他們的政治觀點以及熱中於爭權奪利大不以爲然。

心無旁騖、一心讀書的何炳棣，亦感覺到有一股潛流正在清華園中蠢蠢欲動：由於左派學生善於玩弄權術，學生會漸漸爲他們控制，「他們越來越不擇手段，不斷地醞釀製造反政府遊行示威，鼓動風潮，罷考罷課」。何炳棣並非國民黨人，但他對時局有持平的觀察：「三十年代清華教授和多數學生都認爲國民政府是唯一有組織的抗日力量，而學生會和北平學聯等之一再暴露其居心和行動，正是爲了削弱和顛覆這個力量。」

西安事變的發生，讓這股潛流噴湧而出。一開始，左派學生欣喜若狂，被其「詭祕把持」的學生會和救國會公然支持張楊，「他們的希望和企圖是醞造長期更大的混亂」。等到西安事變和平解決，左派領袖驚慌失措，「的確予人以喪家之犬的感覺」。在此關鍵時刻，忍無可忍的何炳棣等人闖入救國會辦公室，發現了張學良和楊虎城津貼「民族解放先鋒隊」四百元的收據，由此引發一場重大衝突。

可見，三十年代的清華已經面臨「職業學生」挑動「學生運動」之困擾。學生運動不是自發產生的，而是被少數人「運動」出來的。長期擔任清華教務長的潘光旦是一位持自由主義立場的知識分子，對國民黨政府亦持嚴厲批評態度，但他非常警惕左派的政治活動對校園風氣的侵蝕。他曾撰文批評那種把教育變成宣傳、把教師變成宣傳家的方式，「流弊所致，非把學術自由、思想自由的學校環境換作宣傳家勾心鬥角出奇制勝的場合不可」。此種結局被他不幸而言中了。

不過，三十年代，熱中於「學生運動」的「職業學生」還不是清華的主流，何炳棣這樣矢志獻身學術的學生更受校方的重視與鼓勵。直到一九四九年的政權更迭，民國時代的各類大學或被關閉，或被重組，或努力適應新時代。清華的「變紅」尤爲迅速，擔任清華校長的正是當年的「職業學生」蔣南翔，他成功地將這所美帝國主義辦的大學改造成了黨辦的大學。清華不僅斬斷了梅貽琦的傳統，而且連何炳棣這樣不問政治的讀書人也容不下了——清華人必須是「又紅又專」的「接班人」。天下是清華人的天下，你想不要都不行。

在清華百年校慶的歌舞昇平中，唯有一個名叫蔣方舟的女學生發表了一封給清華大學的信，她寫道：「我曾經旁觀過學校的幹部們做事，與教育和世俗標準下少年得志的成功者打過交道，他們毫無障礙地接受學校給予的一切價值觀，自詡主流，一百年不動搖、一百年不懷疑；他們青出於藍地運用官場技巧與規則，成者爲王，敗者爲寇。有時，我看著他們滔滔不絕地在課堂、在會場說些『主流價值觀』的話，心想：『他們眞相信這些，眞可怕。』過了一會兒，又打了個寒顫：『他們其實並不相信這些，那就更可怕了。』」這封信發表之後卻遭到若干清華校友的嚴詞批駁，給她扣上了不愛母校和不愛祖國的高帽子。這樣一個清華，離梅貽琦、蔣廷黻、潘光旦、何炳棣們的清華，眞有萬里之遙。

「優秀」離「偉大」有多遠？

——讀何炳棣《讀史閱世六十年》（下）

教育制度並不能主動地產生偉大的信仰和偉大的文學。

T.S. 艾略特

何炳棣是二十世紀少數在西方取得重大成就和獲得普遍承認的華裔歷史學家之一，他曾當選美國亞洲學會會長，是該會歷史上唯一的華裔會長；他的專著《帝制晚期中國社會的成功階梯》被選爲美國大學生查閱的七百五十本最重要的參考書之一。何炳棣在回憶錄《讀史閱世六十年》裡，重點描述了自己如何在洋人壟斷的學術界站住腳跟並「打」出一片天地來的經歷，學者單士聯將其形容爲「一個人的戰鬥」，還有論者以「希臘人」和「羅馬人」的比喻來概括之：「始終縈繞於何先生心頭腦際的是『第一流』、『最高水準』、『大課題』、『第一等重要問題』這些概念，這說明何氏具有希臘人『追求卓越』品性；但他在氣質上卻似乎更接近羅馬人，以致一生『學戰』不斷。在這些學戰中，何先生虎虎生風的氣魄和雄才獲得了淋漓盡致的展現，但其中也不難發現一些負氣和遮掩的成分。」而我最感興趣的，恰恰是這些「負氣和遮掩的成分」，作爲歷史學家的何炳棣，大概也會同意這樣的觀點：人類對歷史的興趣，正是出於人類天生的好奇心。

自負與自卑的糾結的「災民意識」

長壽的何炳棣或親歷或旁觀了二十世紀中國幾次翻天覆地的劇變。他的青年時代是在日本侵華戰爭的陰影中度過的，從清華畢業之後即考取獎學金赴美留學。比何炳棣低幾個年級的何兆武，在一篇回憶文章中說，何炳棣是當時少數將出國當作人生理想的清華學生。何炳棣不愧爲先知先覺，他由此避開了國共兩黨血雨腥風的政治鬥爭，以及兩岸的紅色恐怖和白色恐怖，得以安心在美國從事史學研究。何炳棣在美國居住的時間兩倍於在中國居住的時間，但他的思維方式仍然是中國式的而非美國式的。從這本回憶錄中可以看出，一個中國傳統大家庭培養出來的士大夫，要蛻變成一名西方意義上的紳士和知識分子，是何其艱難。

何炳棣是一個極度自負的人。在五十年代末，每夜從國會圖書館讀書出來，他總會從心裡發出獅吼：「看誰的著作眞配藏之名山。」在接受訪問時，他念念不忘將歷年的榮譽和獎項一一列出。有意思的是，在年逾八旬撰寫回憶錄時，他仍像孩子一樣，對別人多年前的一句稱讚牢記於心，對如何具有「安全感」極爲留意，對「超特級人物」過於敏感。比如，他到臺灣出席中研院院士會議並發表演講，將哪些人出席、哪些人缺席、哪些人表示讚揚這些細節全都不厭其煩地記載下來。自己早已是享譽國際的學者，何須斤斤計較這些瑣事呢？

學者余世存在一篇書評中分析說：「這種觀念市場或學術市場裡的功利感跟何炳棣兒

時的功名感有著內在的聯繫。」更深入地看，這種心態源於一種自負與自卑糾結的「災民意識」。書中有這樣一個細節：最讓何炳棣終身不忘的是，孩童時候的他在吃飯時，外祖母張老太太不止一次地教訓說：「菜肉能吃儘管吃，但總要把一塊紅燒肉留到碗底最後一口吃，這樣老來才不會吃苦。」差不多八十年以後，在大洋彼岸功成身就的何炳棣還感歎說：「請問，有哪位國學大師能更好地使一個五六歲的兒童腦海裡，滲進華夏文化的深層敬始慎終的憂患意識呢？」

確實，不會有哪個美國孩子從小受到此種教育——美國基本上沒有過物質極度匱乏的時代。與之相反，中國的歷史是一部災荒連年的歷史，吃不飽飯是中國人最大的恐懼。即便生活在富裕之家的何炳棣，亦會受到長者如此的警示，這種警示成爲讓他刻骨銘心的「潛意識」。他對學術的熱情，是一種對所謂的「價值中立」的知識的佔有欲，歸根到底還是對飯碗的熱情，這跟韋伯所說的「學術作爲一種志業」的立場有明顯的區別。換言之，何炳棣不是對學術以及學術背後的眞理抱有信念，而是關切學術是否能給自己帶來「免於饑餓」的保障。

這就是「優秀」與「偉大」之間難以克服的距離。何炳棣憑藉其天賦、勤奮與機遇，成就了自我的優秀，但他仍未臻於「偉大」之境界。余世存的評論雖略顯苛刻，卻一針見血：「他既沒有終極的信仰關懷，又沒有現實的價值判定，也沒有對人心個性豐富的同情。有著家天下傳統的孩子流亡海外後，幾乎都是一種流失，他們創造不出有著堅實認同和價值審判的流亡文化，他們也不能自立立人，成就一種堅實的人生示範。……他們參與不了公共建設，除了道、學問、理論或家人親友，他們不曉得公共精神，他們只是現實各種王國裡的食客，只是各類制度的把玩者和研究者。」何炳棣經過扎實的史料考證得出此一結論：中國文化的本質是一種家族或宗族意義上的文明——然而，他本人終其一生未能超越此文明形態的約束。

對思想史的偏見造成對現實的近視

在華裔人文學者中，何炳棣只能算「優秀」；而眞正稱得上「偉大」的，大概只有比之晚一代的余英時。不過，何炳棣絕對不會同意這一評價。在《讀史閱世六十年》中，他對余英時乃至整個思想史研究都抱有相當之偏見。

儘管何炳棣承認，「治史而不兼治理思想史確是美中不足」，但他給出的解釋是：首先，思想史的研究和寫作有可能「空懸於政治、社會、經濟制度之上而不能著地」；其次，思想史領域被新儒家把持，而他本人「無法接受當代第二三代新儒家治學的方法」。我基本同意這兩個看法。尤其是後者與權力的結盟，在儒學重新「官學化」的「後一九八九」的中國，更值得警惕。何炳棣對當代海外風頭最健、對儒學極端「美化」、甚至「宗教化」的杜維明有相當嚴厲的批評，「連古書都被曲解到無可容忍程度的治學方法，有哪個篤實求眞的學人能夠容忍」，對此我也心有戚戚焉。但是，批評新儒家，並不能否定整個思想史研究的價值，正如倒掉髒水，不能連髒水中的嬰孩一起倒掉一樣。

何炳棣在回憶錄談及與余英時相關的一則故事，此故事最能體現其逞才使氣的性情。一九九四年，中研院院士會議安排三場開幕演講，每場都是一人主講，一人評案。余英時主講的那場，正是何炳棣擔任評案。然而，何的應對非同尋常：「由於開幕前一兩天才得見余的文稿，不但來不及準備評案，而且余文主要內容看不太懂，其所引用西方思想家的姓名有些也從未聽到過。余講後我坦白聲述無法評案理由，問主席楊振寧可否多給我五分鐘，使我在十五分鐘內宣讀自己的『中國人文傳統對未來世界可能作出的貢獻』。楊說可以。結果所有三講三案中，唯有我這短篇翌日刊載於臺北《聯合報》第十一版，不久又刊於《中央研究院院刊》和新竹《清華校友通訊》。」

這段記載的字裡行間有頗多值得玩味之處。余英時對何炳棣這位前輩頗爲尊重，曾稱讚其「才大如海」，那麼，何炳棣爲何故意無視學術活動之規範以及人際交往之原則，既已答應擔任評案，卻又中途改變主意，拋開主講人的主題，打破會議的既有程序，利用與主持人良好的私交關係，討要更多時間宣講自己的論文，這難道不是喧賓奪主嗎？他一向對自己的博學極爲自得，如今卻又說不知道余文引用的西方思想家的名字，是何緣故呢？顯然，何的這幾句話絕非自謙，而是對余有所嘲諷。最後，何炳棣更是強調其講稿先後被三種報刊登載，其中既有大眾媒體，也有學術刊物，甚至還詳細記載文章刊登在報紙的第幾版。這種自我標榜，是爲了反襯其他那些主講人並不像他那樣受公眾及學界之關注。

這段小故事折射出何炳棣倚老賣老、欠缺風度的一面，而他率意而行的更深層原因乃是對治思想史學者的輕視，以及他與余英時對若干現實問題看法的分歧。比如，余英時對中國大陸多有批評，「六四」之後為接納流亡學者成立「普林斯頓中國學社」；而何炳棣早已在七十年代便與楊振寧合作主持「全美華人協會」，這是一個幫助中共在美遊說的週邊組織。

忽視思想史，就有可能對現實問題出現重大的誤判。在歷史上，清代乾嘉學派的諸多大家，無人能像明末清初的顧炎武、王夫之、黃宗羲那樣尖銳地批判專制制度，大概也是同樣的原因。一九七一年，何炳棣作為「高級統戰對象」應邀訪問中國。他的所見所聞都是當局精心設計的「波坦金」式的假象，他卻被蒙在鼓中。一九七四年，他撰寫長文〈從歷史的尺度看新中國的特色與成就〉並以之為題發表演講。該文成為當時海外華人為「文革」唱讚歌的最強音。文章寫道：「文化大革命以來，中國一切法令措施幾無一不以貧下中農和工人的福利為準繩，無一不暗合羅爾斯的立法標準。」、「新中國社會裡，平等的成分較舉世任何其他社會為高。」、「『人民是國家的主人』，乍看似宣傳，窮索是事實。」、「新中國思想教育的目的，是從反覆討論分析之中，使每個成員都發現他的『大我』，洗滌了他過去可能有過的自私觀念，然後徹底檢討有關措施的理論與實踐，是否眞正符合國家和最大多數人民的意志與利益。」、「解放軍是人類史上從來沒有的眞正為人民服務的軍隊。」、「從歷史的尺度看，新中國的革命，尤其是文化大革命，是人類歷史上最徹底的革命。只有徹底的革命才能使中國人民在基層當家作主。」如果先不看文章的作者，讀者還以為這是某個粗鄙不堪的新左派的夢囈。

優秀的學者有可能在常識問題上犯錯誤，而偉大的學者首先是尊重常識的。何炳棣長於考據，求眞而不求善，故而有時「只見樹木，不見森林」。對思想、價值、倫理和宗教的忽視，其結果只能如思想家布魯姆所說——「我們就像個無知的牧羊人，他住在文明一度繁盛的地方，擺弄著地表的斷壁殘垣，卻全然不知它們曾是恢宏建築的一部分。」

愛國能成爲一種信仰嗎？

余英時的學術是有價值和宗教情懷的，所以他能超越國家和種族等意識形態，做到像湯瑪斯．曼那樣——「自由在哪裡，祖國就在那裡」；而何炳棣的學術白我設限在技術層面，所以他不得不尋求一種外在於自我的、更爲強大的精神支柱，即宗族與國家。這就是余英時與何炳棣之間的差異。這一差異導致他們對中共持截然不同的看法。

何炳棣一輩子都未能「因眞理，得自由」，他受制於古典意義上的鄉愁情感和現代意義上的國家主義。黃仁宇曾在一篇散文中提到，一九六五年他與哈佛的楊聯陞、普林斯頓的劉子健同在何炳棣家中晚餐，想念祖國和母親，「飯後何唱〈霸王別姬〉，劉唱〈四郎探母〉，都是慷慨悲歌」。懷鄉就容易「因距離產生美感」。何炳棣晚年在一篇訪談中說到自己英文如何好，一不小心就扯到「中國人的臉面」上：「我和楊振寧在這點上非常相同：絕對不能給中國人丟臉，只能給祖國爭臉。這是我跟楊振寧這輩子最信守的話。」這是自卑者最爲典型的集體主義思維方式。誰能未獲授權便自作主張地「代表」中國人呢？即便「丟臉」，也是丟自己的臉而不是「中國人的臉」啊！可見，美式個人主義之於何炳棣的心靈，僅僅是薄薄的一層蟬翼。沒有「中國」這個虛幻的靠山，他就不能心安理得。

何炳棣、楊振寧、王浩、任之恭、陳省身等有西南聯大背景、後來旅居美國並取得相當學術成就的華人知識分子，在七十年代訪問中國，並對中國的一切讚不絕口。那時，何炳棣並非不知道他鍾愛的清華園已籠罩在槍林彈雨之中，連清華園的拱門都被紅衛兵搗毀，而他敬重的老師雷海宗、潘光旦、張溪若、馮友蘭等人，無不飽受凌辱與折磨，或含恨而死，或苟且偷生。所以，他歌頌文革的文字，不僅跌破學者求眞的底線，而且有悖於普通人都該具有的善惡判斷。對此，學者謝泳分析說：「家國情感超越事實判斷，統一意念妨礙知識分析，資訊阻塞導致背離常識，輕信國家強大產生民族幻想，這是西南聯大知識分子當時的基本狀況。當先入爲主的觀念和情感主導思想時，西南聯大知識分子對事實的判斷，可能會不如一個家庭婦女。」多年以後，何炳棣在回憶錄中對他的那篇糟糕的文章輕輕一筆帶過：「據國內親友函告，此文在國內影響很大（其實在海外影響更大），至今不少海外愛國人士仍勸我在文集中把它重印。我卻願意把它忘掉，因爲它雖有史實與感情，但對國內新氣象只看到表面，未能探索新氣象底層眞正的動機。」認錯對這個驕傲的學者來說可謂難於上青天。

與之相比，余英時在美國國會圖書館「克魯格獎」頒獎典禮上的致辭中，如此談及他對美中兩種文化的看法：「生活在美國長達半世紀，游走於兩種文化之間，除了初期需要一些心理調適外，我早已能享受美國生活方式，而同時保有我的中國文化認同。」對此，傅建中評論說，余英時既能享受美式生活，而又保有中國文化認同，那麼回不回中國，也就無關宏旨了，況且他早在一九七八年已隨同美國史學家訪問團去過。那時，余英時便以史學家的眼光看透了鐵幕後的眞相，對中共已不再有任何的憧憬或寄望。至於中國近年的崛起及空前繁榮，在其心目中，更不過是海市蜃樓而已。

近年來，中共不時透過各種管道傳達希望余英時回國看看的意圖，一度還派出一個十九人的安徽代表團前往余宅拜訪，動之以鄉情。但余就是不爲所動，甚至直截了當的表示他沒有鄉愁，對方只好啞口無言地離去。偉大的學術背後必有偉大的心靈，那就是對自由始終如一的堅守。七十年代初，在一片「中國熱」中，《史迪威在華經驗》一書的作者、美國史學家塔克曼應邀到參院作證，與外委會主席傅爾伯萊特對話時說，她對共產主義從來沒有幻想，也從不懷疑如果史達林式的共產主義在美國成功的話，她將是第一批被處決的人。由此可見，偉大的歷史學家必知共產主義絕不容許自由主義與其共存，故而能夠避免患上「近視」之症。塔克曼如是，胡適如是，陳寅恪如是，余英時亦如是。何炳棣卻不在此列。

在彙集了眾多讀書人的「豆瓣網」上，有好事者貼出何炳棣的那篇萬字雄文，有網友跟帖說：「凡是說了錯話，做了錯事，只有兩個原因：邪惡或愚蠢。這是一個樸實簡單卻眞實的道理。」不知何炳棣該如何回應呢？

夢碎「專家治國」，魂斷「好人政府」

——讀費俠莉《丁文江——科學與中國新文化》

只有在現代自由國家中，知識分子才能夠最大限度地發揮其影響力。

托馬斯・索維爾

誰是丁文江？

丁文江這個名字，已被大多數年輕人忘卻，它偶爾出現在一些論及胡適的文章中，或者出現在地質學的專業文獻中。丁文江是五四新文化運動的主將之一，但後世在描述這段歷史進程的時候，他卻被有意地排斥在外；丁文江是北大當時少有的一位達到國際水準的傑出科學家，但在北大的校史當中，他卻莫名其妙地消失了，北大校園裡沒有他的塑像。

丁文江短暫的一生，是中國現代化歷史的縮影。美國學者費俠莉的著作《丁文江——科學與中國新文化》（丁子霖譯），是有關丁文江的傳記中最全面和最深刻的一本：丁文江是中國現代地質學的奠基人，但他又不僅僅是一名「兩耳不聞窗外事」的專家——他還是政府高官、大學教授、雜誌編輯、政治評論家和企業家，他擁有如此眾多的身分，他的每一種身分及其在此領域所取得的成就，都讓許多人一生鑽營而望塵莫及。

一名無法歸類的現代知識人

丁文江是一位無法歸類的先驅者。丁文江大致可以歸入以胡適爲代表的中國現代自由主義知識分子群體之中，但他又不是一名純粹的自由主義者，在其思想資源中，傳統的儒學觀念、西方的社會達爾文主義、理性主義以及社會主義各種成分，互相衝突、又互相融和，這是轉型期知識分子的又一個重要特徵。他於抗戰全面爆發前夕的一九三六年英年早逝，他親身參與了此前二十餘年中國極度艱難的現代化進程，也目睹了傳統社會崩解之後的戰亂與動盪。遺憾的是，他的救國理想最終未能實現，國家的政治和經濟危機愈演愈烈，他本人也逐漸從時代的中心淡出到邊緣位置，正如費俠莉所指出的那樣：「他承擔的知識分子義務以及他個人的社會偏愛，把他與一小部分縉紳階級出身的知識分子捆在一起，而這部分知識分子則始終遠離於正在成爲政治變革的眞正動力的群眾運動之外。」假如丁文江不是如此早便因病逝世，在此後的歲月裡，在歷史的岔道上，他會作出什麼樣的選擇呢？

這是一個饒有趣味的假設——丁文江是留在大陸，還是遠赴臺灣，甚至乾脆到西方國家擔任大學教授？除了他自己，沒有人能代替他回答此問題。丁文江本人的複雜性，也隱喻著中國現代化進程的複雜性。如果處於西方基本定型的社會格局當中，丁文江本可成爲比較單純的專業人士。他在現代構造地質學以及採礦工程學、生物人類學、古生物學和製圖學等領域的卓越貢獻和篳路藍縷的功績，充分表明中國人在科學方面的成就足以與西方同行媲美。然而，現代中國民不聊生的混亂狀態，讓稍有良心的知識人均痛感「以中國之大，卻放不下一張安穩的書桌」。從二十年代中期開始，丁文江便部分地犧牲科學研究事業，自動地、深刻地介入到諸多政治、文化和企業管理活動之中。儘管科學在其心目中始終有著崇高的價值，但科學亦只是他救國手段之一，當這種手段無法達致理想效果的時候，他立即轉而尋求其他更為迅捷的管道。因此，丁文江一生都在高聲呼籲「有知識有道德的人要向政治上努力」。

如果說陳獨秀是一名激情澎湃的、登高一呼便應者雲集的革命者，魯迅是一位悲觀的、與現實世界格格不入的、永遠的批評者和質疑者，那麼丁文江則是其同代人中最深切地與當權者合作的知識人，這種合作程度甚至高於其好友胡適。然而，就合作結果而言，丁文江與胡適都是失敗的參政者，其失敗不僅是個人的失敗，更是自由主義在政治實踐中的失敗，因而更具悲劇性。

美國學者格里德爾（J. B. Grieder）在《知識分子與現代中國》（*Intellectuals and the State in Modern China*）一書中分析了自由主義在現代中國的兩難處境：「中國自由主義的悖謬和自由主義者的困境——如何把少數人的價值轉換成大眾的期待；如何為社會行為保證提供機會和保護，這種社會行為需要上述價值的認可，同時又反過來要證明這些價值本身的正確。」丁文江和胡適都無法擺脫此一悖論。他們無法獲得大多數民眾的支持和擁戴，以時代之主流來衡量，他們的政治活動大都屬於「政治不正確」。比如，丁文江試圖影響和改變軍閥的作為，一度出任孫傳芳治下的淞滬商埠總辦一職，也傾向於支持國民政府在華北的對日綏靖政策——這些舉動讓其清譽頗受損傷。在此意義上，丁文江沒有活到令自由派知識分子深感絕望的四十年代，也許反而是一件好事。

幾次短暫的從政經歷，已讓丁文江筋疲力盡，他不可能在政治的「鱷魚潭」中遊刃有餘，他的同伴們也都一樣——胡適和翁文灝雖然比他長壽，各處海峽兩岸，均鬱鬱而終。格裡德爾指出了這一眞相：「自由主義者，這個發展中的現代和都市文化的全球性產物，無法進入中國的政治和社會資源。他們只能在很容易受到壓抑和漠視的學術和專業學會中，自己團結起來。中國的政治沒有給他們提供天然的位置，他們自己從原則和性格上，都不具備組織化的軍事能力，以使自己從請願者變成權力掮客。他們是這樣一代人，穿越了無望的沙漠，四十年代末又到達了絕望的荒原。」

在自由主義和社會主義之間走鋼絲

在以《獨立評論》為言論平臺和聯繫紐帶的自由派知識分子菁英群體當中，丁文江是一位最不像自由主義者的自由主義者。費俠莉在這本獨一無二的丁文江傳記中，除了介紹丁氏的家世、留學生涯、作為地質學家的「長期漂泊的史詩」以及參與創辦《努力》和《獨立評論》等經歷之外，還細緻地分析了其思想方式的來龍去脈及其自相矛盾處。

丁文江服膺於社會達爾文主義，因為「社會達爾文主義特別適合於一個由孔儒思想撫育出來的知識分子作借鑒」。費俠莉的這一判斷相當準確，正是由於傳統文化潛在而巨大的影響，使丁文江在接受西方文化時，自覺不自覺地以之爲標準。丁文江長期留學英倫，他卻戴著儒家文化之「有色眼鏡」看英國社會，這乃是「丁文江的英國」，而離英國社會的本質甚遠：「丁文江看到的英國社會乃是一個層次分明的菁英主導的社會，他很容易接受赫胥黎、高爾頓和皮爾遜等維多利亞女王時代科學家的論著中所提出的某些社會設想——不管民眾的參政程度如何，智力上的和實際上的領導權，總是掌握在社會進化過程中分化出來的上層階級手中。」他在〈少數人的責任〉一文中說，中國政治的混亂，是因爲「少數人」沒有責任心而且沒有負責任的能力，這「少數人」便是受過西化教育的菁英分子，「只要有幾個人有百折不回的決心，排山倒海的勇氣，不但有知識而且有能力，不但有道德而且要做事業，風氣一開，精神就要一變。」這種「專家治國」式的理解，符合孔孟「勞心者治人，勞力者治於人」的思想。

丁文江的自由主義思想沒有胡適、周作人、儲安平等人那麼純粹，他對從洛克、柏克到海耶克的英美古典自由主義的傳統並未「心有戚戚焉」。在摻雜了科學主義、社會主義和國家主義等因素之後，其思想反倒更能與中國的歷史與現狀實現某種特殊形式的「對接」。丁文江一度比較傾向費邊主義，而在英國，費邊社會主義者代表著英國民主思想的一股逆流，「這股逆流不是把注意力放到作爲社會基本單位的個人身上，而是放到各種形式的國家機構上，由這些國家組織機構來保證受到個人競爭威脅的平等性」。在西方近代思想家之中，丁氏偏愛拉斯基和威爾斯等費邊主義者，特別是他們的主張符合他對美國式民主政治的懷疑時，符合他一貫主張的由國家安排的、以政府爲主的社會工程時，他更是大力鼓吹之。

具體到國內和國際政治方面的取向，丁文江雖然對中共的看法並不佳，對蘇聯的體制卻不乏一定的理解和讚賞。以丁文江的性情和學術訓練，當然不會貿然支持蘇聯的暴力革命和階級鬥爭的學說及實踐，但他始終對威權主義的政府結構抱有同情，尤其是在對大部分同胞的蒙昧和冷漠狀態感到痛惜的時候，他便放棄了對強勢統治者的激烈批評。這也正是他對孫傳芳和蔣介石等政治強人有一定認同度的根本原因。

丁文江曾經夢想在中國出現一個所謂的「好人政府」，它便是中國的桃花源與西方的烏托邦的綜合體。然而，殘酷的現實如同驚濤駭浪，將此理想撞擊得粉碎。進入三十年代之後，中國作爲一個現代民族國家的建構遲遲未能完成，外敵的入侵卻迫在眉睫。在此嚴峻的內憂外患之下，在英美模式和法俄模式的比較中，他似乎略微有點向後者搖擺。蘇聯政權施行中央掌控的計畫經濟，至少在表面上比較尊重科學和科學家。

在訪問蘇聯的時候，丁文江發現其蘇聯同行在自己的國家裡成功地推動著科學研究的迅速發展。作爲當時爲數不多的親身訪問蘇聯的知識分子，丁氏認爲，蘇聯政權所進行的實驗，差不多滿足了中國的兩大根本需要：建立與國民願望一致的中央政府，並且提供一種技術進步的方法。他沒有看到分布在蘇聯廣袤的土地上的不計其數的「古拉格群島」，也未能洞察高壓之下民眾創造力和想像力的缺失。在丁文江看來，即便是一個專制政府，也有可能以「好人政府」的方式實現優良的統治，如費俠莉所論：「在丁文江心目中，當時的極權政府是會成功的，只要領導人學會尊重由科學研究所規定的行動原則。只要這種原則能夠指導具有理性的（或好的）人對行動作出選擇，那麼作出選擇的行動本身似乎就退居次要位置了。這樣以來，自由主義——尊重不同政見的個人，以及依靠大多數人的意見一致——至少就成爲不切題的了，並且有淪爲相對論的危險。」這正是丁文江思想中最大的侷限性所在，而這一缺陷至今影響中國知識界，尤其是自然科學領域甚深。

也許，這也是「救亡」壓倒「啓蒙」的表現之一。丁文江對「科學」的禮讚，對「玄學」及宗教信仰的蔑視，使得他片面地擁抱社會進化論，甚至對由此而派生出來的科學主義、國家主義和民族主義缺乏足夠的警惕。有意思的是，在那場著名的「科玄論戰」中，站在丁文江這邊的學者，後來大都走向了激進左翼陣營。在對中國現實政治力量的評介上，他們與丁文江南轅北轍；但在支援科學主義、反對宗教信仰上，他們卻出奇地一致。對此，費莉俠更是一針見血地指出：「丁文江根本不瞭解英美自由主義者的這種懷疑：國家的權力不可避免地傾向於威脅個人的權利和價值觀念。在傳統的中國，成功地行使國家權力被認爲是由於統治者同科學的基本原則保持和諧一致。」丁文江只是一名三心二意的自由主義者。他對自由主義的有限接受和改寫，亦表明了自由主義在「中國化」過程中的困境。在五十年代的臺灣，丁文江的密友胡適仍然爲丁氏的此一偏差深感遺憾。當然，他們兩人都未看到蘇聯的崩潰，即便是胡適去世的六十年代，蘇聯依然蒸蒸日上。胡適卻始終相信個人自由終將獲得最後的勝利。這便是胡適與丁文江之間最大的差異所在。

丁文江未能成爲「中國的赫胥黎」，一場突如其來的疾病奪去了他年僅四十九歲的生命。在此之前，他是同齡人中身體最爲健康、精力最爲充沛的人。丁文江的逝世具有某種戲劇性，彷彿一首毫無徵兆便戛然而止的偉大樂章。丁文江之死，以某種陰鬱的色彩暗示著這樣的結局：「這種科學氣質，由具有孔儒縉紳背景的人用來對付社會改組和爭奪國家權力的政治變革，則完全證明是不可能發生什麼作用的。」

民國版的清明上河圖

——讀吳藕汀《藥窗詩話》

我體驗了回憶，愛，恨，追求和奮鬥幻想的恥辱。
而現在我幾乎不能相信，我設法度過了我的一生。

米沃什

就我的閱讀經驗而言，「詩話」、「詞話」等似乎已是「古典化」的「貴族文體」，早已絕跡於今世。當我讀到吳藕汀老人之《藥窗詩話》時，不禁有一種「化石復活」之感。藕汀老人在書畫、文學、經史子集諸多領域皆有不凡建樹，卻自甘淡泊，避居嘉興，不到大都市湊熱鬧，不與烏合之眾同沉浮。比之那些喜歡在電視上出風頭的「文化老人」，如季羨林、啓功、黃永玉輩相比，其高下若雲泥立判。

藕汀老人雖已年過九旬，仍如老頑童一般，對各種新知充滿好奇之心。吾友許宏泉君云，藕汀老人無一日不讀書、寫作、作畫，比好些年輕人還要勤奮。更可佩的是，老人透過種種管道獲取新資訊，甚至對網路上的消息和言論亦瞭若指掌，若干見解與年輕一代自由主義知識分子「不約而同」。

《藥窗詩話》是老人多年來「閒情偶記」之結晶。文章本天然，妙手偶得之，這些琅琅上口的詩句和長長短短的詩話，本不爲發表而寫，乃爲自娛，故能擺脫時下爲文者最容易患上的矯揉造作的毛病。在平白如畫的詩文背後，流淌著歲月的溫情；在白駒過隙的回憶之中，閃爍著思想的鋒芒。我一邊閱讀《藥窗詩話》，一邊感歎其淵博之學識、獨到之見地、高雅之情趣、溫潤之文字，豈是那些向金錢和權勢獻媚的「文化大師」們所能比擬？眞正的大師，從來都是布衣芒鞋，富貴浮雲，大隱隱於市。

那個逝去的時代爲什麼值得懷念？

《藥窗詩話》宛如一道橋樑，貫穿今昔。從中讀者可品味一位歷盡世事滄桑的老人敬天愛人的豁達心境，從中讀者可窺見一個逝去時代及其時代存在過的人物的喜怒哀樂、悲歡離合。

作爲差不多與民國同齡的「民國遺民」，藕汀老人在詩話中對民國時代的嘉興及其周邊區域的風土人情作了栩栩如生的描繪。這些文字彙聚在一起，便定格成爲一幅「民國版」的「清明上河圖」。從一段段娓娓道來的小故事中，讀者自可發現一個迥然不同於歷史教科書的、立體而眞實的民國社會的世態萬象。

如〈怡園〉一則寫茶館之風情：「『怡園』裡比較熟的茶客，茶錢積下來，喜歡的時候還。他們在扶梯邊放了一隻小桌子，掛上一本帳簿，茶客吃好了茶，自己在帳簿上名下寫上一壺或幾壺，倘若今天忘記了，明天補上。高興還帳，自己算一算，付款勾銷，重新再起。這種憑誠信的君子方式，確是『怡園』的特點。」那時，茶館允許茶客賒帳，茶客亦定期清帳，雙方無須法律牽制，靠的是相互的信任。

〈西湖博覽會〉一則寫商業之盛：「民國十八年西湖博覽會在杭州開幕。它的性質，是全國性的物質交流。這西湖博覽會是清末宣統年間曾開南洋勸業會以來，所未有的盛會。全國各地來參觀的人，非常踴躍。從斷橋至孤山路，沿堤滿裝電燈，晚間猶如火龍一般。」看來，那時的地方政府竭力爲民間商業的發展打造良好平臺，而不是竭澤而漁地打壓「民營企業」。這是符合海耶克的古典自由主義經濟學原理的做法。

〈汪知事〉一則寫民國時期地方官員的施政風格：「在我還只有七歲的民國八年，嘉興出現了這時還沒有『標語』這一名稱的標語，寫著『驅逐民賊張昌慶』。爲的是商業學界，要趕走一個不與地方上和洽的縣知事。……來了一個名叫汪瑩的新知事。這汪瑩好像是湖南人，生來不長不短，有一張和氣面孔。見人總是笑嘻嘻地，手段相當圓活，一反那個十足官僚作風的張知事。不要說對一些地方上所謂縉紳之流，就是商店裡的雇員，拉車的伕子，都保持著點頭的功夫。」不單單是因爲縣太爺人品好，更是因爲隨著地方民眾參政意識的覺醒，官員們不得不放下「父母官」的架子，擺出謙恭的「人民公僕」的模樣來，試想前清時高高在上的縣太爺，會對店員和車夫「保持點頭的功夫」嗎？

藕翁之詩話，寫家國變遷，更寫人情世故；寫歷史風雲，更寫鄉邦文物；寫文壇掌故，更寫文人風骨。其筆觸有點周作人的味道，尤其擅長從小處入手，如〈鄧翁〉、〈老婆婆〉、〈本坤房〉等則，描寫童年、少年和青年時代朝夕相處的保姆、燭工、茶博士、伶人、雜活販子、糕點工人、帳房先生、私塾先生、裁縫各色人等，筆端飽含感情，下筆卻又淡若雲煙，言猶未盡，餘音繞樑。

如〈何司務〉一則，寫一位從小一直爲其做衣服的裁縫，聽說少爺要結婚的消息，即便賠本也要爲之做全套的禮服，「說我從小毛頭的衣裳做起，做到長大，連結婚的衣裳還做不著，覺得很難過」。於是，「看他老人家的臉上，有些氣憤，我就安慰了他，決定把全部的衣服給他去做」。

對於這樣的故事，如果以從小在語文教科書中接受的那套總結「中心思想」的思路出發，那麼所謂的「中心思想」就是：表現了「下層人民」身上的「優秀品質」。但是，如果換一種角度去鑒察，則可發現當時的雇傭者與被雇傭者之間並沒有尖銳的「階級矛盾」，反倒是一派「其樂融融」的景象——吳氏一家老老小小都把「下人」當作「家人」來善待之。那個時代的人際關係充滿暖暖的溫情，那個時代的讀書人看重名譽、熱愛自由，那個時代的倫理道德守著傳統的底線。

在《藥窗詩話》中，讀者還可以發現，那個時代的報館，在面對最暴虐的軍閥，還有「開天窗」的自由（〈開天窗〉）；那個時代的學校，雖然新舊混雜，但老師們大都可以按照自己的喜好來教授學生（〈鐘秀學校〉）；那個時代的商人尊奉「信義通商」的原則，賺錢的祕訣乃是信用與道義（〈信義通商〉）；那個時代的「專業人士」，只要勤勉工作，不管藍領白領，均受人尊重（〈謝帳房〉）。

這些細節爲讀者提供了一種親身「貼近民國社會的方式」。一九二一年，時任北京大學客座教授的羅素，在訪問中國之後寫了一本題爲《中國問題》的書。書中寫到，中國可能是世界上最自由的國家。這似乎與今日吾人的理解頗相齟齬。今天的中國人，提起民國時代，似乎並無好感，無非是復辟賣國、軍閥混戰、國恥連綿，有何自由可言？然而，在《藥窗詩話》中，作爲「當時人」的藕汀老人寫下了與羅素的印象相似的記憶。

以《藥窗詩話》中的嘉興而言，民間社會自治風氣已成，公共空間日漸擴大，普通百姓的生活甚少受政府干涉。民間信仰豐富多彩，宗教活動在民眾生活中佔據重要位置，如〈鹽大王〉、〈花師姑〉、〈施府君〉、〈雷祖〉、〈張王廟〉、〈羅漢殿〉、〈門眷〉、〈徐菩薩〉、〈溫天君〉、〈痘司〉等則，皆寫具有地方特色的神仙廟宇。同時，民俗傳統亦源遠流長，民俗活動是社會和諧的潤滑劑和鄉邦文化的重要組成部分，如〈走馬燈〉、〈葷打散〉、〈飯團囤〉、〈跳無常〉、〈惜字會〉、〈兒啼帖〉、〈打年貨〉、〈無事殺生〉等則，勾勒出一個溫馨豐饒的江南民俗世界。

這些文字將讀者帶到一種彌漫著民國氣味的氛圍之中，使後人能對這段歷史拋卻成見、平心而論，正如學者唐逸在〈中國問題與中國思想〉一文中所論述的那樣：「辛亥至北伐，中國工業年增長率爲百分之八至九，發展之速，令人瞠目。自由企業，公民社會，空前茁壯。各地商會、工會、同業公會、學生自治會、專業學會，研究會等民間組織，遍地出現，如雨後春筍。一切結社、報刊、出版、成立公司或政黨，無須政府審查批准。地方自治，盛況空前。僅嘉興縣便有二十來個商會，紹興的商會一時竟暫代地方議會選舉縣長、制定稅收。人口流動，未有限制。從鄉村到城市，從國內到海外，務工經商十分便利。民意代表和立法機關，不受政府控制。相反，政府必經民選。各省推選的國會議員，雖然資質不齊，但大體反映民意及國民水準。梁啓超參加國會，組織反對黨。由國會聘請西方憲法專家，認眞研究制訂憲法。學生運動，不受鎭壓。五四學生運動，竟使政府在巴黎和會上拒絕簽字，而學生暴亂，火燒外長住宅，痛打章宗祥等違法行爲，政府最終讓步，未受懲罰。這樣寬容的政權，史無先例。」此段論述中亦提及藕汀老筆下的嘉興，兩相印證，應爲不虛。那是一個充滿活力和生機的時代，傳統與現代互相依存與融合的時代。它自有其値得懷念與肯定的地方。

突破儒家倫理，顚覆歷史定論

《藥窗詩話》讓我耳目一新的第二個方面，乃是作者剝離歷史塵埃、推倒歷史定論、敢想人之所不敢想、敢言人之所不敢言的學術勇氣。

其一，藕汀老特意彰顯民間價值以對抗官方價值，他否定「朝」而肯定「野」，在對「小傳統」的肯定中挖掘正面的文化資源；其二，藕汀老善作「逆向思維」，在人云亦云處發現疑點，「大膽假設、小心求證」，一路順藤摸瓜下去，終於發現那些「定於一尊」的觀點的荒謬與可笑。這背後所憑藉的，正是中國文化傳統中相當匱乏的對純粹眞理的熱愛與探求。這種對純粹眞理的熱愛和探求，是超越任何功利目標的。

如〈吳三桂〉一則，藕汀老認爲吳三桂引清兵入關並非爲陳圓圓：「其實這時陳圓圓早就到關外去了，你想一位年輕的將軍，會把得寵的姬人放在家裡嗎？相傳關外還存在著陳圓圓的『梳粧檯』，其眞僞不知，但陳圓圓早在遼東，這是可以理解的。所以吳梅村『將軍一怒爲紅顏』的話，是當時南方人士聞說吳三桂投降了清國，或是聽了訛傳，或是有意誹謗，難以考證。」

對吳三桂殺永曆帝一事，藕汀老亦有一番解說：「在一部舊抄本的《流寇志》裡說吳三桂穿了素服，去見永曆，內容當然沒有人知道。不過他出來不久，永曆就死了。這很顯然，是免得永曆去做那『獻俘』的犧牲品，讓他從容自殺了，自己卻蒙受了勒死故主的千古罪名。後來《流寇志》改作《平寇志》刊印的時候，把吳三桂素服進見永曆的一段刪去了。」吳三桂先後反叛明清兩朝，身後承擔漢奸之罵名，透過金庸武俠小說《鹿鼎記》之渲染，其大奸大惡的形象更是深入人心。藕汀老的看法卻與之相反：「在吳三桂反正的時候，也只殺了一個曾經害過金聖歎的前任江蘇巡撫。雖然他死了以後，事業也失敗了，但是他的部曲沒有一個人不殉職而投降清朝的，可見他平時待人之深了。」

藕汀老還發現，官修史書與民間文學在價值取向上存在著明顯的差異乃至根本的對立，以對吳三桂的評價爲例：「就是民間傳說和小說、戲曲也沒有醜化過他。小說裡的吳三桂，大都是年輕而且風流的將軍，說書裡大致相同。戲劇裡《山海關》的吳三桂是老生的應行，當年程大老闆長庚擅長的五出靠把戲，紅甲是《甯武關》的周遇吉，綠甲是《戰太平》的花雲，黃甲是《定軍山》的黃忠，黑甲是《白良關》的尉遲恭，白甲就是《山海關》的吳三桂。其他四人都是一代名將，所以也並沒有看輕他。」這就說明，儘管官方以「盛世修史」之浩大工程來貫徹和宣揚其意識形態，但官方並不能完全壟斷對歷史的解釋權，民間自有其獨立的評價系統在，雖遭權力之不斷摧抑，這種評判系統仍頑強地以小說、戲曲等形式來隱藏並傳播。而後者往往更加迫近歷史的眞實，也更値得有見識的文人注意。

藕汀老在婦孺皆知的〈木蘭詩〉中，亦有「在尋常中見奇崛」之發現。〈木蘭從軍〉一則，藕汀老經過對詩中場景及相關史料的考證，得出如是結論：「木蘭是鮮卑拓跋部人，那時被征從軍，隨魏王拓跋珪即道武帝大軍南侵，很明白是來打漢族人的天下。此時可能還是東晉末年，到了黃河流域，大肆掠奪，轉而又大破本屬宇文部的庫莫溪及後燕。」那麼，木蘭所參加的戰爭正是遊牧民族對農耕的漢族的戰爭。

由此，藕汀老一針見血地指出長期以來漢人以木蘭爲民族英雄的荒謬：「像這樣一個侵略者的幫凶，我們漢族人竟然把一篇侵略者頌揚自己有功之人的文字來作爲張本，當作一個抵禦外敵的英雄來崇拜、來歌頌、來宣揚。那麼有一個女子，爲了『忠君報國』之心，作了傷天害理之事，如以『能如木蘭節，忠孝兩不渝，千古大名焉可滅』來加以讚美，豈不是顚倒黑白，那眞是『安能辨我是雌雄』了。」

清代文學批評家劉熙載在〈藝概〉中說：「文以識爲主。認題立意，非識之高卓精審，無以中要。才、學、識三長，識爲猶重。」藕汀老雖非專業歷史學家，但其諸多切中肯綮的「史見」，卻讓那些劃地爲牢的大學歷史系教授們望塵莫及。

對若干歷史人物的評價，他自有法眼，輕輕幾筆便能破解其炫目的「神光圈」。如唐伯虎，藕翁認爲其人「是一個並不高尚的風流人物」，「他留下的遺作，並不見好。尤其是很少見有文人畫氣息，大都是遷就俗眼」。

如〈陋室銘〉，藕翁認爲該文並非劉禹錫所作，因爲劉身爲太子賓客，作官時也「破怙威權，中傷端士」，其言論與處境與〈陋室銘〉相去甚遠。〈陋室銘〉的本意與〈北山移文〉一樣，乃是故作清高的牢騷，故作者應該是一個不得志的小文人。

如辛棄疾，藕翁認爲其不過是一個「奸貪殘暴」、「視赤子如草芥」的貪官污吏，其〈稼軒詞〉多爲幕僚劉過充當「槍手」所作。自宋以來，人皆謂劉詞學辛詞而有所不及，藕翁則認爲：「原是一人，何分高下，陳陳相因，誠是文人之陋習。」

對曹雪芹、戚繼光、馬謖、洪秀全諸人，藕翁亦有獨樹一幟之評說。其論說當然不一定「句句是眞理」，但皆可成「一家之言」。

在美食背後詩意盎然的生活態度

《藥窗詩話》之第三大亮點，乃是談論飲食的內容。文人喜歡談論飲食，本不足爲奇，從孔子到司馬相如，從李白到金聖歎，從袁枚到梁實秋，再到今日與藕翁同爲「文化活寶」的四川老作家車輻，無不如此。但《藥窗詩話》中的此部分內容，並不單純是談「吃」，也不單純是談「吃」背後的「文化內涵」，更是談「吃」中所蘊涵的世態人情，將「吃」作爲一個時代生活品質的註腳之一。

藕翁談吃，大都是「小吃」，而非今天官僚及官商們一擲萬金之「大吃」。「大吃」顯豪奢派頭，「小吃」含生活情趣；「大吃」是沒有文化者以惡俗的方式玩文化，「小吃」是文化人浸淫於文化之中而隨手拈來之享受。如〈楊梅〉、〈大頭菜〉、〈倫敦糕〉等則所寫，皆是花幾文錢便可購得的普通食物。

又如〈春捲〉一則：「擔上賣春捲，必定在這桃李芬芳，柳暗花明的天氣。春捲皮子是用麵粉糊，在盤燙成的。這種皮子越薄越好，餡心一般是肉絲和嘉興叫野菜的薺菜，或用韭菜更好。卷好後，再放在盤上熟，趁熱吃來，很是有味。」

又如〈立夏〉一則：「酒釀糟也是立夏時食，鄉下人家善於自製。也有肩挑貿易，沿門叫售。做酒釀糟，先用糯米蒸成硬飯，然後勻入酒藥，放置在缽頭裡蓋好，再覆上棉絮保暖。初熱的天氣，大致一周時即可吃了。既甜又香，頗適宜小吃。這時葵扇、草席同時上市，正是『綠窗初試葵扇，入夏新嘗酒釀糟』。」

又如〈蝴蝶餅〉一則：「近來市肆中出售一種三角形的餅餌，美其名曰蝴蝶餅，實在並不肖什麼蝴蝶。但其名稱畢竟比較好聽，也就是芝麻餅、腰子餅、廣東餅之類。……燈下抄書，每至深夜。三分一隻的蝴蝶餅，倒是我最高的享受，吃他二隻點點饑。眞像莊周那樣渾渾噩噩，『栩栩然』好比在夢裡一般。」

吃的東西不在乎高級和昂貴，而在乎食者的心情與態度。最可珍惜的，恰是那些有濃厚的鄉土氣息的食物；最可寶貴的，乃是那些存在於記憶之中的童年飲食。抽象的愛國，始於具象的愛鄉邦，以及愛鄉邦的人與物。在此意義上，比起某些人動輒宣稱「愛國」的宏大敘事來，對鄉邦土特產的熱愛方顯眞實而樸素。

飲食方式又是社會關係的紐帶，及歷史傳統的存留。如〈立夏〉一則，藕汀老談及當地立夏時節吃莧菜的習慣：「嘉興工廠裡，尙有吃莧菜之慣例，凡是泥木石等作坊裡，吃立夏酒的菜餚裡，必須要有莧菜，因爲這時的莧菜最嫩，價格昂貴。這天吃了之後，到了不値錢的售，坊主仍可常用此菜，工人也不會有意見。否則在這一年裡，就不允許吃莧菜了。倘然立夏買不到莧菜的話，每桌可放一碗銅錢，由他們自己去分配，也做替代嘗新。這樣一來，就無二話了。」在此一傳統風俗的背後，是江南淳厚優美的人情。東家善待工匠，工匠也悉心幹活；東家不作苛扣之態，工匠也不作怠工之想。小小一盤莧菜，折射出東家與工匠之間貧富雖有懸殊，但尙有一種平等的關係和體諒的情感。一個社會的穩定是靠此人情來維繫，而非靠政權和軍隊來維繫。靠人情維繫的穩定，方是長久的穩定；靠暴力維繫的穩定，則只能是暫時的穩定，而後暴力將造成更大的不穩定。

所謂「一粒沙裡看世界，半瓣花上說人情」，由小吃店的經營方式，即可見一個行業乃至一個時代的生存方式。〈蒸餛飩〉一則云：「海寧城裡傳家橋的西南堍，有一家賣餛飩的店肆。顧客上來，先泡一壺茶，然後告知要吃多少隻，這時的代價要二角多大洋，相等於白米三升光景。皮子沒有現成，要當場一隻一隻捍做起來。先將和水的麵粉，摘成了小粒子，才用兩根同筷子長短的木梗，一張一張的輥起來，而且還發出篤篤的聲音。他們做的皮子，與其他先捍好一張很大的皮子，然後用刀切成方塊者不同。皮子數好，然後才裹餡子。做時一隻一隻放在當時放置銅錢的錢盤上，十隻一行，不致有誤。餡子鮮肉係三精三肥，肉選得很精緻，不用壞肉來充數，切細之後加上醬油拌勻等用。餛飩裹好，才上蒸籠，蒸熟後，端到顧客之前，還加上了一小碗醬油湯，其中放上幾根韭菜和二三隻海蝦。計算時間，至少要在一個小時左右。或許在生意鬧忙之時，等候二個小時也不算長久。」

此段敘述，藕翁故意寫得不動聲色，讀者卻不禁爲之神往。眞恨不得時光倒流，飛到民國時代之海甯傳家橋，親自品嘗此「神品餛飩」。有如此敬業之老闆，方有如此美味之餛飩，也才有寧願等候兩個小時也要一飽口福的顧客。業者與顧客之間，不是簡單的買賣關係，而更有一種知音般的激賞。

「吃」已然成爲一種娛樂、一種藝術、一種精神。在此意義上，物質文明與精神文明確實是一脈相通的。再深一層想，精細的生活方式，需要從容仁厚的社會風氣和國泰民安的經濟狀況來支撐。相反，以飲食習慣爲表徵的日常生活的粗鄙化，也正與此時代的人心淪落和政教敗壞同步。藕翁筆下的那家餛飩店已經成爲如廣陵散般的絕響，今日何處能尋覓到如此美味之餛飩店呢？據報載，北京的老字號「餛飩侯」使用的原料居然衛生檢查不合格，老字號店大欺客，誠可悲也。

《藥窗詩話》可以作爲小品文來欣賞，也可以作爲小型百科全書來閱讀。有自然界的草木蟲魚之名，亦有人世間的溫情與憂傷。更準確地說，更像是一位睿智而曠達的老爺爺給孩子們講過去的故事。

這本書的佳處還有很多，我無法一一談及。這篇文字，姑且充作淺陋的導遊詞，眞正美妙的風光，還得讀者們自己去觀賞。

文字因緣長，心如蓮子苦

——蕭紅與丁玲的故事

這裡一切都會活得比我長久。

阿赫瑪托娃

一九四二年，在蕭紅逝世之後，丁玲寫了一篇題爲〈風雨中憶蕭紅〉的文章。老實說，我並不喜歡丁玲，不喜歡她前期過度誇張的自由放縱與後期偏執得有些病態的革命腔調，那些舉動和言詞因爲缺乏質樸眞誠而顯得矯揉造作。但是，這篇短短的文字改變了我對丁玲一貫的看法——丁玲身上眞還有跟蕭紅相同的好品質，可惜這樣的好品質長期受外部環境和個人內心的壓抑，在丁玲漫長的人生歷程中只是偶爾靈光乍現。

在這篇文章中，丁玲充滿深情地寫道：「不知爲什麼我就有一種預感，覺得有種可怕的東西會來似的。有一次我同白朗說：『蕭紅絕不會長壽的。』當我說這話的時候，我是曾把眼睛掃遍了中國我所認識的或知道的女性朋友，而感到一種無言的寂寞。能夠耐苦的，不依賴於別的力量，有才智、有氣節而從事於寫作的女友，是如此其寥寥啊！」這幾句體貼的話語以及背後崇高的敬意，必定是蕭紅在彼岸世界難得的安慰——這位喜歡一個人走夜路的女子，是中國二十世紀最獨特、最優秀的女作家。

在那樣的暗夜，光明和美麗是多麼孤獨

蕭紅不像張愛玲那樣陰冷，也不像冰心那樣優雅，她比她們更加執著與純眞，她讓生命在文字中像火一樣全部燃燒。在與邪惡的時代和可怕的疾病進行了慘烈的鬥爭之後，她寧靜地去了，以一種絕決的姿態在黑暗籠罩的世界裡迎接光明。

蕭紅生前是寂寞的，她的朋友很少，她曾暗戀過作爲「先生」的魯迅，魯迅卻活得跟她一樣苦澀。他們都太愛這個世界了，以致於世界並不愛他們。

蕭紅從東三省的白山黑水走到南國香港的摩天樓宇之間，仍未找到一名眞心呵護她的愛人。在最困難的時候，蕭軍和端木都沒有陪伴在她身邊。她的生命在小小的香港島畫上了句號，她的文字卻長久地留存下來，如同眼淚結晶成的珍珠。

是的，寂寞，沒有朋友的寂寞，是人生中遭遇的最可怕的折磨。失去了蕭紅，失去了精神上的朋友，丁玲本人也陷入這種可怕的寂寞之中——延安生氣勃勃的「戰友」們，以及鋪天蓋地的革命口號，並不足以消除這種寂寞。

只有丁玲本人知道自己的心靈狀態，抵達崇高的道路還很遙遠，朋友卻已耗盡心力倒下。丁玲感歎說：「不幸的是我的杞憂竟成了現實，當我昂頭望著天的那邊，或低頭細數腳底的泥沙，我都不能壓制我喪去一個眞實的同伴的歎息。在這樣的世界中生活下去，多一個

眞實的同伴，便多一分力量，我們的責任還不只於打開局面，指示光明，而還是創造光明和美麗；人的靈魂假如只能拘泥於個體的褊狹之中，便只能陶醉於自我的小小成就。我們要使所有的人都能有崇高的享受，和爲這享受而作出偉大犧牲。」爲了成就那明天的「光明和美麗」，丁玲試圖放棄自我、放棄個體，心甘情願地成爲共產黨龐大的機器上的一顆小小的螺絲釘——那是一條與蕭紅完全不一樣的道路。

一九四九年以後，丁玲再也寫不出任何有價値的文字，她比蕭紅多活了半個世紀，無非苟活而已。這究竟是幸運，還是不幸？喜歡政治鬥爭的丁玲，被裹脅在比她想像的更爲險惡的政治鬥爭的波濤之中。她逐漸失去了「創造光明和美麗」的可能與勇氣，那些爲「聽將令」而寫作的文字，如今讀來如同嚼蠟，甚至還散發著某種陰溝中的氣味——以一部《太陽照在桑乾河上》而獲得「史達林獎金」，眞的是一種榮耀嗎？或是恥辱？

相比之下，還是蕭紅在貧病交加中寫下的文字更有鮮活的生命力。蕭紅一直忠於自己內心的感受，對她來說，心靈永遠比「主義」更値得珍惜。這兩位女作家的生命，或漫長或短暫；這漫長與短暫，同她們作品的單薄與豐富，奇妙地形成一種令人深思的反比。

丁玲是在寫蕭紅的命運，也是在寫自己的命運。或者更確切地說，她是在寫所有渴望自由和高貴的精靈，在這個邪惡佔據主導的世界上的悲劇性命運。在這段文字裡，她似乎已經預感到一種無法控制的、即將摧毀一切的力量的來臨。那麼，蕭紅的提前離開，未嘗不是一種免於更大的悲劇的較爲「不壞」方式——與其活著被羞辱，不如死去之後獲得安寧。

胡風、馮雪峰和蕭軍，他們是蕭紅最好的朋友、師長或戀人，在毛澤東大權在握之後，很快都成爲「時間開始了」之後的祭品。歷史學者王友琴在《文革受難者》一書中記載了蕭軍被紅衛兵毒打的經過，那是蕭軍本人的回憶：一九六六年八月廿三日，北京大學附中和北京第八女子中學的紅衛兵闖到文化局和文聯機關，對那裡的「牛鬼蛇神」動手施暴。幾個女紅衛兵用銅頭皮帶劈面打蕭軍，給他掛上了「反動文人蕭軍」、「反革命分子蕭軍」等幾塊大黑牌子，還在他的名字上畫上了紅色的大叉子，並且把他的頭髮剪掉。然而，這二十九個作家被強迫跪在焚書的火堆前，紅衛兵們拿來了舞臺道具木刀、長槍和金瓜錘，對他們劈頭蓋臉地亂打。

當時正值盛夏，人們身穿單衣，打得衣服的布絲都深深嵌進肉裡。蕭軍說，當他跪在燒書的火堆前，被身後的紅衛兵用棍棒和銅頭皮帶毒打的時候，心中眞是憤怒至極。蕭軍年輕的時候進過軍事學校，練過武功。他心裡想，如果他動手反抗，憑他的功夫，可以打倒十幾個人。

但是，蕭軍看到老舍就跪在旁邊，臉色煞白，額頭有血流下來。他想，如果他反抗，寡不敵眾，他最後會被打死，其他二十八個「牛鬼蛇神」，包括老舍，一定會跟著他一道統統被打死在現場。他不應該連累別人。他壓下反抗的衝動，忍受了三個多小時的毒打和折磨。

此時此刻，如果蕭紅還活著，如果蕭紅就在現場，也受到同樣的毒打和折磨，她會堅持住嗎？蕭軍會繼續看著心愛的人受到這樣的毒打和折磨嗎？

很難想像以蕭紅剛毅而直率的個性，如何熬得過一九四九以後那些仇視眞善美的歲月，更何況她還出身於一個「地主家庭」——雖然她在那個家庭中備受虐待，但這已足以成爲能致她於死命的「原罪」。

「革命女性」何以成爲「被革命」的對象?

在延安，丁玲還遠遠不能預見到以後將要發生的一切。但是，對於蕭紅的死，對於蕭紅死去之後的歲月，丁玲卻有一種透骨悲涼的預感：「這世界上有的是戮屍的遺法，從此你的話語和文學將更被歪曲，被侮辱……」在這些陰翳的句子裡，丁玲寫出了她在延安整風中的驚惶與恐懼。

但是，丁玲已不可能再回頭——在歷史上，只有革命將革命者吞噬掉的千篇一律的故事，而沒有革命者「告別革命」的先例。丁玲預見了蕭紅在死後甚至會比在生前還要寂寞：蕭紅不可能被後人所理解，這是蕭紅必然遭遇的命運，正如魯迅的命運一樣——這也正是爲什麼在魯迅與蕭紅之間會存在著某種奇妙而深刻的感情，魯迅那些不被許廣平所理解和體貼的部分，卻能爲蕭紅所理解和體貼。他們光榮地生活過，儘管都不長壽；他們嘔心瀝血地寫過，儘管遠未「著作等身」。他們不曾向譭謗和辱罵低頭，而在他們身後，無數的蟲豸正在蠢蠢欲動。

那是一九四二年火熱的延安，生活雖然艱苦，但勝利似乎在望。歌聲和紅旗在四處飄揚，丁玲的內心深處卻充斥著如此悲涼的感受，這不像是爲蕭紅而寫的悼詞，倒像是寫給自己的悼詞。這感受與丁玲臉上燦爛的笑容形成巨大反差——那誇張的笑容是留給爲「宏大敘事」而拍攝的攝影家的。

那時，丁玲可以時不時與還住在窯洞裡的革命領袖會面和交談，那是一個作家在革命根據地所能享受到的最榮耀的「特殊待遇」。但是，丁玲已然發現了革命與詩人之間巨大的不和諧——革命的成功必將以犧牲詩人和詩意爲代價。緊緊地掌管著革命之舵的，是殘酷地玩弄無處逃生的老鼠的貓。自以爲是的詩人們，其實比老鼠還可憐。

那麼，這代價值得付出嗎？

儘管如此，丁玲畢竟還活著。於是，她寫下了這段給朋友的祭文：「只要我活著，朋友的死耗一定將陸續地壓住我沉悶的呼吸。尤其是在這風雨的日子裡，我會更感到我的重荷。我的工作已經夠消磨我的一生，何況再加上你們的屈死，和你們未完的事業，但我一定可以支持下去的。我要藉這風雨，寄語你們，死去的，未死的朋友們，我將壓榨我生命所有的餘剩，爲著你們的安慰和光榮。那怕就僅僅爲著你們也好，因爲你們是受苦難的勞動者，你們的理想就是眞理。」她不得不給自己創造希望，沒有希望又怎麼能活下去呢？

丁玲在文章的最後留下了「光明的尾巴」，如同魯迅先生在〈藥〉的結尾處增添一個花環一樣：「風雨已停，朦朦的月亮浮在西邊的山頭上，明天將有一個晴天。我爲著明天的勝利而微笑，爲著永生而休息。我吹熄了燈，平靜地躺到床上。」我不知道這天夜晚丁玲是否眞的能夠甜美地入睡。

但我知道這是丁玲一生中所寫下的最好的文字——唯一能與蕭紅媲美的文字。

「『反傳統』主義」與「反『傳統主義』」

——對林毓生、張灝、余英時的「五四觀」之檢討

酒越陳舊越好，而水越新越甜美。

威廉・布萊克

「五四」運動是理解現代中國的一把鑰匙，「五四」運動也是中國現代思想、現代文化與現代學術的開端。對「五四」運動有兩種不同的定義：狹義的「五四」，是指一九一九年五月四日在北京發生的、以民族主義爲訴求的學生愛國運動，此運動在數月內波及到全國許多城市，由於工商界的加入，形成強大壓力，迫使北洋政府同意學生的諸多要求，運動獲得了勝利。而本文所討論的「五四」運動，乃是廣義的「五四」，即在一九一九年五月四日前後十多年內，以新式知識分子爲主導，進行的思想、文化和學術啓蒙運動。其上限可追溯到一九一七年的白話文運動和文學革命，下限則可以劃到二十年代國民黨軍北伐前夕。

作爲思想、文化和學術資源的「五四」運動，在「五月四日」之後就被當事人及後人不斷地回憶、評價和闡釋。每一種回憶、評價和闡釋，都隱含著回憶者、評價者和闡釋者自身的思想、文化與學術立場——當然更爲「先在」的，是其政治立場。在二十世紀的中國，沒

有純粹的思想、文化和學術，一切思想、文化和學術都與政治存在「剪不斷、理還亂」之關係。近代以降，在「全能政治」籠罩下的中國，「政治立場」成為先在的判斷——「五四」之命運亦不例外。

國共兩黨對「五四」的闡釋與扭曲

從二十年代中期開始，國共兩黨就對「五四」的繼承權和闡釋權展開激烈鬥爭。毛澤東在《新民主主義論》中指出：「五四運動是一場偉大的、徹底的文化革命，在中國歷史上是空前的。」與毛澤東對「五四」的高度評價不同，蔣介石要謹慎得多，蔣介石認為，「五四」的目的是「救國」，「五四」這一代青年「愛家庭、愛家族和重自我修養」。

毛氏將「五四」定義為馬克思哲學體系中翻天覆地的「文化革命」，蔣氏則企圖以民族主義立場消解「五四」反傳統的特質。與其說這兩名政治領袖是在給「五四」作出某種歷史性的定論，不如說他們都是在打「五四牌」，希望將「五四」納入各自黨派所秉持的意識形態框架。在這一點上，毛比蔣做得更為成功。高舉著「五四」之「革命」旗幟的毛，比起猶猶豫豫、欲說還休的蔣，更讓青年一代意亂神迷、熱血沸騰。從這個細節看，毛的勝利和蔣的失敗是必然的。

一九七九年，「五四」運動六十周年之際，對立的海峽兩岸再次以各自的方式闡釋「五四」在中國現代史上的意義。此時此刻，在對「五四」的闡釋中，兩岸都對原有的口徑有繼承和調整。中國《光明日報》在社論中指出：「五四運動傑出的歷史意義，在於它徹底地不妥協地反對帝國主義和徹底地不妥協地反對封建主義。」該社論在分析「五四」之後知識分子陣營分化的現象時，意味深長地說：「同樣是參加了五四運動的風雲人物，爲什麼會有這樣完全不同的結果呢？這並不是他們個人在才能、品質、習慣上的特點所造成的，而在於他們究竟接受什麼思想體系和政治綱領。」[1]

在彼岸的臺灣，則對「五四」提出明確的批評和反思。《大公報》社論認爲：「五四在政治上掀起了愛國的熱潮誠可推崇，但在文化上卻流於『反傳統主義』，這是五四的內在的矛盾。」[2]

前者沿襲毛的思路：要以馬克思主義「不斷革命」思想整合傳統社會，就必須凸顯「五四」反傳統的一面。而對「五四」人物的評判，亦必須遵循社會達爾文主義之「進步」觀念，尤以政治掛帥。該社論避而不談「五四」之「西化」的一面，卻將「五四」之「反帝反封建」意義大肆渲染，彷彿這樣便讓共產黨天然地獲得「五四」繼承者的身分。

而後者欲彰顯民族主義意識形態，繼續以儒學作爲「中流砥柱」，對「五四」所謂「激進」的一面大加批駁。

這兩種立場，表面上截然相反，卻又有驚人的一致：它們都認爲「五四」的核心觀念是

1 參閱一九七九年五月四日《光明日報》社論《走歷史之路》。
2 參閱一九七九年五月四日《大公報》社論《內除國賊就是要消滅赤禍》。

革命式的「『反傳統』主義」。它們在意識到「五四」內在的矛盾之後，都採取一種簡單化的處理方式：在「五四」內在的矛盾中，選取吻合自己意識形態的那一部分大加發揚，而對不符合自己意識形態的那一面則有意迴避或批駁。

「海外三傑」之「五四觀」對照

從二十世紀七十年代末以來，對「五四」的研究逐漸受到海峽兩岸乃至海外華人學術圈的重視。向「五四」尋找歷史經驗和精神資源，成爲中華文化圈內許多學者不約而同的選擇。同時，反思「五四」、清理「五四」負面價值的研究也逐步展開。

在我看來，在海外華人學者中，雖然不是「五四」研究專家，以「客串」的方式對「五四」展開研究，而最有成果者，有三位人士：林毓生、張灝和余英時。這三位學者都對「五四」提出頗有見地、別開生面的闡釋。

林毓生與張灝認爲，「五四」的基本立場是較爲激進的「『反傳統』主義」，但在具體論述時，又同中有異。余英時則更多地注意到「五四」與中國傳統之間的深刻聯繫，認爲「五四」並非「『反傳統』主義」，而是「反『傳統主義』」。

有趣的是，林毓生和張灝在台大求學時是殷海光的學生。殷海光畢業於西南聯大，直接秉承「五四」精神的核心即自由主義，堪稱「五四」精神最後的、也最堅定的傳人。

而余英時在新亞書院求學期間則傳承國學大師錢穆的衣缽。錢穆是一位與「五四」思想保持相當距離的「文化守成主義者」，他畢生致力於申明中國文化傳統的合法性與合理性。

按照常理推測，就學術傳承關係來說，林毓生與張灝的觀點應當較多肯定和讚美「五四」，余英時的觀點則應當較多否定和批判「五四」。但是，實際情況恰恰相反：作為自由主義者殷海光門徒的林毓生和張灝，對「五四」有較多的否定和批判；而作為文化守成主義者錢穆門徒的余英時，卻對「五四」有較多的肯定和讚美。

當然，人們不應當由此得出簡單的結論：他們都「背叛」了師門！這種說法無助於解決任何問題。而這一吊詭的存在，確實發人深思。

我個人認為，仔細辨別三位學者的「五四觀」，並探究「五四觀」背後學術理路、現實語境和發言對象的差異，對於理解「五四」以及理解「五四」以後數十年間中國文化思潮與意識形態的變異、交鋒和融會，具有不可忽略的意義。

林毓生：「五四」是「全盤的反傳統主義」

林毓生的「五四觀」主要集中在《中國意識的危機》一書中。在這部頗有影響的著作中，作者透過對陳獨秀、魯迅、胡適等「五四」人物的重要觀點和言論的分析，得出「五四」的實質是「全盤的反傳統主義」的結論。

林毓生認為，「五四」開創了現代中國激進主義的濫觴，進而將「五四」與毛澤東時代血雨腥風的「文革」聯繫起來。他明確指出：「五四運動在後傳統中國歷史上是一個轉捩點。就這個反傳統主義的深度和廣度而言，它在現代史上也許是獨一無二的。這個反叛運動反映著二十世紀這個知識界在意識認同方面的深刻危機，它也是後來文化和知識發展的預兆。」[3] 換言之，他認爲「五四」思潮直接導致此後中國知識界急劇左轉，並埋下自由主義挫敗的伏筆，更與「文革」的發生具有某種內在關聯性。

林毓生將「五四」遺產分爲三個層面：「五四精神」、「五四目標」和「五四意識形態」。他認爲，「五四精神」可繼續發揚，「五四目標」可繼續追求，「五四意識形態」之「封閉性」則必須突破，「這種封閉的心態往往是取一兩點西方的觀念或價値，在其意識形態化之後，便變成拒斥其他西方思想與文化的根據」。[4]

那麼，「五四」一代獲取的是哪些錯誤的西方的觀念與價値呢？林毓生認爲，「五四思想」有強勢與弱勢意識形態兩個方面：「五四思想」中，強勢的意識形態是激烈的反儒運動，以及最後由此擴展而成的堅持新舊無法相容的「全盤化反傳統主義」；而「五四思想」中弱勢的意識形態，則是當時的知識分子接受西方啓蒙運動影響而輕易採納的「進步的觀念」。

林毓生指出，「五四意識形態」的致命弱點在於其「整體主義」的思維方式。對「五四」這代知識分子思維方式的缺陷，他有相當嚴厲之批評：「許多五四人物在提倡他們所瞭

3 林毓生《中國意識的危機》，貴州人民出版社，一九八八年第一版，第五頁。
4 林毓生《「五四思想」有強勢與弱勢意識形態層面》，見《熱烈與冷靜》，上海文藝出版社，一九九八年第一版，第一一四頁。

解的科學與民主的時候，認爲這些西方的觀念及作法與中國傳統文化和思想完全不能相容。因此，在意識形態的層次上，主張非全盤而徹底地把中國傳統打倒不可。這個全盤性反傳統主義直接引發了在他們的思維脈絡中完全合乎邏輯的『全盤西化論』。事實上，『全盤性或全盤化反傳統主義』與『全盤西化論』都是『整體主義』的表現而已。」[5] 即便是「五四」那一代人中最接近英美自由主義傳統的胡適，林毓生亦認爲其並不理解自由主義的眞諦。他強調：「此一特殊而具體的『整體主義』，是五四人物未能從傳統中國儒家思想裡的一元式『藉思想、文化以解決問題的途徑』的思維模式之影響中解放出來的緣故。」[6]

「五四」那代人物固然有「整體主義」的思維迷誤，但在此問題上，我認爲林毓生陷入一種自相矛盾的論述：既然承認「五四」人物「整體主義」的思路受制於中國傳統儒家思想，那麼他又怎麼能說「五四」人物所實踐的是「全盤性或全盤化反傳統主義」的觀念呢？按照其推理方式，「五四」人物的內在缺陷，不正是傳統文化所賦予的嗎？

林毓生的這些觀點在海內外知識界引起強烈反彈。最具代表性的反駁文章是王元化的《論傳統與反傳統》。該文的基本論點是：「五四沒有全盤性的反傳統問題，而主要的是反儒家的『吃人的禮教』。」[7] 這篇文章發表之後，林毓生在回應文章中依然堅持自己的觀點，認爲「五四」並未實現對傳統的「創造性轉化」。

5 林毓生《什麼是五四的意識形態》，見《熱列與冷靜》，上海文藝出版社，一九九八年第一版，第一一一頁。
6 林毓生《什麼是五四的意識形態》，見《熱烈與冷靜》，上海文藝出版社，一九九八年第一版，第一一一頁。
7 王元化《論傳統與反傳統——從海外學者對五四的評論說起》，見《人民日報》一九八八年一一月二八日。

那麼，對傳統的「創造性轉化」意旨何在呢？按照林毓生的說法，在推行對傳統的「創造性轉化」之前，「必先對中國傳統的素質及其脈絡與西方的素質及其脈絡產生嚴謹而實質的瞭解」。[8] 他認爲，「五四」缺乏這個過程，「五四」以粗暴的方式對傳統進行否定，其結果便導致此後數十年中國社會的全面失序。「五四」不僅沒有解決中國社會所面臨的危機，反而大大加劇了這一危機。林毓生指出，一種健康的思想文化的嬗變歷程應當如此：「在這個過程中，有利於中國未來發展的新的東西是經由引進一些對中國未來有意義的西方質素及對中國傳統中的質素的重組與／或改造而產生的。……『重組與／或改造』的動力可以是西方思想、文化、與制度的衝激下帶來的刺激，但也可來自對中國古典純正質素的重認，或是西方的刺激與中國的重認互相影響的結果。在這個過程中，傳統因獲得新的意義而復甦，我們所面臨的許多問題也因而的確有了新的、有效的答案而得以解決。」[9]

這就是林毓生提出的一條不同於「五四」，或者說優於「五四」的「正確道路」，也可以看作林毓生對近半個世紀以來，西方漢學界流行的「衝擊－回應」說的修正和補充。顯然，這是一個抽象的、較爲理想化的「模式」，在此模式中，對自我的認知和對他者的認知並駕齊驅。林毓生認知的「五四」與他提出的這條「正確道路」背道而馳——他所認知的「五四」，因爲缺少對自身文化傳統的重新認知，而必須對中國此後發生的一切悲劇負責。

8 林毓生《邁出五四以光大五四——簡答王元化先生》，見《政治秩序與多元社會》，臺灣聯經出版公司。
9 林毓生《邁出五四以光大五四——簡答王元化先生》，見《政治秩序與多元社會》，臺灣聯經出版公司。

張灝：「五四」引入了「世界主義」和「人本主義」

如果說林毓生是海外最激烈批判「五四」的學者之一，那麼張灝的「五四觀」則相對要溫和一些。關於「五四」面臨的中心問題，張灝論述道：「五四知識分子在當時面臨的問題當然很多，但中心問題毫無疑問只有一個，那就是：如何重建中國文化？也就是胡適在當時所說的『再造文明』。……對於五四知識分子而言，如何重建中國文化，不是一個抽象的理論問題，也不是一個書齋裡的學術問題，而是他們的時代帶給他們的一個迫切而實際的問題。他們提出這個問題是發自內心對時代強烈的感受和關懷。」[10] 這種說法對「五四」中人的處境及其應對方式，頗有幾分「同情的理解」：「五四」的核心詞語不是「革命」與「破壞」，乃是「重建」。

對於那代知識分子來說，「重建中國文化」是重建中國政治、中國社會的前提，也正如唐德剛所言：「我們從魏源的『師夷長技以制夷』，到張之洞的『西學爲用』，到胡適的『全盤西化』，實在是我們向先進國家、先進文明學習的三個主要階段。我們要首先『趕上先進』，繼而『超越西方』，然後才能鑄造一個有自己內容的『現代化運動』。」[11] 唐德剛

10 張灝《五四運動的批判與肯定》，見《幽暗意識與民主傳統》，臺灣聯經出版公司。

11 唐德剛《胡適的歷史地位與作用》，見《解析胡適》，社會科學文獻出版社，二〇〇〇年第一版，第八頁。

以「啓蒙性的貢獻」這一說法，正面評價「五四」的成就。

另一方面，張灝對「五四」片面地誇大民主和科學的作用亦有所非議。他指出，「五四」時「科學萬能」和「民主萬能」的口號極不可取，使得民主與科學成爲新的偶像崇拜。在此層面上，林毓生批評過「民主制度壓抑獨立精神」、「實證科學走向工具主義」，強調不可迷信民主與科學。[12]張灝在「民主」與「科學」之外還發現了「五四」高舉的另一些價值：「五四」引進了傳統中國缺乏的「世界主義」和「人本主義」，這才是「五四」對現代中國文化最重要的貢獻。

「五四」帶來的「世界主義」有何內涵？張灝指出：「它給五四帶來一種『放眼世界，關懷人類』的心胸，這種心胸，就五四和五四以後的知識分子而言，是民族主義的一種防腐劑，民族主義可以避免產生狂熱和黷武的傾向。」[13]

「五四」帶來的「人本主義」又有何內涵？張灝指出：「五四的人本主義既然是『要重新發現人』，自然對現存的和既有的人的觀念、人的價值和目的、人的行爲和制度，作一番徹底的檢討與反省，從這一個觀點，五四喊出『重新估定一切價值』的口號，絕非偶然。」[14]

一般人談及「五四」時只知道「德先生」與「賽先生」，張灝卻將「五四」精神中關鍵

12 林毓生《「五四思想」有強勢與弱勢意識形態層面》，見《熱烈與冷靜》，上海文藝出版社，一九九八年第一版，第一一二—一一三頁。
13 張灝《五四運動的批判與肯定》，見《幽暗意識與民主傳統》，臺灣聯經出版公司。
14 張灝《五四運動的批判與肯定》，見《幽暗意識與民主傳統》，臺灣聯經出版公司。

的、大部分學者和史家都未注意到的「世界主義」、「人本主義」發掘出來並深入闡發，體現了其眼光的獨到之處。

同時，張灝亦尖銳地指出「五四」人物身上的種種「迷思」，認爲這些人物堅持了此一錯誤觀點，即「只有在傳統文化的灰燼上，才能重建中國文化」。[15] 圍繞這一論點，張灝較爲詳盡地分析了「五四」人物的矛盾心態——正是「急切的期待」，使得「五四」一代知識分子對他們當時面對的錯綜複雜的問題，渴求一個簡單明瞭、「一網打盡」的答案，「由於這種心態，他們認爲中國的問題可以在西方的科學和民主思想裡找到完全的解決之道；也由於這種心態，他們認爲中國的問題可以完全歸咎於傳統。一種心態，兩個方向，不但可以解釋（當然是部分的解釋）五四對科學和民主的過分期待，也可以解釋五四對傳統籠統的否定。」[16]

進而，張灝認爲，今天必須正視「五四」所產生的「全盤反傳統思想」。他指出，這一思想對中國歷史進程具有相當的負面影響：「這種思想演發到極端，是視傳統爲一片非理性的黑暗，阻撓著中國的進步，必須把這片黑暗全部掃除，中國前途才能有光明。」[17]

從這裡可以發現，儘管在對「五四」的整體評價上，張灝與林毓生有著一定的差別，但在指認「五四」人物的基本立場是「全盤反傳統思想」時，張灝與林毓生的觀點基本一致——

15 張灝《五四運動的批判與肯定》，見《幽暗意識與民主傳統》，臺灣聯經出版公司。
16 張灝《五四運動的批判與肯定》，見《幽暗意識與民主傳統》，臺灣聯經出版公司。
17 張灝《傳統與現代化》，見《張灝自選集》，上海教育出版社，二〇〇二年第一版，第三一二—三一三頁。

林毓生使用的概念是「全盤的反傳統主義」，而張灝使用的概念是「對傳統籠統的反對」。張灝還指出，只有重新走向傳統才能出現「新的五四」，也就是說，要超越「五四」，就必須「以傳統爲基點，去批判與反省現代化」。[18]

余英時：從晚清到「五四」的溯源

余英時的觀點與林毓生和張灝相比，存在著較大的分野。余英時首先肯定了「五四」「整體方向」的正確性，他指出：「五四時代人物在思想方面的許多不足之處，最重要的是他們對科學和民主的理解都不免流於含糊和膚淺。至於他們把民主與科學放在中國文化傳統直接對立的地位，那更是不可原諒的錯誤。但是就中國文化重建的方向而言，民主與科學的確代表現代文明的主要趨勢。」[19]經過此後數十年的否定之否定之後，余英時在不迴避「五四」之內在缺陷的同時，更多地體認到了「五四」的正面價値和歷史作用，因此他反覆強調說：「今天重新肯定五四在文化方向上的正確性是十分必要和適時的。」[20]

林毓生將二十世紀二十年代之後，中國知識界和中國社會的急劇左轉歸罪於「五四」，而余英時則認爲這是由當時的國際、國內形勢決定的，不能由「五四」承擔此責任。如果讓

18 張灝《五四運動的批判與肯定》，見《幽暗意識與民主傳統》，臺灣聯經出版公司。
19 余英時《論中國文化的重建問題》，見《中國思想傳統的現代詮釋》，江蘇人民出版社，一九九五年第一版。
20 余英時《論中國文化的重建問題》，見《中國思想傳統的現代詮釋》，江蘇人民出版社，一九九五年第一版。

「五四」背負此「無法承受之重」，豈不又落入林毓生本人批評的思路——「藉思想、文化以解決問題」？

就歷史事實而論，余英時的論述是比較中肯的：「民國以來，西方各國（包括西化成功的日本）給予中國人民的一般印象，是帝國主義的侵略和壓迫，知識分子對他們所師法的西方，自然便逐漸從企羡轉向憎恨；反西方的情緒一天天地滋長。孫中山便是由於對英、美的失望，一變而『以俄為師』；陳獨秀也從謳歌『德先生』和『賽先生』而改宗馬克思主義。自『五四』以後，中國傳統的地位早已在青年知識分子的心中一落千丈；在思想激進化的總體趨勢下，他們雖反西方卻不認同於中國的文化傳統。因此在政治和思想上活躍的知識分子，越來越感到『反西方的西化』具有難以抗拒的吸引力。『羨憎交織』的心理，終於把他們推向俄國十月革命的道路。」[21]

我贊同余英時的說法：與其說現代中國的激進主義思潮是「反傳統的西化」，不如說是一種「反西化的西化」。其實，正是這種「反西化的西化」使得一九二七年之後的國民黨政權出現了法西斯主義化傾向，也使得一九四九年之後的共產黨政權掀起「反右」、「大躍進」和「文革」等殘酷的政治運動。啓蒙走向反啓蒙，並非「五四」精神的延續，乃是「五四」精神的斷裂。

早在半個多世紀之前，作為「五四」當事人之一的胡適就對「五四」與二十年代後期興

21 余英時《歷史人物與文化危機・自序》，臺灣東大圖書公司，一九九六年出版。

起的「國民革命」之間的差異作了辨析，他在〈個人自由與社會進步——再談五四運動〉一文中指出：「民國十五、六年的國民革命運動，至少有兩點是和民國六、七、八年的新運動是不同的：一是蘇俄輸入的黨紀律，一是那幾年的極端民族主義。蘇俄輸入的黨紀律，含有絕大的『不容忍』的態度，不容許異己的思想，這種態度是和我們五四前後提倡的自由主義是很相反的。」[22] 也就是說，「五四」與北伐背後的思潮存在著根本性差異，與「文革」背後的思潮更是南轅北轍。此一論述亦可作爲對林毓生觀點的回應。

在探究「五四」中人的學術淵源時，余英時還發現此一規律：陳獨秀、胡適、錢玄同、魯迅、周作人等人都出身於傳統世家，對舊學問都有相當造詣，而且蓋棺論定，或多或少對舊學皆有所貢獻。在他們的青年時代，均深受嚴復、康有爲、譚嗣同、梁啓超、章太炎一輩人的影響——此輩人的思想無論新舊，國學功底均博大精深。因此，「五四運動的倡導者一方面固然受到前一時代學人所鼓吹的進化論、變法、革命等等源於西方社會政治思想的深刻而明顯的刺激，但另一方面則在不知不覺中接受了他們對於中國傳統的解釋。」[23]

余英時的這一「追溯晚清」的思路，讓人茅塞頓開：與其「順流而下」，不如「溯源而上」——這種思路對於跳出二元對立的思維模式、重新理解「五四」與傳統的關係，提供了可行的方向。

22 引自《五四與學生運動》，張忠棟、李永熾、林正弘主編，臺灣唐山出版社，第三七頁。
23 余英時《五四運動與中國傳統》，見《中國思想傳統的現代詮釋》，江蘇人民出版社，一九九五年第一版。

當「傳統」成爲「主義」，則非反不可

檢討以上三位學者的「五四觀」，其關鍵點在於如何理解「五四」人物對待「傳統」的態度。我認爲，林毓生和張灝把「五四」定義爲「『反傳統』主義」，余英時則把「五四」定義爲「反『傳統主義』」。

兩個概念是同一詞語，引號的位置不同，含義卻有天壤之別：所謂「『反傳統』主義」，即認爲「五四」採取一種將「傳統」放置在「現代」對立面的思維方式和話語方式，這種思維方式和話語方式認定「傳統」與「現代」之間是你死我活的、有你無我的緊張關係。這種定義認爲，「五四」反對的是「傳統」本身，反對的是「傳統」中所蘊含的一切正面因素和可能性。

而所謂「反『傳統主義』」，則認爲「五四」反對的僅僅是把「傳統」作爲不可質疑的最高準則、作爲評判一切的至高的價值標準。「五四」並不是全盤反對「傳統」本身，它反對的是將「傳統」偶像化、凝固化的思路。也就是說，人優先於傳統，傳統是爲人服務的。所以，「五四」的宗旨是將人從被傳統所奴役的狀態解放出來，讓人獲得自由。

「傳統主義」不僅是導致中國政治、經濟、文化長期停滯的首要因素，也是中國人不能享受自由與人權的重要原因。美國漢學家列文森對中國的「傳統主義」作了如是分析：「當傳統主義者失去其發展傳統的願望，而代之以對它的重複時，他們改變了傳統的內容。他們

不再以一種本能的藝術眼光，視傳統爲一能激發他們去尋找新的發現的美好世界。傳統也被他們看成是西方文化的一種對應物，發展只能削弱它的這種地位。」[24] 這種單向度的思維方式造成的後果是：「爲了避免在歷史的偏愛和價值的承認之間發生衝突，傳統主義者從他們使其永存的價値中抽出了當代的價値。」[25] 因此，「五四」中人透過取消「傳統」的神聖性，把「傳統」降低到可以質疑、討論、甄別的位置上，用歷史學家顧頡剛的話來說，就是「看出它們原有的地位，還它們原有的價值……爲了要滿足歷史上的興趣，或是研究學問的人要把它當作一種職業，並不是向古人學本領、請古人來收徒弟」。[26] 這樣的做法是無可厚非的。

儒家猶未死，矯枉須過正

倘若要進一步釐清「『反傳統』主義」和「反『傳統主義』」這兩個概念的差異，大致可以從以下三個層面展開：

第一，應當切身瞭解「五四」知識分子面臨的思想、文化和學術背景是怎樣的？弄

24 （美）列文森《儒教中國及其現代命運》，中國社科出版社，二〇〇〇年第一版，第一一三頁。

25 （美）列文森《儒教中國及其現代命運》，中國社科出版社，二〇〇〇年第一版，第一一三－一一四頁。

26 顧頡剛《我們對國故應取的態度》，轉引自微拉·施瓦支《中國的啓蒙運動：知識份子與五四遺產》，山西人民出版社，一九八九年第一版。

清背景，再判斷他們採取的對策，這樣才能洞悉他們「對症下藥」時，所「下」的是什麼「藥」。同時，後人在探究「五四」一代人的對策時，也才能「對症下藥」。

張灝認爲，在「五四」運動時，「儒學已經萎縮爲附麗於皇權政治和家族社會的一套禮俗規範」。[27]這一判斷既有準確的一面，也有遮蔽的一面。說它「準確」，是因爲宋代以降，儒學作爲官方欽定的意識形態，已喪失了生命力，尤其是十八世紀以來，「儒家思想的發展已進入低潮，整個中國文化傳統的活力也大不如前」，[28]而其衰敗的原因如許倬雲所說：「儒家意念如果當作意念系統，可能會變成教條。」[29]由於與現實政治的依附關係，由於「道統」失去制衡「政統」的力量，儒學的衰敗是不言自明的。

但是，此說法亦有「遮蔽」的一面，忽略了以儒學爲主流的官學在實際操作層面依然具有強大的作用力。王元化即關注到儒學在實踐層面的慣性力量，他論述說：「五四所面臨的是在思想領域占統治地位達數千年之久的封建主義。它並沒有陳舊衰敗，相反倒是盤根錯節，豺踞梟視，始終頑強地挺立著。因此，五四對它的反叛就得使出加倍的力氣。」[30]在論及此點時，林毓生和張灝都過於「抽象化」，在理論層面討論問題，容易將其簡單化和平面化。

27 張灝《五四運動的批判與肯定》，見《幽暗意識與民主傳統》，臺灣聯經出版公司。
28 張灝《五四運動的批判與肯定》，見《幽暗意識與民主傳統》，臺灣聯經出版公司。
29 許倬雲《中國文化的特質》，臺灣聯經出版公司。
30 王元化《論傳統與反傳統——從海外學者對五四的評論說起》，見《人民日報》一九八八年一一月二八日。

表面上看，林、張兩位確實考慮到思想、文化和學術背景，但他們考慮的是一個高度「抽象」的背景，反倒得出偏差的結論——官方的意識形態已對社會失去控制。而實際情況恰恰相反：雖然作爲「意念」的儒學已衰敗，但官學及其支配的專制力量依然僵硬且強大。即便到了清末，曾國藩仍能利用傳統的力量擊敗太平天國對帝國體制的挑戰。入民國之後，以儒教爲支撐的君主專制亦有兩次復辟的嘗試，袁世凱甚至還將儒教定爲國教。

生於一九一三年的文化老人吳藕汀，曾回憶二十年代在浙江嘉興上小學的情景，當時學校已經由鐘秀學校改名爲「區立第十二小學校」，但舊的一面仍蓋過新的一面，「這時學校裡雖然經過了五四運動，卻早已恢復了舊規，正間仍懸掛著孔夫子的畫像，下面有『孔子孔子，大哉孔子……』的讚語。在課程中，除了國文數學，其中有『修身』一課，還是看得非常慎重。在學生自治會中，對於『妄言』、『妄動』教育，也很嚴格。……校中沒有操場，上體育課，常到西面的明倫堂上去。這時的明倫堂，一切與科舉時代一樣，絲毫未變。朝外的門板上，寫著〈大學〉全文，科舉題名，亦不缺少。」[31] 由此可見，即便是「五四」之後數年，儒學在民間的影響仍然巨大。

余英時還舉了一個生動的例子說明這一事實：「我們在評價五四的時候，也必不可由於事過境遷之故，而把五四的思潮和當時的歷史背景完全割裂開來。當我們看到民國初年，北京、上海十七、八歲的少女還在『禮教』的壓力下爲未婚夫『殉節』時，恐怕只有最無心肝

31 吳藕汀《藥窗詩話七編》，未刊稿。

的人才能為『餓死事小，失節事大』的話辯護吧！」[32]所以，如果不理解傳統儒學與專制制度「兩位一體」的背景，就難以理解「五四」人物的「偏激」言詞，就會抓住「偏激」言詞大做文章，進而得出他們「潑掉髒水的同時也潑掉嬰孩」的結論。

我想提出這樣一個問題：「五四」人物的「偏激」，是特定的種族——中國人、和特定的時代——「五四」獨有的嗎？林毓生和張灝的回答是肯定的，他們尤其強調這種「偏激」的特殊性：「全盤性否定傳統主義與其衍生的『全盤西化』論——這些大概只能發生在中國的謬論——被當作中國現代化首先需要經過的道路；堅持這些看法的人認為，中國思想、文化、政治、與社會的現代化，必須以對傳統的全盤性否定與『全盤西化』為前提。」[33]「五四這種極端的反傳統思想不單在中國是史無前例；就是從世界文化史的眼光來看，也是一個很特殊的現象。」[34]他們肯定地指出「五四」的「偏激」是獨一無二的，惟其獨一無二，才有糾正和反思的必要。

但是，「五四」的「偏激」與否姑且先不論，「偏激」的「獨一無二性」卻值得進一步商榷。在歐洲，從文藝復興到啓蒙運動，那些大思想家們對自身文化傳統和宗教傳統的批判，比起中國的「五四」中人來，更加激烈和絕決。「矯枉」必須「過正」，這是所有思想文化在面臨「突破」時所呈現出的一大景觀。

32 余英時《五四運動與中國傳統》，見《中國思想傳統的現代詮釋》，江蘇人民出版社，一九九五年第一版。
33 林毓生《紀念五四六十五周年》，見《政治秩序與多元社會》，臺灣聯經出版公司。
34 張灝《五四運動的批判與肯定》，見《幽暗意識與民主傳統》，臺灣聯經出版公司。

余英時將「五四」運動與近代西方啓蒙運動中的一些激烈觀點作了一番比較：「這種激烈的態度也是近代西方啓蒙運動的一個基本特色。十八世紀伏爾泰、狄德羅等人對基督教傳統的攻擊也同樣不免過火。但是，另一方面，如果我們把當時的教會和在社會上流行的種種黑暗的習俗聯繫起來看，我們便自然會對這些啓蒙思想家的激越情緒產生一種同情的理解。」[35] 可見，「五四」中人的「偏激」絕非獨一無二的「中國特色」，在不同時空的「文化轉型」中比比皆是。

某些個別的激烈言論並不能等同於整體性的激進主義思路。要正確理解「五四」中人的某些激烈言論，應當將其放置在三個前提下仔細考量：第一，應當充分理解時代背景——即言論自由雖初具雛形、孔教之力量仍十分強大；第二，應當承認這樣一個事實——即在文化轉型過程中，先驅者不得不接受「矯枉必過正」的慣性；第三，還應當考慮到「五四」中人表達觀點的目的是啓蒙和宣傳，爲了給讀者留下較深切的印象，時常把話說得很誇張、很絕對。如果後人將所有這些說法都奉爲眞理，那就上當了。「五四」中人寫了很多「覺世之文」傳播其觀點，「覺世之文」與學術論文之間有很大差別。若把「覺世之文」當作學術論文來讀，焉能不發生錯位？

35 余英時《五四運動與中國傳統》，見《中國思想傳統的現代詮釋》，江蘇人民出版社，一九九五年第一版。

以「此傳統」反抗「彼傳統」

第二個層面，如何理解「傳統」？

「傳統」是一個極其複雜的概念。

首先，並非只有古代文化才是傳統，近代以來，在西學衝擊下不斷調整的文化，包括「五四」文化在內，亦已成爲中國的傳統。不能說只有四書五經是傳統，而胡適、魯迅、蔡元培就不是傳統。傳統是隨著時間的變遷而不斷延展的、活的概念。

其次，傳統難道僅僅是「罷黜百家、獨尊儒術」之「儒術」嗎？儒家固然重要，但它絕非中國全部的文化傳統，法家、道家、佛家等同樣深刻地影響著中國人的精神生活和日常生活。思想史家陳鼓應就曾提出「道家爲中國文化主流說」，無論此說是否成立，至少應當承認道家文化在中國文化中是不可忽視的分支。傳統應當是多元化的。

第三，即使在儒家之內，亦存在諸多流派，相互之間具有粘連或對峙的關係。孔孟亦有分歧，更不用說朱程陸王了。而從黃宗羲、顧炎武、王夫之到康有爲，更是儒學之新枝。因此，儒學本身亦是相當豐富的、不可簡約化的、內部充滿張力的傳統。

總而言之，「傳統」很難一概而論。既然「傳統」本身無比紛繁複雜，那麼「『反傳統』主義」的說法就不確實——它反對的是什麼樣的傳統呢？如果用傳統的此一部分來反對傳統的彼一部分，還叫不叫「『反傳統』主義」？對此，王元化有一番貼近實際情況的論述：「我並不認爲五四是全盤反傳統的。五四反對儒家，但對於法家、老莊、墨子，不但不反對，倒大多是肯定或讚揚的。五四反對所謂的『貴族文學』，但對於作爲小傳統的民間文化，即五四時期所謂『平民文學』，小說、山歌等，是竭力推崇的。」[36] 換言之，「五四」的策略之一，就是用「小傳統」反對「大傳統」。再進一步說，「五四」反對的不是整個「大傳統」，它反對的目標是「大傳統」中從屬於儒家和法家的專制主義政治系統。

爲了說明這個問題，余英時特意舉了魯迅的例子。一直以來，魯迅都被認爲是「五四」那代人中最激烈抨擊傳統的知識分子之一。但是，魯迅對魏晉文章的喜愛和張揚、以及對先秦墨學的發掘和贊許，正說明他是道道地地的「傳統中人」。魯迅並沒有忘記從傳統中汲取正面資源，余英時的說法切中肯綮：「當時在思想界有影響力的人物，他們反傳統、反禮教之際，首先便有意或無意地回到傳統中非正統或反正統的源頭上去尋找根據。因爲這些正是他們比較最熟悉的的東西，至於外來的新思想，由於他們接觸不久，瞭解不深，只有附會於傳統中的某些已有的觀念上，才能發生眞實的意義。所以言平等則附會於墨子兼愛，言自由則附會於莊生逍遙，言民約則附會於黃宗羲的《明夷待訪錄》。這是魏晉間以佛經配擬外書的所謂『格義』的老路子，有時儘管他們筆下寫的全是外國新名詞，若細加分析則仍無法完全擺脫傳統的舊格局。」[37] 由此可見，「傳統」與「正統」是截然不同的兩個概念。「五

36 王元化《近思劄記》，見王元化《九十年代反思錄》，上海古籍出版社，二〇〇〇年第一版，第四頁。
37 余英時《五四運動與中國傳統》，見《中國思想傳統的現代詮釋》，江蘇人民出版社，一九九五年第一版。

四」一代不是反對整體性的「傳統」，而是反對傳統中被統治者利用的「正統」。

想要拋棄整個的傳統，無異於扯著頭髮把身體拉離大地，沒有人會如此愚蠢。每個傳統的批判者，首先得是傳統的深切把握者。必須「入乎其內」才能「出乎其外」，如歷史學者龔鵬程所云：「跨越自身時代，而溯求往古，得要眞積力久的功夫。」[38]如果用這個標準去衡量「五四」中人，他們當之無愧。

「五四」中人打破了國人對傳統的迷信和依賴，對傳統重新理解和闡發，使傳統由壓在活人頭上的咒語，變成現實生活中「有機」的文化資源。他們表面上是在破壞，實際上是在啓動。他們登高一呼，造成傳統的崩解之後，自身仍能因對傳統已有極深的修養，而能不斷深入傳統、發掘傳統，正如龔鵬程所論：「因爲批判者援引往古，或選擷傳統中非主流因素，來反抗當時居於主流地位的傳統勢力時，固然對傳統造成了某些衝擊，瓦解了某些價値，但這同時，也是把傳統從某套固定的框套中釋放了出來，傳統內部的豐富性與複雜難度，一齊呈現到國人面前。傳統遂在被摧毀的同時，其活力也不斷增強。」[39]這正是「五四」人物對傳統最大的貢獻。

這一貢獻卻被林毓生忽略。在林毓生看來，「五四」所起的作用僅僅是破壞傳統。其

38 龔鵬程《傳統與反傳統——以章太炎爲線索，論晚清到五四的文化變遷》，見《五四精神的解咒與重建》，臺灣淡江大學中文系編，臺灣學生書局出版。

39 龔鵬程《傳統與反傳統——以章太炎爲線索，論晚清到五四的文化變遷》，見《五四精神的解咒與重建》，臺灣淡江大學中文系編，臺灣學生書局出版。

實，每一次文化的變遷和思想的轉型，僅有破壞是無法達成的。「五四」的重要性就在於它在引進西方文化的同時，彰顯了主流傳統之外旁支的因素，並利用它們批判和重構傳統。這些旁支和非主流的部分，經過「五四」以後，成爲現代中國新傳統的組成部分，滋養著此後的國人。

傳統與反傳統不是截然對立的概念和行爲方式。傳統本身的豐富性，導致對待傳統的態度的豐富性。在對待傳統時，全然的絕決並不存在——絕決僅僅是某一時刻、某一場合擺出的「姿態」。在論及傳統與反傳統的關係時，學者高柏園指出：「傳統與反傳統不是二個不相容的存在，而是彼此互補的。反傳統一方面在反省原有之傳統，而謀加以改造，此時，似乎是將原有之傳統取消。實際上，反傳統的基礎仍在傳統自身。同時，反傳統的結果不外是建立另一個傳統，而此建立之新傳統，實已將原來之傳統予以超越、保存、吸收、轉化。」[40]

用「五四」幹將之一的傅斯年的話來說，「五四」不是破壞和摧毀，乃是更高層面上的「文化的積累」。作爲「五四」時期最激進的學生領袖，傅斯年選擇歷史作爲研究對象，這一選擇本身就耐人尋味。傅斯年亦以卓越的史學成就證明了他的這一觀點：「五四未嘗不爲『文化的積累』留下一個永久的崖層。因今日文化之超於原人時代之文化者，以其積累之厚也。積累文化如積山，必不除原有者，而於其上更加一層，然後可以後來居上，愈久愈高。

40 高柏園《傳統與反傳統——一個形而上學的反省》，見《五四精神的解咒與重塑》，臺灣淡江大學中文系編，臺灣學生書局出版。

若將舊者拆去，從新自平地建設起來，則人類之文化，絕不會『後人勝過前人』的。」[41]

已經「內在化」爲生活方式和情感方式的傳統

第三個層面，還應當考慮到存在著一種「內在化」的傳統。

傳統既是指成形的政治、倫理、道德、規範等等，也包括每個生活在傳統中的人的情感方式、思維方式等。用朱維錚的話來說，它「應能涵蓋歷史上的精神與物化了的精神的主要領域，例如思想、學說、宗教、科學、文學、藝術、風俗習慣、起居方式、語言文字、工藝技巧、文化運動、文化事業、文化交流等。」[42] 因此，它既是外在的，也是內在的。「外在」的傳統，可以迅速變更，可以用理性去反對；「內在」的傳統，卻相對穩定，它與感情緊緊相連，想反也反不了。

這種已然「內在化」的傳統，流動在每個「五四」中人的血液裡，余英時的直覺是準確的：「就我閱讀所及的直覺印象，二十世紀的中國知識分子對於中西文化大多都有矛盾複雜的情緒。」[43] 這種「內在化」的傳統，在知識分子身上的存留，遠遠多於在普通人身上的存留，如傅斯年所論：「我們的思想新、信仰新；我們在思想方面完全西洋化了；但在安身立

41 傅斯年《五四偶談》，引自《五四與學生運動》，張忠棟、李永熾、林正弘主編，臺灣唐山出版社，第四七－四八頁。
42 朱維錚《傳統文化與文化傳統》，見《音調未定的傳統》，遼寧教育出版社，一九九五年第一版，第一五頁。
43 余英時《歷史人物與文化危機．自序》，臺灣東大圖書公司，一九九六年出版，第二七頁。

命之處，我們仍舊是傳統的中國人。」對於傅斯年的這段話，胡適在日記中的評語是：「孟眞此論甚中肯。」[44]

再比如，作爲「疑古」學派大師的顧頡剛，在晚年有一段充滿感情的回憶：「祖父帶我上街，或和我掃墓，看見了一塊匾額，一個牌樓，一座橋樑，必把它的歷史講給我聽，回家後再按著先後順序寫成一個單子。因此，我的意識中發生了歷史的意味，我得到了最低級的歷史認識；知道凡是眼前所見的東西都是慢慢兒地積起來的，不是古代已盡有，也不是現代剛有，這是使我終身受用的。」[45]顧頡剛的這段回憶流淌著溫馨的詩意。祖父不再是《家》當中暴虐專橫的「高老太爺」，而是慈祥而充滿智慧的老人。傳統也不再是女人的小腳、辮子、吃人的禮教，而是美麗的匾額、牌樓和橋樑，它們自身的凝固與流動的時光交錯而過，在那一瞬間照亮的一個青年的心靈。對於顧頡剛來說，這種來自內心深處的「體驗」，比某種理論的預設要持久恆定得多。

同樣，其他很多「五四」人物也不由自主地沉溺在類似的情感之中。一度相當激進的傅斯年曾批評同學俞平伯：「（俞）偏偏一誤於家庭，一成『大少爺』，便不得了了；又誤於國文，一成『文人』，便脫離了這個眞正的世界而進入一夢的世界。我自問我受的國文的累

44 《胡適的日記》，第八冊，民國十八年四月二十七日，臺灣遠流出版社，一九八八年出版。
45 休默爾《顧頡剛：一位中國史學家的自傳》，轉引自微拉·施瓦支《中國的啓蒙運動：知識份子與五四遺產》，山西人民出版社，一九八九年第一版。

已經不淺，把性情都變了些。」[46]這段話，讀者不妨反著讀：傅斯年對俞平伯的批評不可謂不苛刻，但他自己在這裡也情不自禁露出小小的尾巴：他經過對國文的學習，居然會「把性情都變了些」——傳統就有這麼厲害，它不知不覺進入你的內心深處，潛移默化地把你的個性改變。傅斯年的這段話有明確的價值立場，假如拋開這一點，牢牢抓住他呈現的事實，就會對「內在化」的傳統有全新體認，進而對「五四」中人的處境和姿態也有全新體認。

透過對以上三個層面的分析，我認爲，林毓生的「五四觀」與「五四」本身的性質有相當偏差，張灝的「五四觀」中有較多可取之處但充滿矛盾，余英時則更多把握住「五四」的本質。

一切歷史都是當代史

至於他們三人的學術傳承、知識背景對各自的「五四觀」所造成的正面或反面的影響，亦是一個非常值得探討的問題。重要因素之一：以林、余二位學者而論，他們在美國大學中所接受的學術訓練有相當的差異。

林毓生在芝加哥大學思想文化委員會獲得哲學博士學位，對西方原典和哲學理論有著

46 傅斯年《致胡適》，轉引自微拉・施瓦支《中國的啓蒙運動：知識份子與五四遺產》，山西人民出版社，一九八九年版。

扎實的研讀，他習慣於以研讀西方各代以及自由主義經典著作的背景來看中國現代自由知識分子的著作，進而得出「五四」全盤化反傳統思潮象徵著「中國意識的危機」，它亦造成自由主義的挫折及中式馬克思主義的興起。[47] 但是，這種推論有「理論先行」的危險。另一方面，由於過分看重西方典籍，對中國本身的歷史進程缺乏「體貼入微」的理解。西方理論固然有鋒芒畢露，但運用在中國卻不一定有「庖丁解牛」之效，反倒容易水土不服。

而余英時是在哈佛大學獲得歷史學博士學位，長期在東亞系任教，雖然沒有親身在中國生活過，但由於對中國的歷史洞察於心，更有一種身在廬山之外看廬山的清醒與睿智。在論及像「五四」這樣的話題時，更能從本土經驗出發，不致於顯得「隔靴撓癢」。

重要因素之二：三人的「話語背景」不同。換言之，他們寫作、說話的目的不同，他們預設的讀者或聽眾也不同。

林毓生和張灝主要是針對快速工業化的臺灣發言。二十世紀七十年代末，臺灣經濟高速起飛，工業化帶來的負面影響逐漸顯露。「五四」所嚮往的民主、科學與現代化，並未解決臺灣社會最根本的問題，即精神與信仰的問題。如林毓生所批評的那樣，當臺灣有了言論自由之後，卻沒有了有價值的言論。也如張灝所說：「三十年來臺灣經濟的長足發展，常常使人忽略相伴而來的，潛滋暗長的文化失調，由於這種失調，臺灣社會的道德基礎已經受到嚴

47 林毓生《試圖貫通於熱烈與冷靜之間——略述我的治學緣起》，見《熱烈與冷靜》，上海文藝出版社，一九九八年第一版，第二三頁。

重的侵蝕，造成今天道德價值日趨混亂，社會風氣日益敗壞。」[48]在海外，許多學者像林毓生和張灝那樣，以傳統文化作爲挽救臺灣社會精神道德危機的思想資源。

同時，他們的視野超越了臺灣，對西方世界片面工業化和現代化的弊端提出質疑和反思，如泛科學觀、「征服自然，宰治世界」的精神、極端的懷疑主義和武斷的取消主義、道德的相對主義以及功利主義等，皆成爲未來人類文明健康發展的陰影。在此背景下，他們甚至認爲：「儒家思想現實精神信念可以人文傳統出現，在一個『無神信仰』的文化裡，仍然有精神信念之可能。因此，我們今天如果要從精神信念方面去批判現代社會，儒家傳統供給一個很好的跳板。」[49]

爲了凸顯傳統對現代的「補救」意義，林、張等學者自然而然地會對以批判傳統爲主潮的「五四」提出非議。同時，他們或多或少地把百年來中國社會的弊病推到「五四」身上，讓「五四」承擔其不該承擔、也無法承擔的「罪責」。這一點，尤以林毓生將「五四」與「文革」牽扯在一起的論點爲突出。

相反，余英時針對的，不是臺灣而是中國。在中國，當年「五四」知識分子提出的民主與科學還停留在理想之中。儘管從二十世紀九十年代以來，中國也開始彌漫「後現代」文化思潮，但實事求是地說，中國還處在「前現代」的歷史階段。對於中國知識界來說，在呼喊

48 張灝《五四運動的批判與肯定》，見《幽暗意識與民主傳統》，臺灣聯經出版公司。

49 張灝《傳統與反傳統》，見《張灝自選集》，上海教育出版社，二〇〇三年第一版，第三二五頁。

「超越五四」之前，還得老老實實地補上「五四」未完成的思想啓蒙這一課。此刻，尤其需要認眞傾聽來自余英時的聲音：「由於最近二、三十年來中國大陸在文化上一直處於『逆水行舟』的狀態，今天知識分子尤其迫切地感到有『再啓蒙』的需要。因此無論五四本身具有多少缺點，它所揭示的方向，在今後文化重建的過程中必須獲得肯定。」[50]

如果說林毓生和張灝在面對工業化時代臺灣的弊病批判的時候，啓用某些傳統的資源「情有可原」——這種思路究竟是否可行，還可以深入討論；那麼，在依然是農業社會占主體的中國，更重要的任務正如余英時所說——不是過多地肯定傳統並否定「五四」，而是繼續傳播和張揚「五四」精神，完成思想文化「再啓蒙」的歷史使命。

還「五四」之原貌乃是第一步。研究「五四」運動的學者周策縱指出：「五四時期很多人表面上是否定傳統的，但實際上仍吸收了傳統文化之大部分，並將之發揚光大。……不應該將五四精神視爲只是反傳統，其實他們多半是反『傳統主義』。」[51] 一九一八年冬天，北京大學的學生刊物《新潮》創刊，英文名字是「文藝復興」。這是耐人尋味的信號。它讓人們想起十三至十六世紀歐洲的那場思想文化運動，復甦的希臘羅馬文化與新興的資產階級文化相結合，終於誕生了近代歐洲輝煌的文明。然而，讓人遺憾的是，在中國，這種成功的「嫁接」並未發生，在傳統與反傳統的糾纏之中，中國人至今依然惶惑不安。

50 余英時《五四運動與中國傳統》，見《中國思想傳統的現代詮釋》，江蘇人民出版社，一九九五年第一版。
51 周策縱《五四的成就、五四的感召》，見香港《明報月刊》，一九七九年第六期。

「五四」成了遙遠的神話，而未能成爲華人生命的一部分。對「五四」遺產的繼承、梳理、張揚和反思，才剛剛開始。

路究竟在何方呢？只有回到「五四」去，才能超越「五四」。

最後，以法國思想家孔多塞的一段話結束本文——「無疑，我們應當摧毀一切謬誤。然而，既然在一瞬間就毀掉這一切謬誤是不可能的，那麼，我們就應當模仿一位精巧的建築師，當他受命去拆除一座建築的時候，他是知道建築的各個部分是怎樣連接在一起的。因而，他是以一種能使它的坍塌不致造成危險的方式，來著手這座建築的拆除工作。」

附記

本文初稿完成於一九九八年，是剛念研究所之後寫的一篇論文。二○○四年春，我應邀到威斯康辛大學擔任訪問學者，在此期間拜訪林毓生教授，並將此文呈請其批評。林毓生教授連夜閱讀此文，第二天約我到辦公室長談。當他將論文稿歸還給我時，我發現他在論文稿上作了詳細的批註。對一名後輩平等待之，不以其尖銳之批評爲忤，令我感佩不已。

不久，我又赴普林斯頓大學拜訪余英時教授，有過多次長談的機會，受其諸多教誨。二○○七年，我再赴華府訪問，恰好與從香港科技大學退休的張灝教授住得很近，有了就近討教的機會。

西諺云，「吾愛吾師，吾更愛眞理」，謹以此文紀念與三位前輩學者的交往。

大地上的異鄉者
——沈從文與高行健「漂泊文學」之比較

茨維塔耶娃

我的雙手滿捧著沙子，
接著吧，這是一個懇求。

在二十世紀華人文學的版圖上，有兩位作家以流浪和漫遊的生活體驗爲底本，致力於描述南方疆土邊緣的自然風情、人生狀貌乃至精神世界。他們擺脫了意識形態的控制和主流文化的籠罩，將目光瞄準遙遠的「外省」，瞄準另一些擁有眞實、純樸、優美而良善的品質的生命形態；他們努力發掘那片被戰亂、革命以及專制統治所蹂躪的土地上殘存的自由，並始終保持著堅定的個人主義信念。正是由於他們的藝術創造和思想成果，提升了當代華人文學和漢語文化在世界範圍內的聲譽。

這兩位作家就是沈從文和高行健。

二○○○年十月，法籍華裔作家高行健獲得該年度的諾貝爾文學獎。他的獲獎，既在意料之外，又在情理之中。此消息發布之後，在海內外引發巨大波瀾，人們的反應毀譽參半。[1]然而，正如瑞典文學院在頒獎詞中所說，「高行健以刻骨銘心的洞察力和語言的豐富機智，爲中文小說藝術和戲劇開拓了新的道路」，高行健的獲獎再次說明：諾貝爾文學獎往往頒發給富於理想傾向的作家，而不是擁有最多權勢和金錢的作家。

高行健的「不知名」，也許正是他獲獎的原因之一——在這個權力和金錢宰割心靈的時代，「知名」本身就隱含著危險。誠如高行健所說：「文學只有到了不受到公眾關注也不理會社會還照樣存在，才算是找到了存在的理由，才不再成爲商品或謀生的手段，才談得上自身的價值，才值得寫和讀。」[2]有很多「家喻戶曉」的作家，作品不僅擁有驚人的印數，而且被迅速改編成電影和電視，但這種作家的作品未必是「文學」。

諾貝爾文學獎的頒發，有的年分爭議較小，有的年分爭議激烈。在冷戰時代，諾貝爾獎曾經成爲兩大陣營夾縫中的犧牲品。例如，當諾貝爾文學獎授予蘇聯作家巴斯特納克、索忍尼辛等人時，蘇聯政府對評委會提出強烈抗議，認爲是對蘇聯的政治挑釁。作爲「反擊」，蘇聯官方對獲獎作家施加政治壓力，不給辦理護照、不允許出國領獎，甚至展開新一輪的迫

1 相關情況可參見：王健民專訪高行健《中文的勝利超越了國界》，香港《亞洲週刊》，二○○○年一○月二三日—二九日；潘耀明《高行健訪問記》，香港《明報月刊》，二○○○年第一一期。

2 高行健《巴黎隨筆》，見高行健《沒有主義》，香港天地圖書公司，二○○○年出版，第二六頁。

害。究其原因，諾貝爾委員會主席埃斯普馬克有過一段論述：「遵循諾貝爾遺囑的精神，瑞典文學院不斷尋求將偉大的藝術成就與精神特徵融合起來——那就是不可妥協的眞誠，以及對完整的人的價值的追求。可是，馬列主義的美學卻把這樣一個焦點透視，僅僅解讀爲政治意圖的幌子，因此，諾貝爾文學獎的評選方式已經與馬列主義美學之間發生了嚴重的牴觸。」[3] 中共及其御用文人對高行健獲獎的種種「過度反應」，再次反映出文學被權力扭曲、文學遭受泛政治化污染的悲哀。

高行健的獲獎，讓我想起與諾貝爾文學獎擦肩而過的沈從文。一九八八年的諾貝爾文學獎，沈從文幾乎勝券在握。但是，因緣際會、天公不作美，當年五月十日，沈從文不幸在北京逝世。而諾貝爾獎在每年十月才能揭曉，並且評委會規定：已去世的作家不在頒發之列。

高行健的獲獎，彌補了十二年前沈從文的遺憾。這兩位作家，年齡不同、進行創作的時代氛圍和外部環境不同，人生道路和創作取向也各具特色。但是，如果分析他們受到評委會關注的內在原因，則可發現其生命狀態和創作立場有一定的相似性。這種相似性，至少有以下三點：

首先，沈從文和高行健都具有強烈的理想傾向。他們是文學的漂泊者和人生的孤獨者，主動將自己放置於無邊無際的寂寞之中，在對現實作出質疑的同時，從未停止對彼岸世界的追尋。他們的作品難以被同時代的廣大讀者所理解和接受，他們的寫作活動也多次受到外部

3 轉引自傳正明《「理想傾向」——諾貝爾文學獎評選標準解讀》，參閱香港《明報》月刊二〇〇〇年一一月。

世界粗暴的干擾和摧殘。

其次，在各自的文學實踐中，沈從文和高行健都豐富並發展了現代漢語和當代漢語的表現力。他們目標明確地進行文體的試驗和語言的冒險，他們努力溝通小說、詩歌、散文和戲劇這些不同文類長期形成的固有界限，進而創造出專屬於自己的某種「新文體」，也使各自的作品呈現出鮮明的個人風格。

第三，沈從文和高行健自覺地身處時代的邊緣，用文學、更用生命來探究中華文明的更新之路。他們在文化版圖的邊緣處，發現了沒有受到污染的、依然具有生機和活力的文化形態。這些文化形態在傳統和現實中若隱若現地存在。他們透過對這些精神向度的弘揚，糾正近代以來中國一味地追求「現代性」的偏差。

（一）永遠的漂泊者

沈從文一九〇二年生於湖南鳳凰，有苗族和土家族血統。十六歲從家鄉小學畢業之後，被送到一支土著軍隊中當兵，漂流在湘、川、黔邊境五年。那正是中國動盪不安的軍閥混戰時代，沈從文與士兵、農民、小手工業者以及形形色色社會底層人一起生活，親眼看到軍隊砍下無辜苗民和農民的人頭。

一九二二年，在「五四」思潮的影響下，沈從文獨身一人來到北京，希望進入大學學習。但由於基礎太差，報考大學未能成功。後來，在郁達夫、徐志摩等名作家的鼓勵下，自學寫作，作品先後發表於《晨報副刊》、《現代評論》、《小說月報》等著名報刊上，在文壇嶄露頭角。

一九二八年，沈從文來到上海。在中國公學擔任校長的胡適慧眼識英才，給這個連小學文憑也沒有的年輕作家以教授的職位。對今天的教育界來說，堪稱天方夜譚。

一九三〇年，沈從文任教於青島大學，之後他參與編輯天津《大公報》文藝副刊。一九三四年，抒情詩化的中篇小說《邊城》出版，由此奠定他在現代文學史的重要地位。[4]

沈從文既獨立於當時初步形成的圖書市場之外，又與那些利用文藝作爲政治鬥爭工具的文學派別疏遠，他是現代文學史上少數埋頭寫自己想寫的文字的作家之一。他自覺地選擇這一寫作姿態，在門戶森嚴的文壇成爲一個異類。

由於在北京居住時間較長，沈從文被評論界當作「京派」作家。但這是一個讓人啼笑皆非的「誤讀」。儘管沈從文寫了不少城市（包括北京在內）題材的作品，但並不是他寫得最好的作品。他最爲得心應手的題材，還是那些發生在湘西的故事，那些「無主名」的、被「歷史」遺忘人們的悲歡離合。

抗戰爆發後，沈從文任教於西南聯合大學。他寫出了長篇小說《長河》第一卷。他的創

4 參見沈從文別集之《自傳集》，嶽麓書社，一九九二年第一版。

作面臨莫測的變數。前半生的漂泊生涯成為一筆取之不盡的創作財富。然而，沈從文不滿足於個人經驗的表達，而力圖為整個民族梳理出一種向上的信仰、一種生機勃勃的文明。

當時，在西南聯大的一次演講中，沈從文充滿信心地指出：「新的文學要它有新意，且容許包含一個人生向上的信仰，或對國家未來的憧憬，必須從另外一種心理心態來看文學，寫作品，即超越商業習慣上的『成功』，完全如一個老式藝術家製作一件藝術品的虔敬傾心來處理、來安排。最高的快樂從工作本身即可得到，不待我求。」[5] 他認為，優秀的文學作品不僅僅是娛樂和消遣，而應當啓發人生「向上的信仰」。

在沈從文看來，文學是一項嚴肅而崇高的事業，它是自足的。一個作家生命的快樂在寫作的過程中就已經獲得，不必祈求其他外在的認可與肯定。他知道自己的觀點和作品「不被理解」的命運——「這種文學觀自然與『潮流』不大相合，所以對我本來懷有好感的，以為我莫名其妙；對我素無好感的，就說這叫作『反動』、『落伍』。不過若注意到這是從左右兩方面來的詛咒，就只能令人苦笑了。」[6] 在「苦笑」中，他保持了完全的自信。這種自信，也就是他所說的「虔敬傾心」，支撐著他在短短十多年間創作出上百萬字的作品。

一九四九年，大陸政權更迭，從國家體制到文化格局都面臨劇變。這是中國歷史的一個重要關口，也是沈從文生命的一個重要關口。

5 沈從文《短篇小說》，見沈從文別集之《抽象的抒情》，嶽麓書社，一九九二年第一版，第二六四—二六五頁。
6 沈從文《短篇小說》，見沈從文別集之《抽象的抒情》，嶽麓書社，一九九二年第一版，第二六四—二六五頁。

這一年，郭沫若在香港發表長文〈斥反動文藝〉，直接點名批判沈從文。這是黨授意發表的文章，所以傳播極快：共產黨剛剛入主北京，北大的左派學生便在校園裡貼出批判沈從文的大字報。在前所未有的壓力之下，沈從文用刮鬍刀片自殺，猛割脖子上的血管。幸虧發現及時，他被搶救過來。當時，沈從文精神上的苦悶沒有人能理解，就連妻子張兆和也認爲丈夫思想落後、跟不上形勢發展。

此後，沈從文主動脫離文學界，從北京大學轉入歷史博物館，從事古代服飾研究。中國少了一個小說家，多了一個考古學者。將近四十年的寂寞、將近四十年的白眼和冷遇，純樸文弱的沈從文挺了過來。他的生活被侷限在北京城裡，他的心靈在遙遠的湘西漂泊著。

曾在中國作家協會從事研究工作的學者陳徒手，出版了《人有病，天知否：一九四九年後中國文壇紀實》一書，梳理一九四九年後老一代作家們的人生際遇。其中，有一章的題目是《午門城下的沈從文》。作者採訪了若干與沈從文關係密切的人物，披露了沈從文在故宮工作時期的許多鮮爲人知的資料。

二十世紀五十年代，許多文壇老友在新政權中走紅了，出席會議，出國訪問，飛來飛去。與之形成鮮明對比的是，沈從文天不亮就出門，在北新橋買個烤紅薯暖手，坐電車到天安門時，門還不開，就坐下來看天空星月，開了門之後再進去。晚上回家，有時大雨，就披個破麻袋。[7] 這是表面上平靜，內心卻無比痛苦的「內在的流亡」（巴斯特納克語）。

沈從文活在自己內心裡，在這個廣袤無邊的心靈世界中，他依然在漂泊、在尋覓。正是這種近乎自虐的沉默，使他躲過了政治的漩渦和激流。而那些一度權高位重的文壇老友，個個碰得頭破血流。歷史跟他們開了一個殘酷的玩笑，只有倖存者才能看到結局。

「文革」期間，沈從文被迫寫過一份報告，有一段話說：「如我這個工作，在新社會已根本不需要，已不必要。在工作中還犯了嚴重過失，就把我改爲一個普通勤雜工，以看守陳列室，兼打掃三幾個衛生間，至多讓我抄抄文物卡片，我也將很愉快、謹慎、認眞……」[8] 今天讀來，這種異常的平靜，比暴風驟雨還要驚心動魄。

表面上看，沈從文很軟弱，但骨子裡仍然堅守著某種不容褻瀆、不被動搖的價值。「文革」期間，作家陳喬與沈從文關在一起，他回憶說：「牛棚裡住好幾個人，先是審查批鬥，每個人掛一個黑牌子，彎腰低頭。然後學毛選，參加勞動，搞衛生。他在那種境地中總想讀一點書，考慮他的編著計畫。我勸他注意休息，他說：『不讀書，生活沒有樂趣，活得無意義。』……他怕在路上突然病倒出意外，在身上帶了一個註明單位、住址的卡片。」[9] 法國思想家巴斯卡說過，人是會思考的蘆葦。讀到這段話時，我立刻想起這句話，沈從文眞是一棵脆弱而堅韌的蘆葦。那張小小的卡片，恰似他漂泊於人世間的一張車票。

7 參見《我爲什麼始終不離開歷史博物館》，沈從文別集之《新與舊》，嶽麓書社，一九九二年第一版，第二〇頁。
8 參見《我爲什麼始終不離開歷史博物館》，沈從文別集之《新與舊》，嶽麓書社，一九九二年第一版，第二一頁。
9 參見陳徒手《人有病 天知否——一九四九年後中國文壇紀實》，人民文學出版社，二〇〇〇年第一版。

沈從文的學生、作家汪曾祺說過：「從一個大學教授到當講解員，沈先生不覺有什麼『丟份』。他那樣子不但是自得其樂，簡直是得其所哉。只是熟人看見他在講解，心裡總不免有些淒然。」常去探望沈從文的作家林斤瀾描述說，臨近生命終點的沈從文常常一個人木然地看著電視，一坐就是半天，無所思無所欲。[10]

二十世紀八十年代，沈從文的創作重新受到國內外關注，文學研究界掀起一股「沈從文熱」。然而，老人終究還是沒有拿起擱置近半個世紀的筆。一九八八年五月十日，沈從文平靜地走了，與諾貝爾文學獎失之交臂。

直到生命的最後一息，沈從文都有很強的「鄉下人」意識。與其說這是一種自卑心理，不如說這是他對自己清晰的定位。他參加過北京文化圈的沙龍、與某些北京作家保持良好的私人關係、並且曾在有「同仁」性質的刊物上發表作品，但他與「京派」文學之間並沒有血肉聯繫。他的靈魂屬於湖南，而不屬於北京——即使他的後半生有長達三十多年時間在北京度過，但他始終是北京的「異鄉人」。

沈從文的一生都是孤獨的，他是一個「過客」。即使是妻子也沒有眞正理解他。在他去世之後，張兆和編輯出版了《從文家書》。在後記中，張兆和痛心地寫道：「我不理解他，不完全理解他，後來逐漸有了些理解，但是眞正懂得他的爲人，懂得他一生所承受的重壓，是在整理編選他的遺稿的現在。……太晚了！爲什麼在他的有生之年，不能發掘他，理

10 陳徒手《人有病，天知否——一九四九年後中國文壇紀實》，人民文學出版社，二〇〇〇年第一版。

解他、從各個方面去幫助他，反而有那麼多的矛盾得不到解決！悔之晚也！」對此，現代文學研究者錢理群指出，文學研究歸根究底是研究人，研究特殊的人。他們的思想、感情、心理，都更複雜，更敏感，也更脆弱，更需要小心地、細心地去體察、理解；他們是民族的思想者，永遠的文學的、精神的探索者，具有豐富的、自由無羈的想像力，他們中最傑出者的思考與文學追求，常常是超前的，他們的眞正思想風貌，近距離的觀察是看不清楚的，需要長時段的耐心考察，才能達到有限度的理解。[11]

沈從文以犧牲寫作的自由，換來了基本的生存權利——儘管從更具象的角度上來看，他的故土已蕩然無存（當晚年的沈從文回到老家時，鳳凰城已人物皆非，正在變成炙手可熱的旅遊點），但他在精神上依然與故土相依爲命。

比沈從文年輕差不多兩代人的高行健，卻作出了另一種決然的選擇——爲擁有寫作自由，寧願離開深愛的故土，流亡異國他鄉，在東西方文化的夾縫之中尋找藝術空間。

高行健原籍江蘇泰州，一九四〇年生於江西贛州，從小在家中跟隨母親識字讀書。一九五一年，考入南京十中，並開始寫作生涯。一九五八年，考入北京外國語學院法語系。在大學期間，寫作上百萬字的日記、戲劇、詩歌和小說。讓他萬萬沒有想到的是，他的初戀女友向上級揭發他在日記中表達的許多「反動」言論——無獨有偶，張志新也是被男朋友出賣的。最恐怖、最邪惡的主義，就是消滅人類最基本的倫理和情感（如愛情和親情）的主義。高行

11 參閱錢理群《對話與漫遊——四十年代小說研究》，上海文藝出版社，一九九九年第一版，第一四七頁。

健隨即遭到嚴厲批判，被迫燒毀所有文稿，包括隻言片語的日記和感想。這是他寫作生涯中遭受的第一次重大挫折。

「文革」中，高行健繼續受到迫害。他在幹校待了六年，後來輾轉逃走。他寧願不要城市戶口，決心到安徽南部的山區當一無所有的農民。[12] 他要像農民一樣自食其力，而不願像某些御用文人一樣過著哈巴狗一般的生活。

「文革」結束後，高行健重獲創作自由，致力於戲劇創作。一九八一年，他從中國作家協會調入北京人民藝術劇院，同年秋天出版《現代小說技巧初探》。不久，作家協會黨組書記馮牧在講話中批評此書說，有個小作家寫了一個荒謬而反動的小冊子，造成惡劣影響。高行健被打入冷宮，很長一段時間難以發表作品。

一九八三年，高行健的戲劇《車站》在人民藝術劇院演出，戲劇大師曹禺拄著拐杖來觀看，鼓掌稱讚說：「好戲！好戲！」主管宣傳的官員賀敬之卻指出：「這個戲比《海瑞罷官》還要《海瑞罷官》。」有關人士組織文章對高行健進行「大批判」，並威脅要將他送到青海去鍛鍊。

在嚴酷的政治氣氛中，高行健獨自一人走上漫漫南行路。兩年以後，大氣候有所緩和，他出版了《高行健戲劇集》，收錄當時影響很大的戲劇作品《絕對信號》、《車站》、《野

12 參閱王健民專訪高行健《中文的勝利超越了國界》，香港《亞洲週刊》，二〇〇〇年一〇月二三日－二九日。

人》和《獨白》等，從而成爲國內先鋒戲劇的代表人物。[13]

一九八七年，高行健赴法國定居。在自由的創作環境裡，他迎來了文學生涯中遲到的高峰。此後十多年間，出版兩部長篇小說《靈山》和《一個人的聖經》，戲劇《彼岸》、《冥城》、《聲聲慢變奏》、《逃亡》、《生死界》、《山海經傳》等，另外還有文學評論集《沒有主義》、《論寫作》等。他用漢語和法語兩種語言寫作，爲東西方文化的理解和交流架設了一座橋樑。

同時，高行健還是一個藝術水準相當高的畫家，依靠賣畫收入而不是稿費維持生活，從而避免了很多海外華語作家面臨的嚴峻生活壓力。他的文學創作超越政治和商業，進入莊子所說的「逍遙遊」的境界。他從來不考慮讀者是否喜歡讀自己的作品，也從來不考慮出版商是否會出版。[14] 他不用電腦，也不用手機，更不會上網。

二〇〇〇年十二月七日，高行健出席諾貝爾文學獎頒獎典禮，並作了題爲〈文學的理由〉的講演。他對文學的性質作出界定：「文學只能是個人的聲音，而且，從來如此。文學一旦弄成國家的頌歌、民族的旗幟、政黨的喉舌，或階級與集團的代言，儘管可以動用傳播手段，聲勢浩大，鋪天蓋地而來，可這樣的文學也就是喪失本性，不成其爲文學，而成爲權

13 參閱高行健《隔日黃花》，見高行健《沒有主義》，香港天地圖書公司，二〇〇〇年出版。

14 高行健在訪談中還談及，在法國，一般來說，出版的小說都在兩百頁上下，很少有像《靈山》那樣大的篇幅。法國出版商告訴他說，這是西方當今讀者的閱讀習慣。然而，高行健的法文版《靈山》卻有六百七十頁厚。法國一些出版社最初要把《靈山》壓縮成四百頁，他不同意，最後只好由一家小出版社出版。參閱潘耀明《高行健訪問記》，香港《明報月刊》，二〇〇〇年第一一期。

力和利益的代用品。」[15]他的這番話，凝聚了他及同代作家痛楚的人生經歷，也顯示了他與儒家傳統中「文以載道」的文學觀念，以及馬克思主義文藝理論中「文學的階級性」的要求決裂。

高行健認爲，文學應當遵循自身的發展規律，文學應當表達作家內心深處的眞實，文學是目的而不是手段，「文學是人精神上自救的一種方式。不僅對強權政治，也是對現存生活模式的一種超越。」[16]如果作家失去創作自由，文學立即就失去生命。他尖銳批評損傷文學家創作自由的權力體制，揭露了一個世紀以來文學和文學家在中國遭受的不公正待遇：「以革命的名義對中國傳統文化的討伐導致公然禁書、燒書。作家被殺害、監禁、流放和罰以苦役的，這百年來無以計數，中國歷史上任何一個帝制朝代都無法與之相比，弄得中國的文學寫作無比艱難，而創作自由更難以談及。」[17]當「異端」被剝奪存在的權利時，文學就陷入泛政治化的沼澤中，成爲現實政治鬥爭的工具。

在此背景下，爲了實現文學的突圍，必須有新的精神資源引入。此前，高行健出版過一本名叫《沒有主義》的文學評論集，一再表示自己的創作觀念是「沒有主義」。其實，「沒有主義」從某種意義上說就是「自由主義」、「個人主義」和他自己所說的「主體主義」。

15 高行健在諾貝爾文學獎獲獎典禮上的演講〈文學的理由〉。
16 高行健《巴黎隨筆》，見高行健《沒有主義》，香港天地圖書公司，二〇〇〇年出版，第二二頁。
17 高行健在諾貝爾文學獎獲獎典禮上的演講〈文學的理由〉。

文學不必、也不可能依賴其他外在的價值觀念，文學的存在是自丰和自足的。[18] 爲了擺脫「焚書坑儒」的絕對權力，他選擇了漂泊者的命運，由此在百分之百的自由中寫作。

在《靈山》中，高行健描述了他遵循的「主體主義」——「你知道我不過在自言自語，以緩解我的寂寞。你知道我這種寂寞無可救藥，沒有人能把我拯救，我只能訴諸自己作爲談話的對手。」[19] 漂泊的命運是自覺選擇的，他不乞求別人來「拯救」自己。在漂泊的狀態中，在異質文化的擠壓中，他保持著國內作家難以企及的創作激情。儘管離開中國多年，但精神活動關注的焦點依然在故土，他的幾部最重要的作品都與「中國」（無論是現實中的「中國」還是想像中的「中國」）有關。他並沒有寫作多少表現在法國生活的作品，這與來自其他國家的移民作家不同。

在中國，高行健是游離者；在法國，高行健也是游離者。他不屬於哪個文學派別，他只是他自己，「文學本來大抵沒有使命，沒有集團，沒有運動，沒有主義，作家只孑然一人，自成一格，種種主義的標籤無非他人貼上去的，好分門別類加以歸檔，或加以出售。」[20] 在寄居地與故土之間，在實際生活與精神家園之間，高行健執著地捍衛著「游離狀態」，並在文字中重現並昇華了心靈漫遊的歷程，他驅遣著行走的文字比驅遣行走的雙腿還要隨心所欲。

18 參閱高行健《沒有主義》、《個人的聲音》等文章，見高行健《沒有主義》，香港天地圖書公司，二〇〇〇年出版。
19 高行健《靈山》，香港天地圖書公司，二〇〇〇年出版。
20 高行健《巴黎隨筆》，見高行健《沒有主義》，香港天地圖書公司，二〇〇〇年出版，第二七頁。

比高行健早一年獲得諾貝爾文學獎的德國作家君特・格拉斯（Günter Wilhelm Grass）認爲，從荷馬史詩、聖經《出埃及記》一直到《唐吉訶德》和《唐璜》，西方文學中有著悠久的流浪文學傳統，每個時代的流浪文學都被那個時代的作家賦予深厚而鮮活的精神內涵。[21] 以此觀之，高行健的《靈山》，在外殼上很像西方流浪小說，骨子裡又與以唐傳奇、《西遊記》和《鏡花緣》等作品爲代表的中國古典文學傳統神似。高行健自動放棄了「回家」的可能，讓我想起臺灣學者龔鵬程的論述：「離了土地、生業、秩序，心靈才能獲得優遊的空間。游，乃因此而成爲具有人生意義的字眼；遊民，亦成爲生活世界中可羨慕的對象。」[22] 空間的開放，帶來心靈的自由。作爲優秀的「域外文學」代表，高行健的作品與國內的文學生態構成了巨大的反差。正是在這種反差之中，人們看到了漢語文學甦醒的希望。

在二十世紀中國文學的版圖上，沈從文與高行健都是流浪者形象，都是「大地上的異鄉者」（特拉克爾語）。家園失去了，他們在路上，行走成了生命的價値。從更寬泛的意義上來說，所有的文學家和藝術家都是心靈的流浪者，他們的文學活動歸根究底是對失去家園的尋找。君特・格拉斯在談到歐洲、北美和拉美的文學時，認爲「我們大家擁有共同的傳統」──這個傳統「可以追溯到流浪漢小說，追溯到西班牙與摩爾人偉大的敘述傳統」。他指出：「如果我們仔細閱讀賽凡提斯的作品，注意其文學內在的暗示，那麼我們就會發現，他

21 哈羅・齊默爾曼《啓蒙的冒險──與諾貝爾文學獎得主君特・格拉斯對話》，浙江人民出版社，二〇〇一年第一版，第四頁。
22 龔鵬程《游的精神文化史論》，河北教育出版社，二〇〇一年第一版，第三七頁。

的創作得益於他的摩洛哥之行與他在摩洛哥的囚徒生活，他吸收了東方的敘述方式，並將其發揚光大。」[23] 與之相似，沈從文的創作得益於在湘西度過的童年和少年時光，而高行健的創作，也受益於在南方邊疆毫無目的地的漫遊經歷。

有意思的是，沈從文所創作的第一部長篇小說是遊記體式的《阿麗斯中國遊記》，雖然他說這是一本「我承認失敗的創作」，[24] 但他選擇寫作遊記並非心血來潮。而高行健的戲劇成名作是《車站》，「車站」是一個與漂泊緊密聯繫的意向。同樣，《靈山》也是漂泊者的手記。無論是告別還是聚會，無論是出發還是歸來，文學都是一段天路歷程的紀錄。君特．格拉斯注意到賽凡提斯作品中的「東方的敘述方式」，他所說的「流浪文學」在阿拉伯文學、印度文學和中國文學中都佔有重要位置。

在中國古典文學中，屈原是流浪者，莊子是流浪者，李白是流浪者，《西遊記》中的唐僧師徒也是流浪者，流浪者和他們的文學自成精神譜系。對此，龔鵬程所論極爲貼切：「他們把遊民意識內在化，成爲『遊心』；或強調游的超越意義，希望人人都能夠成爲放佚之民，反對秩序凝固僵滯的社會體制。」[25] 然而，這種以漫遊者爲主人公的文學模式，長期受到弘揚「精忠報國」精神的儒家主流文化的抑制和遮蔽。到了現代文學中，四川作家艾蕪的《南行記》，描繪了一種處於夢想與現實夾縫中的生活狀態，《南行記》的誕生，意味著

23 哈羅．齊默爾曼《啓蒙的冒險——與諾貝爾文學獎得主君特．格拉斯對話》，浙江人民出版社，二〇〇一年第一版，第四頁。
24 沈從文《阿麗斯中國遊記．後序》，見沈從文別集之《月下小景》，嶽麓書社，一九九二年第一版。
25 龔鵬程《游的精神文化史論》，河北教育出版社，二〇〇一年第一版，第三七—三九頁。

「流浪文學」在現代情境中的復活。而沈從文和高行健都是這一傳統的贊同者、繼承者和發揚者。

文學是夢，是想像，是作家和讀者永遠抵達不了的「香格里拉」。正是在尋找「香格里拉」的過程中，人類的生命體現出了向眞、向善與向美的那一面。

（二）文體的變革者

二十世紀上半葉的沈從文與二十世紀下半葉的高行健，都是文體的變革者和藝術形式的探索者。他們不重複別人，也不重複自己。雖然沒有達到「每篇小說都創造一個新的形式」（魯迅語）的境界，但是在同代人中，他們走在了前列。

沈從文最後一部沒有完成的長篇小說是《長河》，而高行健受到諾貝爾評委會高度評價的長篇小說是《靈山》。《長河》與《靈山》雙峰對峙，一「河」一「山」，相應成趣。古人說「近水者智，近山者仁」，兩位作家分別以「河」與「山」作爲書名，不是偶然的巧合。在這兩個看似尋常的書名裡，隱藏著人與自然的神祕關係，隱藏著兩位作家的人生體悟：河是帝國邊緣的河，山是帝國邊緣的山，在這後浪推前浪的河與莽莽蒼蒼的山之間，兩位作家發現了生命的自由、生命的眞實和生命的完滿。

《長河》與《靈山》將人放置於自然之中，讓人還原到本眞的生命狀態，進而探討人類的命運。

在四十年代的硝煙裡，沈從文在思想上和藝術上都醞釀著重大突破，他自覺地積蓄力量，向著「世界級文學大師」的目標發起衝擊。他在不同場合，多次自信地宣布，要「好好寫三十年」、「寫個一二十本書」，要向俄國的托爾斯泰看齊，創造出「二十世紀新的『經典』」。

在小說創作上，沈從文提出了「抽象的原則」這個重大而超前的命題。

在三十年代，沈從文的許多小說就已有濃重的抒情化、詩化、散文化的味道。他的某些作品，很難分辨究竟是散文還是小說、究竟是紀實還是虛構。在寫作新作品之前，沈從文並沒有按照固有的文學觀念，限定究竟是在寫「小說」、還是在寫「散文」、乃至在寫「詩歌」。他就是要打破「必如此如彼，才叫作小說，叫作散文，叫作詩歌」的固定格式，用「寫故事方法，帶點『保存原料』意味」，創造出一種「糅小說故事散文遊記而爲一」的「新的型式」。[26] 他認爲，優秀的作家只應當按照自己內心的衝動、按照生命本身的需要來寫。至於別人把成型的作品看作是什麼文體、歸入哪一個類別，對作家來說並不重要。長期以來，沈從文雖然身處學院的中文系，但他對僵化、教條的文學理論不感興趣。

到了四十年代，沈從文更加明確地在小說中探求思想和形而上的哲學命題。他的許多

26 參閱錢理群《漫話四十年代小說思潮》，見《對話與漫遊——四十年代小說研究》，上海文藝出版社，一九九九年第一版，第一八頁。

小說都超越了傳統文學理論對「小說」的定義，進入一種混沌不明、充滿多義性的狀態。而這種狀態可能是文學最原初、最本眞的狀態。沈從文認爲，小說的基本功能是把「機智的說教、夢幻的抒情，一切有關人類向上的抽象原則學說」，「綜合到一個故事發展之中」，從而把人的「生命引導到一個崇高理想上去」，進而影響「國民心理」。可見，沈從文並沒有停留在體裁和樣式試驗的層面上，而是力求以文學改造同胞的生命形態。在他心目中，小說最基本的功能，就是讓讀者在作品中接觸另一種生命境界，激發讀者「離開一個動物的人生觀，向抽象發展和進步」，最後達到形而上的超越，使在戰亂中失去的性靈，動物化了的人性和民族精神得以拯救和再造。[27] 由這種設想開始，沈從文進而醞釀一套嶄新的小說理論，並在《看虹錄》、《燭虛》、《七色魘》等作品中進行了可稱之爲「勇敢」和「前衛」的實踐。

從表面上看，這是文體的變革和嘗試，其背後卻是對個體生命意義的艱苦探求。沈從文認爲，小說不應該僅僅是現實生活的素描，更應當是未來生活的預言，小說家應主動承擔起「建設者」和「預言者」的雙重角色。在與他同時代的那些作家中，很少有人對文學的本質和本體作出如此深刻的思考：「社會的混亂，如果一部分屬於一般抽象原則價值的崩潰，作者還有點自尊心和自信心，應當在作品中將一個新的原則重建起來。」[28] 這裡所說的「堅實

27 參閱錢理群《漫話四十年代小說思潮》，見《對話與漫遊——四十年代小說研究》，上海文藝出版社，一九九九年第一版，第一八頁。
28 沈從文《短篇小說》，見沈從文別集之《抽象的抒情》，嶽麓書社，一九九二年第一版，第二六四頁。

而壯健」，是沈從文對作家的創作狀態提出的具體要求；而「重建抽象的原則價值」，則是他對作家的文學理想提出的遠期目標。

可惜，由於時代環境之限制，沈從文的這種開創性工作，還沒有展開就被迫停止了。更讓人遺憾的是，直到今天，半個多世紀前沈從文所說的「新的秩序」依然沒能在當代華文文學中建立。熙熙攘攘、爲名爲利的當代華文作家中，有「自尊心」和「自信心」的人並不占多數。

沈從文既是一個感受能力極其敏銳的抒情者，又是一個極具思想力度的思考者。在他那一代作家中，很少有人兩者兼而有之。在戰爭殘酷的大背景下，在文明和創造文明的生命遭到摧殘的大背景下，他以小說的形式對現代化、人性、自由、美等重大命題作出了獨一無二的探討，這一思路超越了他所處的時代——不僅同代的大多數作家不能理解他，而且比他年輕的作家也拒絕理解和接納此種遠見。

沈從文的思想深度不亞於西方的現代派大師，如果發展下去，其文學成就有可能與卡夫卡、薩特、卡繆等並駕齊驅。然而，他卻因爲太超前，在中國陷入咒罵與攻擊之中。在新政權建立之後，「革命現實主義」成爲官方文學的樣板，沈從文的努力，被粗暴地當作資產階級舊文化和「粉紅色文藝」而加以掃除。在四十年代的一系列論爭中，沈從文表達過對蘇聯和共產主義思潮的懷疑和警惕。因此，在中共建政之後，沈從文成爲文藝界第一批遭受整肅的對象，喪失了寫作的權利。

沈從文被迫中斷藝術創新，進而中斷文學生涯。他的內心無疑是痛苦的，平時不敢輕易流露出來，但一層層地包裹起來，就形成了一顆珍珠。一九六一年夏天，沈從文悄悄寫下這段文字：「在某一時歷史情況下，有個奇特現象：有權力的十分畏懼『不同於己』的思想。因爲這種種不同於己的思想，都能影響到他的權力的繼續佔有，或用來得到權力的另一思想發展。有思想的卻必須服從於一定權力之下，或妥協於權力，或甚至放棄思想，才可望存在。」[29] 在寧靜的表情和溫和的性格背後，沈從文有過痛苦而激烈的內心掙扎。他沒有挺身反抗，但他清醒地洞察到某些當權者的愚昧與邪惡。他不得不承認思想者肉體的軟弱，同時又堅信思想具有破土而出的力量。

與沈從文相似，高行健也是文體的變革者。他承接了沈從文當年中斷的思考和嘗試。高行健在文體上的創新與在思想上的跋涉是同步的。他首先是戲劇家，其次才是小說家。雙重身分定位和創作經驗，使他有明確意識地進行「超文體」或「跨文體」的寫作。《靈山》是高行健最重要的一部長篇小說，也是他在文體試驗上走得最遠的一部作品。高行健的「跨文體寫作」實際上又是「跨文明尋根」。

八十年代，中國有過一陣「尋根文學」的興盛，那時高行健的創作相當活躍。有人說，他是戲劇界「尋根」的代表人物之一，他自己卻說：「在我來說，並不需要尋根，根就在我身上。」[30] 不過，在《靈山》中，讀者還是可以發現當年「尋根文學」遺留下的若干蛛絲馬

29 沈從文《抽象的抒情》，見沈從文別集之《抽象的抒情》，嶽麓書社，一九九二年第一版，第一一頁。
30 參見潘耀明《高行健訪問記》，香港《明報月刊》，二〇〇〇年第一一期。

跡——當然，此時此刻，作者尋找的不僅僅是一個民族、一個國家的「根」，而是人類共同的文化之「根」。

對於習慣讀「故事」、看「人物」的讀者來說，《靈山》是一本不像小說的「小說」，一般人很難從中獲得閱讀快感。它沒有繁複曲折、扣人心弦的故事情節，也沒有性格鮮明、劍拔弩張的人物形象，甚至比《紅樓夢》更加「零散化」和「日常生活化」。

如果說《一個人的聖經》是一本「回到現實、迫近現實、貼近描述現實，嚴格得近乎紀實」的小說；與之相反，《靈山》是一個漂泊者既游走於現實與虛幻的邊緣、也瀟灑地游走於各種不同文體邊緣的「天路歷程」。[31] 正如高行健所說：「我在《靈山》中嘗試著把各種表現形式都放入小說，筆記、散文詩、考證、報告、文物記載、歷史摘錄、內心感受、故事、寓言等等。」[32] 在《靈山》中，各種敘事方式彙集成一部宏大的交響曲，儘管有時會產生微妙的衝突，但整部樂章卻讓人目不暇接、賞心悅目。對於讀者來說，閱讀時不斷遭遇到的各種「障礙」，反倒是對原有的審美經驗的刺激與顛覆。

《靈山》從一開始就設定了「尋找」的圈套。但是，主人公在尋找什麼呢？高行健並沒有明確把答案揭示出來——是「靈山」嗎？那麼，「靈山」究竟是現實中存在的一座山峰，還是類似於《聖經》中「伊甸園」一樣的、一種已然無法還原和恢復的精神狀態？「靈山」

31 參閱高行健《一個人的聖經》、《靈山》，香港天地圖書公司，二〇〇〇年出版。
32 參見潘耀明《高行健訪問記》，香港《明報月刊》，二〇〇〇年第一一期。

究竟是主人公心造出來的「魔障」，還是他獲得重生的必經之路？作者躲在敘事的背後，始終沒有告訴讀者什麼是「正確答案」。

對於那些習慣從作品中提煉「中心思想」的讀者來說，這樣的結局肯定會讓他們失望。直到小說的最後一行字，讀者也不知道主人公是否如願以償。但是，至少一點是可以肯定的——「寫作是對物的世界的超越，人之需要藝術和文學，正是對這通常壓迫人的物的世界的一種解脫。」[33] 高行健賦予《靈山》以多元化、多聲部的現代內涵，最突出的表現就是他以「人稱」作爲小說的基本框架，代替一般的故事情節，對於這種試驗的「不被理解」，作者有著充分的估計：「《靈山》以人稱替代人物，以心理感受來替代情節，以情緒變化來調整文體，無意講述故事又隨意編造故事，類似遊記又近乎獨白的這樣一部小說。如果評論家不認爲是小說，不是就是了。」[34]

小說情節很簡單，只是「一個人」零散的漫遊經歷。前方的道路隨時可能出現岔口，而行者也在不斷修正乃至否定自己，正像高行健所說：「主人翁不是神，也不是萬能的上帝，不是尼采式的打破一切，自封爲救世主的人。『個人』在大時代的磨盤裡，不過是一顆小豆粒而已。」[35] 主人公和敘述者的界限混淆了，小說的主旨遭到主人公和敘述者雙重的質疑，有時多個聲部同時在一個章節裡展開，讓讀者神思縹緲、顧此失彼。

33 參見《論文學寫作》（高行健與法國作家朗格裡的對話），見《沒有主義》，香港天地圖書公司，二〇〇〇年出版，第四九—五〇頁。
34 高行健《文學與玄學·關於〈靈山〉》，見高行健《沒有主義》，香港天地圖書公司，二〇〇〇年出版，第一七六頁。
35 參見潘耀明《高行健訪問記》，香港《明報月刊》，二〇〇〇年第一一期。

與之相似，沈從文在《看虹錄》、《七色魘》等作品中，也精心設計了一種互相牽扯、互相挑釁乃至互相依存的「二元結構」，比如主人公與「主婦」的對話、主人公自身的理智與情感的對話等。某些精彩片斷，甚至可以看成是心理學家分析和診斷的報告。

在高行健的《靈山》中，這種嘗試由零散的部件變成了完美的整體。第一人稱「我」同第二人稱「你」實際上是一體的，而第三人稱「他」又是對第一人稱「我」的質疑和反省。這種奇特新鮮的結構與人稱的轉變，使具有傳統閱讀習慣的讀者很難進入其中。然而，一旦進入，讀者就會跟著作家進行奧德賽式的流浪與神遊。作者與讀者之間的心靈交流，是透過陌生化的效果來實現的。作爲先鋒戲劇家，高行健在小說中也融入大量戲劇手法，因爲他認爲「沒有詩意的戲劇未必是戲劇的最高境界，戲劇中應當浸透詩意」。[36]總而言之，《靈山》是跨越小說、戲劇、詩歌和散文的一個龐大的綜合體。

文體上的創新，在某種意義上，就是表達方式的創新。高行健認爲，形式不僅僅是作爲內容的對立面而存在，它甚至就是內容本身。能不能找到一種新的、恰當的、適合自己的表達形式，是一個作家成功的關鍵。對此，高行健有一番心得體會：「你在此時才找到了內容的一種表達方式，你要說的話才說出，而不是想說而苦於說不出。這也意味著老的形式必然被更新。新形式只有在這個情況下才是有意義的，是值得尊敬的，否則就很容易流於追時

36 高行健《戲劇作法與中性演員》，見高行健《沒有主義》，香港天地圖書公司，二〇〇〇年出版，第二六六頁。

髦。因此，一個作家對形式的態度，也並非僅僅是『玩』，他的態度也是很嚴肅的。」[37]換言之，眞正形式上的創新，是思想突破的外在表現。如果不具備思想突破的形式創新，就淪爲虛張聲勢的玩；而有了思想突破之後的形式創新，就是水到渠成，修成正果。

在中國當代文學中，並不缺乏文體的創變和探索。但絕大部分作家僅僅停留在追趕時髦的層面，並沒有給當代文學帶來質的革新。沈從文和高行健都是孤獨的先行者，他們追求因爲走得太遠，並沒有獲得眾人的理解和接受。

（三）新文明的發現者

沈從文和高行健兩位作家，不僅是心靈的漂泊者、文體的變革者，而且還是新文明的發現者。

所謂的「新文明」，並不完全是「嶄新」的，在沈從文和高行健的文學世界裡，它主要由邊疆地區和少數民族的文化形態、充滿詩情和活力的民間傳說和風俗，以及保存了先民想像力的神話和史詩組成。

沈從文後期轉向考古學研究，而高行健也對考古發現有著濃厚的興趣。顯然，這種個人愛好和知識儲備，使得他們對中國文化的「元命題」作出了比一般作家更爲深刻的思考。

37 參閱《流亡使我們獲得什麼》（高行健與楊煉的對話），見高行健《沒有主義》，香港天地圖書公司，二〇〇〇年出版，第一七六頁。

首先，在沈從文和高行健的作品中，對邊緣地帶和少數民族的文化傳統及生命形態的發掘、張揚，佔有極其重要的地位。

沈從文的孫女沈紅陪伴爺爺度過晚年生活，她在題爲〈濕濕的想念〉的文章中這樣寫道：「這一片水土的光輝，在爺爺生命中終生不滅，即使走向單獨、孤寂和死亡之中，他也沒有消退過他的傾心。我記得爺爺最後的日子、最後的冷暖、最後的目光，默默地，停留在窗外的四季中，停留在過去的風景裡。他默默地走去，他死得透明。」[38]爲什麼晚年的沈從文能有這種安詳和透明的生命狀態呢？因爲沈從文背後有富於生機和活力的文化支撐。

這種文化既不是中國傳統的、主流的儒家文化，又不是囂張的、外向的西方現代文明。這種文化是誕生於湘西、卻又經過沈從文個體精神投射的「理想狀態」的新文化。在這種文化形態中，苗族文化的影子清晰可見。美國學者金介甫認爲，苗族的文化背景對沈從文的藝術觀念和文學創作都產生了至關重要的影響。

在中年時代所寫的《沈從文自傳》中，沈從文這樣說：「我情感流動而不凝固，一派清波給予我的影響實在不小。我幼小時較美麗的生活，大都不能和水分離。我受業的學校，可以說永遠設置水邊。我學會思索，認識美，理解人生，水對我有極大關係。」[39]晚年他在《自我評述》中也說過：「我人來到城市五、六十年，始終還是個鄉下人，不習慣城市生

38 參見陳徒手《人有病　天知否——一九四九年後中國文壇紀實》，人民文學出版社，二〇〇〇年第一版。
39 參閱沈從文別集之《自傳集》，嶽麓書社，一九九二年第一版。

活，苦苦懷念我家鄉的那條沅水和水邊的人們，我感情同他們不可分。雖然也寫都市生活，寫城市各階層人，但對我自己的作品，我比較喜歡的還是那些描寫我家鄉水邊人的哀樂故事。因此我被稱爲鄉土作家。」[40] 正是在湘西這塊土地上，沈從文發現了一種長期被強勢的漢文化所遮蔽和壓抑的苗族人的生命狀態。

一般人會說，湘西處於落後和野蠻的「前現代」狀態；沈從文則認爲，檢驗一種生活方式好與壞的標準，並不是電燈電話、燃氣馬桶，而是個人在多大的程度上保存眞實、原初的自我。在那遙遠的家鄉，那種由權力與金錢所造就的罪惡，遠沒有現代都市那樣氾濫；那種人對人的欺騙和戕害，也遠沒有「花花世界」那樣普遍。但是，沈從文痛苦地發現，那種純樸的生活方式日漸受到外部力量的侵害和腐蝕。他在小說中唱出了一曲無可奈何的輓歌。

沈從文是出生於湘西、有苗族血統的作家，他寫作的是自己的生活；高行健則主動由北國京畿走向西南邊陲，自覺接近和感知另一方水土、另一種生活。在八十年代中期批判「資產階級自由化」的高潮中，在確診身患肺癌後死神的陰影下，高行健帶著四百元的稿費，孤身一人從北京到成都，然後進入川西大熊貓保護區的原始林區。之後，他從大雪山轉到東海邊，走了八個省，七個自然保護區，行程達一萬五千里。

這段「發現之旅」，成爲高行健一生中珍貴的寫作資源。與八十年代倍受矚目的尋根派不同，他不是努力承接正統儒家文化命脈，而是致力於讓處於文化邊緣的道、佛、玄學、

40 沈從文《自我評述》，見沈從文別集之《鳳凰集》，嶽麓書社，一九九二年第一版，第七—八頁。

巫術，以及處於地理邊緣的西南地區少數民族的文化浮出歷史地表，讓它們進入當代人文視野。

高行健發現，在邊疆地區和少數民族的文化、信仰之中，存在著個人自由的萌芽，也存在著沒有受到束縛的蓬勃想像力和創造力。他如此比較黃河流域與長江流域文物考古的差異：「我曾去過河南二裡頭的發掘點，考古學者給我出示了許多精製規矩的陶器，可能是某種禮器……我以爲我看到了遠古宗法理性主義的痕跡。我寧可去長江流域漫遊，找尋孕育出《山海經》裡的神話的另一種文化。今人先有蒙文通後有袁柯，治學嚴謹，早已考據，這部將神話傳說地理歷史熔於一爐的古代巫書，不出於巴蜀，便出於楚地，也有經越人之手一說，總之來自長江流域。現有人將中山之首定爲泰山，信口詮釋，望文生義，居然風行一時，大抵也是出於大一統政治的需要。」[41] 高行健的好惡，由此可見一斑。他不滿於連考古也被政治和大一統所異化的荒誕狀況，而以藝術與生命的「通約」關係作爲評判的標準。

在長江流域和西南地區，高行健更關注少數民族和邊鄙之民的生存狀態。苗族自由的求愛風俗，引發他深切的感慨：「我頓時被包圍在一片春情之中，心想人類求愛原本正是這樣，後世之所謂文明，把性的衝動和愛情竟然分割開來，又製造出門第、金錢、倫理觀念和所謂文化的負擔，實在是人類的愚蠢。」[42] 在《靈山》中，他以充滿詩意的筆調描述羌

41 高行健《文學與玄學．關於〈靈山〉》，見高行健《沒有主義》，香港天地圖書公司，二〇〇〇年出版，第一八一頁。

42 參見高行健《靈山》，香港天地圖書公司，二〇〇〇年出版。

族、苗族、彝族等若干少數民族的日常生活狀貌，瑞典漢學家羅多弼評論說：「《靈山》的主人公在羌、苗、彝等少數民族的生活方式中如願以償，但他相信在漢族中，人原本也應當如此。」[43] 高行健將少數民族和邊疆人民的文化作爲新的座標，重新審視中原地區的漢族文化，這種「錯位」，讓他成爲崇尚漢族中心主義的知識分子群體中的異類。

正如羅多弼所指出的，高行健對「生活的眞實」的追求，讓他背叛了虛僞的正統儒家文化。高行健曾論述說：「中國文化史上富有創造精神的藝術家、思想家和科學家、發明家，幾乎都非儒家，而且大都受到長江文化的薰陶，也因爲這種文化在中國歷史上一直未居正統地位，又由於這一廣大地域獨特的人文地理環境和本土悠久的歷史，才保持活力。」[44] 高行健的文學世界的誕生，其前提是對以黃河爲代表的「黃帝文明」的摒棄，和對西南邊疆各民族的民間資源的重新發掘。

對此，瑞典漢學家馬悅然在分析《靈山》時也指出：「在《靈山》中，作者處理了個人對自由獨立的嚮往和他對溫情的渴望兩者之間的矛盾……強烈的在一個政治化社會中被異化的感覺，使作者踏上了前往中國西部和西南部偏遠山區漫遊的旅途。他在那裡發現了殘存的原始文化和巫術崇拜。……作者的批判鋒芒既指向儒家正統，也指向馬列教條。」[45] 也就是說，高行健的「背叛」，堪稱更高層次的「皈依」，他並沒有走向全然的虛無主義。

43 羅多弼《高行健〈靈山〉「六義」》，見香港《明報月刊》，二〇〇〇年第一一期。
44 高行健《文學與玄學・關於〈靈山〉》，見高行健《沒有主義》，香港天地圖書公司，二〇〇〇年出版，第一八二頁。
45 馬悅然《諾貝爾文學獎得主高行健的創作成果——兼談現代中文文學》，見香港《明報月刊》，二〇〇〇年第一一期。

其次，沈從文和高行健都自覺地從民間傳說和風俗中，尋找藝術靈感和創作泉源。

沈從文的一生僅僅維繫了將近二十年的創作高峰，卻創造了一個宏大而獨特的藝術世界。沈從文認爲：「試從文學史或美術史（以至於人類歷史）加以清查，卻可得出一結論，即偉人巨匠，千載宗師，無一不對於美特具敏銳感觸。」[46] 眞正的美存在於民間信仰和民間風俗之中，感知並表達這種美，是作家、藝術家的任務。沈從文認爲，民俗、傳說、想像乃至於巫術和迷信，都有其不可泯滅的眞、善、美的一面，「一切生活都混合經驗與迷信，因此單憑經驗可望得到的進步，無迷信攙雜其間，便不容易接受」。[47] 在中篇小說《神巫之愛》中，沈從文描寫了那些脫離於現代社會結構之外的人們奇特的、「驚風雨、泣鬼神」的愛情故事，以及主人公在愛情與信仰之間的苦苦掙扎。[48] 對於底層民眾來說，「不論他們過的日子如何平凡而單純，在生命中依然有一種幻異情感，或憑傳說故事，引導到一個美麗而溫柔仙境裡去，或信天委命，來抵抗種種不幸」。[49] 這種對民間文化和民間信仰的「理解的同情」，在以「現代性」爲旨歸的現代文化人是不多見的。

在民間文化藝術的廣闊天地裡，個人從容地擺脫政治、經濟、物質的重重束縛。因此，與其說沈從文一生都在緬懷湘西，毋寧說他已經將「湘西」內化爲無限的藝術之夢。有人從

46 沈從文《潛淵》，沈從文別集之《七色魘》，嶽麓書社，一九九二年第一版，第一四七頁。
47 沈從文《長河》，北嶽文藝出版社，二〇〇二年第一版。
48 沈從文《神巫之愛》，沈從文別集之《龍朱集》，嶽麓書社，一九九二年第一版。
49 沈從文《長河》，北嶽文藝出版社，二〇〇二年第一版，第二六頁。

社會進化論立場批評沈從文將偏遠、保守的湘西「美化」了——具體到每個農民的實際生活，並沒有那麼多田園詩意。乍一看，批評得挺中肯。其實，批評者並未讀懂沈從文、並未進入沈從文的藝術世界。沈從文不是「現實主義」作家。他不是在寫實存的「湘西」，而是在寫個人的理想。與其說他美化了殘酷的現實，不如說他試圖營建高於現實的藝術世界。

沈從文的小說，不是現實的立此存照，而是藝術化、哲理化之後的「第二世界」。沈從文說過：「明白的藝術，必將帶來一個更新的莊嚴課題。將宗教政治充滿封建意識形成的『強迫』、『統制』、『專橫』、『陰狠』種種不健全情緒，加以完全的淨化廓清，而成爲一種更強有力的光明健康人生觀的基礎。」這是他對中國未來的展望，也是對人類未來的展望。「光明健康的人生觀」的樹立，離不開民間藝術的薰陶和民間信仰的滋潤。即使在今天看來，這種展望依然是天眞的樂觀。但是，爲什麼不能欣賞和讚美在現代社會相當奇缺的天眞呢？

同漫步在湘西的沈從文一樣，《靈山》中那個沒有名字的主人公（可以看作是高行健本人的投射）也是「原始主義者」。《靈山》從山地的獵人寫到平原的農夫，從流散於民間的底層知識分子寫到神祕的部落巫師，人物紛繁，三教九流，不一而足。高行健試圖從這些人物的生活中，尋找到都市中稀缺的「眞」、「善」、「美」。一切五彩斑斕、怪異獨特的外部景觀，都是作者心靈世界的折射。

在大眾被高度同化、時尚被統一規劃的現代社會中，高行健認爲，文化人只有脫離喧囂浮躁的城市，走向豐滿奔放的民間，才可能逃脫「表演」與「被觀賞」的宿命，擁有完整的自我。他的作品中湧動著一個甦醒的、強大的生命力，這個生命不斷地與另外一些純眞而強悍的生命相遇。

《靈山》主人公對一個民歌蒐集者說：「這是沒被文人糟蹋過的民歌！發自靈魂的民歌！你明白嗎？你拯救了一種文化！不光是少數民族，漢民族也還有一種不受儒家倫理教化污染的眞正的民間文化！」[50]這也是高行健本人的心聲。只有在偏遠的邊疆，自我的生命才有可能被另外的生命所照亮、所點燃。

無獨有偶，沈從文也有一篇文章寫到湘西的民歌，在他的家鄉，「每個人似乎都有一種天賦，一開口就押韻合腔」。那些唱歌唱得好的人，必然是擁有旺盛生命力的人，「這種好歌手，通常必然還是個在本村本鄉出力得用的人。不論推磨打豆腐，或是箍桶、作簟子的木匠篾匠，手藝也必然十分出色。他們的天才，在當地所起的作用，是使得彼此情感流注，生命豐富潤澤，更加鼓舞人熱愛生活和工作。」[51]聽到那種近乎天籟之音後，沈從文感慨地說：「即或我們一句原詞聽不懂，又缺少機會眼見那個祀事莊嚴熱鬧場面，彼此生命間卻彷彿爲一種共通的莊嚴感中微帶抑鬱的情感流注浸潤。」[52]這段話的內涵非常豐富：沈從文有意識地將以屈原爲代表的古代文學經典與民間的歌曲舞蹈、祭祀活動勾連起來，讓鮮活的民間文化照亮當下灰暗的日常生活。

50 高行健《靈山》，香港天地圖書公司，二〇〇〇年出版。
51 沈從文《湘西苗族的藝術》，見沈從文別集之《抽象的抒情》，嶽麓書社，一九九二年第一版，第一七三—一七四頁。
52 沈從文《湘西苗族的藝術》，見沈從文別集之《抽象的抒情》，嶽麓書社，一九九二年第一版，第一七六頁。

這裡，民歌成爲富於象徵意義的藝術門類。就我個人的生活經歷來說，我是聽著四川豐富多彩的民歌長大的，我的精神底色也是由民歌打下的。我能理解爲什麼沈從文和高行健不約而同地看重民歌的價值。民歌是奔湧著的熱血，民歌是純潔的靈魂，民歌是活活潑潑的生命，民歌是眞實的藝術創作。歷代大儒都重視對民歌的蒐集、加工和改寫，正說明他們對民歌之中所蘊含的強烈的生命欲望感到不安與恐懼。張揚沒有受到污染的民歌的生命力，也就是對儒家文化「化石」狀態的否定。

第三個層面，沈從文和高行健的創作擺脫了官方的史家傳統，轉向神話和史詩，這才是文學的源頭。

如果從「重續神話與史詩傳統」的角度解讀沈從文的作品，必定會有新的收穫。在《阿黑小史》和《鳳子》等長期遭到忽視的作品中，沈從文討論了自然「神性」和人的「神性」的契合，導出他關於民族精神重造這一沉思的序曲。《鳳子》中的「城裡的客人」，就是作家自己，「城裡人」在觀看了莊嚴而富有生氣的民間法事之後，更正了以往對宗教信仰的偏見：「我認爲『神』之一字在人生方面雖有它的意義，但它已成爲歷史的，已給都市文明弄下流，不必須存在，不能夠存在了。在都市裡它竟可以說是虛僞的象徵，保護人類的愚昧，遮飾人類的殘忍，更從而增加人類的醜惡。但看看剛才的儀式，我才明白神之存在，依然如故。」[53] 他意識到，信仰是現代科學無法取代的一個領域，只要人類存在一天，人類就離不

53 沈從文《鳳子》，見沈從文別集之《阿黑小史》，嶽麓書社，一九九二年第一版，第二三九—二四〇頁。

開「神」和「神話」。這段話是「五四」以來的中國知識分子對科學主義和理性主義氾濫的深刻反省，可惜夾雜在小說之中，未能引起思想界足夠的重視。

同時，這位「城裡人」還發現，在中國的文化傳統和民間社會中，還存在著比「經史子集」更高的文化形態。在這種文化形態中，藝術與宗教達成完美融合——「我剛才看到的並不是什麼敬神謝神，完全是一齣好戲，一齣不可形容不可描繪的好戲。是詩和戲劇音樂的源泉，也是它本身。聲音顏色光影的交錯，織就一片雲錦，神就存在於全體，在那光影中我儼然見到了你們那個神。我心想，這是一種如何奇蹟！我現在才明白你口中不離神的理由。」[54] 作者藉小說人物之口揭示出，遠古的神話鮮活地存在於民間文化之中。在對現代文明冷峻反思之後，沈從文意識到：有神的生活要優於無神的生活；進而，他告訴現代作家和藝術家，需要從詩歌、音樂和信仰融合的神話這口「古井」中汲取養料。僅僅是作為「風景記錄人」的屈原就成了最偉大的詩人，那麼，這片風景中還有多少沒有被發現的財富呢？

沈從文所憧憬的是「藝術化的宗教」，就是超越現代諸多主義和黨派的新人生觀。每個人都應當以自己的方式走向藝術、走向信仰，將生活昇華為神話和史詩的一部分。當抗日的戰火將生命切換成一個個瞬間時，沈從文逆流而上，尋求生命的「永久價值」。他從死亡的陰影下超拔出來，體驗到生存的執著。「在人類文化史的進步意義上，一個眞正的偉人巨

54 沈從文《鳳子》，見沈從文別集之《阿黑小史》，嶽麓書社，一九九二年第一版，第二三九—二四〇頁。

匠，所有努力掙扎的方式，照例和流俗的趣味及所懸望的目標，總不易一致。」[55]他在邊緣地帶的湘西，發掘出藝術化、審美化的人生，並試圖用這種人生來抵抗二十世紀的血腥和暴力。

高行健的努力方向與沈從文驚人地相似。他的戲劇《山海經傳》改編自遠古的神話典籍《山海經》。爲什麼要選擇這個高難度的題材呢？高行健作過一番闡述：「努力把許許多多遠古神話傳說的碎片撿拾起來，彌合成篇，揚棄被後來的經學者所強加給它的政治或倫理的意識形態，還其民族童年時代的率眞，恢復中國原始神話的體系的本來面貌，以彌補沒有史詩的缺陷。」[56]這樣的工作，早在八十年代那次西南地區的漂泊中，高行健就已開始。在湖北神龍架自然保護區，他花費很大精力收集民間史詩《黑暗傳》，這部民間史詩的博大和純粹給他巨大震撼。在《靈山》中他多次提到《黑暗傳》，其用意是將《黑暗傳》中的「活力因數」移植到奄奄一息的中國當代文學之中。沒有神話和史詩的敘事與思維方式，當代文學的病態不可能得到改變。神話並不是遙不可及的，神話就在身邊。這樣，高行健打通了中心與邊緣、主流與末流、神話與現實之間的隔斷。

在一路的漫遊中，高行健感歎於四川三星堆文化的輝煌與湮沒：「長江上游四川廣漢三星堆的出土，更令迄今以來中原發現的青銅彝器一概遜色，那巨大無首的銅人和眼窩裡伸

55 沈從文《一個傳奇的本事》，見沈從文別集之《鳳凰集》，嶽麓書社，一九九二年第一版，第二四七—二四八頁。
56 劉再複《〈山海經傳〉序》，見高行健《山海經傳》，香港天地圖書公司，二〇〇〇年出版。

出的雙手，似乎在問天，如此燦爛的文化何以湮滅？史籍竟一無記載！」[57]這裡，他用另一種方式否定所謂「正史」的「合理性」與「合法性」。雖然沒有魯迅將「正史」斥之為「吃人」那樣痛快淋漓，卻也為人們提供了嶄新的視角：在「正史」的邊緣和外面，才隱藏著最有價值的文明形態。文明的命脈恰恰蘊含在諸如三星堆這樣一些被湮滅的遠古遺址之中。

而個人與神話的直接對話並非不可能。高行健的長篇小說《一個人的聖經》，其重點在「一個人」上而非「聖經」上，顯示了他個人寫作的堅韌和「迫近神話」的野心。他試圖在那些「活著」的、而不是被埋葬在書籍的「棺材」中的神話和史詩中，發掘出契合生命本身的話語方式和思想方式，那樣「我們如果找到這樣新鮮的語言，我想便會有一個新鮮的文學，一種很大程度上不同於建立在西方分析性的語言結構上的現代文學，一種從東方人的感知和表達方式出發又浸透現代人的意識的文學」。[58]

餘論：中華文明的厄運與復興

沈從文和高行健都把目光從城市投向鄉村和原野，他們的目光從黃河和長江流域那些文化爛熟的地區，轉移到被視為蠻荒之地的西南乃至邊疆地區。他們在作品中暗示讀者，在中

57 高行健《文學與玄學．關於〈靈山〉》，見高行健《沒有主義》，香港天地圖書公司，二〇〇〇年出版，第一八一頁。

58 高行健《遲到的現代主義與當今中國文學》，見高行健《沒有主義》，香港天地圖書公司，二〇〇〇年出版，第一〇七頁。

國的邊緣地帶，還存在著一些富有生命力、創造力和想像力的生活形態和文化模式。

文明的「中心」對文明的「邊緣」的單向度壓抑，存在於中國漫長的專制歷史之中。這種長久的壓抑，正是中國文化喪失更新能力的重要原因之一。

兩千年來，中國文化遭受過三次厄運。

第一次厄運是秦統一六國。

在正統的歷史書上，秦始皇的「歷史功績」被大書特書，史家認爲統一事業具有劃時代的「進步意義」。然而，如果換一種角度來看，仔細分析這一事件對文化的影響，就會發現秦的統一，扼殺了豐富多彩的先秦文化。在政治上的「利」，在文化上則是「弊」——豐富、鮮活、多元的「中華文化共同體」在武力的威脅下迅速消失，取而代之的是一個單調、僵硬、一元的「儒法雜交的怪胎」。

秦國戰勝楚國，從地緣政治的意義上來說，是北方戰勝南方；從文化的意義上來說，是寫實主義的《詩經》戰勝浪漫主義的楚辭。此後，喪失浪漫情懷和自由精神的中國文學就陷入了數百年低潮，直到魏晉時代方有新一輪「文學自覺」（魯迅語）的出現。

第二次厄運是漢代的「罷黜百家，獨尊儒術」。

講求現實功利、強調人與人之間複雜的社會關係的儒家，在漢代初年被狡猾的統治者採用爲官方意識形態。對於統治者來說，儒學是外在的幌子，與內在的刑名法家融爲一體。與此同時，其餘各家學說則遭到毀滅性的貶斥與消滅。比如，對「俠」的禁止加劇了民間社會的消亡。百家爭鳴時代的生機和民間經濟發展的活力至此蕩然無存。

文化日趨一元，想像的空間也越來越蹇迫。有漢一代，文學成為官方文告中的花邊。而更為惡劣的是，此後科舉制度的建立，「學而優則仕」的大傳統鞏固，極度功利主義的張揚，使得文學藝術淪落為可有可無的消遣。

第三次厄運是邊疆地區和少數民族文化的湮沒。

漢文化對少數民族文化的同化、壓抑和扼殺，以及中原地區正統的儒家文化對邊緣性的其他文化狀態的同化、壓抑和扼殺，在中國兩千年的歷史中一直明顯地存在著。但是，正史往往將其淡化甚至美化。長期以來，「開拓疆土」的堂皇說法，成為一個任何人都不能反駁的理由。

尤其是十九世紀中葉以來，在迅猛的近現代化進程中，在「進步」和「文明」的旗號下，對隱匿在邊緣地區的民間傳統文化和生活方式不由分說地進行所謂的「改造」。進入二十世紀九十年代以來，這種社會達爾文主義的「全面現代化」的思路，以更為惡劣的方式與更為宏大的規模瘋狂推進，「現代性」幾乎深入到每一個偏遠的鄉村和部落。此種以經濟為杠杆的「強迫現代化」，使得不同族群、不同地域源遠流長的民間文化成為都市人前去「獵奇」時的「旅遊產品」。雲南古城麗江就遭受了這種毀滅性的開發厄運，青藏鐵路的修築，也必將改變這片上百萬平方公里土地上人們的生活方式。

意識到這三次文化厄運的中國知識分子少之又少，沈從文和高行健正是其中的幾位。同時，他們也是反其道而行之的「文化拯救者」。他們的選擇也就註定了他們悲劇性的命運：一位長達四十年失去了寫作的自由，在無邊的孤獨中死去；另一位則被迫離開故土，在異國他鄉艱難地使用母語來創作和言說。

他們的選擇和命運，讓我想起了敘利亞詩人阿多尼斯（Adonis）。阿多尼斯《在意義天際的寫作》的前言中說，就本質而言，移居他鄉，並非流亡，因爲移居者受到內心願望的驅使，想從「集體人」的階段轉向「個體人」的階段，是對自由和解放的渴望。這句話說的就是高行健。而阿多尼斯更多的指向是後一種方式的流亡：那種生來就是一個流亡者，在自己生長的國家內部的流亡，他特別指出：「我認爲，流亡地不僅指空間，流亡地還存在於自身內，存在於語言中。在出生地流亡，也許比在其他任何地方的流亡更加可怖。」這句話說的就是沈從文。儘管不乏「知其不可爲而爲之」的悲壯，沈從文和高行健依然勇敢地面對著中國文化的三次厄運。他們用富有個性的文字和思想，竭盡全力地恢復華人文化圈的想像力和創造力，恢復正常的藝術感覺和不可剝奪的生命尊嚴。

第四卷

隔壁的鏡子

星星向你開口說話

所有親愛者的靈魂都在高空的星上。
多麼好啊，沒有朋友可失去，
沒有人可為之哭泣。

阿赫瑪托娃

詩人是使用另一種「星際語言」寫作的人，詩歌如同星星在向你開口說話。

在二十世紀初俄羅斯風起雲湧的革命浪潮中，那些在白銀時代光芒四射的作家和詩人們，流亡的流亡，被捕的被捕，更多人在物質上陷入困窘、在精神上陷入苦悶。他們厭惡舊時代，又對新時代充滿疑慮，就像是一個同時騎在兩匹烈馬上的騎士，身體承受著被撕裂的劇痛。

對於剛剛掌權的布爾什維克來說，詩歌是「沒有用處」的，因而也是「不存在」的。他們只承認涅克拉索夫（Nekrasov）的意義——因爲涅克拉索夫的詩歌揭露了沙皇時代的邪惡與黑暗，指出了在那個時代的俄羅斯誰能活得好、誰又活不下去，這是符合黨的理論的。反之，黨的文化官員厭惡那些「頹廢派」詩歌，他們認爲這類作品體現了「資產階級腐朽和沒落的生活」。領袖在最高指示中說：在一個日新月異的新俄羅斯，不應當再給這些作家和作品以生存的空間。

「星際語言」拯救了作家的生命

就在詩歌和詩人遭到滅頂之災的時刻，女詩人苔菲講述了這樣一個神奇卻又眞實的故事。有一天，有一位革命者前來拜訪苔菲，兩人討論起詩歌來。當女主人誇耀巴爾蒙特的詩歌時，客人從書架上取下一本巴爾蒙特的詩集，信手翻開，讀了起來：

鈴蘭、毛茛、甜蜜的戀人，
不可能的瞬間，瞬間的幸福

「這是什麼亂七八糟的。這些詩句有什麼意義呢？首先是意義！」革命者皺著眉頭說。苔菲說：「那麼，我給你讀一首。」她沒有翻書，稍稍回憶了一下便流暢地朗誦起來：

我教授你星際的知識，
用山麓造就一道彩虹，
在嘈雜的歲月的深谷上
高高撐起你的樓閣……

客人一下子就被吸引住了：「什麼？能再讀一遍嗎？」

苔菲重複了一次。

「然後呢？」革命家迫不及待地詢問。

苔菲讀了第二小節和結尾：

我們沐浴著光芒和歌聲
在最後的瞬間，
將臉朝向南方。

這位客人被深深打動了。在沙發上沉思了一陣之後，他告訴苔菲說，這些詩句裡有一種他無法理解的魅力，一剎那就撞擊了他的心房。他請求苔菲將整首詩歌都抄給他，他要把這樣的詩句隨身攜帶著。

後來，這名革命者在布爾什維克政權中平步青雲，成爲一個地位顯赫的領導人。他大筆一揮就可以決定無數人的生死。然而，他沒有忘記苔菲抄給他的那首詩歌，那首用「星際語言」寫作的詩歌。苔菲沒有透露他的姓名，但她有些得意地指出：「他保護了很多作家兄弟，也許是那種他無法理解的星際語言影響了他。」

這是一個動人的故事，這是德國電影〈竊聽風暴〉的俄羅斯版本。「沒有用處」的詩歌具有超越金錢和權力的魅力。這種力量來自冥冥的星空，不是人間的律法所能束縛。偉大的詩人掌握了星空的祕密，使用一種特殊的密碼，編造出美侖美奐的詩句。革命家擁有人間的權力，決定國家的內外政策，決定某個人的生死，但他們無法侵入詩人的世界，無法遮掩住星星的光芒。

飛翔是人類基本的渴望之一

即使在那些最艱難的時代裡，詩人也不會停止吟唱和仰望。身體深陷在泥沼裡，靈魂卻在高高的天空中飛翔，飛到像星星一樣的高度上。博爾赫斯說：「正如夢境和天使所展示的，飛翔是人類基本的渴望之一。」詩人是將飛翔作爲人生最大目標的一群人，如果不能在現實的世界中飛翔，便要創造出一個掙脫地心引力的、能自由飛翔的世界。

詩人古米廖夫就是一個將用「星際語言」寫詩當作生命中唯一使命的人。古米廖夫與阿赫瑪托娃一起被稱爲俄國白銀時代的「雙子星座」。他認爲，作爲詩人，就應當以文學爲生命，他全身心地投入到文學創作、思考和爭論之中。由於不理解革命的意義，他轉入另外一個世界，那是一個浪漫、純眞、美好的世界，是詩歌的世界，是星星的世界。他在天空中飛翔，與星星自由地對話。然而，革命滾滾的車輪還是沒有放過他，他陷入到一樁連他自己也弄不清楚的「顚覆國家的陰謀」之中——詩人能望到遙遠的、普通人看不見的星星，卻感覺不到近在咫尺的、隱藏在日常生活中的危險。他被祕密警察從書桌上拖走了，再也沒有回來。未經法庭正式審判，古米廖夫就被行刑隊匆匆地槍殺了。殺人如草不聞聲，是那個時代最爲司空見慣的悲劇。粗暴地處死一名善良、誰也沒有傷害過的詩人，已然凸顯出革命墮落的軌跡。

還有受盡折磨的阿赫瑪托娃，她用組詩《安魂曲》記錄了那個「我不明白，現在誰是野獸，誰是人」的時代，把一代人所受的磨難銘刻在詩的記憶裡。當德國入侵蘇聯之後，史達林知道詩歌是一種可以動員人民愛國主義的重要力量，於是允許阿赫瑪托娃發表了一本經過嚴格審查的《詩選》。戰爭勝利之後，被疏散到塔什干的阿赫瑪托娃被允許回家，在途逕莫斯科的時候，她應邀到科技博物館朗誦詩歌。當她朗誦完畢，全場起立，掌聲雷動，人們把詩人當作民族英雄，勝利的俄羅斯的語言化身。阿赫瑪托娃卻對人們的這種敬意感到恐懼，擔心引起當局的注意和忌妒。這種擔心不是多餘的。後來，巴斯特納克告訴她，據說史達林親自詢問主管意識形態的政治局委員日丹諾夫：「是誰帶頭歡呼鼓掌的？」可見，暴君的心眼只有芥菜種籽那麼小。史達林無法理解，爲什麼已經被他打入社會最底層的這個「傷風敗俗的女子」，還對人民有那麼大的吸引力。

詩歌、文學，從來不是獨裁者的朋友。獨裁者在權力的泥沼中打滾，詩人卻在蔚藍的天幕上飛翔。世界是如此奇妙和美麗，文學就是要將那些動人心弦的瞬間定格下來；人生是如此曲折和豐富，文學就是要將那些淚水和笑容描繪下來。文學從來不會迴避暴政，文學從來不會掩飾苦難，文學必然具有某種顛覆黑暗的巨大力量。文學是一代又一代的人們智慧、經驗和情感的累積，只有熱愛文學的人，才能仰望到那片最美麗的星空。

很多時候，苦難與幸福是不可分割的。古代有位詩人和先知，面對被毀壞的耶路撒冷，面對這座他甘苦與共的城市，痛哭流涕地發誓說：「如果我忘記你，耶路撒冷，那麼就讓我的手失去知覺；如果我不要把你記在心裡，不要你當作我最大的樂趣，那麼就爛掉我的舌頭。」是的，忘卻了土地與人民，詩人不就成了一個身體和心靈雙重癱瘓的可憐人嗎？

白天也有星星在閃爍

用女詩人別戈爾利茨的話來說，詩人們是一群特殊的人，一群終身都在尋找「白天的星星」的人。

關於星星，美麗的別戈爾利茨也有一個屬於自己的故事。童年時代，有一位老人告訴她說，白天的星星比夜晚的星星更亮、更美，只有在很深很深的井裡才能看見。從那天晚上起，小女孩就有了一個壓倒一切的瘋狂的願望——看見白天的星星！親眼看見白天的星星的願望和帶領大家一起欣賞這些星星的計畫，充滿了別戈爾利茨的少女時代。那時，正值豆蔻年華的她，還不知道期待幸福遠比擁有幸福本身更激動人心。

懷著追尋白天星星的夢想，別戈爾利茨走上了漫長的文學道路。歲月流逝，她走過俄羅斯大地上的許多村莊，也看過各式各樣的水井，一直沒有放棄尋找白天星星的願望。她相信，在俄羅斯的大地上有許多星光燦爛的水井，其中既有被童話般的牛蒡靜靜包圍的老井，也有剛剛開掘的、用水泥砌得整整齊齊的新井。很多年以後，雖然沒有找到這樣一口水井，她無悔地寫道：「我不僅相信確有這樣的水井，並且我還希望我的心、我的書，也就是我向所有讀者敞開的心，也像水井那樣能夠映照和珍藏白天的星星——人的心靈、生活和命運……」這就是詩人最美好的願望：天上的每一顆星，都對應著地下的一顆人的「心」，「星」與「心」之間交相輝映。

閱讀那些美好的文字，就如同星星在向你說話。在被譽爲「世紀傳記」的《白天的星星》一文中，別戈爾利茨深情地寫道：「但願大家能在我的心中，在我的幽暗而又清澈的水井深處看見這些普通肉眼看不見的、彷彿並不存在的白天的星星，看見它們燦爛的光輝。」這是我所看到的對作家和詩人的價値最爲謙卑、也最爲自信的評估。

我一直相信，在這個世界上，如果詩歌多一點，良善和美麗就多一點；相反，邪惡和黑暗就會少一點。詩人杜麗在一篇題爲〈星光和泉水〉的散文中，寫到一個去偏遠的鄉村旅行的故事。車在中途拋錨了，正在沮喪的時刻，她抬頭仰望了一下山區的夜空，神奇的景象出現在眼前：「就像一個從未領略過星光之美的孩子，我不敢相信我的眼睛：天上是一場華美盛大的星星的集會。它們是怎樣做到如此親密地共處一地而不互相擁擠，數目繁多卻如此靜穆？身居無比的高度，其光芒卻又深入地照亮每一個普通人的眼睛？」星星們以其高尚而謙遜的存在，引導著人類的心靈向著純潔、眞誠的方向發展。

他鄉比故鄉更美

——讀伊格納蒂夫《以賽亞·伯林傳》

大雁如同楔子，插進了別人的邊界！

曼德爾施塔姆

一九九七年，以賽亞·伯林逝世的時候，我剛在北大完成本科學業，準備讀研究所。中國的學術媒體上發表了幾篇輕飄飄的評述文章，而作為學術重鎮的北大幾乎沒有什麼反應。由此可見，表面上熱鬧的中國當代自由主義思潮，是何等空洞和淺薄。似乎中國問題也從未進入伯林的視野——在他逝世前不久，他應一位中國學者之邀，撰文介紹自己的著作，他為自己的作品能在共產中國出版而感到高興，這大概是他與中國之間唯一一次近距離接觸。不過，伯林一生批判的對象，即造成二十世紀禍害的兩種烏托邦思想，都與中國息息相關，一種是希特勒的，一種是史達林的，兩者都拒絕承認人類的共同性這個觀念——讓中國生靈塗炭的毛主義，正是這兩者的雜交、變種和升級版。所以，中國知識界特別要讀一讀伯林。

伯林是一位奇特的知識分子，他以一己之力讓此前在西方學界不具有「合法性」的思想史研究，成為一門久盛不衰的顯學。在二十世紀西方自由主義知識分子陣營裡，就影響力而言，大概惟有海耶克和波普能與之匹敵，三人都著作等身，但伯林一生沒有寫過一部符合「學術規範」的「專著」。他的才幹在於綜合，而不在於作學問；在於寫隨筆散文，而不在於寫專著；他關注的讀者是受過教育的中產階級，而不是專家。在他的每一部著作裡，都涉及到「內心的痛苦，個人的困境，以及人類各種價值觀之間的衝突」等科學不能解決的議題。在「科學萬能」和「專業化」的時代裡，伯林始終堅信：「科學永遠難以抵達的領域——社會、道德、政治、精神世界，這一切都不能被任何一門科學整理、描述和預測，因為在這些世界裡，『淹沒的』、無法檢測的生活佔據了太高的比例。」可以說，伯林是二十世紀最後一名百科全書式的大師和精神上的貴族。

邁克・伊格納蒂夫（Michael Ignatieff）所著之《伯林傳》，是一本經典的伯林傳記。作者在伯林生前曾與之有過長時間的對談，被伯林當作一名值得信賴的朋友，伯林向他說了許多「不足為外人道也」的心裡話，他也漸漸深入伯林的內心世界。比如，表面上看，在那一個層級的知識分子當中，伯林是少有的非常快樂的人；但伊格納蒂夫發現，「倖存者的內疚心情，始終使他的幸福蒙有陰影」。伯林怎能忘記那黑暗的年代？這黑暗年代也造成了他自己的精神煎熬時期。在這本傳記結束的地方，作者如此寫道：「他向世人說明：智者的一生，應該是懷疑的、嘲諷的，並且是自由的。」

暴力永遠不是通往自由的途徑

伯林出生於拉脫維亞一個富有的猶太商人家庭，在他童年時代，親眼目睹俄國爆發布爾什維克革命，以及革命的殘暴與無序。伯林家的居所和工廠遭到契卡的查抄，他的父親將鑽石藏在花盆中——這個細節很像中共在歷次政治運動中對地主和資本家的清算，不過中共更加殘酷和徹底。伯林的父親厭惡列寧政權，不只是因爲物質上的匱乏，更是因爲「那種被監禁的感覺，和外界斷絕聯繫，到處受到監視，突然遭到逮捕和面對自稱布爾什維克的流氓的橫行霸道，感到孤立無助」。

伯林十一歲時，他們全家逃離了俄國。伯林沒有像納博科夫那樣描寫過那段離開的旅程，但對流氓政權「打砸搶」極不愉快的回憶，讓他終身對形形色色的左派思想具有免疫力。當同齡人受革命的馬克思主義迷惑時，一九一七年發生的往事還在伯林身上發揮作用，「增強了他對肉體暴力的恐懼和對政治實驗的懷疑，使他畢生傾向於所有意在調和的妥協，維持政治秩序的穩定，以免出現恐怖統治」。

伯林的故鄉、波羅的海的小國拉脫維亞，在二十世紀命運淒慘，遭到德國和俄國輪番侵略和蹂躪。而拉脫維亞的猶太人群體，更是沉淪到地獄的最深處。在二戰期間，納粹將居住在拉脫維亞的全部猶太人送進集中營，留下來沒有走的伯林的外祖父和祖父家族被屠殺殆盡。

不過，伯林並沒有親身經歷過納粹的統治，令他產生最強烈回應的，是史達林的罪行，而不是希特勒的罪行。除了童年的那些回憶，他在戰後以英國外交官的身分多次訪問蘇俄，與那些被史達林的暴政傷害和凌辱的俄國知識分子結爲莫逆之交。伯林甚至與女詩人阿赫瑪托娃產生了一種超乎於愛情之上的親密感情。他們的交往讓阿赫瑪托娃的處境變得更糟，史達林親自對主管意識形態的政治局委員日丹諾夫說：「我們的修女正在和英國間諜勾結，是嗎？」然而，即便在最艱難的時刻，阿赫瑪托娃也像天鵝一樣昂首向天，她告訴伯林，有不知名的人把鮮花放在她家門口，「人們會忘記有權有勢者，但不會忘記受苦受難者」。

在一九五二年的猶太醫生案件中，伯林的叔叔列奧被捕，受到嚴刑拷打，企圖自殺，最後屈打成招，承認自己是英國間諜。史達林死後，列奧被釋放，但身體虛弱、營養不良。一次走在莫斯科大街上，正好碰到一個拷打過他的人在他面前橫穿馬路，就心臟病突發，孤獨地死在積雪的街頭。這個情節，比巴斯特納克的《齊瓦哥醫生》的結尾還要悲愴。

所以，雖然本人沒有受過暴力和暴政的傷害，但伯林比任何人都更加痛恨人類對同類施加的暴力和暴政。即便猶太復國主義者中那些支持暴力的派別，他亦發出嚴厲的批評。伯林向來彬彬有禮，對暴力的支持者卻不假辭色。有一次，他在倫敦大衛王飯店的電梯裡遇見猶太復國主義者武裝組織的首領比金，他拒絕與之握手。因爲就是比金的手下在一九四六年炸毀這家飯店，造成九十人喪生。即便對那些在紙面上欣賞暴力的知識分子，他也與之絕交。托洛斯基傳記的作者、讚賞暴力革命的學者多伊徹申請一所大學政治學系的教職，伯林恰好是學術顧問委員，他直截了當地告訴校方，此人是「唯一我無法從道德上容忍在同一個學術團體中共事的人」。伯林的反對讓多伊徹未能獲得此教職，左派將伯林妖魔化爲侵犯學術自由的劊子手。但伯林不爲所動，一生倡導寬容的他，亦有絕對不能寬容的東西。

左傾幼稚病：歐洲沉淪的根源

伯林對迷戀烏托邦的歐陸知識分子充滿懷疑。當二十世紀下半葉法國知識分子的聲望在全球如日中天時，他反問說：「法國知識分子究竟知道什麼呢？」他唯一尊重的法國學者是雷蒙・阿隆，雷蒙・阿隆與伯林一樣——既是自由主義者，又反共，而且是猶太人。

伯林更看不慣德國哲學傳統那種故弄玄虛的晦澀，而且當這種哲學傳統卑賤地爲法西斯服務時，這種看不慣就變成了蔑視。他厭惡海德格對於與納粹統治的共謀關係所作的自欺欺人的辯解。當一名所謂的哲人拜倒在希特勒的腳下時，他的智慧、道德和信譽便統統破產了。

當索忍尼辛的《古拉格群島》在西方出版後，反對蘇聯史達林式的極權主義，終於成爲西方知識界的共識。那些繼續爲蘇聯辯護的人，要麼智力低下，要麼喪失人性。但是，在二十世紀下半葉整個自由歐洲都偏向社會民主主義和福利國家的大背景下，伯林將共產極權主義與歐洲社會民主主義相提並論，就顯得驚世駭俗了。伯林毫不含糊地指出：「蘇聯馬克思主義和戰後西方的社會民主主義，都成了二十世紀同一種理性主義幻想的犧牲品，這種理想主義的幻想就是，透過充分有效的社會管理，可以消除人類的弊病。」他是最早發現「歐洲病」的先知之一，如今的歐盟仍然奉行社會民主主義的意識形態，造成政治和經濟問題堆積如山、沉屙難癒。

在冷戰時代，許多以獨立為標榜的西方知識分子，對美蘇兩大超級強權左右開弓，以顯示「政治正確」的立場。伯林偏偏選擇「政治不正確」那一邊，他毫不猶豫地表示，美國代表善的一邊，蘇聯代表惡的一邊，將善惡煮成一鍋粥，固然痛快淋漓，卻危險之至。他強調：「評判一個人時，不應看他是否願意冒生命危險，而應看他能否在別人都昏頭轉向時，仍在道德上和政治上保持清醒。」五十年代，西方掀起聲勢浩大的反核運動，歷史學家湯恩比希望伯林參與簽名，伯林卻回答說：「如果你不準備在某一關鍵點上，無論遇到什麼樣的威脅（這威脅不僅是針對你的，也是針對任何人的），都堅持和任何佔優勢的惡勢力戰鬥，那麼，所有原則都可以變通，所有法規都將取消，我們為之而生活的所有目標本身就都將消失得無影無蹤。」他的意思是說，如果你混淆了善與惡的界限，你就變成一個沒有原則的道德相對主義者。

是英國人，亦是美國人：流亡是一條康莊大道

伯林是流亡者，但與一般淒淒慘慘戚戚的流亡者不同。別爾嘉耶夫、舍斯托夫等俄國流亡思想家，生活困苦，衣食有憂；伯林一家則在英國過著上層社會的優渥生活，他進了最好的私立學校，按照自己的意願選擇離謀生手段最遠的科目。伊格納蒂夫寫道：「對於伯林，

流亡生活堅定了他的超脫態度。身為外國人，他可以看人家表演，但他不能扮演角色。」富裕的家境強化了他的超脫態度，「他把努力取悅別人看作萬惡之首」。而不取悅任何人，正是思想家最可貴的特質。

伯林受牛津教育，後半生一直任教、居住於牛津，他甚至成為牛津的學術象徵。聖約翰學院的哈克博士回憶說：「伯林論政治思想史的演講現在看起來簡直是傳奇。他在牛津大學最大的講堂作演講，那裡總是被渴望求知的大學生擠得水泄不通。他侃侃而談，不用筆記，向我們妙趣橫生地介紹歐洲政治思想和道德思想的全貌，那聲音響徹講堂，一齣偉大的思想戲劇呈現在我們眼前，並不時被他那富有感染力的姿態、熱情而充滿活力的語言所加強。」遇到這樣的老師，是學生最大的幸福。

伯林在英國找到了他的歸屬，在講臺和書桌上找到了他的歸屬。可以說，很少有流亡者像他那樣做到「此心安處是吾鄉」——索忍尼辛從未喜歡過居住了二十多年的美國，米沃什對波蘭的鄉愁甚至驅使他寫一本厚厚的「詞典」。但當伊格納蒂夫詢問伯林對於故鄉裡嘉和彼得堡的情感時，伯林斷然否定有思鄉情感，他說：「根本不想，過新的生活，我要重新開始。」

另一方面，儘管伯林的身上保持了猶太文化的諸多特性，他卻從未有過對以色列的國家和民族認同。同樣是猶太人的牛津學者馬格利特稱之為「流亡者之王」——伯林從未考慮過移居以色列，即便以色列的國父魏茲曼是他的好友，並親自邀請他到以色列政府中擔任高官，他也不為所動。

伯林比大部分英國人更加熱愛英國，他終其一生都把自由主義的所有要旨歸因於英國：對他人適當的尊重和對異見者的寬容，優於傲慢和民族使命感；對於珍視自由的人來說，多元和無序優於將包羅一切的制度強加於人。難怪伯林逝世之後，牛津大學教授沃爾德格雷夫在報紙上撰文指出：「如果你要我說明，我所說的英國特性的理想是什麼意思，我就會帶你去見以賽亞．伯林。」

伯林對美國也有一種特殊感情，美國保存了英國的信仰和制度傳統，並青出於藍而勝於藍。伯林曾旅居美國，講學於美國的多所一流大學。一九四九年，他發表了一篇題爲〈英國和美國的處境〉的演講，伊格納蒂夫甚至認爲這篇演講充滿「英裔美國人忠誠感」。伯林指出，英國必須認識到，它的根本利益既不在大英帝國，也不在歐洲，而是在美國。這篇演講激怒了英國的左右兩派，卻準確地預見到戰後美國不可推卸的歷史使命，以及自由世界領袖當之無愧的地位。

流亡不是失敗，更不是悲劇。伯林將流亡者生涯過得多姿多彩，靠的不是運氣，而是對自由孜孜以求的眷戀。伊格納蒂夫指出：「許多人在流亡生活的條件下，就是靠壓抑某一部分身分要素才生存下來的。可是伯林什麼也不抑制，讓內心的所有訴求都得到回應，這樣就形成了一種自由主義的稟賦，這種稟賦也許像他的著作一樣，是一種重要的遺產。」所以，這本關於伯林的傳記，堪稱所有流亡者的「野外生存手冊」。智慧在此，快樂亦在此。

詩人不死，只是漸漸老去
——讀以賽亞．伯林《蘇聯心靈》

一位思想家，如果他的思想不符合人的解放事業，將使他宣稱的對于人類的愛空然無效。

尼贊

二十世紀傑出的思想家以賽亞．伯林，將拓展人類精神的「自由」放在其思考的核心位置。而作爲「自由」這一母題之下的子題之一的俄國問題，伯林終其一生從未間斷過對它的思考、閱讀、聆聽、談論和寫作，他不僅把俄國當作童年時代生活過的地方，當作一個偉大文化的發祥地，也把它看作是「一元論恐怖實驗的試驗場」。

在二戰期間，伯林以英國外交官的身分出使莫斯科，在當時普遍對蘇聯抱有一廂情願的憧憬的西方知識分子當中，他是少有的親身體驗過史達林帝國殘酷的日常生活的人之一。伯林說，訪問俄羅斯的那段時間，是他「一生中最充實的幾個星期」。伯林傳記的作者邁克．伊格納蒂夫也指出，伯林懷著對蘇聯暴政的憎惡離開了俄國，這種憎惡後來就凝聚在他爲捍衛西方的自由主義及政治自由而寫作的所有著作中。

一九九七年，伯林以八十八歲高齡去世，此時蘇聯已經解體六年。又一個六年過去之後，伯林對當年蘇聯的觀察與思考的文章，結集成《蘇聯心靈》（*The Soviet Mind: Russian Culture Under Communism*）一書出版。雖然蘇聯已灰飛煙滅，伯林的文章卻歷久彌新——因爲靠恐怖維持統治的政權，在這個星球上並未絕跡。

那麼，後來者如何從累累的白骨中汲取教訓呢？

「老大哥」迷信「穩定壓倒一切」的原則

從二十世紀二十年代開始，蘇聯當局便不惜耗費重金邀請西方人士前往訪問。客人們享受極高規格的款待，但他們看到的一切都是蘇聯政府刻意打造出來的虛假景象。儘管如此，因爲吃人嘴軟，客人們紛紛將蘇聯看作人類美好明天的樣板，或撰文歌功頌德，或將疑慮束之高閣。

跟那些匆匆來去、走馬觀花的訪客不同，伯林的外交官身分讓他得以從容而冷靜地觀察蘇聯社會的各個角落。在那個大家爭先恐後地比賽誰更左傾的時代，像伯林和歐威爾那樣識破史達林眞面目並敢於言說出來的人屈指可數。伯林評論說，儘管史達林沒有受過高等教育，但他是個絕頂聰明的人，與許多沙皇一樣，他身上有一種農民式的狡詐和殘忍。史達林成功地調動了各種有利的自然資源和人力資源來完全控制公共輿論，對全體人民實施極其嚴格的管束。史達林對運用謊言和暴力的火候的把握，具有高超的技巧乃至天賦，用「傑出的管理才能」來形容亦不爲過。

在歐威爾的小說《一九八四》中，「老大哥」的頭像不僅掛在家家戶戶的客廳中，而且嵌入每個人的大腦中；而在蘇聯的現實中，史達林取代了東正教傳統中上帝的位置，對大到國家政策、小到民眾生活的所有事務都擁有最高決定權。伯林指出，史達林將主要精力集中到彼此關聯的三個目標上：首先要維護布爾什維克的領導人，尤其是維護那些服從他權威的人。其次要盡一切可能在一個敵對的世界中保持和發展蘇聯的政治、經濟和軍事力量，只要不會引起蘇聯體制本身的根本變革，任何手段都可以實行。第三就是要消滅一切可能危及到前兩個核心目標的因素。這三個目標一言以蔽之，就是「穩定壓倒一切」。

爲了達成「穩定」，從史達林到勃列日涅夫的幾代蘇聯統治者，不惜付出讓社會停滯甚至僵化的代價。當時，伯林就洞察到表面強大的蘇聯，內部已是危機重重。一方面，伯林認爲，蘇聯極權制度的生命力極爲頑強，不能指望其短期內崩潰：「只要蘇聯的統治者繼續熟悉地掌控著統治機器並不斷地從他們的祕密警察那裡獲得足夠的情報，那麼令人沮喪的獨裁以及對其他人的肆意擺佈似乎未必一定會導致政權內部的瓦解……，儘管這一龐大的統治機器可能困難重重，危機四伏，但我們絕不要低估它成功生存下去的能力。」另一方面，伯林也指出，裂縫已經出現，民心不可欺辱。在一次探望巴斯特納克之後回去的路上，在候車棚裡避雨時，有兩個學生藉天黑壯膽與這位從英國來的陌生人攀談。其中一個女學生是學歷史的，她說她無法理解，既然教科書把沙皇帝國稱作監獄，爲什麼激進分子和革命黨人還有相當的自由來密謀策劃推翻它呢？看來，即便在史達林統治臻於巔峰的時代，也還是有很多民眾並不相信官方宣傳的那一套東西。

伯林對俄國的訪問也讓他背上了沉重的心理負擔——他見過的每一個人，都因為跟他見面而處境惡化了。最為悲慘的一個例子是：他的叔叔列奧是一位傑出的猶太醫生，在一九五四年鎮壓最暴烈的猶太人醫生案件中被捕，被污蔑為英國間諜網的成員。審訊人硬說列奧把蘇聯領導人健康狀況的情報透過伯林交給英國方面。列奧．伯林受到嚴刑拷打，最後不得不屈打成招，承認自己是英國間諜。如果不是史達林突然死去，他肯定會被槍決。但史達林的死亡並未帶給列奧真正的自由：一年的牢獄之災，讓他身體虛弱，被釋放後，一次走在莫斯科大街上，正好碰到一個曾經拷打他的人在他面前橫穿馬路，由於恐懼和憤怒，他心臟病突發，孤獨地倒在積雪的大街上。這個結局，就如同巴斯特納克《齊瓦哥醫生》中的情節。

說謊是被統治者生存的前提

訴諸人類歷史，很容易會發現這一定律：統治者與被統治者之間是互動和迴圈關係，有什麼樣的人民，就有什麼樣的統治者，反之亦然。專制體制的維持，除了依靠軍隊、祕密警察、黨務系統等強力部門的「硬實力」之外，宣傳和教育等「軟刀子」也極為重要。蘇聯長期實行抹平人的個性、消滅人的靈魂的愚民教育，成效顯著。伯林指出：「共產主義教育工作者的任務，是對人進行調試，使得人們只會提出很容易獲得答案的問題，讓人們在成長過程中因最小的摩擦而順其自然地適應所處的社會。好奇心本身、個人獨立探索精神、創造和思考美好事物的願望、尋求眞理本身的願望、追求某些目的的願望，都是有害的，因爲它們會擴大人們之間的差異，而不利於一個整體性社會的和諧發展。」用法國思想家傅柯的說法，人民必須乖乖地接受「規訓」，若有反抗，「懲罰」便降臨。如此，整個社會便成了一所無形的大監獄。

最惡劣的專制是企圖控制人的靈魂。經過長期的洗腦，專制體制下的民眾逐漸將被奴役的處境當作歷史的必然。伯林並不信賴和崇拜「人民」，並不認爲「人民」僅僅是無辜的犧牲品，每一個奴隸的悲慘命運中都包含著他自身的因素。大多數「人民」不願參與反抗專制的鬥爭，不願爲之付出任何代價，除非可以搭上免費的順風車。既然說謊是生存的前提，人們在說謊時不再有良心的壓力，反倒競相比賽誰具備更高的說謊技巧。伯林寫道：「他們每個人既冷酷又渴望升遷，他們似乎存在一種共識：共產主義的語言和某種最低限度的共產主義學說，乃是唯一能夠把蘇聯的各個組成部分緊密結合起來的黏合劑……他們竭力將頭腦裡的想法轉化成一種與共產主義術語還算相仿的語言。」於是，謊言像傳染病病毒一樣四處擴散，深入這個社會的肌理。

伯林還發現，在蘇聯，被統治者，即那些受權力支配的民眾，大都接受或忍受專制政權。甚至還有人滿足於「人質」或「奴隸」的身分，眞心誠意地熱愛獨裁者以及獨裁者塑造的偶像崇拜，包括空洞虛幻的「國家」的觀念。伯林跟很多莫斯科的普通市民有一定的交流，發現他們爲俄國的經濟和軍事成就而自豪，儘管這些成就並沒有讓他們個人的生活有所改善。這些市民沉浸在某種既眞實又虛假的幸福之中，「他們作爲受到某種嚴酷統治的共同體的成員，煥發著一群受到保護的、經過嚴格教育的、略帶浪漫和幻想又有些幼稚的、完全非政治性的純樸普通人的魅力。」對這些人來說，國家是一種宗教信仰般、至高無上的價值。這樣的民眾就是專制體制的基石。

如今，作爲一個政治實體的蘇聯不復存在，但民眾心理結構的解放與更新還需要幾代人的努力。在今天的中國，此類百姓更是數不勝數：他們的房子被強迫拆遷，他們卻念念不忘遙遠的釣魚島；他們的社保和醫保基金被官員貪污揮霍，他們卻只關心奧運會金牌的數量。這樣的民眾，顯然不是「民主的後援力量」。

矢志不渝地獻身眞理的詩人們

那麼，蘇聯政權是否會永遠存在下去？這個國家的希望在哪裡？伯林將目光投向「經歷了那段恐怖的歷史之後，在瓦礫和灰燼中倖存下來」的知識階層，尤其是那些不屈不撓的詩人。

在一八一五至一八三〇年間，近代最早形成的知識階層，出現在苦難的俄羅斯。他們是這樣一群人——不滿蒙昧的教會，不滿對大多數生活在卑賤、貧困和無知中的老百姓無動於衷的殘忍暴虐的政府，不滿在他們看來簡直是踐踏人權、阻礙思想與道德進步的統治階級；堅信個人與政治的自由，堅信非理性的社會不平等註定會被消滅，堅信眞理的存在。

伯林在書中寫到了這個階層中的許多傑出人物。比如，伯林最喜歡的詩人曼德爾斯塔姆。雖然沒有見到曼德爾斯塔姆本人，但伯林僅僅從詩人留下的兩張照片中，就看到了史達林的暴政對知識階層的無情摧殘到了何種程度。第一張照片是曼德爾斯塔姆十九歲時照的，那時是一張擁有遠大前程的知識分子的、略帶稚氣的、天眞可愛的面孔，從時髦的鬢角中還透著些自命不凡的傲氣。另一張照片則是一副飽經滄桑、垂垂老矣的流浪漢形象，儘管當時曼德爾斯塔姆只有四十五歲，但已預見到無法逃避的悲慘結局。

伯林與女詩人阿赫瑪托娃有過多次長談，甚至與之有了一場短暫卻刻骨銘心的「精神戀愛」。與莫札特的《安魂曲》一樣，阿赫瑪托娃的《安魂曲》也是寫給所有遭遇不公正對待的生命的。伯林在阿赫瑪托娃身上發現了一種非同尋常的堅韌與自尊：「她已經面對過各種恐怖，也體會過最讓人悲痛欲絕的不幸。她要求她的朋友們允諾不准對她流露出一絲一毫的憐憫；仇恨、侮辱、輕蔑、誤解、迫害，她都能忍受，但無法忍受摻雜著憐憫的同情。」這種高貴的特質讓伯林肅然起敬。

伯林也特別欣賞「長著一張阿拉伯人式的馬臉」的巴斯特納克。伯林用充滿詩意的語言讚賞說：「一個忠誠老實、才華橫溢的人，生活在一場他從未反對過的革命之中……，他的語言之所以更有感染力，是因爲它包含著在西方早就消失了的某種傳統的崇高氣質，它讓人傷感地想起什麼才是眞正的偉人。」伯林和巴斯特納克都對現代主義和革命持否定態度。在當時的蘇聯，巴斯特納克被當局視爲「國家的敵人」，被迫深居簡出，作品也不能發表。後來，這位偉大的詩人甚至不得不婉拒諾貝爾文學獎。

由於統治者的專橫殘酷和民眾的冷漠怯懦，伯林對蘇聯的未來比較悲觀；但由於蘇聯擁有一個「具有崇高的道德、正直的思想、敏銳的想像力和極強的個人魅力」的知識階層，又讓他在悲觀之餘不至絕望。無論是沙皇的暴政還是史達林的政治清洗，無論克格勃的暴力還是宣傳部的謊言，都不能徹底消滅蘇聯的知識階層。即便他們被迫成爲一縷隱藏的地火，也必將有再次燃燒的那一天。伯林所接觸的從白銀時代走過來的那一代詩人和作家都即將步入老年，但正如美國偉大的軍事將領麥克阿瑟所說，士兵不死，只是漸漸老去；詩人也不死，只是漸漸老去。

新一代更會破土而出。在伯林離開蘇聯二十多年之後，這個群體中出現了一位象徵性的偉人——諾貝爾和平獎得主、物理學家和人權鬥士沙哈諾夫。伯林不吝於給沙哈諾夫以最高的讚美：「他的科學眼光，身體上和道德上難以置信的勇氣，特別是他始終不渝地獻身於眞理，讓我們不可能不把他看成是我們時代的新老知識階層中最純潔、最善良的完美典型。」是的，心靈的力量是不可征服的，而擁有偉大心靈的民族也終將獲得自由。

伯林的《蘇聯心靈》一書，不僅是寫給俄國人的，也是寫給中國人的。與蘇聯一樣，中國也是一個「一元化恐怖實驗的試驗場」，無論統治者及其御用文人將「中國模式」打扮得如何花枝招展，它絕對無法永久撐下去。中國的統治者與蘇聯的統治者驚人地相似，中國的愚民與蘇聯的愚民也極其相似。那麼，中國有沒有像蘇聯那樣一個矢志不渝地獻身眞理的知識分子群體呢？

我們拭目以待，我們捫心自問。

把故鄉折疊在手稿中帶走

——讀《蒲寧回憶錄》

時間切削著我，如切削一枚硬幣，
而我已沒有多少留給我自己。

曼德爾施塔姆

「一個人如果沒有失去期待幸福的能力——他就是幸福的。這就是幸福。」在離開俄羅斯前夕，作家蒲寧在日記中寫下這段話。他沒有想到，故鄉從此再也回不去了，從此成爲夢中的場景，成爲比他鄉更遠的地方。蒲寧的後半生，時刻都處在無窮無盡的期待中，期待流血的俄羅斯蛻變爲一個文明而優美的國度，期待自己的文字能讓全世界都感觸到那片在冰雪中呻吟的土地，期待他的作品中（更確切地說是俄國現實生活中）被凌辱的小人物都能過上幸福生活。

在離開俄羅斯二十年之後，蒲寧獲得了他並未追求過的諾貝爾文學獎。他是第一個獲此殊榮的俄羅斯作家。那天晚上，他在法國普羅旺斯的一家電影院裡看「一部名叫〈貝比〉的有趣的胡鬧片子」。這時，旁邊響起了一種謹愼的聲音，接著是一道手電筒的亮光，有一個人碰了碰他的大衣，鄭重而又激動地小聲說：「斯德哥爾摩來的電話……」

那道光照亮了蒲寧顛沛流離的後半生。並不是說諾貝爾文學獎有多麼了不起，而是它安慰了流亡者的心靈。在頒獎典禮上，蒲寧指出：「自諾貝爾獎設立以來，你們首次把獎金授給一個流亡者。」他沒有淡漠對俄羅斯的愛，對那片貧瘠的鄉村和困窘的人民的愛。他不認爲榮譽屬於自己，榮譽屬於他思念中的土地和人民。

這個國家就像被一場大火吞噬過的森林

俄羅斯是蒲寧作品永恆的主題，他的每一行字都與俄羅斯有關，他在日記中寫道：「我的國籍屬於這麼一個奇怪的俄羅斯，這個俄羅斯現在已經分散在全世界，發生了那種世界上任何一個獎金獲得者從來沒有經歷過的事情：斯德哥爾摩的決定對於在全部情感上受到如此損害和侮辱的整個俄羅斯來說，眞正是民族的事件。」他心中的俄羅斯，不是政府和政權，不是領袖和政黨，而是土地與同胞，而是食物和信仰。

蘇維埃政權發起了一波又一波批判蒲寧的浪潮，斥責他是「一個陰險的賣國賊」，是沙皇政權的「遺老遺少」。但是，任何一個用心讀蒲寧作品的人都會發出由衷的讚歎——就連政治觀點與蒲寧敵對的高爾基也承認其作品的眞誠與深刻：「從來沒有人如此深刻如此歷史地寫過農村。蒲寧的《鄉村》……迫使千瘡百孔、搖搖欲墜的俄國社會嚴肅地思考的已不是莊稼漢，也不是人民，而是俄羅斯能否存在下去這一嚴厲問題。」再沒有比這個遭到蘇聯當局攻擊和咒罵的流亡者更眞誠的愛國者了，他比高高在上的克里姆林宮的主人更加愛國。

一九一七年夏天席捲俄羅斯的暴力革命，讓蒲寧陷入深深的痛苦之中。他是俄國知識分子當中少有的一開始就洞察「革命」本質的人。跟那些熱情歌頌革命並積極參與革命的人不一樣，他沒有經歷一個認同、擁護、投身、懷疑、徬徨、疏離、背叛的過程，他從頭開始就跟革命不合拍，他堅信幸福不能靠暴力實現，革命將建立一套嶄新的、更加殘暴的專制秩序。他對沙皇政權沒有好感，對共產黨政權更是充滿厭惡。

蒲寧是一個呵護俄羅斯古老的生活方式和文化價值的保守主義者，東正教信仰是俄國社會的精神基石，一旦這塊基石被抽掉，人便成了無惡不做的撒旦。蒲寧將十月革命的勝利看作是俄國的末日降臨：「一切都停止了——所有的障礙物，所有上帝和人間的關卡都倒塌了……勝利者在克里姆林宮上空升起了自己的旗幟。在我整個一生中，從來沒有比這天更可怕的日子。」這個感覺，跟後來到俄國訪問的思想家以賽亞・伯林驚人地一致。伯林出生於當時在沙俄統治下的拉脫維亞，在俄國度過了很長一段童年，當他二十多年後造訪俄國，吃驚地發現：「屠殺和放逐結束時，俄國文化界就像被一場大火吞噬過的森林，空空如也，一片死寂。」

作家被「御用」，作品便死亡

蒲寧認為，布爾什維克革命必然失敗，因為他們背離了人性和俄羅斯的文化與宗教傳統。他認同的對象是俄羅斯，而不是蘇聯。伯林在一九四五年訪問莫斯科和聖彼得堡的時候，也敏銳地注意到，他見到的那些有骨氣的作家和藝術家從不提「蘇聯」，只提「俄羅斯」。因爲俄羅斯是一種文化，而蘇聯是一種體制。伯林引用巴斯特納克的說法，在史達林的統治下，「俄國的時鐘停擺了」。但蒲寧堅信，時鐘不會永遠停擺。在蒲寧逝世多年之後，一九九一年蘇聯的旗幟從克里姆林宮緩緩落下，他的預言終於兌現了。

沒有人願意主動地「流亡」，包括蒲寧，以及以後的波蘭詩人米沃什。但流亡比起下跪來，畢竟是一個好得多的選擇。米沃什在獲得諾貝爾獎的致詞中說了一段與蒲寧相似的話，他說，當今詩人之所以會流亡，起因於一種發現：誰掌握了權力，誰就可以控制語言——不單是靠檢查制度的恐嚇，同時還靠改變文字的內涵。所以，唯一能夠忠實於自己的記憶與詩歌的，只能是選擇帶著語言一起流亡。「這是那些暴虐的統治者唯一不能剝奪的東西，我們依靠忠實的記憶、樸實的語言，完成自我意識的書寫。」米沃什說，這是他的歷史和記憶，是任何權力都不能攫取的。他們離開的時候，沒有帶走一捧泥土，卻帶走了純潔的母語。

流亡不是一個容易作出的決定，即便在祖國過一種「內心的流亡」的生活。當時代的大變動來臨時，大部分作家還是選擇了「與時俱進」。一九四九年之後的中國是如此，一九一七年之後的俄國也是如此。蒲寧認爲，共產黨革命沒有改變建立在「掠奪」之上的俄國社會的本質。他嚴厲批評那些「投奔革命」的作家，如高爾基、阿．托爾斯泰、馬雅可夫斯基等人。他與這些人有過或多或少的交往，他知道他們支援革命的目的並非口頭上那些冠冕堂皇的理由，而是個人的地位和利益，「他們懂得，爲了自己能引人注目需要做些什麼」。

蒲寧發現，昔日的許多朋友們，透過寫作歌功頌德的作品成爲御用文人。他們很快住進豪華別墅，獲得作家協會的顯赫職務，作品在報刊上廣爲流傳並被銘刻在紀念碑上。但是，蒲寧清楚地知道，那不是他追求的目標，他寧願漂泊在法國的鄉村，依靠勤奮寫作維持生活。故鄉雖然回不去，但故鄉可以折疊在手稿之中帶走。

作家被御用之日，便是其作品死亡之時。更何況，伴君如伴虎，那些風光一時的革命作家們，沒有一個有好下場：高爾基死於克格勃特務的下毒謀害，也許是史達林親自下的命令，也許是貝利亞的陰謀，連高爾基的兒子都未能倖免於難；阿・托爾斯泰渴望成爲「第三個托爾斯泰」，但在共產黨高官顯貴的宴會上，他不過是一個可有可無的花瓶而已；馬雅科夫斯基積極地爲史達林歌唱，他的下場最慘——在無盡的羞辱中，不得不以自殺贏回最後的尊嚴。

剷除宗教信仰的國度宛如地獄

正如伯林所說，俄羅斯文化眞正的聲音，「屬於這些年長但富於表達力的……富於教養、感覺敏銳、要求嚴格、不會受騙的……革命前的俄羅斯知識分子」。在蒲寧筆下，這是一群渴望幸福、捍衛自由的人。比如老作家埃爾傑利，他認爲「世界上的一切苦難的意義以後都會得到揭示的」，幸福蘊含在苦難之中。在埃爾傑利去世的一九〇八年，革命已漸成燎原之勢。在人們對革命熱烈的幻想和呼喚中，埃爾傑利卻看到革命殘酷的眞相：「對於暴力意義上的革命，我是從本能上感到厭惡的。在每一次革命的破壞中都有粗暴的破壞，不只是物質的，而且是生命的聖物。」他在長篇小說《加爾傑寧一家、家僕、追隨者和敵人》中描寫了俄羅斯廣闊的社會生活畫面，「人民？我長時間流著淚寫了人民……」這個愛人民的人現在又說些什麼呢？埃爾傑利認識到：「我從來沒有像現在這樣理解過涅克拉索夫的『因爲愛才恨』這一表述……俄羅斯民族是極其不幸的民族，但也是極其惡劣、野蠻，而且主要是愛撒謊，是愛撒謊的野蠻人……沒有宗教信仰的人是可憐而又不幸的生物。」剷除了宗教信仰的新社會，不知不覺淪爲人與人自相殘殺的地獄。有幾個人會像埃爾傑利這樣自揭家醜呢？人人都在膚淺與虛僞地歌頌祖國和人民，以及自稱「代表」祖國和人民的政黨——愛國者的角色誰都會扮演。

蒲寧充滿敬意地寫到思想家克魯泡特金公爵淒慘的晚年。這是一位一生都在爲他人的幸福而奔波的聖徒，「兩頰有玫瑰色的紅暈，頭上有輕得像絨毛一樣的白色殘跡，他生機勃勃，在談吐中，他還有一雙生動、明亮的眼睛，善良的信任人的目光和快捷而溫和的上流社會的言談——這也是令人感動的嬰兒時期的東西」。這位聖徒的身上有著嬰兒般純潔的特質。克魯泡特金公爵與杜斯妥也夫斯基《白癡》中的主人公梅特金公爵之間有驚人的相似之處：他們都是「白癡」，對「幸福」有著與眾不同的認識，那就是「儘量加增他人的幸福」，那就是「促進人與人之間的同情和理解」。而革命偏偏就是要宣揚仇恨和對立，克魯泡特金便成了革命的對象。

二月革命之後，克魯泡特金結束流亡生活回到俄羅斯，他希望擁有一張安靜的書桌。

剛開始，他頗受臨時政府的尊重，當局撥給他一套別墅，並派人照料其生活起居。但是，十月革命之後，他立即被布爾什維克趕出去，這個長期被沙皇政府迫害的老人不得不像流浪漢一樣四處漂泊。他看到暴力的氾濫，謀求同列寧會面，試圖將列寧的行爲轉到「人道主義路線上來」。這一願望失敗之後，他對列寧「感到失望」，列寧不是當年向他求教的那個謙虛的流亡者了。他傷感地告訴朋友：「我明白了，不論在任何事情上要說服這個人是完全徒勞的。」

再後來，克魯泡特金被迫離開莫斯科，到了縣城德米特洛夫。他在那裡過著穴居般的生活，經受了饑餓的折磨、寒冷的折磨、壞血症的折磨……，年邁的公爵夫人無能爲力地爲一塊發黴的小麵包而不斷地操心和煩惱，而公爵爲弄到一張買氈靴的票證就徒勞地耗費了三個月時間。寫到這裡，蒲寧一半是憤怒一半是淚水：「還能想像有什麼更可怕的事情嗎？……這個生命就在凍死、餓死，在冒煙的松脂下，在論述人類道德的手稿下結束了。」思想家不惜粉身碎骨也要尋求一個公平正義的社會，而前來摘取果實的卻是一群流氓無賴。

故鄉因爲有那群如青松明月般的人而讓蒲寧懷念。生命會終結，但高尚的人渴望自由、期待幸福的心卻不會死亡。俄羅斯變成了一個比夢想還遠的地方，革命者們將它破壞得面目全非。蒲寧再也沒有回到魂牽夢繞的故鄉，但他並沒有陷入無盡的哀怨之中，他用作品重建了一個心靈的俄羅斯，一個充滿詩情畫意的故鄉。在那裡，他獲得了永遠的幸福、自由與平安。

寬闊的河流是寧靜的

——讀哈維爾《獄中書簡：致親愛的奧爾嘉》

人人都只考慮自己，小心謹慎地行事，而不去思考生命、真實以及人類自身的意義，那麼這樣的文明是混沌的。

萊涅爾・拉瓦斯汀

最近幾年來，「東歐思想」逐漸受到華人知識界的重視。上個世紀八九十年代之交，蘇聯和東歐劇變之後，中國官方媒體上充斥著關於當地民不聊生的報導。這些不懷好意的報導的潛臺詞就是：中國的老百姓，你們乖乖地享受動物莊園裡衣食無憂的幸福生活吧，民主不能當飯吃，中國一搞民主就會天下大亂。看看蘇聯、東歐流落街頭的人民，如果他們當初不拋棄共產黨的統治，繼續走社會主義的道路，也不致於如此失魂落魄、老無所依。

實際上，蘇聯和東歐民主轉型的難處被中國媒體誇大了。蘇聯和東歐民眾的眞實境遇並沒有那麼糟，即便在最困難的時期，也比中國人的生活狀況要好。更何況，他們已經從黑暗中走出來，雖然轉型時期會有各種困境與挑戰，但他們走上了民主化的正軌。而中國呢，至今還沒有找到避免全盤崩潰的方法與方向。

在蘇聯和東歐的知識分子中，不久前逝世的捷克前總統哈維爾是一位享有崇高威望的先知式的人物。我讀過哈維爾的諸多政論和劇本，但我最喜歡的還是他的一本最有私人化氣質的書：《獄中書簡——致親愛的奧爾嘉》（*Letters to Olga*）。一九七七年，哈維爾因參與起草和組織呼籲保障人權的《七七憲章》而被捕入獄，服刑四年。這本書便是那段時間內哈維爾與妻子奧爾嘉的通信集。

只要有對愛不滅的信念，監獄也跟家一樣溫暖

在相當長的一段時間裡，捷克當局不允許哈維爾與妻子奧爾嘉見面，企圖透過這種隔絕讓這對恩愛夫妻屈服。對於心心相印的哈維爾和奧爾嘉來說，這是一種最殘酷不過的折磨。而那些缺乏自信心的統治者，只能用這種「偷偷摸摸」的方式來施行邪惡，彷彿是小孩子的惡作劇。

於是，哈維爾與妻子之間剩下的聯繫紐帶就只有書信了。每個星期，哈維爾可以給妻子寫一封四頁的信。監獄當局對這些書信有嚴格的規定：信的筆跡必須能清楚辨識，不允許有任何更動塗改。對此，哈維爾歎息說，當局故意對家書的內容作嚴格的限制，以此來折磨、懲罰和凌辱囚犯。

「嚴肅」的專制者是不允許在信中開玩笑的，因爲開玩笑意味著「思想改造」沒有收到應有的效果。本來文筆妙趣橫生的哈維爾只好壓抑自己幽默本性，他後來回憶說：「我們的

信不想被打回來，就必須遵守這些愚蠢的規定。」

而且，經過層層檢查的信，也就不可能抒發過多的個人情感。因爲一旦想到那些像鼴鼠一樣的祕密警察和黨棍拿著放大鏡閱讀這些信件，哈維爾就無法敞開心胸表達對妻子的愛慕之情。他不願讓美好的感情遭到玷污。所以，後來他如此概括獄中書信的風格：「奧爾嘉和我至少有兩百年沒有互相表白愛情了，但我們倆都感到我們大概是不可分離的。的確，在我的獄中書信裡，你不會看到很多專門寫給我妻子的由衷的私房話。但即便如此，我想奧爾嘉也是這些書信的主角，雖然她確實是隱而不現的。」

不過，還是可以尋覓到一些兩人深情款款的蛛絲馬跡。哈維爾曾經在信中埋怨妻子不經常寫信，沒有回答他的問題，說她即使告訴自己一些消息，也不夠具體，以至無法知道她每天在幹些什麼。在這些嘮嘮叨叨的背後，可以感覺到哈維爾在突然被割斷與朋友和同事圈子的聯繫後的焦慮。這恰恰是偉人身上充滿人性的一面。從劉曉波在獄中給劉霞的書信中，我也發現了類似的焦慮——比起那些光鮮得沒有一點疤痕的、半人半神的「英雄」或「聖徒」來，哈維爾和劉曉波的軟弱、敏感和深情，更讓人感動。

奧爾嘉當然理解丈夫的這種焦慮心態。她知道，丈夫不是不食人間煙火的神仙，丈夫身上亦存在種種庸凡之處。於是，奧爾嘉竭盡全力透過信件將「家」的感覺帶給丈夫，讓丈夫知道，無論他什麼時候回來，「家」依然像他離開時那樣溫暖。

哈維爾是在一個嚴厲而又慈愛的母親的懷裡長大的，他時刻都需要一個精力充沛的女人在身邊，以便隨時求教。所以，妻子有時候比他更爲睿智和堅強。「家」在捷克語裡的意思是「親密感」。有了奧爾嘉的來信，即使身體在監獄之中，哈維爾在精神上也能體驗到「家」所蘊含的「親密感」。

在獄中的哈維爾，仍然保持了「居家男人」的特質。這是「歐洲精神」中相當重要的一部分：對人性的堅守，對愛的珍惜，對家的呵護。個人和家庭比國家和民族更重要。哈維爾是一個挺身挑戰極權主義政權的英雄，但這個英雄與中國的傳統文化和中共黨文化中的英雄形象迥然不同。中國人理解的英雄，是六親不認、大義滅親的冷血動物，而歐洲人理解的英雄，首先是呵護女性和孩子的紳士。一個連妻子和孩子都不愛的人，又怎麼可能有愛世界的胸懷呢？

隱藏在瑣碎的細節中的偉大

監獄不僅剝奪人的自由，也戕害人正常的人性。很多有過一段時期牢獄之災的人，都會有一定的精神創傷後遺症。無論是臺灣的施明德、李敖，還是諸多中國流亡海外的異議人士，在他們身上都能清晰地看到這種精神傷痕。有的人覺得自己付出太多，要加倍索取；有人的始終處於杯弓蛇影的防範心態之下，被「敵人意識」所捆綁。

監獄固然可怕，但並非所有坐過牢的人都是精神殘缺者。人與人之間在品格上存在極大的差異，所以，有的人因爲牢獄之災而走向沉淪，有的人則因爲牢獄之災而走向昇華。曼德拉的脫胎換骨就是在二十七年的黑獄中完成的，他從一個切格瓦拉式的武裝反抗的先鋒，變成了一個非暴力抗爭、倡導正義與和解的國家領袖。他對生命的珍惜，是從他在監獄的牆邊上種植的一叢小花小草開始的。

哈維爾的獄中家書中，亦描述了他這段心路歷程。哈維爾的身上充滿了凡人的軟弱、疑惑和焦慮，他並不是「特殊材料」製造的、刀槍不入的「鋼鐵人」。在剛剛失去自由的那段時期，哈維爾沒完沒了地向奧爾嘉提出各種各樣的請求和要求，不斷地交給妻子許多應完成的任務和須送給他的物品的清單，他甚至不無一絲冷嘲地管它們叫作「指示」。

哈維爾爲他們在郊外的那間農舍的情況感到擔憂，不僅因爲它需要經常維修，而且房管部門似乎計畫將其沒收。他催促妻子考慮用他們的那套公寓房去換另外一套，去買些新傢俱，找個工作，學會開車。這些書信，一般人讀著也許會覺得太平淡無奇。殊不知，這種平淡正是哈維爾寶貴的個人風格。眞正具有悲劇精神的，不是呼天喚地、嚎啕大哭，而是微笑中的點點淚花。

即便在方寸的牢獄之中，哈維爾也沒有放棄尋求生活的詩情畫意。有一次，妻子給他郵寄來一張問候卡，卡片上特意灑了幾滴香水。那些僵硬如石頭的、行屍走肉般的安全局官員和獄卒，自然不會聞到香水的味道。他們只對那些熏天的臭氣有反應。就是這淡淡的香味，讓哈維爾激動了好幾天。他在給妻子的回信中甚至要求說：「把香水灑在上面眞是個好主意，我認爲你應該對每封信都這樣處理。」那香味，讓他想起了他們的家，他們窗外的那叢雛菊。他更想像妻子在窗前的書桌上寫信的情景，微風拂面，花香滿溢。

正是對生活細節的詩意開掘，使哈維爾擁有了對抗邪惡的綿綿不絕的勇氣。甚至可以說，如果有一天，他感覺不到卡片上香水的味道了，他也就臨近崩潰的邊緣了。

他寫作的時候，就當檢查制度不存在似的

後來，哈維爾和奧爾嘉好不容易爭取到一次探監機會。在這次會面中，哈維爾一直保持著溫和、沉靜的狀態，這讓在一旁監視的安全人員感到困惑。是因爲分隔的時間太長，他們的感情變得淡漠了嗎？恰恰相反，哈維爾在見面之後給妻子那封信中如此描述說：「任何演戲或抬高意義，都只會證實我們被迫分開的事實，無意中加大我們之間的距離，危及到眞實感，從而把我們之間物質上的距離變成爲心理上、精神上的距離。」

哈維爾深知，只有這種表達情感的方式，才能讓那些邪惡的力量和無恥的看客深感失望。會見室中的那台隱蔽的攝影機，一定在悄悄工作。之後，錄影帶會迅速傳遞到黨中央的辦公室去。

所以，他們不是不痛苦，但他們不能讓那些黨棍們看到並欣賞他們的痛苦。壞人陰謀落空了，哈維爾和奧爾嘉就勝利了。

另一方面，哈維爾相信，「我們」與「他們」的差異，除了政治觀點之外，更是感覺系統和審美方式的差異。寬闊的河流是最平靜的，風暴的中心也是平靜的。正是這種平靜，保持了愛的完整性與新鮮度；正是這種平靜，有力地抵抗了惡劣的外部環境，甚至將監獄變成天堂。

哈維爾以及「哈維爾群體」，是捷克的幸運。哈維爾在當代「反極權主義」的思想史上佔有中心的地位。他的寫作和實踐，代表著捷克思想和人類思想中最崇高的那一部分。正如哈維爾的老朋友、心理學家內梅茨所說：「哈維爾給捷克文學帶來的『新事物』是：他總是那麼寫，好像書報檢查制度不存在似的。如果他不想寫某種東西，他就不寫；如果想寫，他就只按照他認爲正確的方式來寫。」哈維爾自己如是說：「我是一個作家，我的天職令我覺得道出我賴以生存的世間眞理是自己的責任。」哈維爾思想的核心便是：活在眞實中，始終說眞話，放棄策略的考量，讓自己成爲純粹的人。因爲，只要退讓了一步，就會有第二步，然後是全盤放棄。

在哈維爾的作品裡，沒有一句誇張和辱罵的話。他的寫作風格和寫作態度，也驗證著他堅貞不屈的理念——即使在民主和人道的準則似乎毫無希望地喪失的時候，也不背棄這些準則。

看哪，這位如秋葉般靜美的女士

——寫給翁山蘇姬

我們多麼需要一個更為光明的世界，一個能對它所有的住民提供充足避難所的世界！

翁山蘇姬

誰是亞洲最美麗的女性？

是那些日韓偶像劇中美輪美奐的明星，還是港臺戴著影后桂冠的演員，抑或中國「想唱就唱」的「超女」？是日本的藤原紀香，還是韓國的全智賢？是香港的張曼玉，還是中國的章子怡？

不，都不是。我在這裡所說的「美麗」，不單單是指相貌的美麗，而更指向心靈的美麗和精神的美麗，是提升人類生存價值的美麗。

當我在網路上看到緬甸人權運動領袖翁山蘇姬以絕食來抗議軍政府暴行的消息時，終於找到了準確無誤的答案：是翁山蘇姬，她才是亞洲最美麗的女性。

翁山蘇姬，這位今日亞洲的良心，一九九一年諾貝爾和平獎得主，被軍政權軟禁了長達十五年之後終於獲得了自由。她那憂傷的眸子，掠過傷痕累累的故土，如同鴿子從遙遠的地方銜回橄欖枝。她的存在，讓一個沉默的民族重新獲得了尊嚴，正如諾貝爾和平獎頒獎公告中讚美的那樣：「她的鬥爭是近幾十年來在亞洲所表現出的公眾勇氣的最傑出的範例之一，她已成爲反抗壓迫的鬥爭中一個重要的象徵。」

她如同一朵蓮花，出淤泥而不染。她是那樣瘦弱，似乎弱不禁風，卻比鋼鐵還要堅硬。

「我不能對祖國所發生的一切視若無睹」

與已然崩潰的阿富汗塔利班政權和伊拉克海珊政權相似，緬甸軍政權是當今世界最殘暴、最僵硬的獨裁政權之一。緬甸軍方於一九六二年奪取政權，迅速建立起嚴苛的獨裁統治。幾代軍頭，一個比一個粗鄙不堪、貪得無厭，他們無力創造某種新的意識形態，乾脆使用赤裸裸的暴力維繫其權力。

軍頭們悍然取消緬甸人民基本的人權和自由，將這個昔日和平溫馨的東南亞佛國變成困苦不堪的「動物農莊」。雖然緬甸只是一個位於東亞邊陲的窮國，並無外敵入侵的危險，軍頭們卻組建起一支龐大的、武裝到牙齒的軍隊，並一個個自封爲「大將」——他們可不像利比亞獨裁者格達費那麼謙虛，卡氏僅僅自稱「上校」。

一九八八年，當緬甸人民發起反抗軍政權的遊行示威時，遭到軍隊和警察的殘酷鎮壓，共有兩百多名無辜民眾死難。那是北京的天安門屠殺之前，一次慘絕人寰的國家暴力機器對手無寸鐵的民眾的殺戮。

然而，因爲緬甸國小力弱、經濟落後且地理位置偏遠，西方的新聞報導僅僅是一閃而過。生命的價值在不同的地方不一樣，西方死亡一個人也是大新聞，而東方一群人的死亡亦司空見慣。西方大國的媒體和政府有相當「世故」的一面，他們對這個東亞一隅的窮國、「亞洲的波蘭」閉上了眼睛。

如同中國的天安門母親一樣，翁山蘇姬並不是一開始便有英雄氣質。從某種意義上來說，是敵人將她們鍛造成了英雄。當男人們，丈夫們，父親們都躲藏在陰影之中，女子們、妻子們、母親們便挺身而出。

在英國生活的那些年，翁山蘇姬已經自由了，已經不必生活在恐懼之中了。父親翁山將軍的慘死，雖然是小女孩心靈深處的陰影，但丈夫的溫情與呵護，讓痛苦逐漸遠去。

翁山蘇姬的父親翁山將軍，當年曾經奮起反抗英國和日本這兩個殖民大國在緬甸的統治，二戰之後繼續爲緬甸的獨立和民主鞠躬盡瘁。翁山在緬甸人民當中享有崇高威望，是緬甸軍隊的創始人，且被譽爲「緬甸之父」。一九四七年，在緬甸獨立前一年，翁山在國會開會時被政敵暗殺。當時，翁山蘇姬年僅兩歲。

父親死後，翁山蘇姬隨母親旅居印度。之後她赴英國牛津大學學習哲學、政治學與經濟學，畢業後留校任職。其間，翁山蘇姬結識了牛津大學的教授艾瑞斯，不久之後兩人相愛結婚，兩人合作開始了關於緬甸歷史的研究計畫。然而，命運沒有讓翁山蘇姬成爲一名家庭婦女或書齋裡的學者。命運對她另有安排。

一九八八年，翁山蘇姬回國探望重病的母親，本來她只是計畫作短暫的停留。母親不幸去世，她只好留下來處理喪事。如果不是這一次返回祖國，她已然不知道祖國已經沉淪到如此地步。

誰也沒有料到，就在翁山蘇姬即將離開之際，槍聲在首都響起。本國的軍隊向人民開槍，比當年的英國殖民者和日本軍隊還要視人命如草芥。

當翁山蘇姬親眼目睹暴虐的官兵衝進醫院槍殺身負重傷的學生的時候，她再也不能沉默下去。她深深地意識到，一個人的自由不是眞自由，當同胞都被恐懼所奴役的時候，她能享受一個人的自由嗎？

翁山蘇姬沒有軍隊，沒有金錢，沒有權謀，有的僅僅是勇氣與信念。「我不能對祖國所發生的一切視若無睹。」八月二十六日，仰光近百萬群眾在瑞德貢大金塔西門外廣場集會，翁山蘇姬第一次面對這麼多的民眾發表演說。她一身雪白的長裙，宛如一隻從仙境飛來的白天鵝。她那慷慨激昂的神態、鏗鏘有力的聲調、擲地有聲的言詞，令所有在場的民眾印象深刻。

此時此刻，飽受本國獨裁者蹂躪的緬甸人民欣喜地發現，他們盼望已久的領袖誕生了。從那一刻起，翁山蘇姬不再是一名從海外歸來的旁觀者，而成爲一部承載沉重的家國命運的「史詩中的史詩」。

翁山蘇姬的性格靦腆內向，原本並不喜歡政治這一領域。她的理想是成爲一名書齋作家和學者，她對緬甸的歷史和和文化有著深刻的研究，也希望繼續從事這些研究和寫作，「但是，我參加了，就不能半途而廢」。

由此，她開始了一場持續二十多年的「以一人敵一國」的戰役。書齋生涯成了一個難圓之夢。

「我們不能永遠生活在恐懼之中」

甘地的教導迴響在翁山蘇姬的耳邊：「對一個個人或者一個國家而言，最了不起的天賦是無畏——不是全然的血氣之勇，而是打從心中沒有恐懼。」

免於恐懼的自由，是美國總統羅斯福宣揚的「四大自由」之一。翁山蘇姬設定了她的奮鬥目標——讓緬甸人民不再生活在恐懼之中。她認爲，首先需要改變的是緬甸民眾的精神狀態，她敏銳地發現了緬甸悲劇的根源，那就是人們已經習慣了奴隸的狀態，人們順服於極權主義的統治，甚至半推半就地幫助統治者鞏固這種統治。極權主義的可怕之處在於，它是一種建立在敬畏、恐怖和暴力基礎上的系統。「一個長時間生活在這個系統中的人，會不知不覺成爲這個系統的一部分。恐懼是陰險的，它很容易使一個人將恐懼當作自己生活的一部分，當作存在的一部分，而成爲一種習慣。」極權主義使人人都是靈魂的殘缺者，這正是獨裁者們陰險的企圖。

近代以來緬甸的歷史，是一幕迄今仍然沒有落幕的血雨腥風的悲劇。比起昔日殖民者更可怕的，是本國軍閥們對民眾的「自我殖民主義」。利用暴力和恐懼，軍政權將這片六十七萬平方公里的土地變成了「私產」，將四千五百萬人民變成了「人質」，這是一種不加掩飾的「國家恐怖主義」。

在槍口之下，人們不得不沉默，連呻吟的聲音都不敢發出來。邱吉爾說過，民主制度只是一種「最不壞的制度」；那麼，緬甸的軍政權無疑是最壞的政權之一。

毫無疑問，緬甸人民過著一種「不正常」的生活，可怕的是，這種不正常的生活延續了幾十年。全球民主化的浪潮似乎與這片沉睡的土地毫無關係。軍頭們無視外部世界的變遷，橫徵暴斂，我行我素。

翁山蘇姬陷入了沉思之中：爲什麼本國統治者比昔日的英國殖民者和日本殖民者還要殘暴呢？將軍一邊殺人，將軍的家人一邊向廟宇佈施，難道罪孽就這樣被遮蓋了？她指出，一個僅僅依靠軍隊來統治的政權，無法得到民眾的眞心信賴。她公開譴責父親親手締造的軍隊在這個國家中所扮演的負面角色：「軍隊瞭解他們一直在扮演幫凶的角色，好讓少數幾個老頭子能夠穩坐權力的寶座。」她向軍隊發出這樣的呼籲：「我們希望軍隊保持中立，這就是一個專業軍隊所應該做的。」她亦強調，如果軍方一意孤行，民間的反抗便不會停止：「我所謂的對抗當局，意指不接受當局用來壓迫人民的不法命令。」

從此，翁山蘇姬，這個外表柔弱、身材單薄的女子，成了令緬甸軍政府最爲頭疼的人物。當局出版大量讀物攻擊翁山蘇姬，說她受到共產黨唆使，褻瀆神明和企圖分裂軍隊，罪狀斑斑。但是，到底誰才是麻煩製造者呢？

一九八八年九月二十七日，翁山蘇姬組建了「緬甸全國民主聯盟」，並出任總書記。這是對軍政權的第一次挑戰。民盟很快發展壯大，成爲全緬最大的反對黨。

一九八九年七月二十日，緬甸軍政府因爲國殤日而特別派駐在翁山蘇姬家門外的士兵，有十一部卡車之多。當她試圖離家到烈士墓地作私人性質的參拜時，遭到暴力阻擋。當局以煽動騷亂爲罪名，宣布對翁山蘇姬實行爲期十二個月的軟禁，翁山蘇姬的電話和其他通訊方式全部被切斷。同時，當局逮捕了兩千名民盟的支持者。《紐約時報》報導說：「在獄中的民主人士遭到例行的、有時是殘酷的凌虐。據報告，酷刑包括毆打和拷問。」

對於軟禁，翁山蘇姬的回應是：「要求移監仰光的印塞因監獄，與其支持者中之被捕者受同樣待遇。」其要求不被理會，於是她展開絕食抗議。此次絕食抗議歷時十二天。在此期間，她只飲水。直到當局承諾「被捕者的案子將經由適當的法律程式處理」，她的絕食抗議才告結束。

一九九〇年五月，軍政權宣布，緬甸將舉行大選，他們認爲翁山蘇姬長期被軟禁，已經失去了號召力；而民盟經過打壓之後，也沒有太大的動員能力，因此當選的無疑是手握黨政軍大權的執政者。

身體被囚，並不能阻擋靈魂的飛翔。軍政權的一系列極端愚蠢的做法，成爲對翁山蘇姬的「免費助選」。結果，民盟在選舉中大獲全勝，一共贏得議會四百九十五個議席中的三百九十二席。

驚慌失措的軍政府對大選的結果不予承認，悍然宣布民盟爲非法組織，而且繼續監禁翁山蘇姬。軍方組建了「恢復國家法律和秩序委員會」，後來又改名爲「國家和平與發展委員會」。殊不知，這些粗暴專橫的軍人，正是國家的法律和秩序、和平與發展的最大敵人。他們爲了個人的野心和貪婪，破壞了國家的法律和秩序，阻礙了國家的和平與發展。他們的統治已然喪失了合法性，爲了維繫搖搖欲墜的權力，他們只有透過野蠻的暴力來威嚇人民。

「我們可以創建有同情心與愛心的民主政治」

一九九九年三月二十七日，翁山蘇姬的丈夫艾瑞斯在自己五十三歲生日的那天患癌症在倫敦去世。他曾請求緬甸當局讓自己生命的最後時刻去看看妻子，但被蠻橫地拒絕了。一九八九年後，艾瑞斯與翁山蘇姬總共只見過五次面。從一九九五年耶誕節去看過妻子之後，他就再也沒有看過她。他孤獨地死去，但他完全理解妻子所做的一切，並與她一起承擔了巨大的痛苦。

翁山蘇姬在獄中得知丈夫去世的消息，悲痛欲絕。軍政權催促她去英國，與兩個兒子團聚。但是，她知道，一旦離開祖國，就再也不能回來了。她在日記中寫道：「我的家庭的分離，是我爭取一個自由的緬甸所必須付出的代價之一。」

在日益受到民主化的「第三波」衝擊的亞洲地區，一方面是民主觀念逐漸深入人心，另一方面卻是政治的黑金化和政客的戲子化。亞洲能夠誕生自己的偉大政治家嗎——像非洲的曼德拉、像歐洲的哈維爾？

翁山蘇姬是亞洲地區唯一可以稱爲「偉大」的政治家。一九八八年之後，民盟被當局宣布爲非法組織，翁山蘇姬本人的大部分時間都在監禁中度過。二〇〇三年春天，她短暫地獲釋過一段時間，不久軍政權又以「安全原因」爲由，重新剝奪了她的自由。

儘管如此，翁山蘇姬仍然堪稱當代亞洲最有力量、最有魅力的政治領袖和精神領袖。將權力傳給兒子的新加坡政府「資政」李光耀，在翁山蘇姬面前能不羞愧嗎？那些深陷黑金的漩渦中的日本政治家族，在翁山蘇姬面前能不羞愧嗎？甚至曾經是人權活動家的韓國前總統金大中，也因急功近利的「陽光政策」和家族親信的貪腐醜聞，在翁山蘇姬面前黯然失色。

很多人認爲，政治是世界上最骯髒的領域，只有那些崇尚「厚黑」之人，才能選擇進入該領域。但是，翁山蘇姬輕車簡從，振臂一呼，應者雲集，她領人們穿越政治那黑暗的沼澤地，改變了人們對政治固有的偏見。

翁山蘇姬是一位政治家，卻與一般的政治家不一樣，她擁有的是「無權者的力量」。某些自我膨脹的獨裁者，手中控制著幾百枚核彈的紅色按鈕，能在幾分鐘之內便毀滅世界，因而飛揚跋扈、不可一世；而謙卑溫柔的翁山蘇姬，既沒有權力，也沒有金錢，單單擁有一顆「同情和慈悲的愛心」，她正是依靠著「同情和愛心」，贏得了緬甸人民的愛戴和世界人民的尊重。

翁山蘇姬是一位虔誠的佛教徒，她第一次明確闡釋了佛教與民主自由的關係，她是帶著信仰與使命感參與政治活動的。如果她的事業獲得成功，她便是第一位將佛教觀念與民主制度緊密結合在一起的思想家和實踐家。她從宗教的高度來審視與理解政治：「我們需要一個更好的民主政治，一個有著同情心和愛心的民主政治。我們不應羞於在政治上談論同情心和愛心，同情和愛的價值理應成爲政治的一部分，因爲正義需要寬恕來緩和。一個記者問我：『你和別人交談時總是對宗教談論很多，爲什麼？』我回答：『因爲政治是關於人的，我不能將人和他的精神價值分開。』」如果沒有同情和愛心，即便民主制度建立起來，亦無法長期穩定及彰顯公義。

緬甸的民主與亞洲民主和世界民主息息相關。一九九一年，翁山蘇姬獲得了世界最高榮譽——諾貝爾和平獎。她無法親自前往挪威領獎，只好讓兒子代表她發表答詞。在這份答詞中，翁山蘇姬的一段名言引人矚目：「在緬甸追求民主，是一國民作爲世界大家庭中自由與平等的成員，過一種充實全面、富有意義的生活的奮鬥。它是永不停止的人類努力的一部分，以此證明人的精神能夠超越他自然屬性的瑕疵。」

對於翁山蘇姬無法親自前來挪威接受獎項，諾貝爾委員會主席弗蘭西斯・塞耶斯泰德（Francis Sejersted）深表遺憾。他在頒獎典禮上回顧了歷史上與之相同命運的其他三位獲獎者的故事：德國的卡爾・馮・奧西埃茨基、蘇聯的沙哈諾夫和波蘭的瓦文薩。卡爾・馮・奧西埃茨基是反抗納粹暴政的英雄，他的獲獎被視爲諾貝爾和平獎在人權方面最早的授獎。然而，這一巨大的榮譽並沒有改變奧氏悲慘的遭遇：他最終死在希特勒那地獄般的集中營裡。沙哈諾夫和瓦文薩也都無法出國領獎，他們不能獲得護照。但是，幸運的是，沙哈諾夫看到了民主的曙光，瓦文薩則看到了民主的實現。

過去的歷史既有幽暗的一頁，更有光明的啓示。因此，弗蘭西斯・塞耶斯泰德向遠方的翁山蘇姬發出了無比美好的祝願：「我們希望翁山蘇姬也看到她的抗爭戴上勝利的花冠。」

在緬甸，光明何時到來？

「我們多麼需要一個更爲光明的世界」

捷克政治家和思想家哈維爾，在共產黨統治的時代多次呼籲，人民應當生活在眞實之中，因爲生活在眞實中的人是不可征服的。同樣，翁山蘇姬也認爲，獲得自由的唯一方法就是：「作爲一個沉思的從業者，我有許多打破習慣的方法。打破僞善惡習的最佳方法就是和誠實的人生活在一起。」她堅信，世界應該適合於理性、文明的人類，這個世界觀促使一個人勇於冒險、勇於受苦，以建立沒有匱乏、沒有恐懼的社會。眞誠、公正和同情，這些觀念不能夠被當作平凡、陳腐的東西忘掉，因爲它們常常是抗衡無情強權的最後堡壘。

翁山蘇姬沒有權力、沒有金錢、沒有官銜，卻擁有緬甸人民的心。她深知，絕對不能採取以暴易暴的方法來解決國內危機，這種方法表面上看最有效果，實際上卻讓自己墮落爲與軍政權同樣的地步。在《自由》一書中，她指出：「一些人改變是因爲他們別無選擇。當南非的舊政府、拉丁美洲的軍事專政進行獨裁統治發生變化的時候，他們認識到這些變化不可避免，這是他們所能選擇的最好道路。我所表達的眞正改變是透過理解、同情、正義、愛心後的內在變化。」她希望所有良知尙存的當權者接受這樣的建議，儘早啓動民主化改革，而不必等到人民起來推翻。

我在電視上偶爾看到緬甸軍頭們的畫面。我記不清那些複雜的、拗口的名字，他們大都身著醜陋無比的、完全不合身的軍裝，矮小粗壯、滿臉橫肉，且露出一副不可一世的派頭來。這副「尊容」，讓我想起了中國二十世紀三十年代的某些土匪出身、粗陋無文的軍閥們，如張作霖、張宗昌、孫殿英輩。他們以支配別人的生命為驕傲，以動用坦克和機槍顯示力量為驕傲。他們是中共政權的座上賓，獨裁者與獨裁者的相遇，總是顯得特別親熱。每當看到這些自以為是的暴力崇拜者的時候，我不禁感歎說：世界上怎麼會有這麼醜陋的傢伙呢？歷史將忠實地記載他們所有的醜行！

那些蠻橫的軍頭絕不會在意「歷史」的力量。他們相信，對與錯只能由「槍桿子」來決定，人民也只能由「槍桿子」來指揮。

緬甸所發生的人道主義災難，在這個過度繁榮的時代被世界忽略了。號稱「不干涉別國內政」的東盟，決定將緬甸吸納為其成員國，這種「不問人權、只問貿易」的短視做法，總有一天會讓東盟「自食其果」。西方世界也很少將目光凝聚到這個盛產大米和金箔的國度。在冷戰結束之後的十多年間，西方尤其是歐洲日漸陷入「光榮的孤立」之中，許多西方民眾的心態逐漸走向封閉。他們忘記了二十世紀三、四十年代納粹對猶太人的大屠殺，而所有的屠殺都是一樣的——對每個人的屠殺就是對全人類的屠殺，對每個人人權的剝奪就是對全人類人權的剝奪。只要還有一個國家淪陷於暴政之下，那麼所有人的自由和尊嚴都是殘缺不全的。

今天，像邱吉爾和雷根那樣有遠見卓識的西方政治家寥寥無幾，緬甸似乎跟大家的日常生活無關，緬甸太遙遠了。只有當年在緬甸當過警察的歐威爾為緬甸寫過一些文字，而這些文字遠不如《動物農莊》和《一九八四》那麼有名。對於政客來說，關心緬甸，並不能爲他們的競選帶來多少選票；對於商人而言，關心緬甸，並不能爲他們的跨國公司帶來多少利潤。

然而，即便沒有援兵，翁山蘇姬亦甘願孤軍奮戰。她說：「面對不受制衡的強權時，勇氣和堅忍的不盡泉源，大體上是對於倫理道德原則神聖的堅定信仰，伴同一種歷史感——即，無論人的現狀是多麼退步，終究，人類在精神上和人類責任的根植之處，是對於完美的概念、是達成她的願望、是迷途知返的智慧、是堅定向前的決心。」她可以做到嗎？

在亞洲，等待自由的降臨需要特別的耐心。

畢竟這塊大陸太古老了，有太多的包袱需要卸下來。

聯合國的特使來了，又去了；去了，又來了。而翁山蘇姬的自由，依然望眼欲穿。爲了自由而失去自由，這是人類尋求自由的歷史中最大悖論。翁山蘇姬對當初的選擇無怨無悔。她已經很久不能見到自己的孩子了，過早成熟的孩子們只能在夢中與母親相會。這對母親來說是何等巨大的痛苦！然而，令她感到欣慰的是，每個熱愛自由的緬甸人都是她的孩子。

「這個國家需要療傷止痛」

青山依舊在，幾度夕陽紅。蘇聯東歐集團共產灰飛煙滅，冷戰成爲好萊塢電影裡的傳說。而緬甸依然處於經濟凋敝、人權惡化的可悲境況之中。那些獨裁者和軍頭們，只知道坦克和機槍的力量。他們不明白是什麼力量支撐著安妮在集中營裡寫下渴求光明來臨的日記，也不明白那麼堅固的柏林圍牆為何竟然會在一夜之間轟然倒塌。儘管墨索里尼和齊奧塞斯庫醜陋的屍體早已曝光於全世界人民眼前，但還是有那麼多獨裁者和軍頭們繼續走上這條可恥的不歸路。

丹瑞大將為女兒舉行了奢華的結婚典禮，一場婚禮的耗費，超過了全體緬甸人一年的醫療保險。這名強悍如豺狼卻又如同驚弓之鳥的老頭，迷信神祕的占星術，僅僅是憑著星象學家的幾句咒語，便決定將首都從仰光遷到中部小城彬馬那——據說，在那裡他可以汲取古代國王的「靈氣」。殘暴與愚昧的結合，給緬甸人民帶來巨大的苦難。

當僧侶們也走上街頭發起「袈裟革命」的時候，軍政權的統治就只剩下赤裸裸的暴力了。隨著國際能源市場價格不斷攀升，自恃掌握豐富的天然氣和石油資源的軍政權，在獲得來自鄰國中國的大筆訂單之後，似乎又可以購買軍火、興建新的首都了。

漫長的幽禁生活，使翁山蘇姬的頭髮花白了，昔日光潔的臉龐上出現淺淺的魚尾紋。她那容貌的美麗正在迅速消失，她在精神上的力量卻一天天增強。她不再是那個牛津大學圖書館中埋頭苦讀的少女，也不再是那個倫敦花園中精心操持家務的主婦，她已經成為民族的希望，成為自由價值的象徵。

羸弱如羔羊的翁山蘇姬與咆哮如獅子的軍政權，對峙了二十多年。這是文明與不文明的衝突，這是仁愛與暴虐的衝突。美國《時代》週刊將她列名在「史上十大政治犯」首位，其他依次是劉曉波（中國）、曼德拉（南非）、甘地（印度）、馬丁・路德・金恩（美國）、沙哈諾夫（蘇聯）、哈維爾（捷克）等。

善良和美麗是人類潛在的優秀素質，有的時候，它們在我們的身體內沉睡了，但它們可以被榜樣的力量激發出來。翁山蘇姬便是一種善良和美麗的「催化劑」。這是一種特殊的美麗，讓人感到溫暖的美麗。

翁山蘇姬以其「壓傷的蘆葦不折斷」式的生命實踐告訴人們：政治並不像人們想像的那麼骯髒與血腥。政治也可以是這樣的——如果說哈維爾改寫了政治的定義，賦予其一種道義和責任的價值；那麼，翁山蘇姬則將政治昇華到宗教層面，她將政治的內核看作是愛、同情和尊重，她找到了東西方文化最佳的結合點。

翁山蘇姬的眼光看得很遠很遠，她看到了未來的緬甸如何掀開歷史新的一頁。寬恕是否可能？和解是否可能？避免報復是否可能？她的精神導師，是她的父親翁山將軍，也是印度的聖雄甘地。她所倡導的寬恕，既然是佛教思想的結晶，也是基督精神的鮮活的體現。

一個新的緬甸，正在地平線上升起來。二〇一〇年十一月十三日，緬甸軍政府將軟禁數年的翁山蘇姬釋放。次年四月一日，緬甸舉行國會補選投票，翁山蘇姬所領導的「全國民主聯盟」獲得壓倒性勝利，拿下四十五席中的四十三個席位。五月二日，翁山蘇姬宣誓成爲議員。

二〇一二年九月十六日，翁山蘇姬開始對美國展開爲期三周的訪問，她會見了總統歐巴馬，接受美國國會授予的最高榮譽——「金質獎章」。她在洛杉磯向數千名支持者發表公開演說時，當被問到緬甸期盼的民主典範時，她回答說，緬甸從許多地方有太多東西可以學習，不只是像南韓、臺灣、蒙古和印尼等亞洲國家和地區，還有在一九八〇到一九九〇年代從共產黨轉型爲民主的東歐國家、以及從軍政府進行轉型的拉丁美洲國家；此外，當然也不能忘記南非，因爲它雖非軍事政權，但確實是個獨裁政權。

翁山蘇姬與曼德拉和圖圖大主教早已心有靈犀。在南非取消種族隔離制度的抗爭中作出了巨大貢獻的圖圖大主教，在爲翁山蘇姬的著作寫的序言中，這樣祝福說：「這個國家需要療傷止痛，然後，當『過去』已被妥當處理，就應將它穩穩地放置在後頭，大家攜手向前共赴興國大業，那麼有朝一日，自由、公正、善意、笑聲、歡喜和同情心，將掌握斯土最高主權。」這一天，對於翁山蘇姬來說，已經不是海市蜃樓。但是，要領導國家走向和平轉型、治療傷痛，還有漫長的征途要走。

「人的心靈乃是世間最強大的力量」

我看過翁山蘇姬的一張微笑的黑白照片。那微笑的背後，一半是堅韌一半是淒美。面對這張照片，人們很難不油然而生愧疚之心——我們都應該與她站在一起。

在緬甸，軍人們相信，誰擁有武力，誰便可以決定國家的走向，以及他人的生死。然而，翁山蘇姬並不這樣看，她認爲坦克、機槍和核彈不是這個世界上最有力量的武器。她堅信，人的心靈乃是世間最強大的力量。在那些披著紅色的袈裟，赤足走上街頭的僧侶之中，在那些衣衫襤褸卻挺胸抬頭的乞丐之中，在那些朝氣蓬勃、怒髮衝冠的大學生之中，都蘊藏著這種力量。翁山蘇姬用她的微笑和淚水喚醒了一座冰凍許久的火山，火熱的岩漿已經在底層深處翻湧著。在過去的十多年裡，她幾乎足不出戶，但大地就在她的腳下。

二○一二年，翁山蘇姬二十一年來第一次出國訪問。六月十七日，翁山蘇姬來到挪威奧斯陸。諾貝爾獎委員會主席亞格蘭德歡迎一九九一年獲得諾貝爾和平獎的翁山蘇姬前來，並表示希望二○一○年度的得獎者劉曉波有朝一日也能親自來奧斯陸領獎。他在向緬甸民主派領袖翁山蘇姬致歡迎辭的時候表示，在得獎二十一年之後，「翁山蘇姬終於來了」，但他希望「劉曉波不用等待這麼多年就可以來到奧斯陸」。

六月二十七日，翁山蘇姬在接受法國聯合電臺（France Inter）採訪時，向目前依然被關在獄中的中國諾貝爾和平獎得主劉曉波發出呼籲，呼籲劉曉波不要氣餒，不要絕望，繼續走向自己的目標。翁山蘇姬表示，她對所有被剝奪自由的人們都感到同情，如果他們對自由的渴望是眞摯的和誠實的，那麼，自由終究會實現。

翁山蘇姬在牛津大學的遊學生活，她的婚姻生活，她對孩子的教養，她對弱者和老者的關心，她和廣布世界各地的朋友深切而持續的交誼，她不斷增加的新的興趣、她嚴謹的治學精神，以及最近十多年來生命給予她的嚴酷考驗——這一切的磨難，使她日益成熟，她已然成爲被壓迫的老百姓的希望和啓示。雖然此刻時間似乎爲她凝住，但她的心靈將不會停止成長和綻放。

「誰是亞洲最美麗的女性？」這不再是一個懸而未決的問題。中國詩人老木認爲，翁山蘇姬是世界上「最美麗的女人」，他用充滿詩意的語言寫道：「翁山蘇姬希冀的政治、社會狀態，是一個充滿愛心、眾生平等的秩序和規範的世界。」那麼，政治的本質是什麼？翁山蘇姬莊嚴地爲這個已經被妖魔化許久的名詞「正名」——政治關乎人的現實切身利益，也關乎人的精神價值。政治是一種公共管理，是一種權力分配，更是一種精神價值的堅守與傳承。許多偉大的政治家和人道主義者們，都具有堅韌的人道信念和精神追求，甘地、馬丁・路德・金恩、曼德拉、圖圖主教和翁山蘇姬，都是此類大仁大智的政治家。

聖經中說：「你們顯在這世代中，好像明光照耀，將生命的道表明出來。」（腓二15－16）翁山蘇姬的美麗照亮了這個時代的人們。她走在一條光榮的荊棘路上。也許這條路還要走很久很久。但她一旦選定了目標，就會秉著誠實、踏實的決心，全心全意地堅持下去。她的態度除了認眞之外，還有一種淡淡的幽默感。在遭遇迫害和逆境的時候，她呈現出一種尊貴和堅毅不屈的氣質。

人的偉大在於人敢於承擔歷史賦予的使命，人的偉大在於人勇於改變歷史錯誤的走向。翁山蘇姬便是這樣一位偉人，她改寫了「亞洲人不配享有民主制度」的惡毒詛咒，她必將帶領緬甸人民由屈辱走向光榮，從奴役走向自由。

明亮的石頭

那便是賜予靜觀者的閃光寶石。

呂斯布魯克

自由和正義從來不會像餡餅一樣白白地從天上掉下來。我寫過一篇名為〈弱女子撬動「潛規則」〉的文章，向盧雪松和宋飛這兩位中國的年輕女教師致敬：前者在其任教的吉林藝術學院向學生介紹紀錄片〈尋找林昭的靈魂〉，揭露「文革」暴政，被有關當局停課、取消教職乃至「取保候審」、「勞動教養」；後者揭發中國音樂學院的招生黑幕，面臨種種有形無形之壓力，正常的工作、生活節奏被打破。她們不退卻、不妥協，如同「壓傷的蘆葦不折斷」。

我一向認為，在面對暴政的時候，女性往往比男性更加勇敢；對於黑暗與光明、邪惡與正義的區分，女性亦比男性有著更加敏銳和明確的判斷。她們依靠直覺接近正義，這不是一個「過於複雜」的過程。在中國有盧雪松和宋飛那樣令人尊敬的女性，在西方也有像法拉奇和阿揚・阿里那樣令人尊敬的女性。她們給冰冷的世界帶來溫暖和光明，實踐了柔弱勝過剛強的眞理。她們呵護著文明的底線，捍衛著人類的尊嚴，並告訴人們：邪惡從來不是放棄信念的理由，無論邪惡看上去有多麼強大、多麼不可戰勝。

表面上，西方不存在專制國家的「言論不自由」——公民的言論自由受憲法和法律保障，是不言自明的社會準則。知識分子不會因爲表達與主流社會背離或衝突的觀點而遭致迫害和歧視，更不會像古希臘哲人蘇格拉底因爲「過於聰明」、「蠱惑青年」而被大眾投票處死。

但是，在西方社會中也存在著一種潛在的、隱祕的「言論自由的界限」，那就是「政治正確」的「潛規則」，那就是「文化相對主義」的迷宮，以及大家互有默契的「不可以批評的對象」——其中，最爲突出的就是：二十世紀五、六十年代，西方知識分子不敢或不願批評以蘇聯和中國爲代表的共產世界的暴政，許多人甚至向史達林和毛澤東獻媚。即便蘇東劇變、共產主義制度崩潰之後，西方知識界佔據主流地位的左翼勢力仍未完全退潮。

近年來，與之相似的一種新的表現是，西方知識界對伊斯蘭世界的專制主義和恐怖主義保持沉默——許多博學多才的西方知識分子，太知道批評哪一些東西沒有危險、批評哪一些東西有危險。他們在咖啡館裡自由自在、自得其樂地痛罵美帝國主義，這是安全的；他們卻不敢對伊斯蘭世界的現狀說三道四，如汶萊蘇丹將皇宮變成妓院、阿富汗塔利班砸毀巴比揚大佛、伊拉克獨裁者海珊用毒氣屠殺庫德族人、伊朗悍然研製核武器……，過於聰明的左派個個都心知肚明：那樣做太危險，我們可不願冒險。

馬蜂窩是不能去捅的——英國作家魯西迪因爲出版《魔鬼詩篇》而遭到伊朗精神領袖柯梅尼發出死亡通緝令。誰敢重蹈覆轍呢？「九一一」恐怖襲擊事件發生之後，某些貌似公允的左翼人士聲稱，這是美國錯誤的外交政策釀成的慘劇，美國應當反省。如此，他們將凶手輕輕放過，卻不吝在受害者傷口上抹一把鹽。這些固執而偏執的傢伙，明知玩弄「東方主義」的薩伊德在說謊，揭示第三世界國家「自我殖民主義」的奈波爾才說出了眞相，卻樂顚顚地跟在薩伊德的屁股後邊，對奈波爾言說的眞理不置一詞。

在西方知識界的犬儒氛圍中，在「反美主義」甚囂塵上的時刻，有兩個女子義無反顧地站出來。她們的身軀雖瘦小柔弱，靈魂卻高貴挺立。她們像盧雪松和宋飛一樣，向著那「不可以批評」的龐然大物說出眞話。她們就是義大利女記者法拉奇和荷蘭女議員阿揚．阿里。

✣

法拉奇（Oriana Fallaci）是當代新聞界的一個神話。在她那長達半個多世紀的記者生涯裡，曾採訪過甘地、瓦文薩、季辛吉、柯梅尼、格達費、鄧小平等改變了世界的大人物。她那尖銳的問題讓某些貌似莊嚴的大人物露出了「猴子屁股」，讓高傲神祕的暴君不知不覺將其醜態暴露於全世界公眾面前。

法拉奇嚴厲指控裝腔作勢的利比亞統治者格達費是「以食死屍爲生的土狼，是地中海地區的第二個墨索里尼」。她如此寫道：「我知道格達費的支持者和僕人們會說我必須爲此文付出代價。他們知道如何找到我，如何伺機取我性命。過去就有人這樣威脅過我。面對這種威嚇，我的回答是：我可不怕他。」此種超越生死的態度怎能不讓人肅然起敬？

在法拉奇的採訪經歷中，她曾直接追問鄧小平爲何不將毛澤東的畫像從天安門城樓上取下，並要求這個統治十億人的大人物有一點禮貌，不要在女性面前吸煙。她還在柯梅尼面前指出伊斯蘭世界中婦女權利被侵害的事實，兩人唇槍舌戰之際，她將身上的披風扯下來，扔在這個固執的宗教領袖腳下。

這就是法拉奇，當她不畏懼任何事物的時候，那些看起來令人畏懼的事物便反過來畏懼她。從季辛吉到格達費這些強悍的男人，都對接受她的採訪深感後悔。因爲讀者們閱讀了法拉奇的採訪之後，對被採訪者的看法直線下降——這就是法拉奇的力量。

有一次，法拉奇正在貝魯特採訪，「伊斯蘭眞主之子組織」發現了她的行蹤並企圖綁架她。極端的基本教義派人士從來沒有原諒過她對柯梅尼「無禮」的採訪，準備用暴力報復。

這天早晨，一位記者衝進法拉奇旅館的房間示警。法拉奇身穿睡衣從床上跳起來，飛快地跟著朋友躲進另外一個房間。她在那裡打電話給一名維和部隊的義大利將軍求助，將軍立即派遣小分隊前去包圍該旅館，然後護送她回到維和部隊營地。事後她才知道，她先前住的那個房間遭到衝鋒槍掃射。

死亡的威脅沒有讓法拉奇沉默。二〇〇五年，法拉奇出版了名爲《理性的力量》（*The Force of Reason*）的新書。如果說四年前那本針對「九一一」的著作《喧囂與文明》以情感與氣勢見長，那麼這本《理性的力量》主要反映出作者冷靜深入的反思。

法拉奇說，要捍衛西方文明，就是堅定、公開、徹底地反對伊斯蘭基本教義派。在《理性的力量》一書裡，她毫不掩飾對伊斯蘭基本教義派的厭惡，她認爲伊斯蘭基本教義派正在進行一場征服並摧毀現代文明的戰爭。

文明需要人去保衛，自由需要人去爭取，正義需要人去持守。西方左派知識分子卻自掘墳墓。短視的西方政要們對企圖撼動西方文明根基的挑戰毫無察覺，他們在恐怖主義面前步步退讓，任由國內的伊斯蘭勢力坐大。懦弱的基督教和天主教會也沒有勇氣正視危機，只會講些「對話」、「寬容」之類的空話。法拉奇呼籲西方公眾團結起來，保衛文明傳統。一旦在不知不覺之中失去自由，再要尋回來就難於上青天。

與《喧囂與文明》出版後的命運一樣，《理性的力量》一經問世，短短幾個月就賣出上百萬本。法拉奇自己翻譯的英文版也在美國上市，銷售強勁。對此，歐美左翼知識分子們一片譁然，對法拉奇口誅筆伐，因爲她的言論太不符合左翼陣營「政治正確」的標準了——難道伊斯蘭國家不是弱勢的、值得同情的「第三世界」嗎？

那些伊斯蘭基本教義派更是怒不可遏。二〇〇五年五月，義大利伊斯蘭聯盟主席史密斯以「褻瀆宗教」的罪名，向法院起訴法拉奇。法拉奇，這位身患癌症的老太太，像舊約中的先知一般巋然不動。

✣

與法拉奇一樣，出生於索馬利亞的荷蘭女議員阿揚·阿里也是一位呼籲伊斯蘭改革、反對虐待穆斯林婦女的勇者。阿里成功地逃離了那個非人的國度，本可在歐洲平平安安地作難民，但她並沒有滿足於「一個人的自由」，她深知還有那麼多姊妹生活在水深火熱之中，她要爲她們說話——在西方主流媒體上，幾乎聽不到伊斯蘭世界中的婦女的聲音，她們是數以億計的「沉默的大多數」。

伊斯蘭世界中婦女的悲慘遭遇，西方人士多多少少知道一些。但他們很少給予關注，他們害怕惹禍上身。有些善於作秀的歐美自由派人士，口口聲聲說要爲婦女爭取基本人權，爲本國的墮胎、娼妓、同性戀等議題吵個不停，卻罔顧伊斯蘭世界成千上萬被虐待乃至被殺害的婦女，彷彿她們生活在另外一個星球上。

這些政客和學者們恬不知恥地打著「尊重多元文化和信仰」的幌子，心安理得地爲自己的冷血和怯懦開脫。在這種可恥的觀點背後，是一種深入骨髓的種族主義思維：他們認爲某些人生來就是奴隸，某些人生來就不配享有人的生活，幫助受壓迫者的行爲是「文化侵略」。

二〇〇四年，阿揚・阿里與荷蘭人梵古（畫家梵古的後裔）一起合作拍攝了一部揭露伊斯蘭世界虐待婦女的電影。這部電影呈現出來的穆斯林婦女血淋淋的遭遇，震動了歐洲。

伊斯蘭恐怖分子惱羞成怒，發誓要殺死製片人。不久，梵古遭到殺害。當梵古的屍體在街頭被發現時，他的脖子幾乎被割斷。殺手布耶里在其胸口上釘上一封沾滿鮮血的信，指名還要向阿里「復仇」，「你的話裡完全不掩飾你對伊斯蘭的敵意，你應該將自己打成碎片」。

梵古一案震驚了安寧平和的荷蘭社會，人們爲阿里的安危擔憂。荷蘭警方先後破獲兩起針對阿里的刺殺計畫。荷蘭人從沉睡中醒來，上街遊行抗議恐怖分子對自由價值的威脅，呼籲政府制訂更嚴格的措施保護阿里。

阿里堅持認爲，伊斯蘭基本教義派來自於狂熱的偏見，這樣的宗教信仰是需要改革的。阿里有過如此的經歷：她的童年和少年時代，生長在動盪的索馬利亞的一個伊斯蘭家庭，她從個人的體驗出發──割禮、拷打和強制婚姻──這一切都是對女性的壓迫和殘害，講述了一種邪惡的信仰、文化和制度是如何戕害女性的肉體與精神。

阿里在荷蘭議會和其他若干公眾場合，多次現身說法地告訴大家說：我曾經是一名性奴隸，這就是數億穆斯林婦女的命運。再也不能讓後代繼續過這種可怕的生活，人們必須行動起來致力於改變這種狀況。

在阿里的倡議下，荷蘭警方對境內兩個城市中存在的虐待穆斯林婦女的案件進行廣泛調查，並在八個月內記錄了十一宗謀殺案──這些穆斯林婦女都因爲「使家庭蒙羞」而被其男性家屬殺害。她們是男性的附屬品，生命輕如鴻毛，即使被殺害之後也無人過問。

阿里在荷蘭民眾中獲得相當的尊敬，但許多荷蘭政客和知識分子卻認爲她走得太遠。荷蘭是歐洲左翼思想的大本營之一，無論是議會中的中右翼政黨還是左翼政黨，都批評阿里的觀點過於「極端」。阿里侵犯或突破的，是另一種存在於西方政界和學術界的「潛規則」──那些我們不肯說出來的祕密，你最好也不要說出來，否則你會讓我們失去面子，我們就只好打壓你這隻「出頭鳥」。

✣

在言論自由的維度上，盧雪松和宋飛挽回了中國知識界和文化界的榮譽，而法拉奇和阿揚・阿里則挽回了西方知識界和文化界的榮譽。

熱愛自由是人的本性，對是非與善惡的判斷，並不需要多麼淵博的學識，有時僅僅需要直覺。邪惡就是邪惡，並不因爲多元主義、相對主義、寬容等如花似玉的字眼和概念，就能夠掩蓋邪惡的本質。寬容是必要的，但不能毫無原則地寬容，以至於裝模作樣地去「寬容」那些剝奪自由的力量。那不是寬容，那是怯懦和鄉愿。

她們，就像是詩人保羅・策蘭筆下「明亮的石頭」——「明亮的／石頭從天上過，……它們／往上走，／像貧賤的／犬薔薇，就這樣綻開。／它們飛翔／飛向你。」這個世界，因此而精彩，因此而光明。

獨裁者為什麼喜歡當詩人？

——讀赫塔．米勒《國王鞠躬》

謊言是不可思議的。它以略為變形的形式決定了許多普通人的思想。

施特勞斯

卡夫卡曾說過：「書必須是鑿破我們心中冰封海洋的一把斧子。」赫塔．米勒的書就是這樣一把寒光凜凜的斧子。學者范昀將米勒形容爲「爲創傷而寫作的人」，或者更準確地說，米勒是一位爲了醫治極權主義對她自己和同胞身心的傷害而寫作的作家。

米勒的作品始終圍繞齊奧塞斯庫時代灰暗、陰森的羅馬尼亞而展開，雖然移居德國多年，但在描寫故土時揪心的筆調與對柏林街道不帶感情的白描形成強烈的對比。她是受虐狂嗎？她是祥林嫂嗎？不，她是一位抵抗遺忘和捍衛記憶的勇士。范昀特別強調米勒的性別對其寫作的影響：「也許，作爲母親的女性，能夠更切身地體會生命的尊嚴與價值，更容易發自內心地對踐踏生命尊嚴的行徑感到悲憤。……她永遠都忘不了她在羅馬尼亞的創傷記憶，永遠都忘不了這塊人生的『苦』麵包。因爲她離不開獨裁專制操縱下人民遭受迫害的陰影；

因爲『我是在寫作，而不是在賣鞋』。」米勒是幸運的，幸運之處不在於諾貝爾文學獎眩目的光環，更在於她在電視中親眼目睹了獨裁者可恥的死亡。

人民必須學習獨裁者寫的詩歌

齊奧塞斯庫的統治方式與其他所有共產黨國家都不一樣，最具有東方色彩和個人烙印。羅馬尼亞流亡作家諾曼·馬內阿（Norman Manea）在《論小丑：獨裁者和藝術家》一書中指出：「齊奧塞斯庫的獨裁統治兼備了史達林主義和納粹的特徵，但它在拜占庭的根基上奇怪地加上了一些『新的』東西，這些東西是從拉丁美洲、亞洲和非洲的左翼或右翼獨裁統治那裡借用來的。」歷史學家托尼·朱特將其形容爲最具「東方特色」的、「新史達林式的總督領地」，在這裡，「觸角遍佈的祕密警察拱衛著拜占庭式的裙帶關係和低下效率」。美國政治學家林茨和斯泰潘則將其概括爲「全能主義兼蘇丹制政體」，這是一種不僅個人獨斷專行，而且將家族成員安排到各個重要崗位的「家天下」的模式。

在這種「全能主義兼蘇丹制政體」之下，從首都到最偏遠的村落，對齊奧塞斯庫的個人崇拜都到了無以復加的、令人作嘔的地步。米勒寫道：「獨裁者的上萬個雕像遍佈全國，配合他的聲音對人們實施著潛移默化。長達幾小時的演講透過廣播和電視，使他的聲音成爲空中的控制。每個公民熟悉這聲音像熟悉掠過的風，飄下的雨，也熟悉他講話的風格，手勢以及額上的捲髮、眼睛、鼻子和嘴。」

實際上，獨裁者的聲音極其難聽，米勒諷刺說：「齊奧塞斯庫只上了四年小學，對略微複雜的內容和簡單的語法都會感覺困難，再加上天生的缺陷，使他說話時像在咕噥。」但是，羅馬尼亞的大小官員都在爭先恐後地學習齊奧塞斯庫說話的腔調，因爲學得越像，就越容易獲得升遷。

蘇聯領導人勃列日涅夫曾經組織龐大的寫作班子，以他的名義創作長篇小說，並自己給自己頒發蘇聯的最高文學獎「史達林文學獎」。齊奧塞斯庫的虛榮心比勃列日涅夫還要強，他的一百六十多部「著作」被翻譯成十三種文字，羅馬尼亞哲學詞典中關於齊奧塞斯庫式馬克思主義信條的內容比馬克思、恩格斯和列寧三者加起來還要多。羅馬尼亞所有官員的報告與文章都必須引他的觀點，指明曾受領袖思想的啓發和引導。這還不夠，領袖還要寫詩，還要戴上詩人的桂冠，因爲詩歌是最高的文學形式，詩人是上帝寵愛的天使。全能的獨裁者怎麼可能不會寫詩呢？

在〈戰士們朝空氣開槍，空氣卻在肺中〉一文中，米勒介紹了羅馬尼亞小學課本的編排方式：課本的第一頁是齊奧塞斯庫的畫像，第二頁是國歌，第三頁是齊奧塞斯庫自己的詩。一九八一年齊奧塞斯庫在一次講話中念了這首詩。爲了表示自己親民，他時常這樣做。這首詩歌是這樣寫的：「從庇里牛斯山到喀爾巴阡山／我們願兄弟般生活在一起／努力工作、和睦相處／我們的生活充滿陽光。」米勒諷刺說：「作詩對齊奧塞斯庫來說屬於統治，他用的形容詞常取自氣象學領域。」然而，就是如此蹩腳的詩歌，教育當局卻要求每個小學生都必須倒背如流。

孩子必須為獨裁者歌唱頌歌

對於大部分人而言，只要活著就足夠了；但對於米勒這樣的人來說，僅僅活著是不夠的，還要「活在眞實」中。這就是一個巨大的挑戰，因爲在那個時代的羅馬尼亞，「所有眞實的東西，每個人特有的氣息和細微的動作全都消失殆盡」。

人們逐漸習慣了這種沒有自我的生活，米勒如此描述普通人精神生活的貧乏和沉淪：「我看到和聽到的都是可以互換的角色，他們離開自我，爲了功成名就，走進政治角色的機械動作中。在羅馬尼亞，整個意識形態都是對齊奧塞斯庫的個人崇拜。」對此，諾曼・馬內阿也一針見血地指出：「獨裁者僅僅是人民的敵人，或者也是他們創造的產物？」

在〈紅花與棍子〉一文中，米勒生動地描述了她當兩個星期幼稚園老師的經歷。在幼稚園裡，孩子們每天早上都要爲領袖唱頌歌，「與其說他們在唱歌，不如說是在吼，在叫，重點是聲音的亮度和身體姿態。」在頌歌中，對齊奧塞斯庫的讚美足以令史達林都感到臉紅，齊奧塞斯庫正式批准用於表彰其豐功偉績的詞語有：設計師、信條塑造師、智慧的舵手、最高的桅杆、勝利的光環、高瞻遠矚、大神泰坦、太陽之子、思想的多瑙河、喀爾巴阡山脈的天才。

米勒計畫在課堂上來一次小小的革命：教孩子們唱一首教學大綱上沒有的、關於潔白的雪花的歌曲，她希望透過這樣的歌曲讓孩子們感受色彩和溫度，因爲「文明社會對個性的培養，是從個體出發去理解自身及周圍的事物」。

但是，米勒的努力慘遭失敗。不是因爲其他老師反對她，而是孩子們反對她，這才是問題的關鍵所在。第二天，她讓孩子們唱她教的雪花的歌，並由此開始新的一天。此時，一個小男孩提醒她說：「老師，我們應該先唱頌歌。」

她問：「是你們想唱呢還是必須唱？」

孩子們齊聲喊道：「我們想唱。」

米勒不得不讓孩子們圍成半圓圈，齊聲唱頌歌。

剛剛唱完，又有一個小男孩盯住她的臉問：「老師，爲什麼你沒有和我們一起唱？」

米勒只好擠出微笑說：「如果我和你們一起唱，就聽不出你們唱得對不對了。」

爲了保護自己，米勒不得不在孩子的面前說謊。或者說，是孩子依託的謊言系統太強大了，在這種「軟性暴力」面前，她不得不屈服乃至臣服。她感到，這份工作再也不能堅持下去。於是，兩個星期後她便提出辭職。她寧願去工廠做苦力，也不願充當謊言的犧牲品以及複製者。

這些孩子已經不再天眞，他們長大以後或者是裝腔作勢的官僚，或者是唯唯諾諾的平民。他們無法領悟詩歌的魅力，因爲他們所能接觸到的詩歌，唯有領袖寫的「詩歌」以及對領袖的「頌歌」。這樣教育出來的「接班人」，不僅在審美上是貧乏的，在道德上也是墮落的，正如愛因斯坦所說：「強迫的專制制度很快就會腐化墮落，因爲暴力所招引來的總是一些品德低劣的人」。

齊奧塞斯庫眞的死了嗎？

在蘇聯和東歐國家政治轉型的過程中，羅馬尼亞是唯一經歷了大規模血腥屠殺的國家。林茨和斯泰潘分析說：「沒有任何國家像羅馬尼亞那樣，統治者及其祕密警察部門具有強大的滲透力，使整個國家完全處於恐懼氣氛當中。」托尼．朱特也指出：「只要齊奧塞斯庫有祕密警察的支持，他就刀槍不入。」所謂「齊奧塞斯庫主義」，就是給人一種非眞實的、虛構的感覺，以及一種充斥不安全、焦慮及不規範行爲的卡夫卡式恐怖氣氛。在羅馬尼亞，甚至連那些本應不存在任何政治特徵的小組織，如「養蜂者協會」，也由政府一手操辦，並處於祕密警察的監控之下。比起其他東歐國家，這個政府體系更深入地干涉人民生活的方方面面。

從表面上看，齊奧塞斯庫的政府比其他共產黨國家的政府都更加強大和穩固；但實際上，一旦變局發生，就會出現「協議式轉型」中博弈方缺位的情形，朝野雙方的恐懼都會被放大，爆發大規模暴力衝突的可能性就極大。一言以蔽之，一個剛性結構的國家最容易發生全盤崩潰。

在危機來臨的時候，齊奧塞斯庫無法像波蘭的雅魯澤爾斯基那樣找到一個瓦文薩式的人物作爲談判對手，他除了下令開槍鎮壓之外別無他法，正如米勒在〈國王鞠躬，國王殺人〉一文中所說：「他蹣跚時人們以爲他在鞠躬，他鞠躬時卻在殺人。」於是，最後的結果是：

由祕密警察來加速這一政權的崩潰。當齊奧塞斯庫手上沾滿民眾鮮血的時候，他和他的家族再也無法全身而退。流人血的，他的血也必流出。將殺人與寫詩混爲一談的獨裁者，死亡的場面不可能像詩歌那樣優雅。

米勒的觀察與思考並沒有隨著獨裁者的死亡而終止。齊奧塞斯庫眞的死了嗎？在〈他和她：貧窮驅使人們來到齊奧塞斯庫的墓地〉一文中，米勒寫道：「他和她已經作古，沒法變得更壞。他和她已經不存在了。但他和她陰魂不散，因爲他們摧毀和肢解的一切還在。」長久受虐的處境，必然產生一個龐大的受虐狂群體。

就像俄國一直有人懷念史達林，中國一直有人懷念毛澤東一樣，齊奧塞斯庫的墓地前也有前來獻花的人。米勒的眼光是凌厲的：雖然獨裁者的肉體死去了，但獨裁者的後遺症依然如同病毒一樣在空氣之中四處彌漫。

所以，被獨裁者摧毀的詩意的生活，並非一夜之間就可以得到恢復。還要經歷相當漫長的時間，還要經過相當艱苦的努力，人們才能從獨裁者的詩歌、頌歌、語言及思維方式中擺脫出來，人們才能懂得欣賞潔白的雪花，並用自己的語言來描述潔白的雪花。

但無論如何，這一切已經開始。

你的臉上有他的影子

——讀赫塔．米勒《狐狸那時已是獵人》

我曾經夢見我為祖國而死。馬上就出現了一個為我揭棺材蓋的人，伸出手索要小費。

卡爾．克勞斯

諾貝爾文學獎評審委員會如此評價旅居德國的羅馬尼亞作家赫塔．米勒：「她以詩歌的精煉和散文的自白，描繪了無依無靠的人群的生活圖景。」確實，米勒的小說像是詩歌與散文的結合，有詩歌那樣豐富的意象和跳躍性，也有散文那樣的冷峻和直抒胸臆。《狐狸那時已是獵人》就是這樣一部引人入勝的小說，像偵探小說一樣危機四伏，讓讀者心跳加快；又像音樂一樣「大珠小珠落玉盤」，吸引讀者「物我兩忘」。

小說的主人公是兩個從小一起長大的女孩：阿迪娜在學校作老師，克拉拉則是工廠的工程師。有一天，克拉拉愛上了已婚的祕密警察帕弗爾，而帕弗爾的工作是監視阿迪娜和一群不安分的音樂家。於是，兩位女友之間的友誼陷入危機中……

齊奧塞斯庫統治末期，外強中乾的羅馬尼亞是一個不折不扣的警察國家。警察與線民像螞蟻一樣多，用作家馬內阿的話來說，「警察、線民數量的增長速度遠遠快於國民生產總值的增長速度，而且這一招募戰役已經加速」。呈現警察國家人民的生存處境，有兩種方式，一種是歐威爾的《一九八四》，一種是米勒的《狐狸那時已是獵人》。

羅馬尼亞版的《一九八四》

歐威爾參加過西班牙內戰，對左翼和右翼的獨裁都深惡痛絕。不過，他本人並沒有在極權制度下生活的經驗，所以選擇用一種寓言式的、漫畫式的反諷來影射人人自危、道路以目的蘇聯社會。薄薄的一冊《一九八四》中所蘊含的能量，幾乎與厚厚的幾大卷《古拉格群島》相等。在一九四八年蘇聯挾二戰勝利、國威不可一世的時刻，歐威爾卻先知般地給出「一九八四」這個遙遠的預言，蘇聯的崩潰僅僅比這個時間點晚了七年。寓言的眞實有時甚至勝過現實的眞實——《一九八四》中的「老大哥」，不就比史達林無數的肖像和雕塑都更加眞實嗎？

而米勒本人曾經在恐懼、屈辱與絕望的羅馬尼亞生活了多年，在祕密警察的逼迫下，她失去了多份工作，只能靠當家教來維持生活。所以，她選擇用一種高度寫實的、冷靜到冷漠程度的筆調，來描述這個隱藏在鐵幕背後的國家的日常生活。小說中的每一個小標題都是讓人浮想連篇的隱喻，比如「沒有臉的臉」、「你什麼都不要說」、「我的頭是黑暗的」、「透明的睡眠」等等。在作者不動聲色的描述中，讀者可以眞切地感受到當時羅馬尼亞民眾痛苦、困頓乃至麻木的精神狀態。所以說，《狐狸那時已是獵人》堪稱是一本「羅馬尼亞版的《一九八四》」。

小說中有一個耐人尋味的細節：祕密警察帕弗爾回到家中，帶回巧克力、黃油、香煙等高級食品。妻子抱怨說：「我已經跟你講幾個月了，你要到學校去一次，你必須和老師談一談。大家都給老師送咖啡。女兒說，只有我們沒有送。送不送在分數上就能看出來。」帕弗爾冷靜地回答說：「咖啡她別想要，或許該給她來一下，我要是和她談了，那就應當她送咖啡給我們了。」

學生分數的高低居然與家長送禮與否有著直接的關聯。可見，社會上的腐敗已經滲透到學校裡。而帕弗爾敢於拒絕這種腐敗，並非因為他本性正直，而是他可以用祕密警察的權力去恐嚇老師。拒絕腐敗要靠更大的腐敗，遏制權力要靠更大的權力，這就是專制社會中最為吊詭的事實。從這個小小的情節便可以看出：無論在工廠、學校還是家庭中，這個社會基本的道德倫理已經崩塌，人人都想往上爬，並不惜傷害身邊比自己更弱的人。今天的中國不也是如此嗎？就連幼稚園的老師都將每個孩子的家長的「背景」搞得一清二楚了，有權和有錢家庭的孩子能夠得到特殊的照料。那麼，作為孩子的家長，能不削尖腦袋往上爬嗎？

權力是所有人的春藥。齊奧塞斯庫一九八四年下令建造「人民宮」。他想用這座幾乎是世界上最大的「宏偉建築」，為自己「樹碑立傳」。「人民宮」有一千多個房間，間間金碧輝煌。從地上鋪的純毛地毯到天花板上的大理石浮雕，無不出自手工。僅大大小小的吊燈，就用了水晶兩千八百多噸。由於太過龐大、太過奢華，修了五年一直到一九八九年劇變驟起，「人民宮」還未完工。齊奧塞斯庫修建「人民宮」，老師向家長索要咖啡，以及祕密警察用特權去恐嚇老師，這些行爲簡直就是如出一轍，只是權力有大小，危害也有大小而已。

上行下效，既然享有特權的階層腐化墮落、作威作福，那麼即使是門衛乃至倉庫保管員這樣握有微小權力者也可以肆意魚肉人民。在米勒筆下，壞人並不是少數的幾個官僚和祕密警察，而幾乎就是「所有人」。互相欺騙、互相愚弄、互相折磨的生活方式，逐漸凝固成了一種習以爲常的狀態，受害者與加害者的界限也日漸模糊，一如米勒寫給中國讀者的文字：「你們都可能是我諸多書中人物的命運共同體，我們以相似的姿勢飛翔，也極可能以相同的姿勢墜落。」這位多次撰文聲援劉曉波的作家，當然深知今天中國的情形跟昔日的羅馬尼亞相差無幾——有多少人不願墜落呢？

因爲恐懼而產生的愛情

那時的羅馬尼亞，外表固若金湯，內在卻風雨飄搖，歷史學家托尼・朱特指出：「羅馬尼亞共產主義的最後幾年，是在殘暴和滑稽的交錯中不安地度過的。」《狐狸那時已是獵人》中的兩個女主角，可說是兩種不同人生選擇的縮影：阿迪娜熱愛自由，放棄了在遠方軍隊中服役的未婚夫，而與一名年輕的音樂人相愛，並爲此受到監控、恐嚇，乃至生命的威脅，雙雙走上逃亡之路；而克拉拉不滿足於工廠裡壓抑的生活，甘願委身於一名已經有家庭的祕密警察，以獲得相對的安全和保障，但最後她還是被對方所拋棄。

阿迪娜生存處境的惡化，與她衣櫥中的那條狐狸皮毛的圍巾直接對應。她每隔一段時間就會發現，這個圍巾被悄無聲息地割短了一截。這一細節所象徵的，正是步步進逼的生命威脅。阿迪娜的遭遇應驗了諾曼・馬內阿（Norman Manea）在《論小丑：獨裁者和藝術家》一書中的感歎：在一個一切都如此荒唐的世界裡，在一個殘缺畸形的假面舞會上，那些固執地要講出眞相的人顯得多麼可笑又可憐！面荒唐能消滅荒唐嗎？那個無處不在、無惡不做的魔鬼仍然在威脅著人們。即使他不直接殺死他的敵人，他也要把周圍的一切都毀壞，讓每個人都在這場鬧劇中窒息而死。在這個骯髒的政權裡，還有什麼是可以倖免於難的？怎樣才能倖免於難？那些掙扎著逃生的人，不僅受到暴君和安全局勢力的威脅，同時還要提防別人歪曲事實、造謠中傷以及諷刺挖苦，這些祕密武器同樣可怕。

克拉拉呢，她眞的愛那個陰險毒辣的祕密警察嗎？而那個企圖將阿迪娜置於死地的祕密警察，眞的愛克拉拉嗎？克拉拉問帕弗爾：「你們在尋找你們的犧牲品嗎？他們所說的，其實也正是我們大家所想的，也包括你。」帕弗爾說：「我們大家都是犧牲品。」他答應等齊奧塞斯庫死後，局勢變化了，他就離婚，然後娶克拉拉。克拉拉說：「他會活得比我們大家都長。」帕弗爾遂告訴她一個國家機密：「他得了癌症，活不了多久，我是從可靠管道得知的。」這段話是這個祕密警察一生中所說的唯一眞話嗎？讀者可不能被他迷惑了。在小說的最後，帕弗爾盜用他審訊過的一名囚犯的身分潛逃出境，他知道自己做惡太多，不可能不受到清算。他不會爲了「愛情」而冒任何的風險。

因恐懼而產生的愛情絕對不是愛情。克拉拉沉迷於其中，阿迪娜卻一眼便洞穿了其本質。阿迪娜追問說：「你怎麼能和這樣的人上床？」克拉拉說：「你不瞭解他。」阿迪娜說：「我不瞭解的是你，我所瞭解的人中，肯定沒有你，我原以爲瞭解你。」她接著大聲說：「你在和一個罪犯睡覺，你和他一樣，你的臉上有他的影子。我再也不想見到你了。」當「你的臉上有他的影子」的時候，也就意味著「你的生活已經被他所毒化了」。

兩人之間還有一段最後的對話。克拉拉自欺欺人地說：「帕弗爾保證過，他知道，只有在你不出事的前提下，我才會愛他。」阿迪娜卻冷峻地回答她說：「他強暴你是帶著任務的。他要的是我們兩個，一個在冬天，一個在夏天。每天他早晨醒來的時候，頭腦裡就像有兩個眼睛一樣，有兩個願望，對男人，他的拳頭是堅硬的；對女人，他下面的那個東西是堅硬的。」克拉拉維持這段愛情的理由，只剩下保護阿迪娜。但是，兩人還是走向了決裂。不過，克拉拉在最後一刻爲閨中密友送去了抓捕將至的紙條，救了阿迪娜一命。這是她自我欺騙式的愛情的唯一結果嗎？

那個沒有出場的獨裁者

學者孫哲在《權威政治》一書中指出，齊奧塞斯庫統治下羅馬尼亞「可以稱之爲另一種形式的法西斯獨裁」。確實，齊奧塞斯庫就是一個縮小版和山寨版的希特勒。在小說中，獨裁者沒有正式出場，只是透過一個軍官家的女傭，講述了獨裁者的一些生活習慣：他所到之處要消滅雞和狗，因爲雞和狗的叫聲會讓他情緒失控；他看到一個湖泊就命令填平，因爲湖泊中長不出玉米來……。讀到這些情節，稍微年長一點的中國人必定會發出會心的微笑，因爲毛澤東時代的中國也發生過同樣的事情。獨裁者雖然隱身，卻在幕後操縱所有人的命運，直到他玩火自焚爲止。

在齊奧塞斯庫漫長的統治時代，他們夫婦的行爲，幾乎成了羅馬尼亞人民的唯一新聞來源，到處是他們的著作、報告、照片，甚至花重金到國外出版齊奧塞斯庫選集，營造受到世界人民歡迎的情景。博物館內有他們的專館。全國到處都有「齊奧塞斯庫萬歲」的標語，立在最大建築物上。他每到一地，官方都要組織成千上萬的群眾進行盛大隆重的歡迎，群眾必須提前幾個小時到場，即使風吹雨淋、烈日曝曬也要參加。官方則組織一批政治「啦啦隊」，坐在會場前頭七八排，齊奧塞斯庫講話時，每隔兩三分鐘他們就站起來鼓掌、叫好。他每講一次話，聽眾都得起立鼓掌、歡呼幾十次。

齊奧塞斯庫的存在，本身就是對民眾的智商和良知的羞辱。即便在中世紀的羅馬尼亞，都沒有出現過這樣無恥與暴虐的國王。米勒在〈國王鞠躬，國王殺人〉一文中憤怒地譴責說：「他是國家的王，在河界將生與死玩弄於股掌之間，悄悄地把他討厭的人扔出窗外，扔進火車或汽車的車輪下，從橋上扔進河裡，或者把他們吊死，用藥毒死……，然後把殺戮僞裝成自殺。他讓訓練有素的獵犬撕咬那些企圖越境的逃亡者，讓他們曝屍荒野，當農人在收穫時發現的，已經是腐爛了一半的屍體。他命令手下沿多瑙河追捕逃跑者，讓船槳把他們碾碎，去餵魚和海鷗。都知道這一切天天發生，但誰都沒有證據。一個人消失的後面，只有沉寂，只有親人和朋友圓睜的雙眼。」馬內阿亦指出：「在社會主義的羅馬尼亞，告密者的花名冊漸漸類似於一次人口普查。」阿迪娜和保羅被迫亡命天涯，就在那張網即將收緊的時刻，他們突然在電視中看到齊奧塞斯庫被執行死刑的畫面。

獨裁者夫人說，我像愛我的孩子一樣愛你們。獨裁者把皮帽戴在頭上。然後螢幕上有子彈飛過。牆壁被打爛，空空蕩蕩。米勒用她最為經典的、惜墨如金的短句描述了這一場景：「兩個老農民躺在地上，鞋底向著房間。圍著他們的頭站著一圈沉重的士兵皮靴。她的眞絲頭巾從頭上滑到了脖子上，他的皮帽子沒有滑，這是第多少頂帽子，這是最後一頂，最後相同的一頂。」

米勒的描述當然帶有文學修辭的成分。有親歷者如出描述獨裁者夫婦被處死的場景：審判結束後，齊奧塞斯庫夫婦一前一後被捆綁著押送到室外。兵營裡沒有刑場，廁所前的空地便成了執行槍決的地方。從樓房到刑場約有三十米遠。廁所有兩扇窗子。齊奧塞斯庫被帶到了兩扇窗子之間的牆下，面對著持槍的士兵站好。當押解他們的士兵走開後，齊奧塞斯庫高呼：「自由和獨立的羅馬尼亞萬歲！」隨後而來的埃列娜則唱起了《國際歌》。這時，持槍的士兵在行刑隊指揮官尚未趕到的情況下，便開了槍。齊奧塞斯庫中彈後跪倒下，後腦勺撞在廁所的牆上。他死後仍睜著雙眼。齊奧塞斯庫夫人頭部中彈，顱骨開花，腦漿外溢。

在獨裁者死亡的時刻，整本書最大的寓意終於揭開了面紗：狐狸就是人民。在統治者眼裡，人民是可以隨意獵殺的、無法反抗的狐狸；殊不知，狐狸和獵人之間的轉化，一夜之間就發生了：狐狸當時已是獵人，狐狸永遠都是獵人！獨裁者害怕音樂和文字是有道理的——「起來，羅馬尼亞人，從你永久的睡夢中起來」，當這首被禁止的歌曲傳遍大街小巷的時候，高牆便轟然倒下。

然而，米勒卻不允許讀者沉浸在獨裁者垮臺的喜悅之中。火過後依然是冰：「那支禁歌已經唱遍全國，它現在反而有了哽喉的味道，於是它啞了。麵包店前的隊伍依舊長長……一件大衣套進了另一件大衣裡。」米勒以刀鋒一樣凌厲的眼光發現：齊奧賽斯庫雖然垮臺了，但舞臺上只是換上另一些面孔，人民的生活依舊艱苦，眞正的自由遠未到來。美國政治學家林茨和斯泰潘在《民主轉型與鞏固的問題：南歐、南美和後共產主義歐洲》一書中指出：「在羅馬尼亞，至今仍然沒有一個非前共產黨機構幹部的政治人物獲得過政權。從社會學角度來說，就是沒有決裂。」換言之，羅馬尼亞的民主化以最劇烈的方式發生，對舊制度的觸動卻最小。政治學者與文學家在此處「英雄所見略同」。

正是因爲如此，米勒不是一個單純地控訴已經過去的專制歷史的作家，她所質問與揭露的，乃是「正在進行時」的現實；她所要驅除的，乃是獨裁者投射到我們每個人臉上的陰影。

獨裁政治與自由經濟無法並存

——讀米爾頓．傅利曼《兩個幸運的人：傅利曼回憶錄》

民主在自由之中尋求平等，而社會主義則在約束和奴役之中尋求平等。

海耶克《自由憲章》

米爾頓．傅利曼是二十世紀最具影響力的經濟學家，由於創立了貨幣主義理論，提出了永久性收入假說，於一九七六年獲得諾貝爾經濟學獎，一九八八年獲得美國國家科學獎章與美國總統自由勳章——後者是美國公民所能獲得的最高榮譽。傅利曼是芝加哥學派的領袖，主張經濟自由主義，被稱爲反凱恩斯主義的先鋒。《華盛頓郵報》評論道：「如果說凱恩斯的精神主導了二十世紀前半葉的西方經濟政策，那麼傅利曼的思想則影響了二十世紀的整個後半葉。」

《兩個幸運的人》是傅利曼及其夫人羅絲共同回憶生活和歷史，爲讀者清晰地勾勒出傅利曼經濟學思想的發展脈絡。在這本回憶錄中，傅利曼將自己的成就歸因於「幸運」，歸因於美國社會的自由開放、學生時代的良師益友、自己所經歷的時代巨變等等。當然，相濡以沫的愛侶羅絲在七十多年中的相依相伴也是傅利曼取得巨大成就的「幸運」之一。傅利曼夫婦經歷了許多重大的歷史事件，從經濟大蕭條到柏林圍牆的倒塌，更因為他們夫婦對整個世界的巨大影響，使得這本回憶錄超越了單純的個人境界，成為一部反思二十世紀歷史的恢宏巨著。

挺身而出與「自由麥卡錫主義」作戰

作為海耶克的衣缽傳人，傅利曼在其漫長的學術生涯中，因捍衛自由市場經濟理論，長期受到孤立、嘲諷和打壓，如他自己所說：「不管是公共政策領域還是經濟學領域，我的觀點都與這兩個領域中占統治地位的觀點不一致：在公共政策領域與福利國家觀點爭論，在經濟學領域是與凱恩斯主義爭論。」在一生中的大部分時間裡，他都是「偉大的少數派」。他慷慨激昂地宣揚自己獨到的經濟見解，隨時為維護眞理而與他人爭辯，為此受盡了人們的嘲弄。

在美國，「反共擴大化」的麥卡錫主義早已臭名昭彰，但另一種自由派壓制保守派的「自由麥卡錫主義」卻仍然大行其道。一九七七年，傅利曼在三藩市俱樂部發表題為〈自由麥卡錫主義〉的演講，從自己的經歷闡述了應用於左派和右派的雙重標準。左派佔據「政治正確」的位置，「政治不正確」的保守派不得不承受道德壓力。有這樣一個生動的例子：一個五十年代在杜克大學念書的學生寫信告訴傅利曼，他的著作居然不在大學圖書館的目錄上。杜克大學有一個篩選系統，由與之相關的系來篩選新的資料，這個系統認爲傅利曼的著作不值得進圖書館。對於此種「逆向麥卡錫主義」，整個學術界的表現極爲怯懦。

傅利曼一生中最受人詬病之處，是他與智利軍政權之間的關係。由於芝加哥學派的經濟學家爲皮諾切特提供經濟政策方面的建議，他們被視爲獨裁者的幫凶，傅利曼更是首當其衝。一九七六年諾貝爾經濟學獎頒獎典禮時，場外有五千名抗議者，他不得不從側門進入大廳，典禮上甚至出現一名青年高聲抗議的插曲。傅利曼寫道：「對於指責我在芝加哥大學的辦公室裡操縱智利經濟，我從來弄不清是該覺得可笑還是氣惱。」

其實，傅利曼僅僅訪問過智利六天，與皮諾切特見過一面，討論持續了四十五分鐘，他發覺「很難瞭解這個人的性格」。他從未從智利軍政權那裡收取任何「好處」。他一直認爲，「只有獨裁政權才能成功地實施自由市場政策」是「一種荒謬的說法」；他始終堅信，「自由經濟不可能持久，除非軍政府被一個信奉自由政治的民選政府所代替」。

「芝加哥男孩」爲智利提供經濟政策的建議，並非爲鞏固獨裁政權，而是爲促進智利走向開放社會。自由經濟必然帶來公民社會的發展，並由此開啓民主政治。評論家魯伊斯指出：「眞正能證明芝加哥經濟學家的理論在智利的應用效果的是經濟復甦，還有同時出現的與人權相關的眞正的政治自由（工會和政黨）。也就是說，唯一的證明是：自由市場經濟在自由社會中正常運行。」在後來的智利大選中，民眾抵制了皮諾切特的獨裁欲望。當選舉結果公布之後，「讓許多批評智利的人吃驚的是，皮諾切特接受了人民的裁決」。並非皮諾切特比走上絞刑架的海珊和橫屍街頭的格達費更爲睿智，而是智利生機勃勃的市場經濟和公民社會，讓獨裁者不得不順應歷史潮流。

眞正的公共知識分子不會隨波逐流

與離群索居、如同奧林匹斯山上的神祇的海耶克不同，傅利曼是一個更爲積極地參與公共事務的知識分子。他從來不滿足於在書齋中坐而論道，常常應邀訪問列國，發表演講，宣揚自由市場經濟的主張。

在七十年代末美國保守主義力量興起之後，傅利曼得以參與公共政策的制訂，甚至對總統發揮一定的影響力。雷根在當選總統之前就是自由市場經濟理論的信徒，就像柴契爾夫人隨身攜帶海耶克的《通往奴役之路》（*The Road to Serfdom*）一樣，雷根常常在午餐前閱讀傅利曼寫的《資本主義與自由》（*Capitalism and Freedom*）。柴契爾夫人相信「世界錯了，海耶克是對的」，雷根也相信「凱恩斯錯了，羅斯福錯了，傅利曼是對的」。在競選期間，雷根成立了經濟政策協調委員會，傅利曼成爲十三名委員之一。雷根當選總統後，在此基礎上成立了經濟政策顧問委員會，傅利曼是其十二名成員之一。雷根執政期間，推行經濟復興計畫，縮減政府規模和權力，減少稅收，降低通脹和削減社會福利，這些大都與傅利曼的主張相符。雷根卸任之後，傅利曼給予其最高的評價：「在我的一生中，沒有見過一個總統像雷根這樣，堅定不移地堅持和維護自由社會的原則。」難怪當下的一份民調顯示，如果選擇一位卸任的總統「回歸」，百分之三十六的美國人選擇雷根，雷根的受歡迎程度居所有總統之首。

作爲公共知識分子，傅利曼最突出的成就是：退休後主持製作十集電視專題節目〈自由選擇〉，並出版專著《自由選擇》（*Free to Choose*）。此前，他花費了一生中的大部分時間，向同時代的人指出政府干預的危險，與自由競爭在使自由社會成爲可能的過程中發生的重要作用。他逐漸意識到，自己的思想不能侷限於書齋中，電視可以吸引廣大的觀眾，而他可以把這些思想傳遞給普通人。一九八〇年，公共廣播系統在全美的七十二個電視臺播出了〈自由選擇〉，根據標準的收視率，節目平均吸引了三百萬觀眾。傅利曼還相信，將節目用於教育是它最重要的功能。「人是在年輕時形成自己的觀點的，極少有人在三十幾歲以後還改變自己的觀點。年輕時是受教育的最佳時間。」

時至今日，歐巴馬政府將美國拖向經濟衰退和社會主義的深淵，傅利曼所憂慮的問題不僅沒有過時，反倒越發嚴峻：「在這個世紀裡，政府越來越廣泛地捲入經濟領域，美國富得足以負擔一個龐大而浪費的政府。這個政府花掉了人民收入的百分之四十二，再加上立法與控制，這一切正在破壞美國經濟。」那麼，美國下一步何去何從——不妨聽聽傅利曼的忠告：「作爲一個民族，我們仍可自由選擇是繼續在『奴役之路』——正如海耶克那本深刻而有影響的書的標題所示——上快跑呢，還是對政府作更嚴格的限制，並更多地依賴自由的個人之間的自願合作以達到我們的若干目標？我們的黃金時期是否將結束，我國是否會故態復萌，倒退到人類大多數一貫而且至今仍然處於其中的專制和苦難的境況中去呢？抑或我們是否將有大智大勇和遠見卓識去改變我們的路線，汲取經驗教訓，從『自由的復活』中獲益？」

拿破崙所說的「東方睡獅」從此醒來？

傅利曼於一九八〇年、一九八八年、一九九三年先後三次訪問中國，既有機會與中國高級領導人會見，又細緻入微地觀察到知識分子和底層民眾的生活狀況。雖然他不是中國問題專家，但他由中國的所見所聞引發的所思所想，比很多專職的中國問題專家更加深刻而富於前瞻性。

一九八〇年，傅利曼首次訪問中國時，中國的經濟改革剛剛起步，中國爲他提供了一個觀察自由市場經濟如何引入共產主義統治的社會之前所未有的範本。傅利曼發現，中國的經濟活力已經被激發出來，但在中國最好的飯店——北京飯店——體驗到的一個細節，讓他看到非市場的因素仍然相當頑固：當他們進入酒店的時候，行李員在一邊束手旁觀，他感歎說：「這就是不給小費的服務標準的好例子。」

在上海，傅利曼與市長汪道涵有一番長談，發現「他堅決支持改革，而且很有興趣在經濟中引進很多的競爭機制並使之更多地依靠市場」。在那時，傅利曼已經預見到中國的改革將面臨巨大的困難，保守力量極爲強大，他指出：「開放的制度將會形成權力與責任，這會對中央集權的政治機制產生威脅。可能出現的結果是再次終止改革。」

一九八八年，傅利曼二度訪問中國。在上海，他與當時的上海市委書記江澤民會面。傅利曼回憶說，江侃侃而談，「我強調自由市場經濟與私有化，還有徹底自由化的重要性。他反覆強調政治上的困難」。顯然，兩人的談話有點雞同鴨講的味道。

此後，傅利曼還出席了《世界經濟導報》主持的晚宴。主編欽立本告訴他，一九八〇年創辦了這份週刊，希望週刊成爲經濟改革的論壇。一九八〇年該報發行兩千份，一九八八年則發行三十萬份。傅利曼評論說：「他和聚集在他周圍的一群人非常贊同自由市場改革，而且對促進經濟改革產生了影響。」讓傅利曼沒有想到的是，一九八九年，學生運動風起雲湧，《世界經濟導報》因爲支持學生的民主訴求，而被江澤民悍然下令關閉。江澤民也正是由此得到鄧小平等頑固勢力的青睞，被選中作爲取代趙紫陽的新人總書記。

而在與在華經營的美國公司高層主管的會談中，傅利曼發現，腐敗已經開始出現。美國公司最有用的賄賂方法，是爲中國官員的子女提供獎學金去美國讀書。「錢會消失在美國，桌子下收到的錢絕不會有紀錄。」九十年代之後，中國權貴階層的子女幾乎全部都以這種方式在美國留學：你死我活的習近平與薄熙來，他們的子女卻是哈佛大學裡「低頭不見抬頭見」的同學。

在訪問北京的時候，傅利曼還與趙紫陽有過一次會面，並起草了一份備忘錄。他認爲，趙是最支持自由市場經濟的中國領導人。趙紫陽雖然沒有受過完整的、系統的教育，卻愛好讀書，思維敏捷，身邊有一大幫傾向於自由市場經濟的年輕學者。可惜的是，趙紫陽在「六四」中被非法罷黜，未能繼續引導中國走向眞正的自由市場經濟。九十年代後，中國的經濟模式以一種畸形的權貴資本主義的模式發展，從而導致如今的中國百病叢生。

一九九三年，傅利曼第三次訪問中國，中國正在鄧小平的所謂「南巡講話」後開始新一輪的經濟騰飛。與傅利曼同行的有香港商人黎智英，黎智英是自由市場經濟原則的信奉者，與傅利曼相似，黎重視媒體的作用，他在香港創辦了《蘋果日報》，透過大眾媒體來普及這些理論。

在北京，傅利曼與已經是黨的總書記和國家主席的江澤民再次會面，雙方討論了貨幣問題、多軌匯率、對外資企業的過度優惠等問題。傅利曼的這些觀點究竟有多少爲對方所吸收，不得而知。

傅利曼不是中國崩潰論者，更不是中國崛起的鼓吹者。對於今天中國的「國進民退」的經濟政策，他一定不會認同。既然他否定了關於在智利可以透過獨裁政治推行市場經濟的觀點，他對中國問題也會持同樣看法。可是，有多少在中國掌握權力和財富的人願意傾聽這位「偉大的少數派」振聾發聵的聲音呢？

Notes

Notes

Notes

NOTES

NOTES

主流出版

所謂主流，是出版的主流，更是主愛湧流。

主流出版旨在從事鬆土工作—

希冀福音的種子撒在好土上，讓主流出版的叢書成為福音與讀者之間的橋樑；

希冀每一本精心編輯的書籍能豐富更多人的身心靈，因而吸引更多人認識上帝的愛。

【徵稿啓事】

主流歡迎你投稿，勵志、身心靈保健、基督教入門、婚姻家庭、靈性生活、基督教文藝、基督教倫理與當代議題等題材，尤其歡迎！

來稿請e-mail至lord.way@msa.hinet.net，

審稿期約一個月左右，不合則退。錄用者我們將另行通知。

【團購服務】

學校、機關、團體大量採購，享有專屬優惠。

購書五百元以上免郵資。

劃撥帳戶：主流出版有限公司　　劃撥帳號：50027271

部落格網址：http://mypaper.pchome.com.tw/news/lordway/

主流有何Book

心靈勵志系列

書名	作者	定價
信心，是一把梯子（平裝）	施以諾	210元
WIN TEN穩得勝的10種態度	黃友玲著，林東生攝影	230元
「信心，是一把梯子」有聲書：輯1	施以諾著，裴健智朗讀	199元
內在三圍（軟精裝）	施以諾	220元
屬靈雞湯：68篇豐富靈性的精彩好文	王樵一	220元
信仰，是最好的金湯匙：55個越早知道越好的黃金準則	施以諾	220元
詩歌，是一種抗憂鬱劑：40帖帶來幸福的心靈處方	施以諾	210元

TOUCH系列

靈感無限	黃友玲	160元
寫作驚豔	施以諾	160元
望梅小史	陳　詠	220元
打開奇蹟的一扇窗（中英對照繪本）	楊偉珊	350元
在團契裡	謝宇棻	300元
將夕陽載在杯中給我：陳詠異鄉生死七記	陳　詠	220元

LOGOS系列

耶穌門徒生平的省思	施達雄	180元
大信若盲	殷　穎	230元
活出天國八福：喜樂、幸福人生的八個秘訣	施達雄	160元
邁向成熟：聖經雅各書教你活出基督生命	施達雄	220元
活出信仰：羅馬書十二至十五章之生活信息	施達雄	200元

touch系列008

螢火蟲的反抗——這個世紀的知識分子

作　　者：余杰
編　　輯：鄭超睿、馮眞理、張惠珍
封面設計：黃聖文

發 行 人：鄭超睿
出版發行：主流出版有限公司 Lordway Publishing Co. Ltd.
出 版 部：台北市南京東路五段123巷4弄24號2樓
發 行 部：宜蘭縣宜蘭市縣民大道二段876號
電　　話：(03) 937-1001
傳　　眞：(03) 937-1007
電子信箱：lord.way@msa.hinet.net
郵撥帳號：50027271
網　　址：http://mypaper.pchome.com.tw/news/lordway/

經　　銷：

紅螞蟻圖書有限公司
台北市內湖區舊宗路二段121巷19號
電話：(02) 2795-3656　傳眞：(02) 2795-4100

以琳發展有限公司
香港九龍灣啓祥道22號開達大廈7樓A室
電話：(852) 2838-6652　傳眞：(852) 2838-7970

財團法人基督教以琳書房
台北市忠孝東路四段210號B1
電話：(02) 2777-2560　傳眞：(02) 2711-1641

2013年12月　初版1刷
書號：L1303

ISBN：978-986-89894-1-2（平裝）
Printed in Taiwan

國家圖書館出版品預行編目資料

螢火蟲的反抗：這個世紀的知識分子 / 余杰作.
-- 初版. -- 臺北市：主流, 2013.12
面：　公分. -- (touch系列；8)

ISBN 978-986-89894-1-2（平裝）

1. 現代哲學　2. 文集

128　　102027173